国家级小学教育一流本科建设专业与师范教育创新工程系列成果

诗意作文论

冯铁山◎著

吉林大学出版社

·长春·

图书在版编目（CIP）数据

诗意作文论 / 冯铁山著. -- 长春 ： 吉林大学出版
社, 2024. 8. -- ISBN 978-7-5768-3525-0

Ⅰ. G633.342

中国国家版本馆CIP数据核字第2024L8N189号

书　　名	诗意作文论	
	SHIYI ZUOWENLUN	
作　　者	冯铁山	
策划编辑	朱　进	
责任编辑	蔡玉奎	
责任校对	张　驰	
装帧设计	赵湘婷	
出版发行	吉林大学出版社	
社　　址	长春市人民大街4059号	
邮政编码	130021	
发行电话	0431-89580036/58	
网　　址	http://www.jlup.com.cn	
电子邮箱	jldxcbs@sina.com	
印　　刷	三河市龙大印装有限公司	
开　　本	787mm×1092mm　　1/16	
印　　张	22.25	
字　　数	360千字	
版　　次	2024年8月　　第1版	
印　　次	2024年8月　　第1次	
书　　号	ISBN 978-7-5768-3525-0	
定　　价	98.00元	

自 序

　　一把蒲扇，一个慈祥的背影，扶着摇篮，祖母或外婆时而仰望苍穹，时而闭目低吟优美的童谣。这种画面永远定格在我们童年的风景里，装帧成永恒的回忆。是的，我国是诗的民族，素来就有诗韵启蒙的传统。祖母和外婆就是用诗的韵律催我们入眠，促我们成长。

　　子曰："不学诗，无以言"，因为诗"可以兴，可以观，可以群，可以怨"；"迩之事父，远之事君，多识于鸟兽草木之名"。学诗，不仅可以"思接千载，视通万里""瞻万物而思纷"，用自己的眼睛见常人之未见，在别人司空见惯的东西上发现出美，还可以学习一种得体而典雅的表达方式，去结识真心的朋友，融洽和谐的人际关系。更重要的是在学习诗歌的过程中能扩大知识面，运用诗中的道理侍奉父母，服务社会。一言以蔽之，就是诗可以让人的德性与语言同构，可以让我们成为一个道德品质高尚的人，一个善用语言文字符号表达思想感情的人。从先秦到盛唐，哪一个朝代不流淌诗意的血液；从杜甫、李白到艾青、莫言，哪一个语言大师不是满贮诗情、人格健全、道德高尚的人。

　　诗意作文课题组把诗的本质、诗教的原理运用到作文教学当中，让日记、书信、散文等作文写得像诗一样富有激情，像诗一样富有创造力和想象力，像诗一样打动人心，这其实就是返璞归真，回归了中国诗教的传统，接续诗歌教化人心的真谛。

　　人们常说，花季的孩子个个是诗人。这为诗意作文提供了坚实的理论基础。因为孩子是作文的主人，任何作文理念、作文模式以及作文技法，只有切入孩子的心灵，才可以焕发生机。作为诗人，孩子的世界是纯真的，他们看待自然、社会以及自我，能够将现实与非现实、理智与情感、时间与空间都凝缩于自己的身心之中，将自己旺盛的生命力化作同情、感动、感恩，分赠给世间万物，从而生活在童话的世界里；孩子的世界是求善的，他们的眼睛不受尘世霓虹灯的欺骗，能够用诗意的眼光审视世界，赋予自然、社会以及目力所及的事物以善的品质，凭着生命的本能创造性地选择德性的生活；孩子的世界是至美的，他们能够感受语言的节奏、韵律，对世界充满幻想，充满热情，用诗意的情怀不断给生活创造新的节律、色彩和图像，从而艺术地栖居在地球上。因此，从孩子的角度观照，所谓的诗意作文，其实就是归真、求善、至美的作文。教师的责任不在于改造什么，而是在于唤醒、引发和擦亮、唤醒孩子潜藏的诗心，引发孩子天生的德性，擦亮孩子诗意的眼睛。

清代诗论家吴雷发说："小才易，大才难。雄才易，仙才难。"曾国藩应之道："人生唯有常是第一美德"。年龄不论老少，事情不论难易，只要持之以恒，就像种树和养羊，尽管每天看见它们成长却不觉得有什么长进，但人生的第一美德是持之以恒。我相信，只要坚持努力，诗意作文总有一天能够成长为参天大树，成为一个富有民族教育特色的作文教学流派。我更相信，在诗意作文的哺育下，我们的学生会爱上作文、爱上语文。

本书的出版得到宁波大学教师教育学院国家级小学教育一流本科建设专业的大力支持，系本人主持的国家本科一流课程《小学语文课程与教学论》、浙江省研究生优秀课程《诗意语文研究与实践》配套使用教材，还是从事国培、省培工作时承诺给各位学员撰写的学术著作。在撰写和出版的过程中，承蒙吉林大学出版社朱进老师的厚爱，给予了很多受益终身的指导与支持，谨致谢忱，研究生李璇参与书稿的校对工作，一并表示感谢。本书引用了学界的学术思想、来自联合教研团队的实践案例，草就之作，难免牵一漏万，不当之处，敬请海涵。

2023年9月22日　于宁波院士廷小区

目　录

上篇：诗意作文教学理论篇

下篇：诗意作文教学实践篇

上篇：诗意作文教学理论篇

第一章 诗意作文本体论：
言语实践辟新路

第一节 问题的提出：正本清流说"作文"

一、作文教学现象传真："老大难"问题破解仍在路上

一直以来，都有学者认为，"语文教学在普通教育工作中恐怕算得上一个'老大难'。而作文教学恐怕又是语文教学工作中的一个'老大难'。换言之，作文教学是'老大难'的'老大难'"。①直至《义务教育语文课程标准（2022年版）》（简称"新课标"，下同）颁布，中小学作文教学一直处在探索的路上，从教学目标、内容安排到教学程序设计存在全程的困惑与问题。

2022年4月16日，笔者借助NVivo12以及哈尔滨工业大学开发的LTP语言技术平台（Language Technology Platfor）软件，对来自全国27个省市、自治区参与湖南第一师范学院举办的"'国培计划'（2021）——国家级小学语文骨干教师研修项目"小学语文班的学员进行调研，且把其中39位学员访谈的材料进行数字化处理。首先，利用词频分析技术进行关键词提取分析，形成了关键词图示体系（见图1-1所示）。从这个图示化处理看，学员们普遍关注"学生""教学"与"教材"3个一级关键词。这一结果充分表明，新课改一方面带来了喜人的变化，教师的作文教学主体地位让位给了学生，为学生的作文乐而乐，忧而忧；另一方面也显示教师对如何围绕学生主体、如何利用好统编教材对学生进行作文教学是比较棘手的，涉及教材例文的作用及功能发挥、习作单元解读与处理，以及相伴而产生的语言与思维训练等老问

---

① 戴元枝,张心科."老大难"：写作教育中的百年困境[J].教育研究与评论,2016（4）:51.

题。其次，笔者将学员提交的"您对统编教材习作教学板块最大的困惑是什么？""您在习作教学方面的成功做法有哪些？""参加国培，您最希望改进的培训方式是什么？"三个方面的材料进行情感分析，得出的结论是"消极"（见图1-2所示），这表明老师对于如何搞好作文教学是比较焦虑的。其中编号2021-07的学员坦诚地提出了两个方面突出的问题：其一，至今为止，小学的习作评价没有分各年级制定详细具体的标准，只是笼统概括，教师在评价时偏差太大，无法有效评定学生的习作水平；其二，目前市面上的习作例文都是优秀范文，和学生的生活实际不贴切，导致学生只能胡编乱造，存在"假大空"的现象，这样的情况如何解决？编号2021-18的学员颇为焦虑的问题有：其一，难以把握作文评判的标准，习作是一种语言文字的运用，不知该训练学生要达到什么样的程度才算是合格；其二，语文考试普遍拔高作文要求，所教与所考难以达到一致；其三，教学实践普遍存在背诵范文现象，不背诵就得不到高分，可只背诵还谈什么能力的提升。编号2021-07的学员甚至用一句话概括，从作文教学的语言表达、思维训练、教材解读，到审题立意、谋篇布局存在全面的困惑。笔者在此基础上，分别从学生指导、习作教学、教材处理、语言训练、思维启迪等维度进行分类统计、分析，得出以下五条结论：

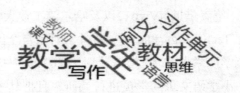

图1-1　作文教学问题"关键词"提出分析图示

图1-2　教师对待作文教学情感态度分析图示

（一）学生指导：难以激发内驱力，作文存在"假大空"现象

结合数据图示化处理以及深度访谈，教师反映学生的作文时常存在"不愿写""没料写""下不去""上不来"。所谓的不愿写，指的是教师的作文教学难以激发学生的写作兴趣，一到写作文学生就哀嚎不已，在课堂上发呆、咬笔杆、做小动作成为常见的"风景"；所谓的没料写就是缺乏生活体验，或有体验不会提炼，导致写作文时讲"假话""大话""套话""空话"。本质而言就是造假，做不到"我手写我心"。比如某老师布置一篇记叙文作文，题目是《母爱》。批阅学生的作文时，发现学生存在"三不好"：其一，身体不好，为什么身体都不好呢？54个孩子居然有29个人写母爱都是生病了，母亲照顾自己；其二，天气不好，因为有29个学生写下大雨，母亲背着孩子狂奔；其三，运气不好，什么叫运气不好呢？因为母亲在雨中背着孩子狂奔的时候，公交司机、出租司机全部"罢工"了，这是第一个运气不好，第二个运气不好是爸爸都不在家，不知道爸爸去哪了，更可怕的是妈妈背着孩子在雨中狂奔一定会摔跤。有24个同学写道，我生病了，妈妈陪着我去看病，最后妈妈也生病了。该教师把这种现象写成了一首打油诗。

"所有的父亲都夜晚不归，所有的孩子都高烧不退，所有的天空都倾泻大雨，所有的车辆都骤然消失，所有的母亲都背儿狂奔。很庆幸，所有的母亲摔跤后都能爬起；很庆幸，所有的孩子高烧后都能清醒；很庆幸，所有的母爱付出后都有感恩；只是所有的母爱都太雷人。"

（二）作文教学：难以把握新课标要求，作文教学茫然无绪

以"作文教学"为关键词进行专题分析，教师对于作文教学存在年段衔接与过渡模糊、教材解读与利用不充分、目标构建与落实无序、教学效果与测评含混等问题。主要体现在课标的研读方面，尤其是2022年新课标的颁布，将原来独立的习作、写作教学内容统整为"表达"后，部分教师无法把握作文教学的具体要求，似乎处处是作文，又处处难以表达，作文教学成为雾里看花，越看越花的存在。笔者对新课标第一至第三学段的写话、习作教学内容进行研读，发现的确如这部分教师所说，新课标布置了习作教学任务，但缺乏习作质量与规格的具体要求；重视阅读教学的系统化、系列化设计，忽略了习作教学的体系建构；写话及习作教学的目的性与规律性需要教师自己去探索（具体见图1-3所示）。

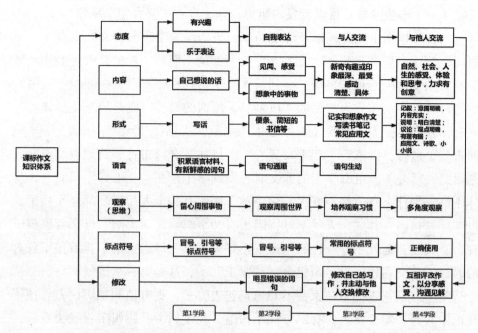

图1-3   《义务教育语文课程标准（2022年版）》内容体系示意图

（三）教材研读：机械照搬作文体例，难以处理立德与立言关系

从教材处理情况看，无论是新课标还是统编教材，都存在阅读与表达关系难以处理的问题。读写之间到底是"读为中心"，还是"写为中心""读写并重""读写一体"，诸种学说各有道理，但落实到实践又莫衷一是，导致一线教师对于教材单元习作与非单元习作定位难以把握。尤其是新课标将语文教学内容处理成"基础型、发展型、拓展型"三个层级的学习任务群，以及安排"语言文字积累与梳理""实用性阅读与交流""文学阅读与创意表达""思辨性阅读与表达""整本书阅读""跨学科学习阅读"6大任务群。该任务群体系尽管落实了语文素养综合培养的层次与梯度，但淡化了文章中学到的知识，导致文体模糊，写作自然成为阅读的附庸，作文教学需要落实的立德树人根本任务也就处于幽暗不明的状态。正如笔者采访的编号2021-07的学员所诉说的：

我觉得目前作文教学普遍存在的就是教材无法把握，像我这样一个教龄23年的老师，打开统编版教材，习惯根据教材编排的体例去把握训练内容和要求，主要集中在技法训练方面。会不厌其烦地告诉学生，一篇作文确定好中心，然后结合教材的范文，写好开头、结尾、过渡、点题，以及要求他们运用教材给出的修辞、悬念等写作手法。好像每次作文都是灌输式的，有的时候就是按照教材编排的内容反复讲。在学生写作的时候，也总是提醒学生，写文章要注意选材，注意中心思想，语言表达要有文采。事实上，每次翻阅学生的作文，学生也能够按照我的指导写好开头、结尾，也能够运用修辞手法去优化语言，甚至诸如卒章显志、托物言志的手法都用进去了，但是作文的水平就那样，总是提不高，达不到叶圣陶先生倡导的"作文就是做人"的高度。

（四）语言训练：生硬积累与仿写，未能发挥积极语用的功能

从语言表达维度看，教师反映的问题有五个方面：其一，语言表达能力不强，学生有一定的生活阅历，但不知道如何用合适的语言表达生活中体验的感受；其二，语言表达华而不实，内容空洞，习惯套用好词好句，但往往不太契合作文需要表达的主题、内容，比如描写春天的校园，学生喜欢将课本或课外读物摘抄、积累，将诸如"春光明媚""百花争妍"等词语堆砌在作文里，写不出校园真实的特点与自己真切的感受，词语表达言不由衷；其三，语言表达缺乏美感，这是学生作文语言的另外一个极端，多次强调不要套用华丽词语、成语后，学生就用大白话写作文，缺乏一定的升华，看不到生活美感，语言表达显得俗不可耐；其四，语言表达训练无序，从低段的写话到中段的写段，再到高段的写篇，似乎次次都在要求语言训练，但次次又缺乏一个合理的逻辑层次与顺序，导致语言训练成为漫无目的"好词好句摘抄"和"机械的仿写"；其五，书本语言到习作语言转化困难，教材名家名作的语言与学生的学习实际、写作实际是存在距离的，学生可以模仿某些句子的形式，但往往难以捉摸语言表达形式背后的内容、思想，导致教材书面语言与学生作文语言训练存在"两张皮"现象，这也是阅读与作文自行其道，难以结合、圆融的原因。

（五）思维启迪：注重外在要求，缺乏训练层次与合理的体系建构

从思维启迪维度看，教师存在的问题有三个方面：其一，思维训练模式化，教师引导学生审读作文题目之后，往往会选择一篇范文、例文进行模型建构，然后进行作文写作方法的导引，再进行作文训练，最后通过批改予以调控，这种训练方式导致思维趋同，且缺乏深入性与针对性；其二，窄化思维训练内容，教师将作文思维训练等同于写作思路的规划，缺乏直觉思维、形象思维、抽象思维、创新思维等内容的合理安排；其三，思维训练缺乏，浮于表面。从本质上而言，学生写作文的过程其实就是他们思维展现的过程，受应试教育影响，教师往往将作文评改，尤其是将中考、高中作文评改的指标奉为圭臬，为了帮助学生获得高分，喜欢从优秀范文、素材入手，寻求捷径，考前强背很多人物素材，导致思维训练难以深入生活的本质，致使学生作文出现"掉书袋""言之无物"等现象，实质就是缺乏思维的含量与品质。

二、中小学作文教学"老大难"问题的归因分析

张志公先生将作文教学难的原因归结到"不大对头的看法"。所谓"不大对头的看法"，其实就是作文教学观念出了问题。笔者归纳了作文教学难的原因，主要包括以下五点：

（一）作文教学指导观念问题：作文需要指导，先指导再作文成为普遍现象，而不会指导的老师在该观念影响下，存在"抄、套、编、背"的做法

首先，从学生"写"的方面看，这个做法就不大对头。中小学教师习惯先布置题目，然后作文指导，再范文引路，学生写作文，老师批改。似乎从东到西、从南到北的中小学语文教师都是这样教作文的。不妨想一想，一个作家写文章，他一定是先有题目才写文章吗？正如屈原"思美人兮，揽涕而伫眙"，又如曹操"东临碣石，以观沧海"，无论是作家，还是中小学生，他们之所以有写作文的冲动，不在于先在的"主题""立意"，而在于内心的感动。其次，从教师"导"的方面看，他们的教学基本上是这样的：因为前面布置了题目，所以就要审题；因为题目有所指，所以就得给学生提出组材立意的要求，进而指导他们谋篇布局，然后行文，最后修改。这些问题的产生，追根溯源就在于作文教改一直未能有效解决的几个问题：其一，作文是什么？从何出发？其二，写作用来做什么？写作教什么？其三，学生需要什么？为什么要写作？其四，学生写作后有什么影响？第一个问题属于作文教学的本体论问题，这个问题是否有效解决，决定了作文教学的定向问题。第二个问题是作文的本质论，决定了作文教学的定性问题；第三个问题属于作文的主体论，决定了作文教学的定位问题；第四个问题属于作文的价值论范畴，决定了作文教学的定型问题。作文观念决定作文教学行为，教学行为自然形成教学结果；如果作文观念错位，其教学行为必然错位，其结果自然

"谬以千里"。因此，随着教改的深入，语文人应履行永不褪色的义务与责任：作文教学不只是为了传授静止的写作技巧、方法，更应该致力于提升学生的核心素养，实现人的生命价值。语文人还应有这样的气魄：教书与育人并举，立德与立言圆融，力争实现从"规训外铄"的熟练走向"诗意生成"之"道"上的求索。大胆革故鼎新，出经验、出人才、出成果。

（二）作文教学主体培养问题：教师是作文指导的主体，学生是接受指导的客体，缺乏对学生主体地位的本质认识，注重个体而忽略群体之于作文的能量及影响

在作文教学实践中，能够正确认识作文的主体论，进而尊重学生的主体地位，把学生当成作文的主体对待的老师少之又少。视学生为作文教学的对象，必然割裂师生主体间的关系，导致教师成为作文教学的主体，学生就变成接受指导的客体。主体论的缺失，必然会导致教师对学生主体地位的本质认识出现偏差。具体体现在三个方面：其一，注重"为文"习作规则的接受，忽略习作者"为人"品质德性的培育。学生写作文本应该是"文道统一"的活动，也就是叶圣陶先生所说的"作文当然要作的，但是要紧的在乎做人"[1]。作文的过程就是做人的过程，二者相辅相成。如果忽略二者的辩证关系，一方面会导致作文成为文字游戏，言之无物；另一方面更深层的问题还在于"假大空"大行其道。其二，注重教师"教"的主体性，忽视学生"学"的主动性。教师作文教得辛苦、学生作文学得痛苦的主要原因还在于，教师的作文教学无论是命题立意，还是谋篇布局，均是从教师的意志出发，而不是从学生学习作文的需要出发，导致学生成为被动的作文机器，其作文自然难以动人心魄。其三，注重个体的作文独立性，忽略群集力量的协同性。学生从自然人的角度看，都是个体的存在。从社会人的角度看，他们还是社会"类"的存在，学校、班级都是社会化的存在。如果将学生个体与集体、与同学割裂，必然会导致作文教学成为无根之木、无源之水。

（三）作文教学指导内容问题：注重作文形式（含技法、结构等）的指导，缺少对学生为人品质、思维品质的训练

从作文教学指导内容看，因为作文主体的错位，导致教师在指导什么、何时指导、指导后如何等问题上处理不当。其一，从指导什么看，普遍将指

---

[1] 叶圣陶.作文与做人[N].中国青年报, 1983-1-4.

导的内容放在作文的形式方面。形式的指导涉及审题、立意、谋篇布局、语言表达、技法手法等。比如审题方面，教师不仅指导学生对作文题目进行细致的分析、研究，弄清楚题目的含义和要求，甚至将题目人称、数量、时间、空间、事件等要素一一予以规定，而且还会将选材的内容、方式及详略等要素事无巨细予以框定。这些指导均属于外在于学生的为文，未能激发学生的作文动机，启迪学生思维，自然会导致学生的作文难以做到为人与为文的统一。其二，从何时指导看，教师习惯对学生进行写作前指导，也就是未能调动学生的内心感动就对学生思维予以干预。而对学生作文中与作文后的指导显得敷衍了事。其三，从指导后如何看，有时存在"阿Q"思想，也就是精神胜利法，自认为对学生进行细致的指导学生就能写好作文，未能清晰认识到学生写作文的过程不仅仅是运用作文技法的活动，还是与自然、社会、自我相遇，乃至处理三者彼此关系，从而生成理想自我的活动。教师对学生的作文指导也应该注重为人的德性品质以及理想自我形象的塑造。

（四）作文教学指导方法问题：遵循巴普洛夫的条件反射说而忽略科勒的自主探索发现，方法沿用"教师命题—学生作文—教师批改"的"三部曲"，作文过程中缺乏实地观察、启发诱导、互动交流等有效手段

从作文指导的方法看，教师基本上属于作文知识单向度传输者、规训者的角色，属于作文跑道的划定者和导引者，教师视写作文的过程为学生接受作文知识的认知活动。中小学教师每一次作文指导时如将审题、范文、写作思路、方法技法等要素作为"刺激物"予以强化，反复提醒学生注意这注意那，往往就忽略了学生的自主探索与发现。德国裔美国格式塔派心理学家沃尔夫冈·科勒认为学习不是条件反射的活动，也不是盲目的尝试，而是对情境认知后的顿悟。他曾经对猩猩进行了长达7年的观察，发现它们的学习是对整个生活情景、对对象间的整体关系理解的结果。[1]根据科勒的顿悟学习理论，作文教学应该改变"教师命题—学生作文—教师批改"这种条件反射式"三部曲"的做法，而是将作文教学还原到具有生活之真、社会之善、自我之美，尤其是人与人、人与自我等关系的多重互动的生活情境里，让学生作为完整人、立体人、文化人而存在，教师的责任在于变预定的"跑道"为

---

[1]塞缪尔·E.伍德，埃伦·格林·伍德，丹妮斯·博伊德. 心理学的世界（上）[M].陈莉，译，上海：上海社会科学院出版社，2018：232.

生活的"跑马场"，成为启发诱导学生自主奔跑的动力，促进师生、生生间的多元互动交流。

（五）作文教学评价指导问题：存在"重共性轻个性"的现象，讲评时基本超脱不了"总述作文情况—分述优缺点—评点一两篇学生作文"的路子

再从教师的批改与讲评看，教师存在"重共性轻个性"的现象，价值取向偏重"共性达标"而不是"个性生成"。首先，从批改看，教师的作文批改是费心劳力的，也是尽职尽责的，但从批改形式与效果看，教师习惯自我批阅，无论是眉批，还是尾批，一般注重课前作文指导要求的落实，而不是学生的自我生成。其次，从讲评看，教师基本上是按照"优缺点罗列—范文赏析—互评互改—升格作文"的程序进行教学活动。这种教学程序的效果需要打一个大问号。每一次作文讲评，往往是上个星期的写作，要隔一个星期才会把作文发到学生手中。教师批阅学生的作文，其评价话语一般都是套话：立意正确，表达的感情健康；结构完整，详略得当。有的教师写的评语大部分还是"挑刺"：言之无物，内容空洞。批阅的时间与讲评的时间有间隔，讲评的内容是格式化的，这样的批阅与讲评能触动学生内心的涟漪吗？如果不能触发学生内心的感动，他们对于教师辛苦的眉批与尾批只会视而不见；对于教师讲评的范文与问题只会充耳不闻，因为这些内容均与他们的生命律动不合拍。

第二节　域外作文的"启示"

如何解决中小学作文"老大难"的问题，张志公先生建议：我们国家的语文教学亟需改进，改进必须在深入研究的基础上进行，要研究必须从三个方面着手：一是要研究当前我国的国情，二是要研究传统，三是要研究外国。对于传统的和外国的经验都应进行认真、冷静、科学的研究，取其所应取，弃其所当弃。[①]

---

①董菊初. 张志公语文教育思想概说[M]. 北京：人民教育出版社，2001：9-14.

一、日本"生活作文"教学的启示

日本的作文教学经历了近百年的发展历程。20世纪以前，其作文教学明显地受文章学的影响，注重读写结合，以读促写。到了20世纪二三十年代，受欧美作文教学观念的影响，发展为个人生活经历的"生活作文"。二战后，日本的"生活作文"成为作文教学的主要潮流且外延从"个人生活中心"扩展到"社会生活中心"。概括起来，日本的作文教学有如下特征。

（一）作文教学目标序列化

二战前，日本课程纲要将"母语"课程称之为"国汉科"，规定母语学习必须习汉字、学汉文。1894年，在日本语言学家上田万年等人的推动下，引进西欧的"标准语"概念，将"国汉科"发展为"国语"。他认为，"国语是帝室的屏落，国民的慈母"①。1890年，明治天皇颁布诏书《教育敕语》，该诏书事实上成了日本明治、大正，直至昭和时期的教育纲要。1902年日本开始在小学设立"国语科"这一科目。二战后，1947年，日本文部省公布《学习指导要领》，涵盖《小学学习指导要领》《中学学习指导要领》和《高中学习指导要领》（幼儿园的课程标准称为《幼儿园教育要领》）。每10年修订一次，现在的课程标准是2017年3月修订的，于2020年开始实施。

从作文的维度看，《小学学习指导要领》将总目标定位为"在培养适当地表达国语、正确地理解国语的能力，提高语言的传递、交往能力的同时，培养思维能力、想象能力及语言感觉，加深对国语的关注，培养尊重国语的态度"。《中学学习指导要领》将总目标定位为"提高正确理解，表达国语的能力，同时加深对于国语的认识，丰富语感，培养尊重国语并谋求其发展的态度"。《高中学习指导要领》将总目标定位为"培养准确地理解和恰当地表现国语的能力。使学生在提高交流能力的同时，扩展思考能力、涵养情感、锻炼语言感受，加深对语言文化的关心，培养尊重国语以及谋求提高国语能力的态度"②。这一系列的课程理念，体现了日本国语课程将"语言训练""表达能力培养"视为母语教学的第一要务，而表达能力又包括说话能力

①上田万年.国语の[M].东京: 富山房, 1897:1.
②北京外语学院附中国外语文教学研究组.日本中学语文教学[M].福州: 福建教育出版社, 1982: 8.

和写作能力。这两个能力的培养需要依据学生认知发展阶段，进行分阶段、有计划的"听说""读"和"写"序列训练。为此，要求低年级的作文教学，教师要指导学生根据作文对象、目的、中心去收集、整理资料，落实由词联句，组句成段，并能够把握段落间的关系。高年级学生需要依据作文目的和写作意图合理地表达自己的生活体验与个性化的想法，能够依照表达的需要统整作文素材，建构富有创意的结构，同时运用详略得当、适切的技法以及恰当的语言，提高作文表达的效果。

（二）作文教学内容生活化

日本的作文教学内容注重文体的细分、强调实用性表达、重视与生活的联系，"生活作文"成为日本作文教学的一大特色。这一特色的形成，主要是日本教育界坚持民族化的主张，同时积极吸纳涵盖中国及西方教育思想的结果。

从课程理念看，日本不同时期的课标，尽管都有不同的价值追求，但母语教育的"语言本体论立场"基本没有太多的改变。所谓的"语言本体论立场"，指的是日本的国语教育以语言教育为基本出发点，让学生无论是阅读，还是写作，甚至是听说活动，均要求学生做到正确而有效地使用本民族语言。比如，1947年日本文部省将国语的内涵确定为"言语科"，将学科性质规定为"语言性"，所谓的国语教育，实质就是语言教育。这一本体论与本质论的厘定，指明了母语教育的教改方向。从教学内容看，日本的母语教育内容主要由"说话""作文""阅读"和"书写"四个部分构成，尽管1951年的学习指导纲要将"听"的内容纳入，形成"听""说""读""写"的内容体系；1977年将"听话和阅读"统整为"理解"，将"说话和书写"统整为"表达"，形成了"表达""理解"两个领域，但"语言事项"一直是构成教学内容体系的基本要素，是母语教育的出发点和终极关怀。

为了培养好学生的母语语言表达能力，日本国语教育理论的奠基人垣内松三，极力反对将文句割裂成碎片化的训诂、注释的教学方法，认为完整的句子是"语言的有机统一体"，应该作为阅读和理解的对象，即"句本位法"。他在1922年出版了《国语力》一书，为日本的中小学母语教育奠定了理论基础。其弟子芦田惠之助将此发展为"三层七步"教学法。所谓的"三层"，指的是"事""意""言"，即教师挑选个别学生朗读课文，同时让所有学生思考文章所叙述的"事情"；接着教师讲解作者想要表达的

"意思";之后让全体学生齐声诵读,体会文章的"事""意"是用什么样的"言"表达出来的。"七步"指的是将一课时分成七个教学步骤,包括让学生高声朗读课文、讨论读书心得、教师示范朗读、抄写教材等。①

反映在作文教学领域,芦田惠之助先生审视明治维新以来的模仿式作文教学存在的"作文思维机械化""作文内容技法化""作文思路公式化"种种问题,将作文的逻辑前提改变为激发学生的写作动机,尊重学生作文主动性和写作愿望;作文教学的内容要改变为真实写作,也就是让学生直面真实的生活世界,表达真实的生活体验,从听、说、读、写四个方面强调学生自我意识的培养;在作文命题方面,需要根据学生的真实生活体验进行"随意选题"。"随意选题"能培养学生观察生活的意识,激发学生的写作愿望。日本小说家、儿童文学作家铃木三重吉在1918年创办的杂志《红鸟》推动了日本文学界和国语教育界的现实主义运动,童谣、自由诗大量出现,加上芦田惠之助在中小学主张"随意选题作文法",1910年前后发端于最贫穷的东北农村地区的"生活作文"等教学理念开始在日本全国推广,并最终形成了影响深远的"生活作文"运动。所谓生活作文,指的是教师指导学生以生活世界为对象的写作,在培养语言能力的同时,通过以作品内容为中心的讨论活动,使学生深化对生活的认识,从而形成主体性的人格。②请看《大家的想法》作文片段教学。

大家的想法③

教师:今天老师给大家读了安徒生的童话。接着,由大川君当会议主席,大家一起谈谈感想。

【评点】教师尊重学生学习的主体性,将教学的权利让渡给了学生,注重激发学生的学习兴趣,调动学生的生活经验。

大川:今天请老师给我们读了童话《国王的新衣服》,现在请大家谈谈感想,先请大家就整体的感想开始发言。山田君,从你这里开始。

山田:好,我说。我最感兴趣的是大家都被骗了,但孩子没有被骗。

大川:前田君,你怎么看的。

---

① 郑梦娟,金海鹰,何群雄. 日本、韩国大学国语教育研究[M]. 北京:对外经济贸易大学出版社,2018:4-5.

② 方明生. 日本教育中的"生活作文"教学思想[J]. 外国教育资料,1996(5):59.

③ 方明生. 日本生活作文教育研究[M]. 上海:上海教育出版社,2002:191.

前田：我听到孩子说："国王什么也没有穿呀"时，心里一下子舒畅许多。

木村：我觉得那些裁缝坏透了，国王倒有些可怜。

高木：我的看法不一样。比起裁缝来，还是国王的大臣、下属坏。按国王的命令去看布料时，应该说清楚什么也没看到。

【评点】先从文本的整体上讨论各自的学习体会，巧妙引导同学习得认真听取别人的意见的学习习惯，想一下和自己的想法有什么不同。发挥了伙伴学习的效能。

大川：西村君，你怎么看？

西村：我觉得与其谈整体的感想，不如思考一些问题。大人知识应该很丰富，思考也比较深，为什么会被完全骗了呢？这一点很难理解。因此，我想大家一起来想一下这些大人那时究竟是怎么想的？

【评点】此环节主持人巧妙地转变话题，明确自己的意见。然后提出"为什么会被完全骗"的新问题，且要求同学围绕这一问题，给出自己的理由，这样就从文本的整体感受转向了有问题的专题探究，学习自然也就从浅层的感受转向了深度学习。

中野：我想对西村的意见再补充一点。

大川：中野君，请说。

中野：我想补充的是，国王、大臣和城里的人都被骗了以后，裁缝是怎样的心情？我们可以想一想这个问题。

【评点】在班级授课制视域，每个同学的生活感受是不一样的，因此，关注的兴趣点也大不相同，生活作文尊重学生的学习权利，也鼓励学生敢于发表自己的感受。

大川：有意见认为应讨论一下出场的人物的心情，那么我们接下去就开始讨论这一话题吧？赞成的很多，那么我们就讨论这一话题。首先，谈一下国王的心情。

【评点】经过协商，围绕大家赞同的话题继续讨论。此环节发挥民主又集中的原则，有效地将读写结合持续地进行下去。

（三）作文语言训练诗歌化

日本现代诗人北原白秋认为"儿童生来就是诗人"[1]。日本学者竭力提倡在小学教育中，指导学生写儿童诗歌，使得童诗教学成为日本小学国语教学中一项重要的教学内容，依托儿童诗读写进行语言的诗歌化训练，成为明治以来的教学传统。从儿童诗的形态分析，主要有四种类型：其一，源于民众生活的民谣、童谣；其二，以"学校唱歌"为代表的、国家提倡、规定的教学儿童诗、歌曲；其三，由文学界的诗人创作、推动的儿童自由诗；其四，昭和初期出现的由生活作文实践教师提倡的生活诗。[2]无论哪一种类型，日本的儿童诗大都具有生活的游戏性、语言的韵律性、节奏的明快性等特点，便于学生吟唱、记忆、流传，因此自然成为训练学生语言表达的内容和形式。

从教材视角分析，日本《国语》教材中的诗歌编排注重时间顺序和种类、技巧以及主题的介绍，同时也会以注释、翻译和练习的形式，帮助孩子们更好地理解和欣赏诗歌。首先，从编排内容及写作安排看，做到了读写结合。日本小学教材《国语》编选了大量的诗歌，并且安排了诗歌创作的练习，每学年上学期安排诗歌阅读欣赏，下学期安排诗歌创作练习。在三、四年级，写作要求"根据熟悉的事物和想象的事物写诗"，在五、六年级，明确要求"根据经验和想象等，创作诗歌、短歌、俳句"。其次，从体例看，教材注重时间维度的螺旋上升与空间维度的诗歌知识与写作技能训练巧妙融合。日本《国语》教材中的诗歌编排通常按照时间顺序进行，从最早的《万叶集》开始，按照年代逐步推进，介绍了各个时期最具代表性的诗人和作品。最后，从体例上看，教材做到了诗歌知识习得与能力训练相得益彰。在教材的编排中，也会注重介绍诗歌的种类、技巧和主题等，以帮助孩子们更好地理解和欣赏诗歌。在日本的《国语》教材中，诗歌作品通常会以原文、注释和翻译的形式出现。原文可以帮助孩子们学习诗歌的用词和表达方式，注释可以帮助他们理解诗歌的含义和背景知识，翻译则可以帮助他们更好地理解诗歌的深层含义和情感表达。此外，在《国语》教材中，诗歌写作也会以练习的形式出现，帮助孩子们巩固所学的诗歌写作技巧和知识。这些练习

---

① 刘少萍, 刘冰. 卓越大学联盟2020年附属中小幼医发展论坛论文集[M]. 广州: 华南理工大学出版社, 2022: 121.

② 方明生. 日本生活作文教育研究[M]. 上海: 上海教育出版社, 2002: 253.

通常包括仿写、创作和评论等，可以帮助孩子们提高自己的诗歌写作水平。

需要指出的是，在日本的国语教育中，尤其是小学阶段，诗歌写作通常是以和歌和短歌的形式进行的。孩子们在学习这些传统诗歌形式的基础上，也会接触到现代诗歌的形式和技巧。学校会安排专门的时间和课程，用于教授诗歌写作的技巧和指导孩子们创作自己的诗歌作品。在诗歌写作的教学课中，老师们通常会以孩子们的生活经验和感兴趣的话题为出发点，引导他们通过观察和思考，发现生活中的美好和感动，并将其转化为诗歌的形式表达出来。同时，老师们也会通过讲解和示范，向孩子们展示诗歌的韵律、节奏和表现手法等技巧。除了课堂上的教学，日本的小学也会组织各种与诗歌写作相关的活动，如诗歌朗诵会、诗歌创作比赛等，以激发孩子们对诗歌的兴趣和热情。这些活动不仅可以提高孩子们的诗歌写作水平，还可以增强他们的自信心和表达能力。日本小学的儿童诗写作是一个非常有趣且富有启发性的活动。

总之，在日本的小学中，国语诗歌写作是一项重要的教育内容，通过教学和活动，可以培养孩子们的语言表达能力、想象力和情感表达能力，同时也可以传承和弘扬日本传统文化和语言。

二、美国创意工厂写作的启示

了解了日本作文教学方法后，再将眼光转向别的国家。美国的作文教学有哪些值得我们学习呢？美国的作文教学比较有特色的是"创意写作"，俗称"创意工厂"。"创意写作"这一概念的起源上溯到1837年爱默生的《论美国学者》，或者上溯至英国浪漫主义时期诗人华兹华斯作品中的"创造性艺术"（creative art）一词。作为一种教学观念及观念指引下的教学方式，其萌发于19世纪末哈佛大学对写作教学理念的变革和校外经验丰富的剧作家进学校合作搭建教育平台的尝试。主要的做法是以当时著名的作家为"领头羊"，采取集体创作形式培养文学新人，逐步在大学形成了工作室、工坊制、写作工厂模式的教学机制。在写作工作坊或工厂里，创作者可以与其他创作者一起探讨写作主题和技巧，分享阅读和写作经验，共同创作文学作品或商业文案等。延伸到基础教育，创意工厂的写作方式对美国的中小学作文教学从理念到实践都产生了广泛而深刻的影响。

（一）美国的作文教学基本理念

"对于许多孩子来说，写作的急切性可能出现在阅读之前。因为这些孩子与其有兴趣看别人写的符号，还不如自己动手去做符号。"①受实用主义哲学思想及创意工厂的影响，美国的写作教学，尤其是小学作文教学，其核心理念就是实践，也就是创造性运用语言文字符号表达自己有创意的观念及情思，以此生发，形成了比较富有美国特色的作文教学理念体系。其一，作文的本体论。作文是一项重要的交际工具，需要掌握复杂的认知能力，作文教学应该在语言实践的过程中不断提高创造性思维和语言表达能力、写作技巧和水平。其二，作文认识论。学生的语言能力培养和表达水平的提升是综合的、整体的发展，听说读写各项能力之间是相互制约、相辅相成的。无论是从说到写的转化，还是从读到写的转化，以及以写促读，都是语言和思维能力综合作用的结果。因此，作文不能和阅读、听说脱节，而应该融合在一起。其三，作文的主体论。作文不是学生个体的语言文字运用活动，学生个体与个体、个体与集体、学生与教师都是主体间相互促进、相互指导、相互学习的关系，教师需要做组织者、示范者与导引者，不仅要提供个性化的写作范例，还要组织工作坊或写作工厂，导引学生的自我修正和同伴互评，培养学生自我修正和互相学习的能力。其四，作文过程论。作文是一种创造性的活动，是教师组织学生发挥自己的想象力和创意表达自己思想和情感的语言实践活动。除了关注作文审题、立意、文采等方面的评判，美国老师更关注学生自主完成写作的过程以及学生写作的收获和发展。其五，写作评价论。除了要利用技术手段，如在线写作平台和写作软件等，为学生提供更丰富的写作资源和评价工具，美国的作文教学更注重过程性的、积极语用的评价，教师也会注重培养学生的读者意识，让学生明白写作需要有明确的读者对象，通过读者的反馈来不断改进自己的写作。

（二）美国小学作文教学流程

首先，从教材看，美国的语文教材十分重视作文教学，以美国麦克劳希尔公司出版的《语言艺术》教材为例，该教材五年级课本编写了六个写作单元，另外还有六个语言知识单元，每单元的作文都安排有"读范文、预写、收集资料、草稿、修改、发表"等六个步骤，每个步骤都有详细的指导意见

---

①倪文锦，欧阳汝颖. 语文教育展望[M]. 上海: 华东师范大学出版社, 2002: 309.

和明确的练习要求，每一步任务完成以后还有一个自我评价的清单和提示各种作业的小贴士。[①]

美国小学作文教学的流程大致包括以下几个步骤：

第1步，热身或者预写：通过讨论、提问等手段激荡学生的思维，帮助学生形成自己的理解和看法，为后面的写作做好准备。

第2步，写作：学生在教师的指导下，根据所选择的题目或者主题进行写作。在这个阶段，教师会提供个性化的写作指导，帮助学生掌握写作技巧和策略。

第3步，修改：学生根据教师或者同伴的反馈进行修改。修改是一个重要的环节，通过不断地修改，学生可以不断完善自己的作品。

第4步，编辑：学生根据教师的反馈进行编辑，解决写作规范层面的问题，使作品更加完美。

第5步，发布或者展示：学生将自己的作品进行发布或者展示，让读者欣赏自己的作品，同时也让学生体验到写作的成就感。

具体到每一个年级、每一个班级，以及每一次作文，教师均会根据学情、学习内容进行一些变革，但无论哪一种变革，均会突出作文的过程性，提出的作文要求不是空洞的，而是具体可操作的。比如，美国三年级小学生的一次生活叙事作文，教师提出的目标要求主要有三点：其一，第一人称叙述的是发生在作者身上的真实故事；其二，好的开头告诉读者你要叙述的事件；其三，细节帮助读者想象发生的事情。下面以学生写的《丢失的鞋子》为例，看看作文教学要求落实的情况。

丢失的鞋子[②]

来吧！你想读我关于丢失的鞋子的故事吗？

【评点1】：一句话开头，采取第二人称面对面对话的形式展开叙事，开头能够引起读者阅读兴趣，落实作文目标二的教学要求。

那是发生在1999年3月6日的一件事。我的朋友林德西过来玩了，她喜欢我的鞋子，我也喜欢她的鞋子。于是，我们就互相交换鞋子。不久，她要回家去了，我隔着窗户跟她摆摆手说再见。然后，她就走了。第二天早晨，我

①吴忠豪.听吴忠豪教授评课（第3辑）[M].上海：上海教育出版社，2021：51.

②王爱娣.美国语文教育[M].北京：语文出版社，2021：196.

的鞋子不见了！我很忧伤呀，就像一位母亲丢失了孩子一样。我的鞋子啊，它们在哪儿呢？我找遍了房间，除了一些被蚂蚁吃了一半的比萨饼的碎屑之外，什么也没有。呜呜！

【评点2】：小作者介绍自己亲身经历丢鞋子的事情，且自然袒露自己的内心的声音，落实作文教学目标一的要求。

我要做的第一件事就是找遍家里所有的房间。但是，我能找到的只是一双袜子，三个棒棒糖，一张旧地图，以及十五张纸片。接下来，我又去爸爸的汽车里找。但是，也只找到一张旧地图，六块手表，七张糖果纸和一些奶酪。我边找边自言自语：我的鞋子到底在哪呢？

【评点3】：此处找到的东西均十分普通、琐碎，且微不足道，隐含着日常生活不拘小节，属于典型的细节描写，能够让读者看得见小作者一家人生活的慢镜头，落实作文教学目标三。

最后，我走回昨天走过的路，才想起昨天林德西来过，我和她换过鞋子。我快速跑到她家，找回了我的鞋子，就像母亲丢失的孩子又找回一样，如释重负。我把鞋子洗刷干净，它看起来多么闪亮啊！

【评点4】：此处回到中文的主题，交代找鞋子的结果，"就像母亲丢失的孩子又找回一样"一句，自然流露自己内心的情怀，能够获得读者的心灵回声。

第二天，当穿着这双鞋上学时，我十分高兴地系着那根闪着蓝色亮光的鞋带子，接下来，找我的帆布背包，但是……哦，没有！我的帆布背包又哪儿去了呢？

【评点5】：诙谐的结尾让读者回味无穷。

总之，美国小学作文教学注重学生的创造性思维和表达能力的培养，通过各种写作实践和指导来提高学生的写作技巧和水平。

（三）美国小学作文教学内容

美国的作文教学的主要内容围绕全美英语教师委员会1982年制定的《英语教学纲要》及1996年由国际阅读协会和英语教师全国委员会共同制定的《英语语言艺术标准》（即《语文课程标准》）等目标展开。作文方面的目标是：其一，学习写得清楚而真实；其二，学习写作立意的种种方法，学习安排自己意见的种种方法，学习选择适当的表达方式并且学会能够评价和修改自己写成的文章；其三，学习根据不同的读者而采取不同的表达方式；其四，学习向别人呼吁并且能说服别人的写作技巧，发展运用创造性和富有想象力的词语的才能；其五，认识准确的标点、大写字母、拼写和稿件的其他形式要素都是写作总效率的组成部分。

作文教学内容主要由六个方面组成：其一，基本写作技巧，教授学生基本的写作技巧，如标点符号、拼写、语法等，帮助学生掌握基本的写作规范；其二，不同类型写作，教授学生不同类型写作的技巧和策略，如记叙文、说明文、议论文等，让学生能够根据不同的写作任务选择合适的文体和结构；其三，阅读理解，通过阅读理解训练，提高学生的阅读理解和分析能力，让学生能够更好地理解他人的作品，也能够更好地为自己的写作构建基础；其四，创作技巧，教授学生创作技巧和方法，如如何激发创意、如何构建故事情节、如何塑造人物形象等，鼓励学生发挥自己的想象力和创意，表达自己的思想和情感；其五，同伴互评和自我修正，培养学生自我修正和互相学习的能力，让学生能够在互评和修正中不断提高自己的写作水平；其六，写作过程指导，教师提供个性化的写作指导，帮助学生掌握写作技巧和策略，提高学生的写作能力和自我修正能力。

美国的课标和作文教学实践中学生思维能力的培养是各项内容的重中之重，其中特别强调写作文要有读者意识，明确假想读者。主要明确是"为自己写作"，还是"为不同读者写作"。从作文题的布置看，一方面注重学生的思辨性，给出的作文题均比较突出理性思维训练，比如"你认为避免战争的最好办法是什么""你是否认为当时只有投放原子弹一个办法才能结束战争"，诸如此类；另一方面突出开放性，给出的题目贴近学生的生活，能够激发学生的写作兴趣，比如"用三个形容词描述自己，并简明扼要地说明你为什么要用这三个词""就过去一年你曾最热心地推荐给朋友的一本书或一部影片，写一篇短评""写你生活中经历过的一次巨大困难以及你是如何应对它的"，诸如此类。

（四）美国小学作文教学评价

美国小学作文教学的评价总体而言具有如下特点：其一，评价价值突出积极语用性。比如美国教育家唐纳德·纳普提倡找"写的优点"。主张在学生的写作上不作任何表示错误的标记，努力发现他们的长处，并且用最鲜艳的红色标出写作中的出色部分，或者在空白处写上鼓励的话。其二，评价过程做到一以贯之。即将教学目标转化为评价指标且观察写作的各个环节。

比如在头脑风暴激发兴趣环节，教师引导学生通过分类、比较、归纳、综合、分析，酝酿出可以接受的主题或者中心思想，此环节教师会给出好主题及中心思想的基本标准，然后组织学生根据评价标准明确个体或小组的确定主题；在此基础上，撰写"写作提纲"，也会要求个人或小组，根据老师提供的评分标准，进行自评、互评，然后确定大纲。在文章初稿环节也要根据评分标准，学生在小组中互相修改文章的初稿；教师给学生的初稿打分，并根据评分标准提出建议；最后，作品定型，学生根据初稿的建议进行修改，写成文稿；通常用电脑打印出来，然后配上插图、封面，装订成一本书。其三，评价内容要求做到共性与个性相结合，也就是作文的基本内容与形式要求与单次作文训练的个性要求相结合。共性要求要做到评价学生写作内容的充实性、思想表达的清晰性和准确性、语法拼写是否规范、有无错别字等等；个性要求根据写作任务和训练内容而定，比如论说文结构的合理性和严谨性，文学语言表达的流畅性、用词的准确性和丰富性等。其四，评价主体突出合作性，改变教师单一评价主体的做法，发挥学生个体、小组以及家校合作评价的功能，做到写作、评价与发表一体化。

美国写作提纲评价标准例举：①

1. 开头引入段：（每部分满分为五分）

有没有一个吸引人的开头？（可以使用类比或者设问等方法）

有没有解释题目？（就是给予题目一个定义）

有没有提出中心论点？

有没有用一句话说明中心论点的每一个分论点？

有没有关于这篇文章的背景资料？

2. 中间分析段：（每部分满分为五分）

有没有段落主题句？

句子好不好？

分论点是不是用段落主题句表示的？

每一个分论点是不是在开头引入段提到过的？

作者如何论证每一个分论点的？

①Common Core State Standards Initiative. Common Core State Standards[EB/OL]. https://corestandards. org/wp-content/uploads/2023/09/ELA_Standards/.pdf, 2016/2024-01-26: 42-47.

分论点之间有什么关系？

分论点论证成立以后，是否就能得出中心论点正确？

有没有包括如何才能做到中心论点提倡的道理？

论据有没有代表性？

是否多元化？

有没有说服力？

3.结尾总结段：（每部分满分为五分）

有没有再次强调各分论点的道理？

有没有用简练的语言总结全文？

有没有三句以上？

学生明确了评分标准就能够正确地评价自己和他人的作文，客观地看待自己作文中的优点和缺点，从而明白提高写作水平的方向。

三、日本、美国作文教学改革的启示

上文介绍了日本和美国的作文教学方面的主要观念和做法，这些观念和做法对我国中小学作文教学改革有什么样的借鉴意义呢？

（一）重视培养写作兴趣，让学生乐于表达

作文的逻辑前提不在于教师如何教，而在于怎么激发学生如何写，因此，写作兴趣的培养变得十分重要。日本的作文教学强调回归生活，以儿童自主的、能动的表达为出发点，使写作和生活融为一体并互为因果。美国的作文教学鼓励学生的个性表达，尊重学生的创造性思维和个性特点。这启示我们要在写作教学中鼓励学生表达自己的独特观点和思考方式，培养他们的创造性思维和个性化表达能力，要让作文教学根植于学生的生活世界，以提升他们的生活品位，同时更应该关注学生的个性，促使他们乐于表达、勇于表达。

（二）鼓励学生抒发真情实感，放手让学生写作，让学生自由地表达

日本的生活作文教学注重引发学生的真情实感，让他们在拥抱生活亮丽的同时，也真实地反思生活。在命题方面，日本教师会给学生一些自由写作的题目，这些题目来自学生亲身经历的生活经验或课堂学习。在生活化的作文题引导下，学生容易从自己的生活经验中寻找写作题材，自然能够抒发自己的真实情感、表现自己的独特经历。这启示我们要让学生在写作中真实地

表达自己的情感和思考，使写作成为生活必需的一部分。

（三）写作指导要着重于训练思维，尤其注重思维的起点，即在选材、构思、起草、加工等关键环节上下功夫，让学生合理表达

无论是日本还是美国的作文教学，均注重作文过程的思维训练。日本教师会提供一些写作技巧和指导，例如如何构思、如何描述、如何表达情感等，帮助学生更好地将自己的真实情感在写作中表达出来。美国的作文教学非常注重写作技能的训练，从构思、起草、修改到编辑都有严格的训练要求和方法。这启示我们要在写作教学中注重写作思维的训练，让学生掌握规范的写作技巧和技能的同时，认真梳理作文的思路，搞好作文思维。

（四）加强写作与阅读、口语交际、综合性学习的联系，让学生随机表达

日本和美国的作文教学都强调阅读的重要性，通过阅读优秀的文学作品，可以提高学生的写作水平和鉴赏能力。同时，通过写作，学生可以更好地理解文学作品中的思想和情感。例如，美国作文教学，尤其是小学作文教学，教师通常会提供阅读范文和名著，以此帮助学生提高写作水平和鉴赏能力。不仅如此，还注重处理好作文与口语交际、与其他学科的综合性学习的训练，通过口语表达，可以提高学生的语言组织和表达能力，有助于学生在写作中更好地表达自己的思想和情感；通过与其他学科的结合，可以让学生在写作中融入更多的知识、经验和思考，提高作文的深度和广度。

（五）重视学生之间的合作与交流，让学生合作表达

日本和美国作文教学颇有特色的地方还在于注意发挥伙伴学习的效能，通过写作工厂或微共体的方式，促进个体作文与群体鉴赏、评价形成一体化的链条。日本的生活作文教学强调写作时需要考虑读者对象和写作目的，学生与家长、与同学、与教师是微共体合作的关系，学生个体完成写作任务后应该及时在微共体里分享自己的作品，并开展互相评价；美国的写作工厂，更是将个体写作与"发表"结合起来，无论是选题的头脑风暴，还是"发表"阶段的相互鉴赏、评价，均能够变个体的学习为相互促进的群体学习。这启示我们要让学生意识到作文是一种与他人沟通的方式，在写作时不仅要考虑读者对象和写作目的，还要注意产生的群体性影响。

（六）写作评价要有引导性，让学生成功表达

日本、美国的作文教学均注意发挥过程性评价的效能，评价方式多种多样，可以采用个人自评、学生互评、小组讨论和班级分享等多种形式。日本教师在评价过程中，会提供具体的评价标准和反馈意见，帮助学生理解自己写作的优缺点，并进一步提高写作技能。美国的作文教学评价注重学生的写作过程和写作策略，包括写作前的计划、写作进度、修改和编辑等方面。同时，美国作文教学评价也注重学生的自我评价和互相评价，让学生参与到评价过程中，促进他们的自我反思和相互学习。这两个国家的作文教学评价亮点主要体现在三个方面：其一，注意发挥赞赏的教育功能，多肯定优点；其二，注重培养学生的读者意识，要求学生根据读者对象的不同选择适合的表达方式，努力使自己的文章有感染力；其三，语言表达强调艺术性、感染力，尤其是日本的作文教学评价特别注重诗歌化的语言训练。

第三节　传统作文的"智慧"

一、作文价值论：文道统一

我国古代的作文教学思想可以追溯到先秦时期。作文有什么作用？从价值论审视，作文的主要功能在于满足个人修养和思想发展，进而成为"学而优则仕"的主要手段。这也就意味着作文教学与个人的道德品质、气质、个性，甚至命运紧密相连。衡量作文水平的尺度主要就是"文道统一"。该理论的提出，事实上是来自我国古代文艺理论"文"与"质"关系中的辨析。孔子认为，"质胜文则野，文胜质则史；文质彬彬，然后君子"[1]。所谓的"文"，其本义原指客观事物本身所带有的纹理；所谓的"质"，指的是物的自然属性，将"质文"两者对举，一个指的就是事物本身的内在品质，另一个指的是事物本身的外在形式。后来，该关系扩大为古代文人对一切文章的要求——文质兼美。"文"与"质"的关系，实则就是"文道统一"的其中一种含义，即文章形式与内容的统一。东汉的王充曾把"文"与"道"的关系比喻成"核"与"壳"、"根"与"叶"的关系，而唐代柳宗元也认为"文者以明道"。这些论述皆表明，"文"与"道"须统一在一起。以下是

---

[1] 朱熹. 四书集注[M]. 长沙：岳麓书社，1987：126.

传统作文教学有关文道统一的一些名言名句：杜甫在《偶题》有言："文章千古事，得失寸心知。"苏轼《论文章》里强调"文章最忌随人后，道德无多只本心"。这些言论均强调好文章的标准在于思想独立、立意深远，以及境界高远。受"文道统一"作文价值论的影响，我国古代的作文及作文教学，主要目标是提升学生的思想道德水平和写作水平。一些教育名人的生平日记、书信、序、铭、志、记、论文、手札、讲义、塾帖等资料中，都提到了写作能力与个人修养的关联。

二、作文本体论：立言立德

所谓的本体论，就是作文及作文教学存在的在者之在、是者之是的学说，作文的本体论思考来自人学的研究。从传统作文教学的视域看，人是什么？"人"字，从字形方面分析，甲骨文为如像侧面站立的人形，上端是头，向左下方伸展的是手臂，中间是身子，身子以下是腿。很显然，这是人的静态分析。"有七尺之骸，手足之异，戴发含齿，倚而趣者，谓之人。"①这个句子里的"倚"指的是"恃"，即凭借、依靠的意思；"趣"同"趋"，即奔驰的意思。所谓的人，不过是长着七尺高的身，有手脚之分，头上生有毛发，嘴里包着牙齿，能凭借车马而奔驰的动物。这里不仅突出了人与一般动物外形的区分，还突出人能够创造性地运用工具进行创造性活动，刻画了人的活动性，但尚未阐明人存在的本质。"人之所以为人者，言也。人而不能言，何以为人？言之所以为言者，信也。言而不信，何以为言？"②在作者看来，决定人存在的本体不是"倚而趣"而是"语言"，语言表达的水平就是人存在的水平。"《志》有之：'言以足志，文以足言。'不言，谁知其志？言之无文，行而不远。"③如果说作文的本体研究是"是"，本质分析就是探究"是者"，都是回答的是"是什么"的问题。古代作文教学为什么要确认"语言"乃作文教学的本体呢？因为语言不仅具有人类交际交流的工具性的一面，还内蕴着德性修养的一面，语言是道德的一种外在形式。语言的学习与德性的养成之间既是一种相互渗透融合、统一协调的融合，又是一种相互吸收、摄取而促进其发展的互摄。人的言语中不

①列御寇.列子[M]. 中华文化讲堂，注译，北京：团结出版社，2017：70.

②陈戌国.四书五经（下）[M]. 长沙：岳麓书社，2014：1511.

③郭丹.先秦两汉文论全编[M]. 上海：上海远东出版社，2012：76.

仅提供了一些陈述性事实信息，同时还袒露言说者主体意愿、个人德性修养水平以及人生观、世界观，作文的水平事实上由语言来呈现，作者的道德修养水平也需要作文来承载与表达。

三、作文方法论：心动、德动、言动与行动

孟子认为"仁义礼智，非由外铄我也，我固有之也，弗思耳矣。"（《孟子·告子上》）每个人内心深处均贮藏了《大学》开篇所言的崇明的"道德"，作文的价值就在于弘扬这些道德，然后对周围的人产生"亲民"的影响，最后受作文影响的人们均能走在"至善"修养及人生境界提升的路上。作文教学如何展开呢？如何发挥每一个作者内心德性之善的教育功能呢？子曰："志之所至，诗亦至焉。诗之所至，礼亦至焉。礼之所至，乐亦至焉。乐之所至，哀亦至焉。哀乐相生。"①这句话其实隐含了古代作文及作文教学的方法论思想。其一，所谓的"志之所至，诗亦至焉"，指的是作文教学的逻辑前提在于激发学生内心的感动，挖掘和产生心中之志，也就是让学生愿意写，即"心动"；其二，所谓的"诗之所至，礼亦至焉"，指的是需要运用诗一样的语言表达心动之"志"，即"言动"；其三，所谓的"礼之所至，乐亦至焉"，指的是用合适的语言表达内心真实之"志"，那么你的语言表达就出现了"礼"一般的德性，即"德动"；其四，所谓的"乐之所至，哀亦至焉"，指的是作文写出来后产生的影响，能够促进人的喜怒哀乐情绪的自然表达，从而促使自己成为健康的人。该思想落实到具体的行动中，可以参见王筠的《教童子法》和崔学古的《少学》：其一，尊重学生的主体性，写自己的生活。要使学生有话可说，有文可作，从而写出充满情趣的文章，需要回归生活且给予学生自己命题作文的机会。其二，尊重作文规律，做到先"放"后"收"。促使学生"心动"后能够乐于"言动"，需要把握学生从乐写到会写的辩证规律，不要将作文教学目标内容、方法途径控制得死死的。王筠说："作诗文必须放，放之如野马，踢跳咆哮，不受羁绊，久之必自厌而收束矣。此时加以衔辔，必俯首乐从。"②这也就意味着，开始让学生，尤其是小学生学习写作文，需要解开思维、方

---

①陈戌国.四书五经（上）[M].长沙：岳麓书社，2013：502.

②朱永新.新教育之思[M].济南：山东友谊出版社，2007：67.

法、技法指导的"藩篱"，引导学生放胆放手去写，敞开思路去写，不要受任何条条框框的限制。其三，尊重学生的面子，作文批改与评价要以鼓励、表扬为主。如王筠说："以放为主，越多越好。但于其虚字不顺者，少改易之，以圈为主。"①其四，尊重文化心理，按图索骥。古代作文及作文教学的根本目的是促进写作者的发展，这个发展很大程度是应科举考试之需。教师特别注重文章规范的训练，最后在科举制的影响下，形成了八股文的表达范式。如崔学古就详尽地论述了"八法"（破承、起讲、入题、起股、虚股、中股、后股和束语结句）、"五要"（晓得宾主虚实、正反开合，晓得脉理，晓得步骤，晓得能转，晓得生造）、"四十字诀"（扼顶、提振、反正、宾主、开合、翻跌、挑代、转折、擒纵、起伏、照应、生发、顿宕、点缀、渡接、推掉、省补、拖缴、插带、锁结）以及"行文变化"等，这些虽有失于繁琐之弊，亦有具体的指导作用。②

第四节　言语实践的"本体"

2018年1月16日教育部发布了《普通高中课程方案和语文课程标准（2017年版）》，随后，在2022年3月25日教育部印发了《义务教育语文课程标准（2022年版）》，对语文课程改革理念进行全新的建构，力图将指向"接受—理解"的语文教学转变为以实践为本体的语文核心素养的培养。这个出发点与立足点无疑是值得肯定的，但在表述语文实践型课程这一核心概念的时候，出现"语文实践"与"语言实践""言语实践"混同的现象。其中用到"语文实践"这一概念有20处之多，用到"语言实践"也有4处，用到"言语实践"相关的"言语"及"言语活动"有6处。任何观念或事物，只有以恰当的理解来命名该观念或事物，人们在实践中才能把握其本质，进而加以灵活运用。本书尝试从形式逻辑和辩证逻辑两个维度对新课标出现的三个概念进行粗浅的探讨。

---

①冯克诚. 清代后期教育思想与论著选读（上）[M]. 北京: 人民武警出版社, 2011:259.

②朱永新. 新教育之思[M]. 济南: 山东友谊出版社, 2007: 68.

一、新课标语文课程实践的语用分析

在逻辑理性的视域下，任何概念的得来都是主体基于对概念所命名事物本质认识的结果。语文课程实践是一个什么样的概念，该用什么样的名字命名？从概念分析的视角审视，目前新课标对该概念的认识主要遵从形式逻辑的规范，罗列相关语料，有以下四种观点：

（一）性质说

所谓性质说，就是对语文课程特有的属性和本质属性的认识。从这个角度分析，新课标作为纲领性的文件不大可能对语文课程实践这一概念进行系统而深入的界定与说明，但我们可以对新课标字里行间涉及相关概念的语料进行语用分析。在"课程性质与基本理念"板块，论述课程性质的时候，新课标指出：

语文课程是一门学习国家通用语言文字运用的综合性、实践性课程。工具性与人文性的统一，是语文课程的基本特点。语文课程应引导学生热爱国家通用语言文字，在真实的语言运用情境中，通过积极的语言实践，积累语言经验，体会语言文字的特点和运用规律，培养语言文字运用能力；同时，发展思维能力，提升思维品质，形成自觉的审美意识，培养高雅的审美情趣，积淀丰厚的文化底蕴，继承和弘扬中华优秀传统文化、革命文化、社会主义先进文化，增强对习近平新时代中国特色社会主义思想的理解和认识，全面提升核心素养。[①]

这个语篇，一共三句话。第一句总论语文课程的本质，语文课程具有综合性与实践性本质；第二句是对第一句的诠释。第三句话是对前两句话所指的语文课程性质认识的运用。其实质在于说明发挥语文课程实践性的价值与功能，里面涉及"语言运用""语言实践"和"言语经验"诸多概念。

（二）功能说

所谓功能说，指的是语文课程实践运用后产生的功效及发挥的作用。语文课程实践作用的发挥，需要看实践语文课程的主体借助什么观念、开展什么样的语文教学活动。新改版的高中课标有几大全新的变革，其中推出18

---

① 中华人民共和国教育部. 义务教育语文课程标准（2022年版）[M]. 北京：北京师范大学出版社，2022：1.

个任务群学习当属改革的创举；义务教育新课标推出"语言文字积累与梳理""实用性阅读与交流""文学阅读与创意表达""思辨性阅读与表达""整本书阅读""跨学科学习"六大任务群教学，这些任务群里的教学建议，大多强调"以学生的语文实践为主线的设计'语文学习任务群'"①。在基本理念板块第3条、第4条与第6条均涉及"语文实践"的功能。第3条指出"加强实践性，能够促进学生语文学习方式的转变"，从而"积累言语经验，把握语文运用的规律，学会语文运用的方法，有效地提高语文能力，并在学习语言文字运用的过程中促进方法、习惯及情感、态度与价值观的综合发展"②；第4条指出语文实践有助于"开阔视野，在更宽广的选择空间发展各自的语文特长和个性"③；第6条指出语文实践有助于"提升思维品质，自觉分析和反思自己的语文实践活动经验"④。从这些功能看，语文课程实践的功能的发挥主要涉及外在的学习方式变革、视野的开阔和内在的思维品质提升与个性发展。

（三）发生说

所谓发生说，指的是语文课程实践主体在什么条件下，进行什么活动而获得相应结果的概念分析。从新课标采用的三个概念看，可以从发生说构成的要素去审视。首先，从发生的条件看，新课标在教学建议板块，强调语文课程实践需要创设学习情境，融合听说读写，打通语文学习和社会生活的联系⑤；而情境创设强调的是"真实情境"，需要"形成有意义的互动学习环

①中华人民共和国教育部.普通高中语文课程标准（2017年版）[M].北京：人民教育出版社，2018：8.

②中华人民共和国教育部.普通高中语文课程标准（2017年版）[M].北京：人民教育出版社，2018：3.

③中华人民共和国教育部.普通高中语文课程标准（2017年版）[M].北京：人民教育出版社，2018：3.

④中华人民共和国教育部.普通高中语文课程标准（2017年版）[M].北京：人民教育出版社，2018：6.

⑤中华人民共和国教育部.普通高中语文课程标准（2017年版）[M].北京：人民教育出版社，2018：42.

境"①。其次，从发生的行为看，语文课程实践的行为强调"具体、多样"②和"丰富多彩"③，主要有阅读与鉴赏、表达与交流、梳理与探究等。最后，从产生的结果看，新课标从核心素养到课程目标，乃至学业质量水平均指向"言语活动经验"。比如语文核心素养第1条"语言建构与表达"指出，通过主动的积累、梳理和整合，逐步掌握祖国语言文字特点及其运用规律，形成个体言语经验。④再比如学业质量水平第4条指出"能不断扩展自己的语文积累，自觉整理在学习中获得的语言材料和言语活动经验"⑤。基于以上的分析不难发现，新课标诠释语文课程实践的条件涉及教师主体，也涉及学生主体，还涉及多元互动主体。这有助于促进单信道的灌输语文知识经验的教学转向为学生多元主动的语文学习。

（四）关系说

所谓关系说，指的是以构成语文课程实践内在与外在要素关系为种差的概念分析。新课标特别注意语文课程实践与语文核心素养发展的关系，在"教材编写建议"板块指出"引导学生在语文实践活动中全面发展核心素养"⑥。这起到了正本清源的作用，肯定语文实践是学生语文素养发展的根本原因和主要路径。从课程理念到教学建议以及质量标准，新课标试图建立以语文实践为本体的课题体系，这个体系的价值取向立足的是优秀传统文化传承与发展、革命文化发扬与创新以及世界文化接纳与变通的宏阔视野，直指语文课程实践性本质属性，作用于学生语文核心素养的培育与提升，更指向他们的言语人生；其核心观念倡导的是从狭隘的、机械的"理解—接受"

①中华人民共和国教育部.普通高中语文课程标准（2017年版）[M].北京：人民教育出版社，2018：43.

②中华人民共和国教育部.普通高中语文课程标准（2017年版）[M].北京：人民教育出版社，2018：47-48.

③中华人民共和国教育部.普通高中语文课程标准（2017年版）[M].北京：人民教育出版社，2018：41.

④中华人民共和国教育部.普通高中语文课程标准（2017年版）[M].北京：人民教育出版社，2018：4.

⑤中华人民共和国教育部.普通高中语文课程标准（2017年版）[M].北京：人民教育出版社，2018：37.

⑥中华人民共和国教育部.普通高中语文课程标准（2017年版）[M].北京：人民教育出版社，2018：50.

语文知识本位教学走向"生成—表达"的实践探索；其教学内容选择、组合、构架需要从"教课文""教语言"走向习得"言语经验"，乃至"言语智慧"；其实施路径、手段、方法需要从品味"语言"走向习得"言语"。[①]因此，新课标精神落实到实践领域，需要透彻地把握"语文实践"与"语言实践"以及与"言语活动""言语经验"相关概念——"言语实践"的辩证关系。

二、作文教学是什么实践

无论是性质说、功能说、发生说，还是关系说，对语文课程实践这一概念的认知方式，本质而言属于静态的形式逻辑，注重的是语文课程实践的构成要素及关系、基本结构、主要功能、本质特点，不能充分反映概念所包含要素与要素的矛盾及运动特性。构成语文课程实践的要素既离不开教师与学生双主体的作用，也离不开语文教学这一特殊情境，更离不开语言符号这一凭借；同时，语文课程实践所涉及的自然、社会、自我等因素均会产生综合而广泛的影响。因此，我们除了遵循形式逻辑的规范，还得遵循辩证逻辑的认识，考察语文课程实践之所以存在的统一根源或根本原因。

"本体论探究存在、现实的终极性质，表面上似乎看不出这与教育目的、课程设置和教育内容、教育方法有什么联系，但本体论却是各派认识论和价值论的立足点和出发点，并以此二者为中介，对教育的一系列基本理论和方法产生着十分深刻的影响。"[②]要探究语文课程实践该用何种概念命名，也需要回到本体论，从语文教育本体的层面予以诠释，因为语文教育本体是语文课程实践统一性的终极原因和实践的最高追求或终极关怀，从统一根源而言，语文课程设计与实施均建立在语文教学实践基础上，语文教学实践自然是语文课程实践的本体。

作文教学又是什么样的实践呢？其本体又是什么呢？从实践的内涵看，全部社会生活在本质上是实践的。凡是把理论引向神秘主义的神秘东西，都能在人的实践中以及对这个实践的理解中得到合理的解决。对象化活动凭借的工具、活动内容及活动结果不同，自然就会导致实践方式各异。如果实践

①陆华山. 言语实践：语文教学的自赎与新生[J]. 江苏教育研究, 2010（10）: 30.
②桑新民. 呼唤新世纪的教育哲学——人类自身生产探秘[M]. 北京: 教育科学出版社, 1993: 51.

主体凭借的工具是劳动器具，其实践的对象是物质世界，对象化的成果自然是物质财富，那么自然造就的"属人的世界"就是"工具智慧"，从而能满足人们物质生活的需要；如果实践主体凭借的工具是精神实践工具，其实践的对象是人类社会世界，对象化成果造就的是精神财富，那么自然造就的"属人的世界"就是"精神智慧"，从而能满足人们精神生活的需要。作文教学实践的实践主体既有教师主体，也有学生主体，其实践的对象就是语言文字符号形成的言语作品以及言语作品映射的言语人生，其实践目的在于学生主体在教师主体引导下实现观念化、编码化地认识自然世界、人类社会世界，因而，"对象化的客观实在"以及"属人的世界"自然指的是学生主体在教师主体引导下创造性运用语言文字符号去阅读与鉴赏、表达与交流、梳理与探究言语作品所蕴含的言语人生信息，从而塑造理想自我的活动。这种依托语言符号进行的实践，就叫作言语实践。

为什么不能称之为"语文实践"和"语言实践"？任何概念的命名都是命名主体凭借自己的价值观念，对该概念所反映的客观现象及事实进行本质化认识的结果。语文课程实践也是语文教学主体对客观的语文教学条件、内容、凭借以及实践综合作用的结果。形式逻辑视域把语文课程实践或语文教学实践简化为语文实践，似乎没有什么不妥。但从辩证逻辑的角度审视，该命名难以反映语文课程及语文教学的本质。所谓的本质，指的是语文教学现象之间必然、内在和稳定的联系，是语文的根本性质。语文实践这一命名既难以反映学生主体创造性运用语言文字符号的工具性本质，也难以反映语言文字符号字里行间的情感态度价值观等人文性本质内容，而且容易让人把语文教学实践误解为静态的、固化的活动，更难以顾及教学语境、内在矛盾的发展、变化。如果是改用"语言实践"又会造成什么样的结果呢？显然，这一概念的命名是根据语言的本质属性来厘定语文的本质属性。语文与语言不是同一概念，语言只是语文学科中的一个因素，或者说是一个重要的因素，其本质也许可以反映语文自身联系，但只能部分反映或局部反映语文的本质属性，从语文的个别属性直接推断语文教育这个系统的属性，其同一与差别难以统一，因此这种命名缺乏逻辑的必然性。

三、言语实践的基本内涵

在作文教学实践的语境里，所谓的言语实践，指的就是教师引导学生创造性运用语言文字符号表达自己相遇自然、社会、自我及其关系的内心感受，从而生成言语作品的活动。言语实践需要解决的矛盾主要体现在学生创造性运用语言文字符号的水平与人对自然、社会、自我发展及其关系的认识、理解、鉴赏。需要处理的内在矛盾体现在两个方面，一方面即语文教师的"教"与学生的"学"，即双方基于教学目的就言语作品展开的相互倾听、沟通、理解、会意的对话活动，双方言语表达的水平决定了教学的效度；另一方面是学生在教师指导下凭借语言文字符号对实践对象客体感知、认知、了解、理解以及表达的水平。因此，从教学语境角度看，言语实践是一种语境性的言意多重转换的活动；从师生双主体角度看，言语实践是一种主体间性的对话交流活动；从学生生成性本质看，言语实践是一种诗意生成性的综合活动。

第五节　诗意作文教学的内涵及诠释

中小学教师常会感叹，学生作文的内容千篇一律，"假大空"现象不断出现。写有关教师的文章，学生在交上来的作文中常说老师像妈妈；写"妈妈的爱"时，竟有相当数量的学生提道："有一天我生病了，发高烧，妈妈带我看病，所以我很爱妈妈。"甚至有些作文描写发高烧的度数达到了39摄氏度以上，还有学生竟写出四五十摄氏度的体温，似乎高烧度数与母爱成正比。究其原因，张志公先生在20世纪50年代就认为，"作文教学之所以成为语文教学工作中的一个'老大难'，与对待作文这件事有些不大对头的看法有关"[①]。经过新课程改革的洗礼，无论是中学还是小学，作文教学课程建设以及教学方法改革可称得上是百花齐放，但规训式作文教学的观念没有本质的改变，作文教学效果难如人意。

所谓的"规训式作文教学"，指的是中小学教师以自我为中心，在作文教学时把外在于学生存在的作文思想、方法、规则传授给他们，并强调无条件接收、记忆、模仿，以此达到作文训练的目的。"仁义礼智，非由外铄我

---

①张志公. 张志公语文教育论集[M]. 庄文中，编. 北京：人民教育出版社，1994：625.

也，我固有之也。"（《孟子·告子上》）孟子的这句话对改革"规训式"作文教学也有很好的启示。"感人心者，莫先乎情"，一篇优秀的作文之所以能打动人、感染人，说到底是因为作文者"情动而辞发"。因此，作文的本质含义应该是学生将自己的生命感动进行反思性合理表达。中小学作文教学自然也就是教师引导学生练习把自己亲身经历的事情，把自己看到、听到、想到、感受到的内心的感动，用自己的语言文字创造性地表达出来的诗意生成活动。作文如何从规训外铄嬗变到诗意生成？诗意作文教学通过20余年的实践作出了有价值的探索。

一、诗意作文教学的基本内涵

什么是诗意作文教学？首先必须明白诗与诗意的内涵。鲁迅在《中国小说史略》里认为，诗歌起于劳动和宗教。就劳动而言，原始先民一边劳动，一边唱歌，不仅可以忘却劳动的辛苦，还从单纯的劳动号子呼叫开始，自然表达自己的心意和感情，并偕有自然的韵调。从这可以看出，诗歌乃内在情志的自然表达，诗意就是从内心流出来的真挚情意。这个含义，也可以从辞源分析察知一二。所谓的"诗"，《说文解字》认为，诗是"志"的意思，从言寺声，古文写作"䛐"。其意主要有两点；其一，志者，心里所希望达到的地方，即情思意旨；其二，记下来的意思。记下什么呢？"止"的本字是"趾"，即脚的意思。而表声之"寺"的"寸"，指的是"手"。因此，"诗"的词源含义指的是"脚走路、手做事"，内心自然有感触、情思、愿望，放在心里叫"志"，用语言表达就成为"诗"。因此，《毛诗序》对诗作出这样的鉴定——"在心为志，发言为诗"。这也就意味着，所谓的"诗"，指的是作者在生活感动基础上，用合适的语言表达内心的情思、意旨。

诗的起源是生活、是劳动，但诗的表达却离不开内心的感动，内心的感动是作者对生活归真、求善、至美萃取的结果。因此，受此启发，诗意作文自然也应该遵循这个规律。所谓的诗意作文就是让"丑小鸭"品味生活韵律后的真情倾诉，是"自在娇莺"翱翔思维翅膀后的恰恰吟唱，是学生对生活的自然歌唱，是言德同构的个性化表达，是积极人格的典雅语文的外现。而诗意作文教学则是教师以"关注心灵、传承文明、弘扬诗韵、典雅语言"为价值取向，以"个体+合作学习"为基本形式，引导学生经受生命的感动，学习个性化表达的言语实践活动。

规训式作文教学习惯把外在于学生存在的技法作为主要的教学内容，缺乏对学生心灵的关注。诗意作文教学倡导"关注心灵"，目的在于让作文返璞归真——我手写我心，还在于让学生真正生活在丰富多彩的写作情境里，用带有诗意的眼光审视世界，在诗情画意的生活里激发内心的感动。言为心声，文如其人，作文的水平其实就是做人的水平，二者是相辅相成的关系。语文核心素养把"文化传承与理解"视为主要指标，作文教学也要落实立德树人这一根本任务。诗意作文教学倡导"传承文明"，目的在于用中华优秀文化哺育心灵，培育学生良善的做人德性，从而产生德言同构的效果。中华民族是"诗"的民族，诗作为一种作文的方式不仅能够陶冶心灵，还能够触发内心的感动，更能够活跃思维。所谓"弘扬诗韵"，指的是以诗作为一种召唤，更作为一种凭借，让学生凭借诗的名义，借助每一次作文给世界重新命名，从而使作文富有诗的魅力。另外，在网络化时代，学生的语言出现网络语、汉语拼音、英文字母杂糅的"火星文"现象，这种语言被称为"语言癌"，是语言粗俗化的结果。诗意作文教学回归"典雅语言"传统——用形象作词、用感情谱曲，让孩子的文章看起来是一幅幅多姿多彩、形象鲜明的画，读出来是一首首情真意切、感人肺腑的歌。

二、诗意作文教学的实践策略

（一）教学主体：准确定位，师生协同

在中小学作文教学过程中，教师与学生建构什么样的关系，就会形成什么样的教学范式。在规训式作文教学活动中，教师和学生是主客体二元对立的关系，因此，作文教学也就成了传输作文技法、知识的活动。回到教学的原点，所谓教学，无非就是教师"教"与学生"学"。辩证处理好教师"教什么"与学生"学什么"以及教师"如何教"与学生"如何学"之间的关系，这是作文的逻辑前提，也是作文焕发诗意魅力的关键。如果一味重视教师的"教"，作文教学成了知识的灌输、教师固有思维的复制；抑或一味尊重学生自我的"学"，作文教学又成了自由散漫的涂鸦，都是失之偏颇的。

教师在作文教学过程中应该充当什么角色？首先要看教师从事哪些工作，具体开展什么样的活动。教师的教学无外乎就是授之以知、动之以情、启之以思、导之以行。从"授之以知"的行为看，教师需要研读语文教材里

的作文教学因素，确定作文训练的主题、划定作文教学内容，设计合乎学生需要的教学目标，这一切均需要发挥教师的主观能动性，对教材、对学生、对作文教学进行立体而透彻的研究，这就意味着教师是作文教学的研究者。从"动之以情"的教学行为看，教师需要展现生活的图景，设计作文教学情境，进而营造出诱发学生内心感动的情感场。这一切都有赖于教师丰富的人生阅历、有赖于教师人文情怀的修养，教师自然就成了学生生活感动的诱发者。从"启之以思"的角度看，教师需要活化思维，鼓励学生透过生活现象把握生活本质，并有创意、有个性地表达，因此，教师是学生作文的指导者。

古希腊诗人阿奇劳哲斯（Archilochus）认为："狐狸知晓许多事情，而刺猬知晓一件大事情。"[1]黑格尔认为："智慧的密涅瓦猫头鹰总是在黄昏起飞。"[2]罗伯特·特拉弗斯（Robert Travers）则指出，"教学是一种独具特色的表演艺术。"[3]这其实形象地说明，当教师是"狐狸"般研究者的时候，学生就应该是出谷的新莺，尽管发出的嘀唱有些许的稚嫩，但他们也会展开稚嫩的翅膀作为一个相遇者去相遇自然、社会、自我的诗意；当老师以"刺猬"般的诱发者身份去分享、触发学生生活感动以及解读生活密码的时候，学生也会成为自由翱翔天地的"大鹏鸟"式的探索者，做到高瞻远瞩而又俯瞰大地，在一往情深的作文旅途中，睿智地探索人与自然、社会、自我生态隐含的为人与为文密码；当教师是"猫头鹰"，洞察学生作文教学的失误与错漏，并以智慧的指导者出现在学生面前时，会把握自我与学生的关系，在发散自身光芒的同时，也会给予学生发散光芒的机会，学生自然会成为搏击作文长空的"大雁"，寻找有创意的表达方式和德言同构的行为方式；当教师成为"云雀"般的示范者时，应将自身的人生阅历化作优美的文字，引导学生去分享感动与智慧，那么，学生自然会成为自主翱翔蓝天的"实践者"，纵横神益，汪洋恣肆，做到"六经注我"与"我注六经"。

①张富宝.春在不觉处：宁夏文学的特质与魅力[M].银川：阳光出版社，2022：121.

②安东尼·D.史密斯.全球化时代的民族与民族主义[M].龚维斌，良警宇，译，北京：中央编译出版社，2002：11.

③罗伯特·特拉弗斯.教师 艺术表演家[J].郭海云，祁志孝，译，山西师院学报（社会科学版），1983（02）：92-94.

（二）情境创设：关注心灵，触发感动

人类生存的自然世界本是一种自在的存在，日月星辰、花草虫鱼和作文者本没有形成任何因果性、必然性的联系，为什么在智慧的作文者笔下，一滴水能够看见太阳，一棵树能够摇曳满城春风，一弯新月能寄寓美好的、纯真的意象，甚至寂寞了一千年的沙漠也能建构了梦想的天堂？这是因为"物色之动，心亦摇焉"。人之心动，心到物边便是情，物来心上并化文，即心即物，即物即心，心物合一。作文是人的主观感受的个性表达，是内心情感的自然流露，是个人见解的智慧展现。诗意作文教学就是要引领学生获取人生独到感受、体验生命自在价值、品味人世至真情感，进而将人生感受、生命价值、世人情感转化为一种智慧、一种表达，最终丰富学生的精神世界。因此，其教学过程是学生精神享受的过程，是为学生的精神生命铺垫底子的过程。营造"关注心灵，触发感动"的诗意情境也就成了中小学作文教学的前提。所谓诗意情境，就是教师在作文教学之初为了诱发学生的生命感动而创设的富有情感性、生成性的教学图景。

营造诗意的情境主要目的在于：其一，营造诗意氛围，激活写作欲望。目的在于解决学生"脑子里一片空白"的问题。其二，引导细心观察，诗意感受生活。主要解决"写什么"的问题。教学的情境应该是点到为止、恰到好处，要留出足够的空间让学生自由发挥。管建刚老师认为，"五分钟解决指导。如果五分钟还没讲好，证明这个话题不适合学生。"[1]情境创设是否合适，花多少时间是合理的？应该因材施教，没有绝对的标准，但诱发学生的生命感动，让学生愿意写，愿意自然地表达确是诗意情境创设的基本要求。

怎样达到这个目的？这需要运用诗意情境的营造策略：其一，创设直观性情境，即用看得见、摸得着、闻得到的身边的事物创设生活情境，激发学生作文兴趣。比如，让学生写一个生活中的人物，中山纪中三鑫双语学校的张浩老师就把给自己家装修的工人老钟推介给学生，让学生对比装修前后的家居，对老钟进行模拟性的采访，进而激发学生的好奇心与写作的冲动。其二，创设体验式情境。即在课堂上创设功能性的生活情境，让学生现场观察、发现情境里蕴含的科技原理和人生哲理。比如，笔者曾在高中的作文课堂上模拟《拔萝卜》的童话，颇有情趣地引导学生从老爷爷、老奶奶、小孙

---

①管建刚. 让作文教学的魅力显现[J]. 小学语文教师，2011（3）：12.

女以及小耗子的主体去审视"拔萝卜"这件事情，学生发表的观点富有个性而独特，改变了千篇一律的"人多力量大"的"公共话语"宣讲。其三，创设画面式情境。即通过图片、录像或多媒体还原生活画面，唤醒已有的生活经验，进行联想性表达。比如，想象类作文《魔指变变变》，教师设计一个富有科幻性质的情节：彩虹森林发生地震，森林里的小动物们决定搬迁到美雅森林，而通往目的地的唯一关卡有一头怪兽把守，他要求每一个动物用自己的手变换奇妙的手势才可以通行。于是，同学们或个体或小组表演各种各样的手势，并进行解说。在变换手势的基础上巧妙引导学生观察生活中的手势以及牵手所蕴含的诗意。其四，创设描述性情境。即教师用语言把有些不能在课堂展示的生活情境生动地模拟出来。

（三）情怀陶冶：回归图景，复活感性

作文是要有毅力的，毅力的形成与保持其实是情怀使然，也就是作者对作文有一种诗意情怀。所谓的诗意情怀，不是指知觉、感应、体验一类普通情怀，而是能够将自我感情移植到客观事物上，通过客观事物反观自己，即中国传统文化里倡导的"民胞物与"情怀，是一种艺术化审美情感的运用。具备这种诗意情怀，作文者感受了世间的恩惠——家庭的温暖，亲朋的鼓励，社会的扶持，才会主动意识到世界万物和我们的生命产生了种种意义关系，从而用手中之笔去表达爱、发散爱，才会为成功欢乐而写作，为苦闷孤独而写作，为青山绿水蓝天丽日而写作；为流逝的岁月而写作，为新生的憧憬而写作。

诗意情怀的表达离不开诗意情感的品位与酝酿，主要内容和层次有：其一，温饱类情感。酸、甜、苦、辣、热、冷、饿、渴、疼、痒、闷等，仅仅表达这个层面的情感，很难打动人，因为这类情感，类似于人的本能情感。其二，安全与健康类情感。舒适感、安逸感、快活感、恐惧感、担心感、不安感等，比第一层次的情感有了烈度，容易有同感。其三，人尊与自尊类情感：自信感、自爱感、自豪感、尊佩感、友善感、思念感、自责感、孤独感、受骗感和受辱感等，烈度明显加强，让人容易共鸣。其四，自我实现类情感：抱负感、使命感、成就感、超越感、失落感、受挫感、沉沦感等，烈度强烈，容易撼人灵魂，产生强烈的共鸣感。

怎么促使学生内心的情感自然流淌呢？基本原则在于让学生回归到生活图景中，发挥新感性的审美与理性判断的功能。主要策略有如下几个方面：

其一，赋——自述衷肠感人心。即采用书信、日记等内心独白的形式，以细腻的心理描写和直抒胸臆的抒情方式让"我"敞开心扉，倾吐自己的心声，抒写个人的真切感受或体验，触动人心最柔软处而引发共鸣。例如学生的作文《天上之母》。该文作者文字朴实无华，字里行间直接而自然地表达丧母之痛。"……晚上还有道场上的很多事等着我去做，这里只有我一个人披麻戴孝，但我不觉得孤独，因为我总觉得，她在看着我呢。""昨天抬她进来的人，又再次抬起她，走进了火葬室，我站在门口，突然就哭得不可抑制，但我想我是为她的解脱而感到高兴吧。"这些文字无需技巧、无需文字铺陈，感情直抒胸臆，自然力透纸背。其二，比——借助意象巧载情。即不直接表达情感，而是借助某个意象，将所要表达之情寄寓在这个意象上，借助此意象加以含蓄巧妙表达。比如广东高考满分作文《让记忆之花盛放在泛黄的纸片上》，作者借助"院子里的紫藤花开了，散发着清悠安宁的香气"去比拟奶奶的独特风姿，"紫藤花清悠的香气让她陶醉在与爷爷相识的点滴岁月里"串联奶奶的人生风景。花与人相映成趣，交相辉映。其三，兴——融情于景情更浓。不直接表达情感，而是借助景物描写渲染烘托人物心情。比如江苏高考满分作文《荒山种茶人》，文中荒山及绿意盎然的茶园等环境描写无不自然流露文章主人公"父亲"热爱家乡、耕耘希望的诗意情怀，也巧妙传达自己对父亲、对家乡的热爱之情。其四，针砭时弊明爱憎。从社会现象入手，然后追根溯源，分析事物的本质原因，表明自己的喜怒哀乐。

（四）教学过程：三路协同，推进创造

关于作文教学过程，尽管基于不同的教育学、心理学理念，自然会产生不同的观点、模式，但其基本要素均离不开教师、学生、作文材料等要素。诗意作文教学基本言语实践的本体观，认为诗意作文教学过程指的是教师引领学生在言语实践活动中旅行、寻找、相遇人与自然、人与社会、人与自我的归真、求善、至美的思维体操活动。诗意作文教学环节设计自然也就是在言语实践中促使学生与文本、作者、同学以及生活进行对话。实施诗意语文教学流程的设计重点在于："授之以知、动之以情、启之以思、导之以诗行"的"教路""体验物象、感受情象、形成意象、创意表达"的文路以及"归真、求善、至美、圆融"的"文路"的统一。

教学主要环节基本构成如下：第一环节，动情体验，构建一个诗意场；第二环节，启思探究，发现或建立诗意的视角，引出写作主题；第三环节，导行表达，围绕主题进行分步言语实践，展现人生的美丽风景与逐步形成诗意智慧；其中重点在于"归真：写好一个句子"——"求善：写好一个段落"——"至美：写好一个反思"；第四环节，思维体操，典型案例展示与赏识，践行诗意化的行为法则，重点在于训练学生搞好作文形式与布局并连段成篇，即"圆融：创新篇章结构"；第五环节，自主实践，在自主合作中写出个性与新意，进行反思性表达与审美观照，变欣赏诗意为立美诗意。针对不同的写作主题与内容，这些基本环节可以进行创造性的变换，比如《旅行——遇见美好》教学环节就可以演变为：其一，创设情境导入：熏陶诗意的情怀；其二，典雅语言训练：认识至美的旅行；其三，触发心灵感动：体会求善的旅行；其四，诗意思维训练：寻找归真的旅行；其五，典雅习作圆融：寻求最炫的表达。

需要指出的是，这些基本环节属于教学的"中点"，即从起点出发，达成终点的连接点，是学生习作经验知情意与生活经验归真、求善、至美的融合点，是教师的教和学生学习的结合点，是从一句话、到一段话，再到一篇文章的训练点。也就是说教学中点是整堂课作文教学任务的分解点，内蕴着"归真——自然的诗意""求善——社会的诗意""至美——自我的诗意"认知规律和教学层次。比如魏安娜老师依照此原理设计的《我的愿望》诗意作文教学，将中点划分为三点：其一，自然归真的愿望，借助几米的漫画，引出学生自然生活情境中产生的、满足喜怒哀乐情感需要的"愿望"，比如饥饿了有食物吃；其二，社会求善的愿望，即引导学生体验社会生活中人与人之间相处需要的良善品质及社会规则；其三，自我至美的愿望，即让学生走在塑造理想自我的路上，去提升人生的境界，变个人狭小、自私的实然愿望为阔达、高境界的应然愿望。在确定这些中点的时候，需要以起点与终点作为逻辑前提，所谓的起点指的是学生对每次作文教学内容或形式已经具备有关作文知识、技能的语文经验，以及对有关作文涉及生活的体验、认识水平以及态度等形成的生活经验。所谓的作文终点，指的是教师引导学生在作文教学过程中达成的教学目标，是诗意情怀陶冶的激情喷发，是创造智慧的才华展现。简言之，就是作文经验的丰富与生活经验的精粹。

（五）教学评价：讲究神韵，高扬个性

贾平四说得好："写作就像人呼气，慢慢地呼，呼得越长久越好，一有吭哧声就坏了。节奏控制好了，就能沉着，一沉就稳，把每一句每一字放在合宜的地位。"①怎么才能够让学生自己作文过程的审题、立意、谋篇布局以及语言表达是"合宜"的呢？这就需要发挥教学评价的功能。在传统规训式作文教学课堂，教师往往成为课堂的"舵手"——既控制了教学航船，也预设了教学的航道，学生只要坐在船上按照既定的航道航行就行，教学评价自然得不到应有的重视。

诗意作文教学强调"个性化表达"，不仅是结构形式有个性，主要还在于有个性的思想、有神韵的语言，这自然引起教学评价原则和旨归的革故鼎新。从评价维度和指标分析，诗意作文教学评价倡导"过程—结果"全程评价，即作文教学过程从起点到终点，每一教学中点，无论是写一句话，还是写一段话以及合成完整的一篇，都强调评价的诊断、导写功能。比如，慈溪市龙山镇龙山小学陆涯鸿借鉴诗意作文教学观念在《乡村拾趣》作文教学实践中设计了系列教学评价，有效地引领学生的诗意生成：在"展示古诗意境，触发心灵感动"环节，教师在出示相关古诗及图片后，要求学生写一句话，回答什么是"乡村之趣"。评价标准有三点——"内容：表现内容为乡村所见、所闻；技法：化用古诗句；抒情：巧妙表达感受"，在教师示范、评价标准的指引下，学生不难写出"乡村之趣是稚子巧傍桑阴学耕种的天真烂漫""乡村之趣是蝴蝶在花间翩跹起舞时的优美动人"等典雅语言。

在段落写作训练的环节，教师教学的目的在于引导学生把乡村见闻写具体并自然表达感受。首先师生按照"走在——（地点），——（看到的景物、听到的声音、触摸到的事物），我的思绪——（回忆时间），——（回忆事情）"的支架共同完成完整的段落写作。然后鼓励学生根据该支架进行创造性的变式练习，形成"未见其人，先闻其声"的支架——"'哈哈哈，哈哈哈'远处传来一阵阵爽朗的笑声。（可以自己调整句式）——（探寻何处发出的声音）——（看到乡村之景）——（听闻乡村之事）——（再听乡村之声）"。接着，鼓励学生创新表达，形成自己表达的个性风格。最后，师生共同讨论，形成写完整一段的评价要点：教师反馈，提供习作小密钥：其一，内容：乡村风情、人物、景物突出"趣味"，可以是一个场景，也可以是3个场景；其二，结构：在老师给出的支架上有自己的创新；其三，技法：用上3处神态描写，5处动作描写，2处语言描写；其四，抒情：写3处自

---

①周明，王宗仁.2015年中国散文排行榜[M].南昌：百花洲文艺出版社，2016：75.

己的内心感受。

从评价的方式审视，诗意作文教学审思规训式作文教学"个体作文抓耳挠腮"之窘境，在深入研究新课标倡导的"自主合作探究"学习的构成要素及其之间的逻辑关系、制度设计和支撑体系的基础上，创设"自主+合作"作文训练机制。反映作文评价板块，就是教师引导学生依据评价指标，根据不同的教学任务，或组织同伴之间互评，或小组集中评价，对每一位同学每一阶段的作文进行鉴定与借鉴。所谓的鉴定，指的是评判同学作文与评价指标的达成度；所谓的借鉴，就是学生个体能够向他人学习的要点。通常会采取"发现优点"的评价原则，让学生向他人学习自己欣赏的"作文点"，吸纳为自己作文的"创新点"。比如"欣赏他人的句子"，一方面写出欣赏的理由，另一方面根据自己的需要改写或创写成自己的句子。作文教学评价活动全程化，将作文教学质量控制贯穿教学的输入、输出和实施过程，有利于解决规训式作文评价模糊、学生看不到作文进步的问题。

第二章 诗意作文本质论：
言德同构呈风景

第一节 从诗的起源看诗意作文教学的本质

一、诗意作文本质研究的基本逻辑

（一）为什么要研究诗意作文的本质

诗意作文是什么的问题属于本体论研究的范畴，诗意作文怎么样属于本体论当中的本质论研究。为什么要研究诗意作文本质？主要的目的不外乎四个方面：其一，理解，研究作文的本质有助于中小学教师深入理解诗意作文为什么会存在，以及它在中小学作文教学中的位置和作用；其二，预测，了解作文的本质有助于中小学教师根据新课标精神和学生成长发展的需要预测诗意作文在未来的变化和发展的趋势，从而为可能出现的问题做好准备；其三，应用，要在作文教学实践中发挥诗意作文最大化的效能，需要正确理解和把握作文的本质，促使作文教学实践走向科学而诗意的发展道路；其四，创新，通过研究作文的本质，有助于中小学教师发现新的问题，或者在原有理论与实践的基础上进行创新，创造出更符合新时代需求的新的作文教学模式或新方法。总的来说，研究作文的本质可以帮助中小学教师科学而合理地认识和理解作文，进而推动中小学作文教学的进步和发展。

（二）如何研究诗意作文的本质

如何研究作文的本质？所谓的本质，指的是揭露新的方面、关系等的无限过程。人对事物、现象、过程等的认识是从现象到本质、从不甚深刻的本质到更深刻的本质的深化的无限过程。这其实就在告诉我们，事物的本质是多重的，人类对事物本质的认识是一个不断深化的过程。从不同的角度，可以对同一个事物得出不同程度的认识，诗意作文的本质认识也是如此。所谓诗意作文的"本质"，指的是诗意作文的根本性质，是构成这一作文教学必不可少的要素的内在联系，比如诗思、诗情、诗意、诗语等；也是诗意作文拟题、构思、结构等外部表现形态的根据，它是由作文主体与教学内容、形式等内部的特殊矛盾构成的。正如诗意作文内涵所指出的，诗意作文的本体是言语实践，属于动态的活动机制，研究其本质不应该限于静态的语义学分析，而应该还原动态的过程，因此，研究诗意作文教学的本质应该从发生学的视角探讨其发生机制。

二、诗意作文教学的发生机制

要清楚诗意作文的教学机制是怎样的，需要探索诗意作文是怎样诞生的。马丁·海德格尔（Martin Heidegger）以"人"作为其哲学研究的出发点，通过"在者"的此在去把握"在"，以期体现人在成长过程中呈现的生命价值，形成独特的存在主义本质论思维方式。借用其哲学思维，去审视诗意作文教学的"在者"之"在"，"是者"之"是"，其本质可能会逐步从历史烟云和时代话语堆积的雾霭里逐步撩开神秘的脸庞，我们也可借此观赏、品味其曼妙的风姿。与西方传统"爱智"文化有本质区别的是，中国文化的本体是诗，中国文化是诗意的文化。在中国诗意文化的视域里，中华民族凭借"诗"这一精神实践方式对接自然，对接宇宙，对接人生，达到"天人合一"的境界，诞生了富有民族特色的诗教。中国的作文最初是从写诗开始的，诗何以存在？探索诗意作文教学的发生机制，其逻辑前提就是要探究诗教是怎么形成的？所谓的诗教，直白的解释就是以诗去教。早在西汉的《淮南子·道应训》中就指出："今夫举大木者，前呼'邪许'，后亦应之，此举重劝力之歌也。"①鲁迅先生也指出过："我们祖先的原始人，原是连话也不会说的，为了共同劳动，必须发表意见，才渐渐地练出复杂的声音来。假如那时大家抬木头，都觉得吃力了，却想不到发表。其中有一个叫道'杭育杭育'，那么这就是创作……倘若用什么记号留存下来，这就是文学；他当然就是作家，也就是文学家，是'杭育杭育'派。"②诗似乎依据人的劳动而存在。诗是劳动的产物，但人的劳动仅仅是为了肉体的生存吗？

---

①刘安及其门客. 淮南子[M]. 沈雁冰, 选注, 北京: 崇文书局, 2014: 72.
②鲁迅. 鲁迅全集（第六卷）[M]. 北京: 人民文学出版社. 1958: 65.

"人类有个原始时代，其时人接近大自然的心灵，在自然状态中同时达到人类的理想，处于乐园的善行和艺术气氛中；这就要假定我们人人都是这样完美的原始人之后裔"。[1]在鲁迅看来，就是中华民族先民写的第一首"杭育杭育"诗，自然也是他们所作的第一篇作文。那么，作为"作文"教学的一种民族化形式，它的生成机制究竟是怎样的呢？

（一）劳动促使人从非本真走向本真

从起源来看，诗教滥觞于中国文明的萌芽时期，源于"以诗观风""引诗言志"的社交活动，发展于巫文化的歌舞祀神，成长于周代以德治感化为宗旨的礼乐文化。从简单梳理的发展史看，诗教的发生大概离不开两个途径：一是来自发现，一是来自创造。

诗教如何发现，如何创造？首先需要探究人所生存的世界是怎样的，其次要分析人作为世界的"在者"是怎样的存在？人是自然之子，作为"在者"，在海德格尔看来，是非本真的存在。所谓非本真，指的是"在者"是像其他动物一样本能地存在，在不明确自己何以为人就已经存在了的存在，是现成的、被规定了的、具体存在的东西[2]。作为非本真的存在，他所面对的世界，是神秘莫测的时间，与浩渺茫然的空间以及彼此疏离的人与人的关系。是什么促使人在这个三维或思维的时空里去建构彼此相关的联系？关于这个问题的研究，相继诞生了"神示说""天赋说""感觉欲望说"以及"自然起源说"等观点。[3]这些学说，无论是黑格尔的个人理性从属于宇宙理性，康德所宣称的位我上者的"头上的星空"与在我心中的"道德律令"，还是中国传统文化所宣扬的仁义道德"出于天"（《春秋繁露·基义》）与"根于心"（《孟子·尽心下》），都涉及人的主观能动性，涉及人的自我意识的主动性，只有人的心灵才可以将自己"先天"自在的世界与"后天"自为的世界勾连起来，实现"本真"存在的超越。所谓的本真存在，是超越自然的本我实现与世界建立关系的自我，甚至超我的存在，是作为人主动的存在。

人成为本真存在的决定因素不是天赋本能，也不是神授异禀。马克思从

---

①尼采. 悲剧的诞生[M]. 周国平, 译, 北京: 三联书店, 1986: 156.

②海德格尔. 存在与时间[M]. 陈嘉映, 王庆节, 译, 北京: 生活·读书·新知三联书店: 2004: 463.

③唐凯麟, 龙兴海. 个体道德论[M]. 北京: 中国青年出版社, 1993: 95-106.

历史唯物主义的角度审视社会关系和社会意识的关系问题时指出"不是意识决定生活，而是生活决定意识"[①]，即社会存在决定社会意识。社会存在是一种什么样的存在？马克思从人的存在与动物存在的区别中进一步分析"动物不对什么东西发生'关系'，而且根本没有'关系'；对于动物来说，它对他物的关系不是作为关系存在的"[②]。动物的存在是一种本能的非本真存在，而人的社会存在是一种被意识影响了的关系存在。这种意识的关系是何以形成的？恩格斯1876年接续这个话题，在其《劳动在从猿到人转变过程中的作用》一文中科学地揭示了人类关系发生的秘密，其实也揭示了人成为本真存在的秘密：以劳动为表征的生活实践是生成人之所以为人的首要条件，劳动不仅创造了人的本身，还创造了人与自然、人与社会，乃至人与自我的关系。因为，在生产力水平不高的时代，人类为了生存需要结成一定的社会关系，从事集体的生产劳动，才可以在恶劣的自然条件中获取生存所需的物质资料。在生产劳动实践的过程中，为了提高劳动的效率，人们自然产生沟通、交流、交往的需要，由于彼此的交往，自然催生了自我意识以及语言，从而建立起各种社会关系；为了使各种社会关系能够比较稳定地发挥作用，人们自然从劳动生产实践中形成有关功与利、是与非、善与恶、祸与福等道德观念、社会规则，甚至发展为伦理道德。人类视道德及道德教育作为一种调整人类社会关系、建构美好栖居——"诗与远方"的特殊手段，其终极关怀始终是指向指引、调控与规范个人或群体的行为，这种行为需要个体德性形成、提升作为逻辑前提。因此，劳动实践是人超越非本真实现本真存在赖以发生的客观条件，而人展现的主体性与主动性则是"诗"发生的主观前提。

（二）美善圆融关系的建立是诗教发生的价值取向

人从本能的非本真存在走向自我、超我的本真存在，在海德格尔看来就是活在世上（being-in-the-world）与超脱俗世（Unearthly-the-world）二元对立的存在。这种存在是时间、空间与自我意识相互冲突、对立，而又统一的存在。从冲突的角度而言，是时间维度的存在，人总是在过去、现在和未来之间纠结，有的缅怀童年的回忆，有的寄望渺茫的未来，二者综合作用到当

①中共中央马克思恩格斯列宁斯大林著作编译局.马克思恩格斯全集（第1卷）[M].北京:人民出版社, 1995: 31.
②中共中央马克思恩格斯列宁斯大林著作编译局. 马克思恩格斯全集（第1卷）[M].北京: 人民出版社, 1995: 35.

下的"此在",只会产生"烦"的情绪;从对立的角度而言,空间维度的存在,人一方面与他物发生关系,一方面与他人发生关系,也就是人总是在观照他人且通过他人的观照实现本我的超越,而在对象化他物与他人的过程中必然导致自我地位、自我意识的矮化,甚至消逝,作用于自己,也必然出现"烦心""烦人"的事情,那么,人在充满辛劳的、冲突的、对立的世界如何实现统一呢?如何实现诗意地栖居呢?关键之处在于发挥人作为人的主体性,一方面观念地或理想地赋予此在的时空以美善的关系,另一方面需要借助诗去还乡。

借助西方道德教育的研究,也可以得到佐证。皮亚杰致力于研究儿童的道德情感和道德判断,探究出道德教育的发生机制,即儿童道德的发生发展是自己积极思维的结果,总体趋势是由他律道德到自律道德的发生和发展;道德活动特别是富有群体性的合作性活动是自律道德发生的根本动力。科尔伯格在皮亚杰研究的基础上把儿童个体道德发生、发展自律与他律两阶段论发展为"三个水平六个阶段":前习俗水平——服从与惩罚的定向和朴素的利己主义定向两个阶段;习俗水平——好孩子定向和法律和秩序的定向阶段;后习俗水平——社会契约与个人权利定向和普遍的道德原则定向阶段。从中可以看出,道德的发生除了有赖于个体的智力因素外,主要取决于社会生活实践,取决于后天的社会教化。道德发生与认知有关,但认知不是道德发生结构的全部。当代美国心理学家杜拉德和米勒认为儿童的道德发生是学习模仿和认同成人角色的结果,是道德需要、道德情感和道德行为的协同作用的结果。他们从不同的层面和视角对道德的发生结构进行适当的补充。从这些研究成果不难看出,诗教的产生,如同德育发生的一样,其要素离不开认知、情感、意志和行为等等综合作用,这四个要素从来都不是单兵作战的[①],需要互相促进、协同作用。

这就产生了另外一个问题:"知、情、意、行"是如何协调在一起并发挥协同作用的?人的本真存在源自劳动生产实践,随着生产力水平的提高,人们认知水平也随之提高,原来属于本我范畴的自然关系或道德关系会分崩离析,而原本没有发生关系的人与物也会重新建立起新的关系。因此,人与

---

①王海明,孙英. 寻求新道德——科学的伦理学之建构[M]. 北京: 华夏出版社, 1994: 405.

自然、人与社会、人与自我的关系并非先验存在的，不是恒定不变的，而是一个生成的过程，是一个动态的不断变化发展的关系，是"你—我"之间的一种平等和尊重关系①。人和自然和社会乃至和自我能够建立起趋向于诗意栖居的关系既是生产劳动使然，也是个体自我发展社会化、理想化的需要。本真存在除了要建立一个"脚踏实地"的归真，还需要建构一种"仰望星空"的求善，乃至至美的关系。这也就是诗教理想性本质生成的必然原因。

古希腊文化是西方文明的主要源头，诞生于斯的诗学与诗教思想历来以"真"为"善"、以"真"为"美"。比如在柏拉图看来，诗的本质就是非理性、非科学的代名词，它不是理性的产物，因而也不受理性的规束和制约②。尽管他一辈子痴迷于诗，但也总是在质疑、批评诗人存在的价值。他眼中的诗人成为"非理性"的代名词，其所以能够写诗、诵诗，不过是"神赋"的功能，从这可以窥探西方诗及诗教奉科学理性为圭臬的价值取向。在中国传统诗意文化的视域里，先秦儒家发现并创造的诗教是以"善"为"美"，以"善"统"真"。所谓"以善统真"就是把整个宇宙视为一个潜在的诗意场域，人的使命就在于按照理想之善的标准去"为天地立心"，使天地万物均具有伦理德性色彩并呈现出内在的美好本质。"天命之谓性，率性之谓道，修道之谓教。"（《中庸》）"正德利用厚生惟和。"（《尚书·大禹谟》）在儒家的视野，天地自然万物均是具有伦理道德意味的实体，而自然万物为"我"所用的先决条件在于"正德"，正德的过程就是"致知"的过程。而"致知云者，致吾心之良知焉耳"③。所谓的"良知"是"直接地在人心之内寻求善和幸福"④，是明辨是非的道德意识与真知，是成为"君子""圣人"的实践意义上的理想人格。这显然不是西方认识论意义上的主体对客体的认知问题，也不是借助神赋的、先验的本领寻求客观世界"真"的知识。

先秦儒家在处理美善关系上，往往也是"寓善于美"，强调美善统一。例如，伍举借楚灵王建造的章华台谈论美善的关系时作出了这样的判断：

---

①周作宇. 道德生成与德育选择[J]. 北京师范大学学报（哲学社会科学版），1998（4）：19.

②亚里士多德. 诗学[M]. 陈中梅，译，北京：商务印书馆，2005：259.

③王阳明. 王阳明全集·卷二十六·大学问[M]. 上海：上海古籍出版社，2012：971.

④冯友兰. 三松堂学术文集[M]. 北京：北京大学出版社，1984：40.

"夫美者，下上内外，小大远近，皆无害焉，故曰美。"（《国语·楚语上》）在伍举这些先秦儒家看来，美就是伦理道德之善，而且是贤德之善。正因为这样，"臣闻国君服宠以为美，安民以为乐，听德以为聪，致远以为明。不闻其以土木之崇高、彤镂为美，而以金石匏竹之昌大、嚣庶为乐；不闻其以观大、视侈、淫色以为明，而以察清浊为聪。"国君治国应当遵从德性，把国家太平，四方之民各得其所作为治国根基，而不是独享眼目感官之华美。"里仁为美，择不处仁，焉得知？"（《论语·里仁》）孔子视"仁德"为"美"，他在齐听闻《韶》乐，之所以三月不知肉味，就在于《韶》之仁德的内容与美的音乐形式达到了完美的统一，也就是《韶》这种美"乐"不仅储"善"，也可以促"善"。

所谓"以美促善"就是赋予诗教以美的形式，通过形象的感染和情感的激发，引导人们自觉地净化自己的心灵，陶冶情操，将外在的道德规范化为自己内心的理想信念，到达接受社会伦理道德规则如同接受音乐熏陶的同样效果。如何以美促善？孔子特别重视《诗》的道德教化作用："诗可以兴，可以观，可以群，可以怨。迩之事父，远之事君，多识于鸟兽草木之名。"（《论语·阳货》）并且断言"不学诗，无以言。"（《论语·季氏》）诗教之所以具有引领人从非本真走向本真的功能，就在于诗主要借助比德喻志的手段去塑造意象传达诗意栖居的观念、价值与情感。所谓的"比德喻志"，指的是诗作者将自己对自然、社会、自我关系的体验与感悟，由自然物的属性特征形象地用于比拟人的道德精神品质，把规约化的道德他律自觉地内化为受教育者自我净化与升华德性的自律活动，从而达到"举一隅不以三隅反""闻一以知十"的美善圆融效果。比如，"天行健，君子以自强不息。地势坤，君子以厚德载物。"天与地是自然存在之物，本无所谓德育之观念、价值与情怀，但天道运行，刚强劲健，如同有德性的君子力争上游，刚毅果敢，即使遭遇挫折，也不屈不挠；大地宽广、厚实、平坦，如同君子胸怀宽广，厚实，包容万物。再比如，"为政以德，譬如北辰，居其所而众星拱之。"（《论语·为政》）"岁寒，然后知松柏之后凋也。"（《论语·子罕》）孔子以众星环绕的北辰熠熠生辉隐喻百姓向往仁德之政，以松柏傲霜独立象征君子之德，均给人形象的感召与以美促善的力量。

（三）在言语实践中生成"为人"与"为文"的本质

回到存在主义的视域，海德格尔认为人的"本真存在"事实上有两个层面的含义：其一，强调身体存在的原本、纯洁、本相、天然；另一方面，需要借助诗的语言去技术性"干预"与去修饰性"遮蔽"。在现代工业，乃至信息化社会，人日益被物化，被符号对象化，成了标签化、技术化、工具化，甚至零件化的对象，发展成异化的"单相度人"①，这种人就是"他在"的非本真的人。要从非本真的状态发展为本真的存在，除了发挥第一层次秉持一颗赤诚之心去对接自然、对接社会和对接自我纯然的本性功能之外，更需要借助语言的本体作用。人之所以实现非本真到本真存在的超越离不开语言的本体作用，同时世界也只能在"人—语言"的关系里呈现，这也就意味着"接受和顺从语言之要求，从而让我们适当地为语言之要求所关涉。"②从这个立足点看，什么样的语言就决定什么样的存在。

作为栖居在大地上而又追求诗意栖居的人，需要用什么样的语言实现这一梦想呢？答案自然需要从"诗"及"诗教"去寻找。人与自然、人与社会、人与自我美善关系的建立，无论是以善统真，还是以美促善，均离不开人诗之诗意的"道说"，这种道说事实上就是超越主客体对立关系，也是超越真与假、是与非、美与丑等关系的对话。诗意栖居的观念、价值与情感也只有凭借"诗"之语言的"道说""牵引"的功能，才会实现人与自然、人与社会，乃至人与自我的对话。这就需要我们继续追问：支撑人与自然发生生产劳动关系的是创造性使用工具，支撑人与社会、自我发生关系的途径是对话，那么支撑对话的本体又是什么呢？孔子给出的答案是"有德者必有言"（《论语·宪问》）。马克思主义者和现代存在主义者乃至后现代语言哲学的拥趸，也把结论指向语言。诗教的语言与日常语言有什么不同？它需要什么样的言说才可以促使诗意之发生？教育正是通过语言的渗透与引导而使个体在语言中并且凭借语言来配置人生，构建人生的精神历程。③诗之语言使人思，使人悟，它是人存在的本体，还是超越存在的凭借。那么，诗和诗教运用语言符号的实践又是什么实践呢？从人的本质审视，人是创造性运用语言符号创造文化的动物，促使人不断发展的根本原因，就是运用语言符合进行的实践活动，这种实践不同于改造自然世界的工具实践，它直接作用于人心灵的改造，促使人与自然、社会、自我建立一种诗意的关系，自然就是一

---

① 赫伯特·马尔库塞.单相度的人[M].刘继，译，上海：上海译文出版社，1989：208.
② 海德格尔.在通向语言的途中[M].孙周兴，译，北京：商务印书馆：2004：1.
③ 刘铁芳.语言与教育[J].河北师范大学学报（教育科学版）2001，3（2）：36.

种以语言为凭借的言语实践活动。

与诗人用诗的方式给相遇的世界以诗意的命名言语实践相同，诗教以"诗"的语言符号作为认识世界、道德教化以及审美的凭借，进行"兴于诗、立于礼、成于乐"相结合的活动，这三者只有融合到言语实践的本体之中，教育者和受教育者才会在语言符号道说的过程中自动消解主体与客体的二元对立，赋予师生主体以美善的关系。以此为前提，这种实践还建构并创造一种诗意的情感场，赋予教育内容以诗意的情趣，教育事件以诗意的观照，教育境界以诗意的遐思，同时创造一种新的审美趣味与道德追求，让人们脚踏大地而又不忘仰望苍穹，直面平庸的人生而保证灵魂的高贵圣洁。这样，在历时性的时间维度将言语实践提升到诗教本体存在的高度，使人不仅着眼当下的诗意人生，同时把握历史去追求未来生活的意义；在共时的空间维度，用诗意的语言道说并重新评价人类的行为，使之体验到：人与自然生态、社会生态以及自我生态的诗意关系，赋予自然、赋予社会乃至自我"互惠共生""和谐共荣"的关系。

所谓诗教本质，是诗教之所以区别于其他教育形式的一种根本属性。审视诗教的本质，首先应该立足人的存在，人是非本真的存在，也是本真的存在。作为非本真的存在，其时间是自然、自在的时间，其空间也是独立于社会的自然存在；而人的发展是一个与自然、社会、自我相遇的活动过程，这个相遇首先体现在劳动上。借助物质劳动，促使人与自然相遇；借助精神劳动，促使人与社会相遇；借助符号劳动，促使人与自我相遇。从劳动实践维度看，劳动是主体的人运用劳动工具对接自然、社会与自我的活动，从而生成本真的存在，自然就克服了非本真的"定在"而走向生成性的"不确定存在"，人就是在相对确定的、非本真存在向相对不确定的本真存在螺旋上升的过程中成长起来的，因而具有生成性本质。这就意味着立足于人、为了人而发展的诗教不应该是非本真的"定在"，而是本真的动态生成。诗教及其现代转化，不论采取什么方式命名，其教育或教学宗旨均不能离开人在言语实践中创造性运用语言文字符号去生成"为人"及"为文"的本质，这种本质其实就是语言与德性的同构。

三、诗意作文教学的本质

关于中小学作文教学的本质，目前学界和实践工作者从不同的视角得出了不同的认识。比如从作文教学对象看，中小学作文教学强调学生的个体经验和感受，鼓励学生通过写作表达自己的思想、情感和个性。同时，教师也关注学生的个体差异和特长，尊重学生的个性选择和发展，鼓励学生尝试不同的写作方式和风格。因此，中小学作文教学具有个体性与差异性的本质。从师生关系看，所谓的作文教学就是教师引导学生写的活动，在教学过程中，教师注重激发学生的写作兴趣和自信心，帮助学生逐渐掌握基本的写作技能，促进学生语言能力、思维能力和文化素养的发展。因此，中小学作文教学具有启蒙性和发展性的本质特征。再比如，从作文教学内容看，作文的内容就是学生的生活，而生活涵盖了家庭、学校、社会等全部内容，作文教学一方面要加强与其他学科的教学相互渗透和联系，如阅读、数学、科学等，形成综合性的教学体系；另一方面要加强与现实生活的联系，让学生能够将所学的知识应用于实际生活和工作中。因此，中小学作文教学具有综合性与实践性特征。诗意作文教学有哪些本质特征呢？这需要回到生成机制进行审视。

（一）人的生成性存在决定诗意作文教学的生成性本质

所谓诗意作文教学本质，是这种作文教学形式之所以区别于其他教育形式的一种根本属性。审视其本质，首先应该立足于人的存在，人是非本真的存在，也是本真的存在。作为非本真的存在，其时间是自然、自在的时间，其空间也是独立于社会的自然存在；而人的发展是一个与自然、社会、自我相遇的活动过程，这个相遇首先体现在劳动上。借助物质劳动，促使人与自然相遇；借助精神劳动，促使人与社会相遇；借助符号劳动，促使人与自我相遇。从劳动实践维度看，劳动是主体的人运用劳动工具对接自然、社会与自我的活动，从而生成本真的存在，自然就克服了非本真的"定在"而走向生成性的"不确定存在"，人就是在相对确定的、非本真存在向相对不确定的本真存在螺旋上升的过程中成长起来的，因而具有生成性本质。这就意味着立足于人、为了人而发展的诗意作文教学不应该是非本真的"定在"，而是本真的动态生成。从实践操作层面而言，诗意作文教学不应该是教师预设的文章内容、形式的定在，而应该基于人的生成性本质促使作文教学去激发学生的创造与生成。

（二）诗意栖居的梦想决定诗意作文教学的道德性本质

从人的社会性存在维度看，国外学者认为人与社会构成的世界，尽管具有隐蔽性、复杂性、多样性等特点，但人类凭借主体性的发挥，赋予生存的世界以诗意栖居的梦想[①]。为了实现这一梦想，人类需要开发教育内在与外在的功能。从内在功能看，诗意作文教学具有培养学生创造力、想象力和个人审美力的作用；从外在功能看，还有转变学生价值观以及培养他们对文化或道德的理解，从而促进人与社会美善关系建立的作用。孔子在谈到诗教的作用和功能的时候认为："入其国，其教可知也。其为人也温柔敦厚，诗教也。"（《礼记·经解》）孔子在这里所说的"诗教"，就是用诗来管理、教化社会，也就是人们常说的"以诗教化"。诗通过潜移默化的作用，对人的心灵进行陶冶，使心灵得以净化，得以丰润和提升。也就是说，诗教不仅可以提高人的精神品质，还会促成"成孝敬，厚人伦，美教化，移风俗"等教育质效，其功能显现于政治、伦理、教化，乃至社会交往诸多方面。同样的道理，脱胎于诗教的诗意教学特别注重培养学生的传统优秀文化素养，让学生在作文的时候了解和掌握相关的文化知识和背景，从而能够更好地理解和运用语言。同时，特别注重学生的"为人"德性的培养、人文关怀，秉持作文如做人的理念，让学生在写作中能够用文字表达自己的人文素养和道德品质，因而能够产生"缘情而绮靡""立德而立人"的质效。诗意栖居的梦想是促使人类由非本真存在的物质人发展为本真存在的精神人，甚至灵魂人的根本动力，因而，诗意作文教学因人诗意栖居的理想性决定了其本质具有道德性本质。

（三）言语实践的本体论决定诗意作文教学的言德同构性本质

从言语实践本体的维度看，诗意作文教学是教师引导学生建构与运用语言符号认识并改造人与自然、人与社会、人与自我及其关系，从而生成"为人"与"为文"圆融的活动，因而具有言德同构性。孔子所提倡的"不学诗，无以言"，不仅看到了诗教的语言能力培养奠基作用，还通过"兴—观—群—怨"说，揭示了"人—语言"建构的不是指称和被指称的二元对立关系，而是主体间进行对话、交流的言语实践活动。所谓的"兴"，正如"坎坎伐檀兮，置之河之干兮"（《诗经·伐檀》），一方面指的是人类通过劳动实践，进行自然的"感发意志"；另一方面指的是人类创造具有劳动

---

①Richardson W J.Heidegger: through phenomenology to thought[M]. New York, USA: Fordham University Press, 1993.

生活性的意象和情境，从而"引譬连类"。所谓的"观"，指的是人类对自然劳动及社会生活情境进行观察体悟，用语言记载各地的风俗与政教的得失。所谓的"群"，指的是人类需要借助"诗"以及诗一般的语言，在社会参与的群体之间进行多元对话、交流，既做到"以诗言志"，还做到"以诗喻志"，赋予诗以社会交际功能，赋予人的心灵以诗意情怀。所谓的"怨"，表面看来，指的是诗教内容要表现人民疾苦，以引起统治者的注意。结合孔子诗教可以"迩之事父，远之事君"的价值观审视，"怨"的深层含义指的是人类借助"诗"以及"诗"一般的语言能够创造一种得体的表达，主要表现在"人际关系的和谐性""传达信息的委婉性""表达情绪的适切性""表达态度的分寸感"等方面。诗意作文教学注重学生的情感体验，让学生从自己的生活中挖掘和选择写作素材，表达自己的思想和情感；在教学过程中，教师引导学生通过感受和表达自己的情感，发掘写作的灵感和动力。诗意作文教学强调语言艺术的重要性，通过品词、炼句、修辞等手法，让学生在写作中达到语言的美感和表现力。教师注重培养学生的语言运用能力和文学鉴赏能力，让学生在写作中能够发挥语言的魅力。诗意作文教学注重培养学生的创新思维和创造力，鼓励学生发挥自己的想象力和创造力，进行个性化的写作。在教学过程中，教师通过引导学生探索和尝试新的写作方式和技巧，激发学生的创新精神和批判思维。这些理念和做法依托"诗"，又不限于"诗"，做到为人的德与为文的言的同构共生。

第二节　作文的品质取决于德行修养的水平

任何教师教学生写作文都会涉及一个立意问题。立意问题不仅仅是一个技法指导的问题，更是一个关于作文教学本质理解不到位，导致为人与为文关系处理的本末倒置的问题。如何指导立意？中小学教师将视角聚集到审题角度，要审题眼，抓中心词，主旨词等；还要抓题限，题目规定的数量、范围、文体等；以及抓审题蕴，题目本身的内涵、外延以及比喻义、象征义等。其实立意水平的高低不在于教师讲授的审题技巧，而在于学生德性修养的水平。写文章其实就是做人，做人的品质，决定立意的品质，正如叶圣陶先生所认为的"作文如做人"。

一、学生作文审题立意存在的问题

所谓审题就是审清题意，明确作文命题的要求；所谓立意就是确立作文的思想内容。认真审题、恰当立意，表面看来只是技巧问题，事实上是学生为人的修养问题。

（一）学生作文审题不清的问题

从审题看，学生审题存在的问题可以归纳为以下两个方面：其一，审题失误，抓不住中心；其二，理不清关系，抓不住实质。比如有一道作文题，要求阅读牧也的诗作《跌倒》："风，跌倒了/才有了美丽的落叶//云，跌倒了/才有了滋润大地的雨水//太阳，跌倒了/才有了静谧的夜晚//所以/我们不再害怕跌倒/让我们在跌倒时/用最美丽的姿势/站起来"。命题者要求学生以"跌倒"为话题，自拟题目，写一篇不少于600字的文章。

这个作文题引用的材料是一首现代哲理诗，前三句以"风""云""雪"三种自然物的"跌倒"的故事作构成引出主旨的"比兴"，点明了"跌倒"的意义在于付出一定的努力，经受一定的挫折，也许未能实现初衷，但在遭遇挫折，而且在挫折中能够端正心态，也会创造出"美丽的落叶""滋润大地的雨水""静谧的夜晚"等"美景"；接着用"所以"进行总括，由此及彼地类推到人类的为人处世——"我们"应该如何面对"跌倒"的问题。作者采取赋的手法，直接阐述每一个人应该执有的策略：其一，"不再害怕"，需要用平和的心态对待来自学业、职业，以及人生的种种挫折、失败，尤其是需要调整因为挫折、失败而带来的忧愁、郁闷的不良情绪；其二，"用最美丽的姿势站起"，这也就意味着我们不仅应该正确认识到挫折、失败的价值、意义，还要敢于迎接它们带来的挑战，采取合理而积极的方式予以解决。该材料前一段的三个意向十分生动，后面的叙事与说理直白，蕴含人生的智慧。申请题意的要点在于：其一，善于读题，读出原材料归真的现象以及现象背后的哲理。即"跌倒"是自然界普遍存在的规律——春夏秋冬向来都是交替运行的，一草一木的兴衰繁荣也是此起彼伏的；其二，善于审题，所谓的审题就是要在读懂原文的基础上读懂材料，文本的作者和命题者隐藏着一个理想，那就是我们作文的人，应该拥有健康的心态，积极的人格，在生活中遇到坎坷、挫折、失败或人生的苦难、逆境等情况的时候，能够勇敢面对，积极应对，从而取得学业的成功、事业的辉煌，活出人生的精彩；其三，善于答题，所谓的答题，其实质在于通过作文塑造好理想自我的形象，将自己对于挫折、失败的独到感悟与情思通过合适的语言表达出来，以此彰显理想的形象。

从以上的分析不难看出，如果学生缺乏为人的修养，没有比较丰富的人生阅历，会难以把握文本作者及命题者的初衷，会导致作文的过程中容易偏离话题，甚至完全脱离了主题。

（二）学生作文立意模糊的问题

受审题不清的影响，作文的立意也存在模糊不清的问题，主要体现在如下几个方面。

1. 立意偏主题

有些学生由于对作文题目或材料的理解不够深入，将复杂的现象、主题简化到公式化、一般化的层面，无法充分探讨问题的深度和复杂性，往往导致作文的立意出现偏差或不准确。例如，如果作文主题是"气候变化"，学生只是简单地声明"气候变化是因为人类排放太多二氧化碳"，而没有深入探讨复杂的科学、社会和经济问题，这样的立意就不准确。再比如，如果作文主题是"我的家乡"，学生却花费大量时间描述自己的家庭，而没有足够描述家乡的特点和重要性，这就偏离了主题。

2. 立意缺中心

中小学生在作文过程中面对庞杂的材料、生活的现象，缺乏判断力和审丑、审美的能力，面面俱到，导致出现下列常见的现象：其一，无中心，写了很多事情，但不知所云；其二，全文无关主题，不管与上文是否衔接，在文章结束前写上与文章中心无关的几句闪光的话；其三，多中心，文中几件事没围绕一个中心写。例如，作文题目是"我的理想"，学生的作文内容涉及的有：先总写喜欢吃蛋糕，然后介绍自己学习如何制作蛋糕，接下来记叙自己在一家蛋糕店工作的琐事。最后，才点明希望能有自己的蛋糕店。这个作文立意缺乏中心，因为它只是简单地描述了一个爱好，没有深入探讨主题"理想"的认识。作文应该更深入地探讨为什么选择开一家"蛋糕店"这个理想，以及为了实现这个理想，需要什么样的努力和计划。

3. 立意缺深度

有些学生的作文虽然有明确的主题，但是缺乏深度挖掘，不能由表及里、由浅入深、由果推因、由形观神地审查事物，不能透过现象深入本质，透过表象看到真相，使得文章内容浮于表面，没有深入探讨和展现思想内涵。例如，作文的题目是"网络的利与弊"，学生在论说文写作的时候，缺乏对网络的正确认知，简单套用教师强化的议论文三段式论证结构：其一，简单阐述网络的益处，可以让我们聊天、玩游戏、看视频；其二，重点论述网络存在的缺点，比如有人会利用网络进行诈骗和传播病毒；其三，作出结论，应该合理利用网络，避免受到其负面影响。学生这样写作，其立意显然是缺乏深度，因为他们只是对"网络"这一话题进行了简单的陈述和概括，没有进行深入的分析和探讨。

4. 立意缺新意

有些学生在审题时缺乏独到的见解，往往沿用他人的观点或陈旧的主题；有些学生甚至投机取巧，套用范文，只在结尾象征性地点一下题。例如，学生在写以"英雄"为话题作文的时候，有学生写《母亲——我心中的英雄》，记叙了母亲持家的艰辛、对父亲的忍耐、对邻人的关爱……结尾生硬点题："母亲是平凡的，但是，她却是儿子心中的英雄。""勤劳、忍耐"是美好的品质，但是未必能算得上"英雄"。这很可能是套用了一篇现成的写母亲的文章，这样的立意根本谈不上深刻。

为了解决这些问题，中小学教师习惯在审题立意知识、技巧上下功夫，如多角度思考、分析关键词、深度挖掘、联系现实等，还有的老师喜欢收集一大堆的作文素材，美其名曰培养学生的阅读理解能力和独立思考能力，从而增强学生对材料的理解和把握，事实上就是急功近利的"套用"。学生审题不清，立意不明等问题的背后，其实质就是为人的训练，尤其是德性培养不到位，德性培育缺乏导致审题、立意境界不高，导致学生既看不到人生的风景，也察觉不到风景背后的动人品质；注重技能技巧训练，忽略为人品质培养导致学生"为文造情"，而不是"情动而辞发"。

二、好文章是为人品质好的自然表达

（一）作文与做人的辩证关系

什么是好文章，好文章其实就是为人品质好的自然表达。作文能力是人多方面素质的综合体现，作文和做人在重要性上有很大的关联。首先，品德直接影响作文的质量，做人品德好，其文章必然立意高、构思巧、词句美，自然能给人留下美好的印象；其观察力、思维力、联想力、想象力也必然强，作文必然不会缺乏深度和广度。做人品德差的人其作文也必然受其不良品德的影响，思想偏激、观点片面、言之无物、空话连篇，文章必然缺乏说服力，甚至颠倒黑白、混淆是非。其次，作文是做人的体现和反映。通过作文，我们可以将自己的思想、感情、态度等内在的东西表现出来，让别人了解自己的观点和想法。同时，通过作文，我们也可以反映出自己的文化水平、知识储备等基本素质。

从文章审题立意要求看，主要有三个层次。第一个基本层次的要求是"准确"。思想积极向上，不反动，不反人类，不违背公序良俗和国家政策法规；明确，切合题目的内在要求，能用一个词，或一个短语，或一句话，把自己要表达的东西说出来。第二个发展层次的要求就是"新颖"。要求作文者审题立意富有新鲜感，可融入时代新观念，奏响时代最强音；可反思旧说俗见，推陈出新；可从毫无价值的立意中另辟蹊径，发现闪光点，翻出新意。第三个是融通层次，要求做到"深刻"，也就是思想有高度，有深度，能透过表象看到本质，能通过物看到理，能透过言写到心等，一针见血；语言的背后蕴藏着震撼人心的大思想，大情怀，大悲悯。

一篇好文章，要对周围的人产生影响，而且是积极正面的影响，这个叫"明明德、亲民"。每个人读到好文章都能够受到教益，这个"教益"有两个方面，好的叫"经验"，不好的叫"教训"。好的教育经验，就会变成社会的血液，帮助读者友善地处理人与社会的关系。这就意味着教师指导学生的作文需要做三个方面的事情：其一，培养学生与生俱来的善心，也就是在文本里要弘扬中华民族传统优秀美德、社会主义核心价值观、中国式现代化建设的时代精神；其二，涵养与他人内外互化的善意，就是在作文里要注意处理好人与社会互动的关系，表现人作为社会人的道德良知和社会责任，借助作文发挥文明社会的作用，同时借助社会正能量的弘扬促使自己提高为人的德性修养水平；其三，成就人己互惠的善行，指的是作者把自己对社会、对生活、对人生感悟的哲理，把自己相遇的故事表达出来，和读者进行对话、解答，成为导引良善行为的灯塔。人是未确定的存在，借助作文，人与自然、社会、自我相遇，往往会寄予善的愿望。文如其人，与其说作文是学生运用语言文字的活动，不如说是在作文过程中修养德性的活动。

（二）道德是学生作文的土壤

写作，心灵的远游，写作，推开一扇窗，发现道德的风景……。作文与道德的关系是密不可分的。作文不仅是表达思想、情感和知识的工具，同时也是反映一个人的品德和价值观念的窗口。一篇好的作文必须具有正确的价值观和道德观，传达积极向上的信息，弘扬真善美的价值。如果作文中充满了虚伪、欺诈、恶意等不良道德倾向，那么不仅无法赢得读者的共鸣，也会使作者的形象受到损害。通过写作，我们可以对自己的品德进行反思和提升。通过对社会现象、历史事件等的分析和思考，我们可以更深刻地理解道德问题，培养自己的道德意识和社会责任感。优秀的作文也能够激发读者的道德情感。一篇充满感染力的文章可以触动读者的内心，引发共鸣，激发他们的道德情感和行动力。《义务教育语文课程标准（2022年版）》：在写作教学中，应注重培养观察、思考、表现、评价的能力。要求学生说真话、实话、心里话，不说假话、空话、套话。鼓励学生写想象中的事物，激发他们展开想象和幻想。为学生的自主写作提供有利条件和广阔空间，减少对学生写作的束缚，鼓励自由表达和有创意地表达，鼓励写想象中的事物。①

孔子主张："志于道，据于德。"②"道"指理想的人格或社会图景，"德"指立身根据和行为准则。老子的"道"指事物运动变化所必须遵循的普遍规律或万物的本体。马克斯.范梅南说："写作是某种自我制造或自我塑造。写作是为了检验事物的深度，也是为了了解自身的深度。……文本用展示我们如何存在于世界中的方式同我们说话。"③威廉.贝内特：德性是人类精神的灵魂，有了它才有发光的精神，这种精神不仅使人类享受高尚化，而且成为人的生命力的"启动器"④。"德"指具体事物从"道"所得的特殊规律或特殊性质。道德，是指以善恶评价的方式调整人与人、个人与社会之间相互关系的标准、原则和规范的总和，也指那些与此相应的行为、活动。党的十九大报告再一次将"立德树人"列为教育的根本任务，并上升到教育方针的高度。新颁布的《普通高中语文课程标准（2017年版）》《义务教育

---

① 中华人民共和国教育部. 义务教育语文课程标准（2022年版）[M]. 北京：北京师范大学出版社，2022：8-16.

② 孔子，孟子. 论语[M]. 北京：燕山出版社，2001：67.

③ 常作印. 不做庸师[M]. 郑州：大象出版社，2019：29.

④ 陈根法. 德性论[M]. 上海：上海人民出版社，2004：6.

语文课程标准（2022年版）》都将"立德树人"列为基本理念的第1条。这显然是基于教育教学目的建构的历史传统、经验教训、人才规格等因素进行合乎规律的事实审视与合乎逻辑的价值判断而形成的认识，需要引起高度重视并得到切实的实施。但受"语文课上成政治课"等观念的影响，语文教学实践对"立德树人"抱有敬而远之的态度，泛化为"人文精神"教育，似乎羞于立德，也怯于树人。语文教学如何落实立德树人这一根本任务？以何进行立德树人？诗意作文教学弘扬"以德治国"精神，落实教育"立德树人"的根本任务，着力作文的"德言同构"，倡导每个汉字都带着温暖的体温，它们从世界各地流淌到这里和我们相遇，我们在阅读中和一个个纯粹而伟大的灵魂对话；每篇作文都是活灵活现的生命体，它们站在门口带着期待的眼神，像导游一样期待与你一起漫游心灵的秘密花园，在行旅的路上带你发现美丽的景致。学生在作文的过程中，其道德的内容包含客观和主观两方面。客观方面要做到人己互惠，即将自我的德性修养外化为社会成员的善行。主观方面要做到内外互化，即道德主体对"客观要求"内化为自我的善心、善意。具体见图2-1所示：

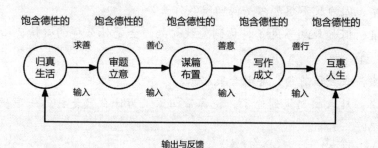

图2-1 诗意作文内蕴德性示意图

（三）德性修养让作文靓丽生辉

如何让学生在作文中做到德言同构，借助作文修养好自己的德性，下面以笔者指导小侄女修改作文为例。小侄女根据老师的要求写了一篇日记，请看下文：

奶 奶

冯思卓（二年级，7岁） 2014年7月30日星期三

我的奶奶是个急性子。眉毛弯弯，脸上爬满了皱纹，一双明亮的眼睛，

有一双勤劳的双手，这就是我的奶奶。

星期天的上午，我在5楼玩，我没有跟奶奶说，我奶奶找了我很久连衣服都湿透了！

当我听到了奶奶的声音，奶奶已经急死了！我奶奶叫："思卓！思卓！你在哪里？"我回答："奶奶我在这里！"我和我奶奶回到家，我奶奶打了我一下！

从此，我奶奶不会要我一个人去很远很远的地方玩！

显然，这个小作者只是介绍了一个事实，没有表现奶奶内在的有关爱与责任的品质，也未能表现小作者自己内在的善心、善意和善行。下面是对小作者的指导。

笔者：你在同学家玩什么呢？开心吗？

思卓：开心极了，我和王子涵同学一起玩走迷宫游戏。

笔者：是不是太着迷了，所以就没有听到奶奶叫你名字的声音？

思卓：嗯，不，听到了。

笔者：那你为什么不打开门，大声回应奶奶呢？

思卓：因为我不想那么早就回家做作业。

笔者：假如奶奶不见了，你到处找奶奶，会是什么样的心情，心里会怎么想？

思卓：我会很着急，甚至会哭起来。

笔者：后来奶奶找到你了，把你带回家，为什么只是打你一下，打的这一下痛吗？

思卓：不痛，奶奶的手很轻。

笔者：可能是奶奶年纪大了，没有力气了。

思卓：不是，是奶奶爱我。

笔者：你能修改一下你的文章吗？把你感受到的奶奶的心情和爱你的内容写出来，文章一定会更精彩。

小侄女尽管当时只是一个二年级的小学生，但汉语拼音打字比较熟练，很快就把修改的作文完成了。请看修改后的作文。

奶　奶

冯思卓（二年级，7岁）　　2014年7月31日星期四

我的奶奶已年过七旬。眉毛弯弯，笑起来，眼睛充满慈爱；说起话来，

声音洪亮。有一双长满厚厚茧子的手，手上的血管像一条条小蚯蚓似的；同时也是一双巧手，奶奶身上穿的都是自己缝制的棉布衣服。**只是奶奶性子有点比较急躁。**

记得有一个星期天的上午，我没有跟奶奶说我去哪里玩，我就偷偷地跑到五楼王子涵家里玩。我们玩走迷宫游戏，玩得很着迷。隐约中似乎听到奶奶的呼唤声，**我没有理会**，继续玩游戏。过了很久，再次听到奶奶叫我的声音，我才打开同学家客厅的门，大声回答说："我在这里！"

奶奶听到后三步变两步飞快地爬上五楼，只见奶奶脸色苍白，呼吸上气不接下气，汗水湿透整件衣服。看见我说："细孙，我喊你，你怎么不回答呀，**急死了**，我找遍了整个学校，问了好多人都找不到你。"奶奶说话的**声音都颤抖了**，我知道自己做错了，低头不说话。奶奶牵着我的手从王子涵家里出来，走路的腿都在打颤了，汗水还是不停地从额头上冒出来。看着奶奶辛苦的样子，我心里怕怕的，跟着奶奶一步一步地回到家里。奶奶进了屋把手举得高高的，轻轻地落在我的屁股上，同时很生气地问我："下次还这样吗？出去干什么一定和奶奶说清楚再去"我细声地回答："我知道了，不会了。"因为我知道奶奶打我是爱我的！

从这以后我出去玩，去哪里玩，几点钟回来？我都会统统先告诉奶奶，**不再让奶奶担心，我爱我的奶奶！**

第三节　诗意作文德言同构本质的学理分析

诗意作文教学是一种契合传统作文"文道统一"价值追求的新时代实践，只有科学认识其德言同构本质，才能有效处理作文教学和立德树人的关系，进而转化为有效的作文教学行为。科学认识诗意作文教学本质离不开对历史事实与物质基础的客观审视，也离不开对作文教学主体合目的性的价值判断，更离不开对作文教学行为合乎语文教学本体、本质规律性的逻辑把握。

一、合目的性：立德树人是作文教学责任与信念的统一

诗意作文教学需要合什么目的？为什么要强调立德树人？把立德树人

作为教育根本任务以及怎样理解作文教学也要落实这一根本任务，往往让人误认为这是上层建筑意识的体现，缺乏学科的逻辑。其实不然，从合目的性看，作文教学的目的建构是教学主体通过对作文教学行为所涉及的内外相关因素及其关系进行切合教学本质的认识，进而把这种认识变成合理教学行为的结果。在某种程度上，它不仅表征着作文教学本质认识的水平，也反映不同时代民族、国家对作文教学责任与信念的要求。作文教学主体涉及国家、社会、学生个体等多元因素，无论哪一种主体，均需要以价值合理性为动力，以工具合理性为行动准则，将作文教学的信念和责任互补交融结合起来。这就说明，作文教学的合目的性具有伦理的性质。马克斯·韦伯（Weber，M.）认为，所谓的责任合理性指的是工具合理性或形式合理性，指以能够计算和预测的后果为条件来实现目的的行为；而信念合理性指的是价值合理性或实质合理性、规范合理性，是指主观性行动具有无条件的、排他的价值，而不顾后果如何、条件怎样都要完成的行动。

　　作文教学的责任是什么？与其他人文社会学科教学承担的责任有什么不同？《汉语大词典》对"责任"的解释有三：其一，使人担当起某种职务和职责；其二，分内应做之事；其三，没有做好分内应做的事，因而应当承担的过失。[①]正如人的行为一样，作文教学要承担相应的职务和职责，做自己分内的事情并承担不良的后果，一方面取决于其存在与其行为或者社会角色的统一性，另一方面取决于其本质与其对自我行为及行为后果的合理性评估。因此，确定作文教学的责任，需要明确作文教学的角色定位、作文教学的本质以及作文教学行为发生后所产生的功能或效应。从作文教学的角色定位来看，与自然学科凭借工具实践进行教与学的活动不同，也与人文生活学科凭借精神实践开展的教与学的活动殊异，语文学科是符号学科，其角色定位就应该是符号实践。从语文教学的本质来看，如果说自然学科教学具有工具性本质，人文学科具有精神实践的人文性本质，那么，语文教学就应该是符号实践衍生出来的符号性，或者说本质地圆融了自然学科工具性与人文学科人文性的符号生成性。从作文教学产生的功能或效应来看，尽管它也有文化的传承、社会发展的促进等外在功能，其内在功能仍然在于促使学生创造

---

①中国社会科学院语言研究所词典编辑室.现代汉语词典[M].北京:商务印书馆,2012:1207.

性地运用语言文字符号实现人对人与自然、人与社会、人与自我及其彼此关系的实践——精神世界的掌握。人之所以成为人，就在于人能够创造性地运用语言符号学习一切陌生的东西而生成理想的自我。"只有语言才能使人成为人的生灵。"①离开了语言，就根本谈不上人的发展。爱因斯坦说："要是没有语言，我们的智力就会同高等动物不相上下，头脑中保留的原始性和兽性就会达到难以想象的程度。"②语言和思维是人区别于动物的重要标志。语言符号的发展促进了动物向人的转变，也促进了人的发展，使人在短时间内发展语言、发展思维，传承文化，培养人格，提高人的审美能力和文化品位，掌握民族的行为方式，促使"生物人"的社会化。

　　人的社会化，其实是人的社会善化，或称之为道德化。教育历来的职责就是教人以善，"只有善的教育，才能真正教人为善和促进社会向善。只有善的教育，才是真正有价值的教育"③。作文教学植根的土壤是中华民族文化，而我们民族文化的特质是伦理至善，那么，教学信念自然就是培养"文质彬彬"的"君子"。什么是"文"，"古之所谓文者，乃诗书礼乐之文，升降进退之容，弦歌雅颂之声"④（《温国文正司马公文集·答孔仲文司户书》）。文的内容尽管无所不包，但其根本的价值取向仍离不开"德"。比如，"诗三百，一言以蔽之，曰：'思无邪'"。（《论语·为政》）《诗经》经过孔子的整理加工以后，用一句话来概括它，就是"思想纯正"。再比如南朝萧统选编《昭明文选》，其标准就是"事出于沉思，义归于翰藻"，其"义"指的是"褒贬是非"之"义"。即使在人文主义泛滥的今天，教材选文的标准一直没有脱离"务求其文质兼美"⑤。所谓"质"，指的是"君子义以为质，礼以行之，逊以出之，信以成之。君子哉！"（《论语·卫灵公十五》）这里的"义"，是指人内在的和坚定的道德品质。文与质的关系正如周朝的大夫单襄公所说："夫敬，文之恭也；忠，文之实也；信，文之孚也；仁，文之爱也；义，文之制也；智，文之舆也；勇，文之帅也；教，文之施也；孝，文之本也；惠，文之慈也；让，文之材也。"

---

①海德格尔.诗·语言·思[M].北京：文化艺术出版社，1991：189.

②爱因斯坦.爱因斯坦文集（第3卷）[M].许良英，等，译，北京：商务印书馆，2009：38.

③王本陆.教育崇善论[M].广州：广东教育出版社，2001：2.

④司马光.司马温公集编年笺注（第4卷）[M].成都：巴蜀书社，2009：547.

⑤董菊初.叶圣陶语文教育思想概论[M].北京：开明出版社，1998：370.

（《国语·周语下》）

从实践哲学的视角看，作文教学经历了学科化到科学化，科学化到人文化以及科学与人文统一的过程。当科学主义观念成为作文教学信念基石的时候，作文教学就成为标准零件加工的工具实践活动，当人文主义取代科学主义成为作文教学的行动逻辑的时候，作文教学就沦为人文精神熏陶与培养的精神活动。从某种意义上而言，单一的工具性或人文性导致作文教学承担了太多的自然学科与人文社会学科的分外之事。作文教学的信念应该包括如下的内容：作文教学所指的信念与作文教学能指的信念；作文教学是什么的信念与作文教学应该是什么的信念。作文教学信念的形成来自两个方面：第一，对自己行为内容的理解、坚信程度；第二，对教学对象以及教学对象接受该行为产生结果的了解。从作文教学行为内容的角度看，其内容尽管有政治、经济、文化等诸多要素构成，但其核心要素应该是"祖国的语言文字"。从这个意义来审视作文教学行为的结果，著名的特级教师于漪老师认为，从母语的立命意义上来阐释，来立论，教语文，不仅仅是教某一学科之事，而是培育一种对母语的血肉亲情。[①]正确把握语文教学行为的结果，就必须打破这种把语文的工具性与人文性视为二元对立的思维模式，走出二元对立的误区，将作文教学的信念定位为：基于民族文化传承的需要，让受教育者感受祖国语言文字的魅力，提高语言文字运用的能力，进而成为一个具有民族德性与气质的人。

二、合规律性：作文教学立德树人的本体论基础

从作文教学史的历史事实审视，古代语文教学是与文史哲圆融在一起的，"立德""立功""立言"是语文教学"三不朽"的教学任务，其中"立德"处于中枢地位，是认识处理人与自然、人与社会、人与自我关系的根本尺度，立德树人也就成为古代作文教学最为鲜明的文化特质与长期不变的责任。立德树人既是作文教学目的建构的信念，也是其应当长期坚守的责任，为什么会出现"语文课上成政治课"的现象并让人对该现象深深地忧虑呢？归因起来，一方面表明自1904年语文学科正式诞生以来，语文教学有了学科意识，需要重新思考语文教学目的建构的学科要求；另一方面也反映语文教

---

① 于漪. 呐喊[M]. 南宁：广西教育出版社，2008：212.

学需要对语文教学内容与形式进行合乎规律的价值甄别、认定，以便为教学行为的后果负责。因此，教学目的的合目的性建构需要以合规律性作基础和凭借。

语文学科范畴的作文教学如何保证合目的性同时做到合规律性？作文教学要合什么规律？所谓的规律，按照苏联学者M.H.斯卡特金的论述："教育规律是按下述公式表述的：A现象在B条件下得到C的结果。"[①]所谓作文教学目的合规律性，就是要不断认识和把握作文教学行为在什么样的条件下得到什么样的教学结果。在作文教学目的建构与解构的实践探索中，针对作文教学存在的问题，不同的专家对作文教学现象所涉及的教学主体、教学内容、教学手段、教学结果等要素必然、普遍、内在和稳定联系认识的根据与角度不同，对作文教学与语文学科本质的认识得出的结论自然不同。作文教学本质的问题是关于作文教学究竟是什么的问题，其本质是作文教学本体发展变化的结果，因此，探究作文教学的本质就必须探究作文教学的本体是什么？作文课上成政治宣讲课，或者技法课，不是立德树人的结果，而是作文教学本体不明，本质不清使然。

作文教学的本体是什么？如果说教育的本体是实践，作文教学的本体自然是作文教学的实践，而作文教学实践赖以生存的基础与凭借却是言语符号，与其他学科教学的本质区别自然也就是言语实践。所谓的言语实践，是指学生在教师的引导下创造性地运用语言符号认识、接受、创造文化的活动，是凭借言语、为了言语的在言语中的实践。作为本体的存在，作文教学，无论是听说读写能力的培养，还是隐含在该能力背后的思维能力、创造能力培养以及文化品位、良好情操的培育都离不开言语实践的"是者"之"是"与"在者"之"在"。从作文教学对象、作文教学本质以及教学本体关系来看，学生是创造性运用符号学习语文教学内容从而塑造理想自我的人。学生的理想自我不是确定的存在，而是生成性的不确定存在。作文教学的根本价值与终极关怀就是让学生在言语实践的过程中，通过语言符号圆融历史、现实与未来不确定的存在，不断生成相对确定与理想的存在，当相对理想的存在实现以后，在言语实践中不断发展言语智慧，进而追求新的、理想的、不确定的存在，学生就在确定与不确定的理想自我塑造过程中发展语

①朱作仁.关于学科教学研究的两个理论问题[J].教育研究,1984（2）：32-27.

文素养，进而使自我理想自我形象的塑造处于欣欣不已的境界。这就是语文教学目的立德树人的合规律性。

作文教学行为、教学内容以及教学结果等要素之间本质的关系就是作文的根本性质。从言语实践的本体看，从属于语文学科的作文教学本质属性就不仅仅是工具性与人文性统一的问题，而是如何统一问题的思考。作文教学的属性工具论者只片面强调语文教学的工具性功能，其实质就是观照了语言的工具性功能。作文不等于语言，这两个概念不是包含与包含于关系的概念，而是交叉的概念。我们不能将部分从属于语文的语言的本质属性等同于作文的本质属性，这在逻辑上犯了部分代替整体的毛病。这样做的结果只能是将作文教学视为单纯的语言知识传授与写作技术训练的活动，忽略作文表情达意、交流思想、传达人文精神的教学责任与信念。著名语文教育家刘国正先生也曾明确指出："语言的运用与生活，与人的思想感情有不可分割的联系。因此，作文训练不是单纯的技术训练，作文教学不是单纯的技术教学。脱离了生活，脱离了人的思想情感，作文教学就如同断源求水，折木求花，是不会取得满意的效果的。"[①]正如刘先生所言，作文教学是同人的思想、情感、情操和个性联系在一起的，是基于言语实践本体进行语言文字表达训练与思想道德情操培育的结果。其中自然生成语文的工具性抑或人文性，它们是固有的，不是外加的，不是叠加的。"固有的""不是外加的""不是叠加的"说明了语文的性质，也说明按照单一的工具性或者单一的人文性去建构作文教学目标，所采取的作文教学行为，其结果只能是单一的语言技术性训练或纯粹的人文精神熏陶。因此，作文教学立德树人的合规律性，还要合乎作文教学本质以及本质与本体关系的规律。

三、德言同构：作文教学立德树人合目的性与规律性的统一

从作文教学立德树人的合目的性而言，作文教学与其他的人文学科教学活动一样需要坚守德性培育的信念与履行德性培育的责任；从作文教学合规律性角度而言，需要依托言语实践进行工具性训练。这就涉及德性培育与语言训练的关系，辩证处理二者的关系，就决定作文教学的合目的性与合规律性的统一。"乃如之人兮，德音无良"（《邶风·日月》）；"德音莫违，

---

①刘国正. 实和活: 刘国正语文教育文集[M]. 北京: 人民教育出版社, 1995: 237.

及尔同死"（《邶风·谷风》）；"彼姜孟姜，德音不忘"（《郑风·有女同车》）；"厌厌良人，秩秩德音"（《秦风·秩秩德音》）；"公孙硕肤，德音不瑕"（《豳风·狼跋》）；"我有嘉宾，德音孔昭"（《小雅·鹿鸣》）；"乐只君子，德音不已；乐只君子，德音是茂"（《小雅·南山有台》）。在《诗经》里，据于省吾先生考证，这些"德音"应理解为"德言"①。而德言就是"神圣而庄严的话语""美好的言辞或是声名"的含义。德与言之间是什么关系呢？饶宗颐在《上博馆〈诗序〉综说》中指出，《周礼·大司乐》中云，"以乐德教国子：'中和、祗、庸、孝、友。'以乐语教国子：'兴、道、讽、诵、言、语。'《太师》掌六律六同，以合阴阳之声。《教六诗》：日风、日赋、日比、日兴、日雅、日颂。以六德为之本，以六律为之音。"②这说明乐言配乐德，好德需好言，语言和德性同构共生。

我国古代就有"道非文不著，文非道不生"（元·郝经《陵川集·原古录序》）。"道"就是指文章的思想内容，"文"就是指文章的语言表达形式。作文教学就沿用这个概念，并同时也进一步引申用"道"来包括思想道德教育，用"文"来包括语文基础知识教学和听说读写能力训练。马克思曾指出："语言是思想的直接现实，语言是思想的外壳。"③"情动而言形，理发而文见。"（刘勰《文心雕龙》）"言"，即辞、文、句、论、叙、告、体式、章法、结构等言语式样的总称。通俗一点说，"言"，就是指静态的、共性的、符号性的"语言"，更指那些动态性的、生成性的、个性化的"言语"。朱光潜："我们不能把语文看成在外在后的'形式'，用来'表现'在内在先的特别叫作'内容'的思想。'意内言外'和'意在言先'的说法绝对不能成立。"④维果茨基："思想不是在词中表达出来，而是在词中实现出来。"⑤可见，言语形式和言语内容是同时成就的，学生作文的过程其实就是"言"与"德"兼得、相互融合的过程。在作文教学过程

---

①方汉文. 中国古代文论中的"德言"说[J]. 广东社会科学, 2010, （1）：144-152.

②朱熹. 学礼译注[M]. 江先忠, 王维建, 译注, 福州：福建教育出版社, 2017: 23.

③中共中央马克思恩格斯列宁斯大林著作编译局. 马克思恩格斯全集（第三卷）[M]. 北京：人民出版社, 2002: 525.

④朱光潜. 我与文学及其他谈文学[M]. 北京：中华书局, 2012: 227.

⑤维果茨基. 思维与语言[M]. 李维, 译, 杭州：浙江教育出版社, 1997: 5.

中，语文教师在言语实践中理解语言文字、篇章结构等表达形式，才会领会好文章立意、构思以及表现的内在善心、善意、善行等内容；也只有依托言语实践，才会使文本所蕴含的思想内容化作学生德性修养的教养养料。在作文教学当中，学生表达的语言文字要做到语言准确、条理清楚，就得深入认识人与自然、与社会、与自我及其彼此关系所蕴含的道德内涵。因此，依托言语实践进行的德言同构，不仅可以改变长期以来语言文字工具性训练两张皮的问题，更能够改变中小学作文教学重视为文的技法而忽略为人德性培养的困境。

总之，作文教学就是在言语实践中实现"语言文字表达训练和学生的德性培育同步进行"的活动，即语文教学"立言"的过程就是"立德"的过程；"立德"的活动也就是"立言"活动，它们在"立人"的信念与责任指引下所进行的言语实践获得中实现同构。[①]

第四节　为人德性培育的基本策略

为人训练是作文教学目标，也是作文教学的重要内容；学生的为人决定作文的水平，也决定作文的高度，决定作文的立意。从高考的考试说明看，作文考查的是："考生对自然、社会和人生的独特感受和真切体验。"那么，我们应该具有什么样的理论知识、认识水平，才能使观点高深新呢？国学大师季羡林先生有这样一段话，我们提高人的幸福指数，就是要处理好三大关系，人与自然的关系，人与人的关系，人的内心与外在行为的关系。人与自然的"天人关系"要归真：做到"敬畏"和"感恩"；人与社会的"人人关系"要求善：做到"诚"（拥有以诚相待的"善心"）、"忍"（拥有宽厚包容之"善意"）、"笃"（践行造福人类的"善行"）；人与自我的"人我关系"要至美：做到"好胜"和"平和"。

---

①冯铁山，张诗琪.德言同构：语文教学立德树人的实践逻辑——以语文教学目的建构为视角[J].语文建设，2018（36）：8-11+30.

一、阅读养心：在读一流作品中寻找语言德性的光芒

阅读是一种修养，是对内心的照料和培养。当我们沉浸在优秀的作品中，常和大气文亲近，你也能大气起来：读司马迁文，会常生人间正气；读凡·高传记，会提高人生境界，原来苦难也是财富；读范仲淹文，忧国忧民在心头萦绕；读苏东坡文，天地沙鸥任逍遥；读圣经佛书，常有菩提灌顶的顿悟。语言德性，既包括语言运用的技巧和规范，也涵盖了语言的情感色彩和道德寓意。指导学生在阅读过程中，不仅要注意语言的表面意义，还要理解其深层次的含义，尤其是作者想要传达的道德观念。这样，学生不仅能提高语言能力，还能提升自己的道德境界。借助阅读进行德性培养，需要遵循"入乎其内，化乎其中，迁移运用"的规律，达成培养人品，积累经验，修炼语言的目的。需要在如下三个方面下功夫：其一，本行之内的功夫。从阅读自己开始，从人情世故和物态事理中学习，讲究自我的本色；将自我迁移到当下的境况里，玩味生活、探索自我。其二，还是本行之内的功夫。进入角色的心灵深处。选择经典人物，变人物行为为自我的独白；为经典人物某一行为进行辩护。其三，本行之外的功夫：从阅读生活开始；须处处留心探索，才有深厚学养。其四，本行内外结合的功夫：从雅言导行开始。

以庄子的话为例，"闻在宥天下，不闻治天下也"[①]。这句话揭示了一种顺其自然的治理观。作者并没有批判或赞扬任何一种治理方式，而是提出了一个观察问题的新视角，让我们看到了语言德性的光芒。同样，苏轼的诗"小儿少年有奇志，中宵起坐存黄庭"[②]也体现了这种观念，他用语言描绘了一个少年追求内在修养的场景，让我们看到了语言德性在现实生活中的体现。如何把这些名家的话语变成学生的人品、经验和语言，在传统的摘抄工作基础上，要注意化用，将名家的语言化用到自己的表达中，进而做到雅言雅心，导言导行。所谓"雅言雅心，导言导行"，即鼓励学生在与经典作家、与自己、与生活的对话过程中学习并化用经典的语句以及生活中感悟的语句为自己修身养性的"导引词"。比如当学生读到加缪在其哲学随笔《西西弗斯的神话》中有句妙语："辛苦不会累，觉得辛苦才会累。换句话说，

①庄子.图解庄子[M].崇贤书院,译,黄山:黄山书社,2021:107.
②苏轼.东坡养生集[M].（明）吴文清,张志斌,点校,福州:福建科学技术出版社,2013:101.

要命的不是辛苦，而是觉得辛苦。"我们可以鼓励学生进行仿写、改写、创写：

学生1：所谓光者，"火在人上"也。这就意味，作为万物灵长之人，所到之处，无不明亮，无不熠熠生辉。智慧明达者，才华奉献人类；道德昌隆者，德行化民成俗。人的一生，即使"野径云俱黑"，也应做到"江船火独明"。秉持光明，坦荡行走，自然闪光，自然烛照世人。做一个仰不愧天、俯不怍地的大写之人，从德行、智慧生光、闪光开始。人生之道，就是生光、闪光之道。

学生2：人如同一块磁铁，天生具有党同伐异性。对于志趣相投者，往往笑脸相迎，即使暴风骤雨，也愿意携手兼程；对于意见相左者，常常睚眦必报，即使相遇坦途，也必定横眉冷对。种什么因，收什么果。"夫子之道，忠恕而已矣。"如果我们希望行走的人生之路是平平仄仄韵律的诗行，那么就在我们的心里播撒宽恕的种子吧，加上德性春风的孵育，那些秋风疏离的关系，那些冬雪褪去的花影，一定会葳蕤成诗意满树的花朵。人与人相处，和谐美善的关系从宽恕开始。

二、诗意熏陶：在诗意文化滋养中涵养德性

诗意文化，是一种注重精神追求，以诗歌、书画、音乐等艺术形式为表达方式的文化。它强调人与自然、人与社会、人与自我关系的和谐，注重诗意情怀的熏陶和心灵的滋养。在这种文化的滋养中，可以涵养学生的德性，提升他们的品格。如何从诗意文化中涵养德性？主要的策略就是在作文情境设计的环节，要注意遵循"情动而辞发"的原则，搞好学生为人德性培养的工作。首先，我们需要通过欣赏优秀的诗歌、书画、音乐等作品，感受其中蕴含的道德寓意。例如，李白的《静夜思》表达出了思乡之情，让我们体会到对家乡的热爱和感恩。同时，我们也可以通过创作诗意作品，表达自己的内心世界，从而培养自己的德性。其次，我们需要将诗意文化融入日常生活中。例如，在日常生活中吟诵诗歌，聆听音乐，品味茶道等，都能够让我们感受到诗意文化的滋养。在这种氛围中，我们能够更好地沉淀自己的内心，领悟人生的真谛，从而涵养自己的德性。最后，打造"爱与感恩音乐课堂"专题性的微课，对学生进行系统的德性培养。所谓的"爱与感恩音乐课堂"，指的是在作文教学当中，根据学生为人德性培养的需要，统整古今中

外道德故事、富有道德教育意义的艺术作品，以及师生创作的雅言诵读等资源，发挥以美促善的教育功能，到达培植学生善意、体验感受善意，进而导引善行等目的的微课。

比如要写《最美的微笑》一文，教师打造的微课是《给孩子最美的笑容》。主要的环节分为如下几个方面：第一环节，图片导入，感受笑容；教师呈现学校领导、老师和同学们开心微笑的照片，设置微笑情感场，触发学生内心的感受；第二个环节，爱的倾诉，体验微笑。教师讲述两个故事。一个是《因为有米可以喝粥了》，讲述的是一个进城跟随爷爷生活的小女孩的故事。小女孩跟着爷爷生活，爷爷的工作是打扫杭州525起点站对面的厕所。他们的家很小，不到3平方米。小屋小到门不能完全打开，因为会撞上里面的床，多一个人也进不去。祖孙俩的晚饭是一锅粥和一点咸菜。这样的饭菜对他们来说很平常，基本上每天不是大饼咸菜就是白粥咸菜。就是这样简朴的生活，但小女孩每天开开心心的，满脸的微笑，记者采访她，她很自然地表达出自己"穿得好、吃得好"，是一个快乐的女孩。另外一个故事是《孩子，妈妈带你回家》，伴随着歌曲《别哭，我最爱的人》忧伤的旋律，讲台的大屏幕上开始播放一段视频。一张张照片缓缓闪现，记录了一个女孩的成长历程，从可爱的婴儿到青涩的幼女，再到花样少女。然而就在女孩最美好的花季时光，一切都消失了，取而代之的是一尊冰冷的灵柩……这个故事讲述的是一个母亲反思自己教育"只注重成绩而忽略品德培养"的内容。两相对照，触发学生反思。第三环节，我们应该绽放"最美的笑容"，随着感恩歌曲播放，教师引导学生深情朗诵自己创作的教育诗："给孩子最美的笑容/如果说教育是一幅画卷/那么笑容是画卷的点睛//如果说教育是一首诗歌/那么笑容是歌曲的韵脚//如果说教育是一杯美酒/那么笑容是美酒的醇香//如果说教育是一本乐谱/那么笑容是乐谱的主题"。

三、走访养思：在生态体验中涵养为人的情趣

学生的生活世界总体而言是比较狭窄的，但家长的生活、工作世界是宽广的，培养学生为人的德性，应该发挥作文的外延等于生活的作用，采取"同在同享同成长"的方式，让学生通过研学、采访等方式，进入到自然生态、社会生态与自我生态里，获得德性修养的养料，也获得作文的情趣。生态体验是一种将生态学体验与作文教学相结合的方法，通过引导亲身感受自

然环境、社会环境，尤其是家长的职场，理解自然、社会生态与自我德性修养的相互依存关系，进而反思自我行为，同时建构理想自我形象，为作文奠定良好的为人德性修养基础。

如何通过生态体验涵养德性？首先，可以将作文教学与学校研学活动结合起来，选择合适的自然环境进行体验。比如，森林、湖泊、河流等生态系统都提供了不同的生态体验场景。在这些地方，我们可以亲身感受到自然的美妙与神奇，从而激发对自然的敬畏之心。其次，采取适当的方法进行生态体验。例如，参与生态保护活动、观察生物多样性、感受自然环境中的气息等。这些方法能够帮助我们深入了解自然环境，同时也能够培养我们的观察力和实践能力。最后，将生态体验的感悟融入作文中。同样的道理，进行社会生态体验，可以将作文与学生父辈的创业、职场生活结合起来。学生的德性修养不是在静态的教室进行道德箴言的训诫，而应该生活化、日常化。让学生走进父辈的职场，聆听他们的成长故事，汲取养分照亮自己的前行之路，当然也是作文之德性修养之路。无论学生的父母（或爷爷、奶奶等前辈）是公务员抑或教师，是企业家抑或医生，是律师抑或工程师，是艺术家抑或科学家，是政府官员抑或普通市民，是媒体记者抑或学者专家，是教授抑或商人，是职业经纪人抑或自由职业者等等，三百六十行没有职业的高低贵贱之分，高贵的是职业背后的职业境界，职业的大道，以及他们在重重困难险阻中不断成长、不断成功，磨砺出坚毅不屈、锲而不舍的品格，成就为豁达乐观、笑对人生的人。走访这些源头，常走常积淀思想。开阔眼界，需要在名山大川感悟，到黄河大江边倾听，到长城脚下触摸历史的余温，到大海边上狂奔与呼喊，走近独巢老人端详那孤独的眼，摸摸老城墙上如细细皱纹般裂缝的痕迹，感慨月光下旧城河上永恒的光与影……

第三章　诗意作文思维论：
诗思飞扬展笑靥

第一节　学生作文打不开思路的问题

作文是创造性的思维活动，无论是审题立意、谋篇布局，还是下笔成文，整个过程无不依赖于作文者的思维品质。思维品质决定了写作者思路是否通畅、符合生活的逻辑。一般而言，学生的思维具有流畅性，其结构自然清晰；他们的思维具有敏捷性，其选题立意就会变得快速而合理；他们的思维具有广阔性，其作文内容就会翔实而丰富；他们的思维具有穿透性，其作文的主旨就会做到深邃而有哲理；他们的思维具有形象性，其作文的语言就会生动而有文采。然后，受奉理性主义为圭臬的影响，中小学教师习惯过于注重技法和结构的教学，将作文视为思维的"定在"而不是生成，学生作文思路打不开成为中小学作文教学的"瓶颈"问题。有些学生写出的文章虽然在结构和技巧上看起来不错，但实际上缺乏独立的思考和个性化的观点，显得结构模式化、材料大众化、语言空洞化、思想简单化。

一、固守文体导致学生作文思维套路化

长期以来，我国中小学教师进行作文教学，秉持的思想观念一直是"文体本位"，孜孜以求的终极目标就是教会学生学写记叙文、议论文、说明文等文体，以获取各种考试高分为目的。作文教学内容自然就局限在文体训练知识的传授、文体规范的训练范围内，注重文体写作技能的培养，相对忽视了为人德行培养和作文思维训练，促使作文教学走向机械化、模式化、套路化发展的道路。如果参加中考、高考作文阅卷，不难发现相当多的学生，其审题立意、选材构思、语言表达等方面如出一辙，缺少创意，缺少让人眼前一亮的新鲜感。所谓作文套路化，指的是学生在写作时按照固定的文体规

范、构思流程和结构来组织文章，缺乏个性化的思考、创新性的观点、富有个性的表达而形成的公共化表达现象。

例如，从小学到中学，学生写得比较多的记叙文就是《我的理想》，大部分学生会套用记叙文总分总的结构。先总写自己的理想是什么，有的想当一名医生，有的想当一名教师。然后分写自己认识的一个好医生，这个医生如何帮助我解决病痛的几件小事。最后得出结论——只有通过自己的努力，才能成为一名优秀的医生。为了实现这个理想，小作者会努力学习科学文化知识，参加公益活动，提高自己的医学素养。结尾再一次点题，表明决心——只要我坚持不懈地努力，一定能成为一名优秀的医生。

该学生的作文构思流程基本符合记叙文写作"提出理想—介绍故事，阐述原因—强调努力"的固定模式。文章结构看似完整，但缺乏个性化的思考和独特的观点。例如，对于"为什么想成为一名医生"这个核心问题，该学生只是介绍自己与医生交往的几件琐事，缺乏自己对这个职业的真实感受和独特见解的表述。此外，文章中的计划和努力也过于笼统和表面化，缺乏具体的实施措施和内在动力的展示。

二、死守范文导致学生作文思维模板化

在中小学作文教学实践中，中小学教师除了介绍文体知识，讲究文体规范外，还喜欢给学生介绍优秀作文，形成范例，这容易导致学生作文模板化，进而刻板化。所谓的模板化，指的是学生按照教师提供的优秀范文来写作，缺乏自主性和创造性；所谓的刻板化，指的是学生受模板化作文的影响，进而在作文过程中，也是依照模板的思维方式对于某些人物、事物或文化现象存在先入为主的刻板印象，缺乏深入了解和独立思考。作文教学要不要提供范文，何时提供范文，提供什么样的范文，这一系列问题均需要教师从思维训练的高度进行审视，尤其是需要看到写作前提供范文的弊端。提供范文的初衷本是为学生提供一种写作的参考和指导，帮助他们理解和掌握写作技巧和语言表达。然而，在学生"情未动""辞未发"的时候，教师宣讲范文，其弊端是显而易见的，主要的问题体现在如下几个方面：

提供范文在作文教学中是一种常见的教学方式，但其弊端也不容忽视。以下是一些关于提供范文的弊端：其一，束缚学生的思维。先入为主的范文导致学生缺乏陌生感，难以激发探索欲，容易成为学生写作的拐杖，过分依

赖范文，而失去自己的独立思考和创造力。其二，限制学生的个性表达。范文往往是教师的作品或优秀学生的作品，有其特点和优点。然而，每个学生有其独特的思维和表达方式，与范文的风格可能不一致。提供范文可能会限制学生的个性表达，使他们的写作变得千篇一律。其三，打击学生的自信心：如果范文过于强调其优点，而忽略了学生的作品，可能会让学生感到自己的作品不尽如人意，打击他们的自信心。特别是对于初学写作的学生，他们的作品可能存在许多不完美之处，但提供范文可能会让他们感到自己无法达到范文的水平，从而失去写作的兴趣和动力。其四，教师容易形成惰性。教师依赖范文进行作文指导，自然缺乏与学生一同作文的兴趣，久而久之，以所谓优秀范文作者的思维取代教师的作文教学思维，给作文教学带来机械化、公式化的影响，失去了作文教学的创造性、灵活性和生成性。

在作文教学当中，优秀范文对于导写是有一定作用的，但必须注意适度和灵活运用的原则。也就是根据学生的实际情况和需求来确定范文提供的时间、时机及对象。从对象而言，对于小学低年段、中年段的学生，在他们的初学阶段，提供范文可以帮助学生了解作文的基本结构和语言规范，有助于引导他们尽快掌握作文的规范表达。例如，在教授写作基础语法、标点符号和段落布局等基本要素时，教师可以提供一些规范的范文，让学生通过阅读和理解范文来学习写作的基本技巧。而针对高年段、初中生、高中生，范文的提供不一定放在写作前，需要根据学生的思维状况确定，更多的时候，应该将范文设置在写作后，根据教学评一致性要求，列出达标的要点，让学生将自己的作文与范文进行对比、分析，发现自己的优点，同时明辨自己作文的不足之处，进而尝试新的写作方式和开辟新的思路。至于提供什么样的范文，需要根据每一篇作文的教学目标以及训练内容去确定，如果是上一次作文达标情况不理想，可以从梳理优秀标杆的视角提供优秀作文范本；如果是上一次作文达标比较理想，为了进一步审视作文存在的小问题，教师可以给出供学生讨论、有整改空间的范文，目的在于培养学生的评价、鉴赏能力。

三、扼守规则导致学生作文思维单一化

作文是语文各级考试重要的组成部分，有的试卷分大小作文，几乎占据了语文考试成绩的半壁江山。尽管新颁布的语文课程标准，淡化了作文考试要求，创造性地将作文要求具体化到各个学段里的课程目标板块，但中小学

教师往往会把考试大纲，尤其是各级考试作文评分细则奉若"圣旨"。无论是作文指导课，还是作文评改课，唯考试达标是举。这样做的结果自然会限制学生的作文思路，导致作文思维单一化。因为学生会把写作的重点放在如何符合评分标准上，而不是真正写出自己内心的感动，发挥自己的创造力和个性表达能力。这种情况尤其在中考、高考作文中容易出现。

结合某地中考作文评分细则分析，可能会出现如下现象：就一类卷第1条而言，所谓的"立意明确"是指在写作过程中，学生需要明确自己作文的中心思想、主旨和意图，使得评卷老师能够迅速理解文章的主题和要点。为了获取高分，学生往往会吸纳教师的指导箴言——开头即点题，结尾照应开头，导致学生的思路单一，致使相当多的学生为了立意明确，而不顾及文章的逻辑性和连贯性，文章的立意似乎很明确，但缺乏作文的温度、深度、高度和灵活度。就"中心突出"而言，很多学生受"卒章显志"的影响，往往不管作文情感表达是否需要，行文思路是否通畅，或在结尾附上几句升华思想的点睛之笔，或在每一段开头第一句都要或明或暗地突出中心句，显得机械而呆板。就加分项而言，评分细则强调立意深刻、构思独特、语言优美、富有个性等要求，导致毕业班语文教师复习课上，针对这些要求进行专题训练，有的教辅书不断推出"中考作文高分秘籍"。例如，所谓的"立意深刻"加分项，本应该奖励部分优秀学生将自己的为人德行修养、独到的人生感悟自然而然地表达出来，彰显优秀学生思维的深度和广度，能够引发读者的深入思考和共鸣。然而，在作文教学实践中，教师罗列所谓的高分作文"立意深刻"的范文，鼓励学生效仿，如果上一年度出现"哲学化、学术化"思想表达的范文，学生就会习得这种立意的方式；如果给出一篇针砭时弊的范文，学生就会跟风指点江山。表面看来学生作文立意似乎深刻，但缺乏思维的流畅性和穿透性，缺乏对观点的深入分析和例证，导致文章缺乏说服力和可信度。再比如"语言优美"加分项，所谓的语言优美，本指学生的作文无论是表达方式，还是遣词造句等都具有较高的文学性和艺术性，能够带给读者美的感受。然而，在实践中，受模式化、刻板化训练的影响，容易出现如下现象：其一，过度追求辞藻华丽、修辞繁杂，导致文章过于花哨或不实用，内容空洞或牵强附会；其二，语言表达不够准确。有些学生的作文虽然语言优美，但语言表达不够准确，缺乏对词汇和语法的掌握，导致文章出现语病或表达不清的问题；其三，句子结构时髦化。有些学生模仿套用

"古龙语""鲁迅腔""甄嬛体"，导致语言表达机械，让读者感到疲惫和不适。

总之，作文考试评分细则只是参考，而不是写作的唯一标准。写作的目的是表达思想和观点，而不是为了迎合评分标准。如果学生在写作时能够充分表达自己的思想和观点，他们的作文即使不符合评分细则，也会得到一定的分数。参见表3-1。

表3-1　某地2023年中考作文考纲要求及评分细则

考纲要求	评分标准（满分50分）	
	作文等级	评分标准
1.中心明确，内容具体，感情真挚；2.结构完整，条理清楚；3.写记叙文，做到内容具体充实；4.写简单的议论文，做到有理有据；6.语言通顺，不写错别字；7.正确使用标点符号；8.书写规范、整洁	一类卷（50-45）	1.立意明确，中心突出，材料具体生动，有真情实感
		2.结构严谨，注意照应，详略得当
		3.语言得体、流畅
	二类卷（44-40）	1.立意明确，中心突出，材料具体
		2.结构完整，条理清楚
		3.语言规范、通顺
	三类卷（39-30）	1.立意明确，材料能表现中心
		2.结构基本完整，有条理
		3.语言基本通顺，有少数错别字
	四类卷（29-15）	1.立意不明确，材料难以表现中心
		2.结构不完整，条理不清楚
		3.语言不通顺，错别字较多
	五类卷（14-0）	1.没有中心，空洞无物，严重离题
		2.结构残缺，不成篇章
		3.文理不通，错别字较多
	加分	符合如下条件之一，可酌情加1~3分。（加至本题满分为止）1.立意深刻；2.构思独特；3.语言优美；4.富有个性；5.文面整洁，书写优美
	扣分	1.要求自拟标题或补充作文题目时，作文无标题或题目不完整扣2分；2.不足500字者，每少50字扣1分；3.错别字每3个扣1分（重复的错别字不计），最多扣3分；4.不能正确使用标点符号扣1~3分；5.文面脏乱，字迹潦草、难以辨认的扣1~3分；6.出现暴露身份的真实校名、地名、人名的扣1~3分

第二节 认识世界的思维方式

一、人类认识世界的常规思维方式

人类观看、把握世界有哪些思维方式？人类观看世界的思维方式是多种多样的，根据不同的刺激和情境，人们可能会使用不同的思维方式来认识、理解、描述、解释周围的世界。概括起来，主要有感性思维、理性思维、辩证思维、系统思维等。

（一）感性思维的认知方式

感性思维是指认识建立在感觉基础上，用主观情感来分析和判断客观事物的是非、善恶、美丑且对世界进行描述的思维方式。是一种直接的、非正式的、非理性的思维方式，它通常基于个人经验和情感。人类每天的生活，有时是在无意识、不自觉的状态存在的。比如一个人在买橘子时，他吃了一块橘子，发现味道很淡，于是他得出结论认为这一堆橘子都不甜；再比如逛街的时候，面对一个陌生人穿的衣服好看，不管是否符合自己的职业、气质也要去买一件。

（二）理性思维的认知方式

理性思维是指人类基于逻辑、事实和证据对世界进行概念命名、推理判断的思维方式。它强调推理、分析和思考，通过逐步推导得出结论。理性思维通常被视为一种更为客观和精确的思维方式。作为一名教师，上课铃声响了，你走进教室，组织学生开展上课的准备工作，但此时突然有一位同学冲出教室说要上厕所，第二位同学看到老师没有制止，也冲出教室，理由同样是上厕所。这个时候就需要用到理性思维，如果仅仅凭借感性思维进行直觉反应，可能会导致对两名学生上厕所行为及原因分析有失公允。首先，需要进行事实分析。你需要收集和评估这两位同学在其他老师课堂相关的事实。在这种情况下，你可以直接询问其他学生，问他们这两位同学在别的老师课堂、在课间休息时的基本情况。同时，你也可以查看学生的健康体测表，并与家长取得联系，了解学生身心状况。事实分析的核心在于尽可能地收集直接和间接的证据，并对它们进行客观评估。其次，需要做好推断分析工作。在收集事实的基础上，你需要运用推断分析来理解学生上厕所的动机及原因。可能的原因有很多，例如学生可能缺乏时间观念，也可能出于某种身体原因而产生应激，还有可能两位同学各有原因，其一是属于身体原因，其二可能是跟风，或撒谎。在推断过程中，你应该尽量保持中立，避免过早下结论。接下来，要进行合理的影响评估。一方面需要评估学生一上课就上厕所的影响。不仅包括对班级秩序和学习氛围的影响，也包括对其他教师和同学身心的影响。这种一上课就要上厕所的行为可能会破坏班级的规则和纪律，对其他同学产生不良示范，甚至会影响到教师的决策和教学质量。最后，需要规划理想的解决方案。在这种情况下，解决问题的基本思路需要做到"了解实情—归因分析—心理疏导—伙伴关怀—集体教育"。在这个过程中，这位老师使用了理性思维的方法，对各种信息和因素进行了分析、综合和判断，最终得出了合理的结论。理性思维可以帮助人们做出明智的决策，并为未来的结果提供可靠的保障。

（三）辩证思维的认知方式

辩证思维是指人类以相互联系、相互制约，从矛盾的运动、变化和发展的观点去观察、研究问题的一种思维。辩证思维的特点，是把客观事物及其在人脑中反映的概念，都看成相互联系、相互制约着的，是运动、变化和发展着的。它通常涉及对事物的正反两面进行思考，以及从多个角度看待问题。就如教师在上课的过程中，会遇到学生课堂插嘴的现象，有时体现在教师讲授知识的时候，有时体现在别的同学回答问题的时候，或者在别人发言时不礼貌地打断。面对这种情况，根据辩证思维的认知特点，需要从插嘴的正反面效果、影响进行分析。首先，做好插嘴的矛盾分析。一方面，要看到学生插嘴的积极效能，那就是这些学生有热情、积极参与课堂讨论；另一方面，不要忽视这种行为对课堂秩序的破坏，干扰了其他学生的学习；另外，还要看到随意插嘴的行为背后的"倾听"能力培养和尊重他人的品德培养。其次，做好插嘴的因素分析。也就是善于提炼关键词，这些关键词有助于教师解决学生插嘴带来的矛盾。可以从"动机、目的、影响、措施"进行分析：学生上课随意插嘴的动机是什么？他们插嘴是出于积极学习的心态还是出于调皮捣蛋的目的？学生是否有意识到自己随意插嘴的行为对别人的影响？是否有课堂规范或者班规对这种行为进行了约束？其次，做好插嘴的联系分析。也就是根据哲学联系观探索学生插嘴与其他课堂行为之间的联系。比如学生的这种行为是否在一定程度上反映了他们的学习状态、与他人的交往能力和自我控制能力？是否可以通过引导学生培养更好的课堂礼仪来改善这种情况？最后，做好插嘴行为的动态分析。所谓的动态分析指的是不要将学生插嘴行为看成偶然的静态活动，而应该考虑学生课堂插嘴的动态变化。教师可以观察学生在其他课堂上以及与教师的交流中的表现，了解他们在不同情况下的行为模式。这样才可以帮助你更好地理解学生的行为，并找到更适合的解决方案。

（四）系统思维的认知方式

系统思维是指人类运用结构化的方式对世界进行整体、结构、功能和相互作用的思维方式。它强调整体大于部分之和，以及各个组成部分之间的相互关系。在作文的时候，学生不仅是在处理文字，也是在处理逻辑。系统思维并不意味着对问题机械、简单地肢解，其本质是逻辑，目的在于对问题的思考更完整、更有条理。人类在认识自然、社会与自我关系的时候经常运用系统思维。比如，在生态学中，人们认识到自然环境是一个复杂的生态系统，由许多相互关联的组成部分构成。这些组成部分包括土壤、水、空气、植物、动物等。人们运用系统思维的方法来研究这些组成部分之间的关系以及它们与整个生态系统之间的关系。在母亲河黄河保护当中，人们运用系统思维来考虑黄河流域及其周边环境的整体性。他们研究土壤如何吸收和释放水，植物如何影响水分的蒸发和土壤的侵蚀，动物如何影响植物的生长和死亡等。这些研究有助于人们更好地了解黄河流域中的水循环、能量流动和物质循环，从而能够更好地管理和保护流域资源。此外，在自然风景保护中，人们也运用系统思维来理解和保护自然环境的多样性。认识到自然环境是一个复杂多样的生态系统，有很多不可预见的因素影响这个系统。因此，需要采用系统性的方法来记录和分析自然环境的组成和特征，以确定如何最好地保护和维护其多样性。

二、中华民族颇具特色的诗性思维方式

维柯认为，把握世界的方式：一种是诗性智慧；一种是理性逻辑思维。起源于古希腊半岛文明的西方民族，受自然环境恶劣的影响，强化人的主体性，其思维方式显然表现出理性逻辑思维的特征；而起源于黄土文明的中华民族，受地大物博的影响，其观看、认识世界的思维方式有什么特别之处呢？中华民族观看、认识世界的思维方式是一个相对独特的体系，它在数千年的历史和文化演进中逐渐形成"天人合一""物我一体"的图景思维，具有明显的诗性智慧特征。

（一）西方学者的诗性智慧研究

什么是诗性智慧？"诗性智慧"的研究肇始于17至18世纪意大利哲学家维柯，他的不朽著作《新科学》已成为"诗性智慧"或"诗性逻辑"研究的圣经。维柯认为诗性智慧是人类历史前夜的原始野蛮人所特有的一种智力功能，是人类最初的智慧形态。"因为根据人类思想史来看，……诗的真正的起源，和人们所想象的不仅不同而且相反，要在诗性智慧的萌芽中去寻找。这种诗性智慧，即神学诗人们的认识，对于诸异教民族来说，无疑就是世界中最初的智慧。"①作为一种原初的智慧，它是一种人类本能的智慧，不需要文明理性的知识做铺垫，凭借也许是与生俱来的或者一种直觉的观念，赋予他们感到惊奇的事物以实体性的存在，如同儿童将无生命的物体拿在手上把玩，与之嬉戏、谈笑，宛如对付活生生的人一般。因此，诗性智慧尽管只是一种"昏暗而笨拙的潜能"，但是，原始人运用诗性智慧，凭借"天生的强旺的感觉力和生动的想象力"②，造就了一个诗的世界，同时也创造了一个与文明时代完全不同的文化体系，这就是所谓的诗性文化。③"这种异教世界的最初的智慧，一开始就用的玄学就不是现在学者们所用的那种理性的抽象的玄学，而是一种感觉到的想象出的玄学，像这些原始人所用的。这些原始人没有推理的能力，却浑身是强旺的感觉力和生动的想象力。这种玄学就是他们的诗，诗就是他们世界，就有一种功能因为他们生而就有这些感官和想象力他们生来就对各种原因无知。"④在维柯看来，人类思维经历了发生发展的过程，这一过程表现为两种形态即诗性的智慧和理性的逻辑思维。诗性智慧的发生时间在先，理性思维是从诗性智慧中生发出来的，两者都是人类思维的重要形式。"诗人们可以说是人类的感官，而哲学家们就是人

---

① 维柯. 新科学[M]. 朱光潜, 译, 合肥: 安徽教育出版社, 2006: 56.

② 维柯. 新科学[M]. 朱光潜, 译, 合肥: 安徽教育出版社, 2006: 56.

③ 刘士林. 中国诗性文化[M]. 海口: 海南出版社, 2006: 39.

④ 维柯. 新科学[M]. 朱光潜, 译, 合肥: 安徽教育出版社, 2006: 220-221.

类的理智。"①他认为原始人因为凭想象创造，他们就叫作"诗人"，"诗人"的希腊文意义即"创造者"或"制造者"。②由此可知，诗性智慧就是一种通过想象来创造的智慧。

维柯尽管没有明确给出诗性智慧的定义，但他的研究对我们解释其内涵有如下几个方面的意义：其一，诗性智慧是人类的一种本能，我们探究诗性智慧的内涵离不开对人的特性的分析与把握；其二，诗性智慧具有共通性，不因文化、民族、地域而发生本质的改变，如有所区别，仅仅只是思维的内容不同而已，即使在文明时代，诗性智慧一度被理性智慧遮蔽，它只要遇到适当的文化温床，仍能够复活，从而焕发生机。其三，启发我们重新认识人类最初的生活世界，导引我们审视并反思文明时代理性智慧带来的困境与弊端。当然，维柯是凭借"文明中心论"的视角来审视原始人的诗性生活与诗性文化的，受西方人逻辑推理、辩证思维方式的影响，还不能从本体论的高度去全面挖掘诗性智慧的内涵，自然得出诗性智慧是"粗糙的玄学""粗野本性"等结论，容易误导人们把诗性智慧当作理性思维的初级阶段，或感性认识阶段，从而相对掩盖诗性智慧应有的光芒。

（二）中国学者的诗性智慧研究

研究诗性智慧必须立足其赖以生存的土壤——诗性文化。中国自古以来就是诗的国度，其文化自然就具有诗性的特征。因此，自从朱光潜将《新科学》引入中国以后，"诗性智慧"的研究与探索引起了中国学人的高度重视。朱光潜先生根据中国诗富有想象的特质，在中西诗性智慧的比较之后，认为诗性智慧的本意就是创造和构造的智慧，并认为其等同于形象思维。劳承万则从节奏韵律专题研究的层面将"诗性智慧"解释为"是人类天性中，最为深层也最充满激情的智慧""是人的一种情感智慧，或者说是由词语引发的情感运动的智慧"。③刘渊、邱紫华认为，诗性智慧就是诗性思维，"诗性智慧"是对原始人类整体的思维认知方式的统称，并由这种思维认知方式决定其行为方式，因此也可以称之为"诗性的思维"，"诗性"便是

---

①维柯. 新科学[M]. 朱光潜, 译, 合肥: 安徽教育出版社, 2006: 224.

②维柯. 新科学[M]. 朱光潜, 译, 合肥: 安徽教育出版社, 2006: 221.

③劳承万. 诗性智慧·前言[M]. 郑州: 河南人民出版社, 1997: 1-2.

"创造性的想象力"。[①]桑大鹏认为"诗性智慧"可分为历史智慧和玄奥智慧两个层面，是"具有整合意味的创造性精神能力"。[②]杨匡汉则从诗性智慧的历史演变的角度，提出"诗性智慧"应有原始人、近代人和现代人的不同阶段。诗性智慧要到特定时代、社会的时空环境中去寻找，要到与世界、与历史、与人生相通的审美经验中去寻找。[①]

刘士林先生认为只有回到感性与理性未分化之前的历史结构中构建出人类学本体论的存在结构，才能为人类精神的生态平衡与健康发展提出一个逻辑起点。而社会与自然二元对立的本体，就是诗性智慧或诗性文化。因此他把"诗性智慧"视为"以非主体化、非对象化为基本特征的生命活动方式"[④]。他的这一认识为把握诗性智慧的本体内涵和建构中国诗学文化奠定了重要的理论基石。易晓明博士在此基础上，从历时的角度提出诗性智慧的两种诗性智慧的表现形态：一种就是在早期人类身体所表现出的，即人在尚无自我意识或自我意识较弱的情况下所呈现的非对象化、非本体化的生命状态，这就是质朴的诗性智慧。另一种是人在自我意识、理性已经发展的情况下，所表现出的感性生命与逻辑理性的主客体统一，这就是成熟的诗性智慧。她套用黑格尔所提出的"相反合"的人类精神发展过程理论，认为"两种诗性智慧分别对应着正与合的位置，质朴的诗性智慧表明人类处在原始的主体与客体的统一性之中，而成熟的诗性智慧恰恰表明人在理性发展的情况下，能够克服感性与理性的分离，主体与客体的对立，寻求它们之间新的统一。所以成熟的诗性智慧是对质朴诗性智慧更高意义上的一种回归。"[⑤]

从中国学人的研究中，我们可以得出如下结论，诗性智慧不仅是人类的原初智慧，是智慧的母体，同时在物质文明极度繁荣的时代它仍然具有顽强的生命力。当人类日复一日在概念、判断、推理的过程中迷失自我，或者说窄化自我生存空间的时候，诗性智慧凭借它巨大的融通、整合、综合能力，能够为人类指明一条抹平"主体—客体"鸿沟的道路，从而使人类的生命重

①刘渊，邱紫华. 维柯"诗性思维"的美学启示[J]. 华中师范大学学报（人文社会科学版），2002（01）：86-92.

②桑大鹏. 解读诗性智慧[J]. 三峡大学学报（人文社会科学版），2001（11）：44-47.

①杨匡汉. 中国新诗学[M]. 北京：人民出版社，2005，1-22.

④刘士林. 中国诗学原理[M]. 海口：海南出版社，2006：6-68.

⑤易晓明. 寻找失落的艺术精神[D]. 南京师范大学博士学位论文，2001：48-49.

新丰盈起来，使地球上的行走更有意义。

（三）诗性智慧的基本内涵

当然，"解铃还需系铃人"。任何言说都是言说者根据自身的视角去整合各种文化资源的产物，我们要系统地研究诗性智慧的本体内涵，首先必须回到人本身。从本体而言，人的生产劳动实践是智慧产生、发展的根本原因，因而也是诗性智慧的本体存在。本体是不变的，人的本质是变化的，随着人们对自然、对人类自身，以及对茫茫的宇宙认识的发展，人们劳动的方式、内容不断发生变化，导致人的精神追求也随之发生相应的变化，人的本质自然也发生变化，尽管如此，人的本质不过是本体的展开、充实、限定和具体化。在对自然的劳动实践中，人们除了满足对物质生活的需要外，面对宇宙的苍穹、自然的无穷威力，人类个体感到自身力量的微弱与渺小，渴望自己成为无限的存在，于是，产生了精神—实践方式，凭借这种方式，人类不仅能够超越共时存在的局限，而且能够融通历史的存在，使人类群体与个体能够与日月争辉，与天地比寿。而达成此目的不是逻辑思维可以担当的任务。胡塞尔认为"逻辑形式和逻辑规律"只是"表现了人种偶然的特性"，"认识只是人的认识，并束缚在人的智力形式上，无法切中物体自身的本质，无法切中自在之物。"[①]这是因为逻辑智慧是对象化的线性思维活动，是二元对立的思维方式，在这种思维方式的左右下，人们难以真正把握事物的本质，自然难以建构自身本体的存在。

从人的存在本体来看，人类的劳动实践主要有两种形式，一是凭借劳动工具进行的认识自然的工具实践；一是凭借精神进行的认识社会、自我的精神实践。而就精神实践而言，也有两种方式，一是"诗性智慧"，二是"逻辑智慧"。无论是诗性智慧，还是逻辑智慧，其赖以生存的本体均是劳动实践。从人存在的本体来说，原始人在文明的原初状态，凭借诗性智慧去认识世界并创建了一个具有诗性的古代世界，体现出人与自然和谐共处的生存方式与生存状态。而在物质文明高度发达的社会，在"过度理性化"的今天，人们要超越逻辑带来的局限，克服对象化思维的弊端，回到原始人的素朴状态中去，这个状态如同天上的日月星辰，他们既是时空形式，又是生命存在，没有任何抽象符号的中介地带，没有被逻辑抽象的"共相"。从其心

---

①埃德蒙德·胡塞尔. 现象学的观念[M]. 倪梁康，译，上海：上海译文出版社，1986：23.

理结构来看，按照康德对主体心理机能的划分，文明人的心理结构主要包括知、情、意三要素，而在原始人的生命结构中这三者则是混沌一体的，没有主体对客体的情感的凌驾，也没有主体对客体意志的彰显，更没有概念的判断与推理，有的只是世界万物的独立性和不可被替代的本体性。

雅克·马利坦认为诗性智慧不仅仅是指"存在于书面诗行中的诗歌艺术，而是一个更普遍更原始的过程；即事物的内部存在与人类自身的内部存在之间的相互联系，这种相互联系就是一种预言。"[①]由以上论述可以得知，所谓的诗性智慧就是指建立于感性基础之上，具有丰富想象力的图景思维对自然、社会、自我进行混沌直觉式领悟的创造性的思维活动。是一种非对象化的、非逻辑化的思维方式，它促使人的情感与理性、人与自然、有限与无限、时间与空间得以合而为一，生生不已，以至永恒。它依存人类的劳动实践，又超越劳动实践，其形式是想象，其结果是创造。是一种以感性为基础，通过想象、联想和类比等方式对世界进行直觉性、图景性、超越性、比德性的认知、理解、创造的思维形式。这种思维方式强调想象创造力、情感化认知、意象化图景、类比性比德。所谓想象创造力，指的是强调通过想象来创造和理解世界。人们会运用比喻、象征、隐喻等修辞手法，将抽象的概念和情感转化为具体的形象和情境，以此达到传达和表达的效果。所谓的情感化认知，指的是诗性智慧强调情感在认知和理解世界中的作用。人们通常会将自己的情感投射到外部事物上，以此来认知和表达这些事物。所谓的意象化图景，指的是诗性智慧强调通过具体的意象来思考和表达。意象是一种具有生动形象和情感色彩的心理表象，能够被人们所感知和呈现。诗性智慧鼓励人们将抽象的概念和情感转化为具体的意象，以此达到形象化和直观化的思考和表达效果。所谓的类比性比德，指的是诗性智慧强调通过由此及彼地将自然界的事物及事物存在的物理类比、推导到人类社会存在的伦理。

三、诗性智慧内涵的诠释

"诗者，为天地之心。""诗乃天地之合。"（刘熙载《诗概》）作为一种精神—实践活动，诗性智慧是精神与实践合二为一整体的智慧。即主客不

---

① 雅克·马利坦. 艺术与诗中的创造性直觉[M]. 刘有元，罗逸民，等，译. 北京：三联书店，1992：2.

分、知行结合，物质即精神，精神即物质。这种特质恰与中国古人习尚"上观天文以察时变，下观人文以化成天下"的农业文明中人化自然的思维惯性有着深刻的内在联系，这就是诗性智慧传统为什么能够源远流长地在中华文化血脉里得以延续的真正原因。深入探究并厘析其特质，对于我们继承传统文化，维护民族智慧，乃至有效地开展诗意作文教学活动具有非同寻常的意义。

（一）诗性智慧的图景性

诗性智慧作为一种精神实践活动，不仅仅依赖语言文字符号的逻辑转换，它需要借助富有情景性、情节性的图景作为思维的触发物，将已发生的生活阅历、生活场景、对未来希冀的蓝图进行融通式的转换。刘勰在《文心雕龙·神思》中说："独照之匠，窥意象而运斤。此盖驭文之首术，谋篇之大端"。他借用了《庄子·天道》中的一个典故，轮斧断轮时，头脑中应先有车轮的具体形状，然后依照这个形象运斧。在中国诗学的视域里这种图景性常和意向联系在一起，诗人进行诗歌创作时，头脑中也应有鲜明的图景，然后根据自己对生活的感悟提炼途径凝练成包含个人情趣、志向的意向。图景是诗人精神实践赖以运转的必要条件，是诗性智慧的基本特征。

"我是你河边的老水车/数百年来唱着疲惫的歌/我是你额上熏黑的矿灯/照你在历史的隧洞里蜗行摸索/我是干瘪的稻穗；是失修的路基/是淤滩上的驳船/把纤绳深深/勒进你的肩膀/———祖国啊！"在这一节诗里，作者用"破旧的水车""熏黑的矿灯""干瘪的稻穗""失修的路基""淤滩上的驳船"五个有古老落后特征的图景，经过诗人的巧妙运思，它们就成为祖国衰颓、贫穷、落后的面貌的象征。由此，我们可以清晰地看到，诗人运用诗性智慧表达感情是借助于图景的描绘间接流露出来的。读者只有回归生活的图景，倾注自己的感情，才能把握诗的内容，领会诗的主旨，进入诗的意境。再如读北岛的《迷途》：沿着鸽子的哨音/我寻找你/高高的森林挡住了天空/小路上/一棵迷途的蒲公英/把我引向蓝灰色的湖泊/在微微摇晃的倒影下/我找到了你/那深不可测的眼睛。"这是一首整体运用象征手法表达深邃意蕴的诗。解读这首诗最好的办法就是将诗中描写的图景串联起来，与我们自己生活体验的图景进行对照，就不难发现、领悟其中的内涵。我们读到诗的题目是《迷途》，自然而然就会想象或者在深山老林失去归途的情节、人物、色彩所构成的图景，迷途中的"我"在"鸽子的哨音"的提醒、召唤、引领下在迷途中进行艰难的跋涉、搜寻。茂密的"森林"阻挡了天空的视线，让我找不到前行的路，也无法预知目的地的方向，幸好有同样处在迷途的"蒲公英"的陪伴增添了无限的乐趣与动力，茫然中找到了归宿："蓝灰色的湖泊"和"那深不可测的眼睛"。

中国台湾著名儿童文学作家、阅读推广人方素珍所写的《拜访》一诗，通过一幅幅生活中的图景的描绘，生动地展示了诗性智慧的图景性特征。

这首诗以一个小女孩的视角观看母亲带她去给外婆扫墓的场景，从理性思维的角度来审视她的思维活动，凭借人眼是完全看不到其内在的心理感觉以及对给外婆扫墓的认知。这首诗之所以动人心魄，不是作者运用了华丽的辞藻，而是发挥诗性思维的功能：其一，情感化认知，诗歌的第一节"路途很远""天色很灰""脚步很重"都是扫墓心情的直觉反应；其二，意象化图景，诗歌里所提到的"菊花""篮子""香""饭菜""水果"等事物，表面看来不过是扫墓常见的祭品，但每一个祭品组合起来的图景就形成一种思念、忧伤的情感场；其三，想象创造力，正如台湾儿童文学家林良先生所言，一个孩子跟随妈妈来到外婆坟前，摆上祭品，祭拜外婆。小孩子对"生死之隔"有自己的看法。认为这是去"看外婆"？是去外婆家"拜访外婆"？作者把自己回转成幼童"我"，再由这个"我"来叙述这一番经历。一个人的死去并不是真的死去，他仍然活在子孙的"情感"中、"记忆"里。因此，最后，菊花在风里摇摇摆摆，不是自然之物，而是外婆在诉说。所谓图景，即符号、文字、语言等"串行信息"和行为、图像、情境等"并行信息"综合作用而形成的有情节、有图画的场景。

（二）诗性智慧的超越性

诗性智慧是超越的智慧，它的超越性主要体现在克服和超越主客二元对立的超验性和人与万物处于一体的自由境界等方面。在经验论的视域，以笛卡儿为代表的旧形而上学肯定"我思"是"我在"的前提，其实质就是把自我看作是实体性的存在，表面上张扬了人的主体性，但寻根究底，人的自我总是受到所"思"对象物的限制，成为万物乃至他人互相对立的实体。康德看到了自我的自由本质，断言"实体是认识的对象，而进行认识的'我'根本不能作为被认识的对象，如进行认识就是把'我'当作了实体。只有把自我看作是非实体性的存在，自我才是自由的。"①康德赋予自我空灵性的

①张世英.哲学导论[M].北京：北京大学出版社，2006：78-79.

特征，实质上肯定了诗性智慧超越性的价值。当然，他所主张的自我是超验的不可知的"物自体"，他和作为客体的另一个不可知的"物自体"发生交互作用而产生经验与知识。这其实并没有真正超越主客二元思维的局限。尼采不承认物质客体的实体性，也否定主客二元性，但他的"世界，我的意志"——强力意志说脱离不了主客二元以及自我主体的窠臼。

诗性智慧的超越功能能够帮助人抖去物质的灰尘，超越所有外在世界的羁绊，回归自然的本真状态。荷尔德林说："人的本质在于它的创造性，这一原始的精神活动就是'诗'。在诗的意义上，人是他理想中的存在，是他应该是的存在——在自身中与自身相区别的人。因此，人并非仅仅有时是位诗人，或者同时也是诗人，人从本质上就是诗人。回头再看所谓'自然'，它当然不是流浪的牧人或者洞穴人，而是卢梭和席勒为我们呈现的居住在自己的茅屋中的人，是诗性的居住的人。"①他洞悉了人的本性：人本质上就是一个拥有诗性智慧的诗人。在诗人的视野里，他能够在狭小的生存空间里看到广袤无边的宇宙，在有限的时间里使自己变得无限起来。正如亚里士多德所说，历史学家描述已发生的事情，诗人则描述可能发生的事情，故而，诗比历史、哲学等更严肃，因为诗所说的大多带有普遍性，而历史所说的则是个别的东西。从这个意义上来说，诗人所体验、感悟的诗意就是从个别的东西中见出普遍性，从有限的存在发现无限的意义。

诗性智慧的超越性功能还能够帮助人提升境界，使人栖居在美善圆融的理想境界里。为人津津乐道的屈原之所以能够在政治前途极为暗淡时仍然坚持行走在"路漫漫其修远兮"的求索之路上，累遭迫害而不改心中之乐，根本的原因在于他具有"精骛八极，心游万仞""思接千载""视通万里"的"神思"。在我国的诗性文化中，根据蔡钟翔光生的研究成果，神思有五个方面的含义：其一，神明、神灵，多用以说明文艺创作中灵感勃发宛有超自然的力量相助；其二，描写对象的内在精神本质；其三，作者之精神、心灵、创作中的艺术思维活动，多言创作时精神的专一或精神的自由超越；其四，作品的内在精神本质；其五，艺术创作所能达到的最高境界。②无论是创作作品，还是感悟人生，诗性智慧的超越功能正是建立在对"神"原始的

①德荷尔德林. 荷尔德林文集[M]. 北京: 商务印书馆, 1999: 9.

②成复旺. 中国美学范畴辞典[M]. 北京: 中国人民大学出版社, 1995: 108.

神明、神灵的超越性思维意义借用之上的。正如席勒所说："人丧失了他的尊严，艺术把它拯救，并保存在伟大的石刻中；真理在幻觉中继续存在，原型从仿制品中又恢复原状。正如高贵的艺术比高贵的自然有更长的生命一样，在振奋精神方面，它也走在自然的前边，起着创造和唤醒的作用。在真理尚未把它的胜利之光送到人的心底深处之前，文学创造力已经捉住它的光芒；虽然潮湿的黑夜尚存在于山谷之中，但人类的顶峰即将大放光辉。"①

（三）诗性智慧的直觉性

据《传灯录》所载，世尊在灵山会上拈花示众，是时众皆默然，唯迦叶尊者破颜微笑。世尊曰："吾有正法眼藏涅槃妙心，实相无相，微妙法门，不立文字，教外别传，涅槃传付摩诃迦叶。"②在这则传奇性的故事中，尊者迦叶之所以能够领悟世尊的法旨，就在于他运用诗性智慧的直觉功能，顿悟佛理而会心一笑。

什么是直觉？直觉尽管如同禅宗的佛理一样难以用文字表述清楚，但罗列不同学科的见解，也可以察知端倪。柏拉图（Platon）已经意识到直觉的存在，不过他把直觉分为理性直觉、生命意志直觉体验，他更看重理性直觉，而且他把心灵和身体分属于两个不同的世界，理性思辨和感性领悟也分属两个不同的世界。但他却领悟到"在体验面前文字是虚假而且有害的"。③亚里士多德在《动物繁殖》一书中也提出，感官所得到的信息是首位的，超过了理智所能提供的信息（知识）。笛卡尔（R.Descarles）认为，直觉是"从理性的灵光中降生的"，是一种与演绎推理不同的认识能力或思维形式。这是从理性思维的视角给出的解释。柏格森（H.Bergson）认为"直觉就是一种理智的交融，这种交融使人们自己置身于对象之内"，是以"感官图像"为基础的。④弗洛伊德（S.Freud）把直觉视作一种潜意识的、构成创造活动的原则。这些解释是偏于非理性的解释。冯契主编的《哲学大辞典》将直觉界定为"人的一种创造性的心理活动和认识能力"。⑤指出了直觉的基本属性。从心理学的维度看，所谓直觉既不单纯是主要依靠左脑的抽

① 德席勒. 审美教育书简[M]. 冯至, 等, 译, 上海: 上海人民出版社, 2003: 71.

② 释普济. 五灯会元（上）[M]. 毛寰, 校订, 北京: 华龄出版社, 2022: 9.

③ 周春生. 直觉与东西方文化[M]. 上海: 上海人民出版社, 2001: 122.

④ 费迪南·费尔曼. 生命哲学[M]. 李健鸣, 译, 北京: 华夏出版社, 2001: 67.

⑤ 冯契. 哲学大辞典[M]. 上海: 上海辞书出版社, 1992: 949-950.

象思维，或右脑的形象思维功能，而是左右脑多种功能模块交互作用状态下的融通式思维，是图景信息在大脑中的瞬间的转换和创生。大脑两半球对人体运动和感觉的管理是交叉的，左半球管理右侧半身的运动和感觉，右半球管理左侧半身的运动和感觉。"而且大脑左半球的功能侧重于抽象思维，它是以线性方式处理输入信息的，脑右半球侧重于'直觉'形象思维，它是以视觉空间的非线性方式处理输入信息的"。①

　　诗性智慧直觉性功能如同迦叶领悟世尊的法旨一样具有突发性、内省性、非逻辑性，以及待证性等特质。②从中国诗意文化的角度来审视，所谓突发性，就是经过长期的生活体验在某事某物或者特定的情景的诱导下不假思索地迅捷地体验并感悟到此情此景所包含的意旨。比如王维"君自故乡来，应知故乡事。来日倚窗前，寒梅著窗未？"一诗，从故乡人到应知故乡事，以及思念的倚窗人和窗外的寒梅，均是在瞬间的感悟而构成的一幅幅生活画卷。所谓内省性，指的是诗性智慧的直觉不依赖外物，无须借助文字，其情思来自心灵的深处。所谓非逻辑性，如同刘勰《文心雕龙·神思》中曾说："夫神思方运，万途竞萌，规矩虚位，刻镂无形。登山则情满于山，观海则意溢于海。"③这段话描述的就是诗性智慧直觉思维的非理性状态，这是一种漫溢情感的思维活动，其思维的凭借不是概念、推理、判断，而是借助图景展开的融情感态度价值观于一炉的思维活动。宋代诗论家严羽《沧浪诗话·诗辩》中也这样说道："夫诗有别材，非关书也；诗有别趣，非关理也。"④所谓待证性，即直觉的结果也许是"是"，也许是"非是"，一切需要生活的检验与证明。

　　诗意作文重视发挥诗性智慧的直觉性功能，其主要的作用体现在如下几个方面：其一，培养学生的创造性智慧。如果说理性智慧所达不到的地方是属于诗性智慧的空间，那么直觉就能够激发人的无穷的创造性。当我们的科技还不能探测月球奥秘的时候，凭借诗性智慧，我们可以直觉地感悟月宫其实就是一个具有类人性的嫦娥所管辖的地方；古希腊神话中达罗斯父子开始飞行尝试，于是催生了今天的飞机、火箭乃至宇宙飞船；李白有"欲上青天

---

①董奇，等.脑与行为——21世纪的科学前沿[M].北京:北京师范大学出版社，2000:23.

②张楚廷.课程与教学哲学[M].北京:人民教育出版社，2003:34.

③冯春田.《文心雕龙》阐释[M].济南:齐鲁书社，2000:264.

④申骏.中国历代诗话词话选粹（上）[M].北京:光明日报出版社，1999:43.

揽明月"的梦想，人类在20世纪60年代实现了登月。爱因斯坦认为直觉和想象是科学创造的先决因素。他说："物理给我们知识，艺术给我们想象力，知识是有限的，而艺术想象力是无限的。"[①]其二，激发学生探究的兴趣。在理性思维的左右下，学生的思维线性化，容易丧失探究知识的兴趣，而让学生保持对自然、社会等现象的直觉习惯，能够促使他们超越线性思维的局限，使之具有五彩斑斓的色彩，思维也就立体化起来。其三，能够使外显的课程转化为内在意识。诗性智慧的直觉是一种诗性的旅程，在这个旅程过程中，促使学生将"我"的意识自然化、社会对象化，因而塑造了个人内省的精神或促使精神的自由解放。

（四）诗性智慧的隐喻性

"一切语种里大部分涉及无生命的事物的表达方式都是用人体及其各部分，以及用人的感觉和情欲的隐喻来形成的。"[②]在维柯看来，一切诗性智慧都是在隐喻中形成的，也是通过隐喻表现出来的。

在中国诗性文化视阈里，诗性智慧的隐喻性一直是教育家、文学家、诗学者津津乐道的重点。从诗学的角度看，所谓诗性智慧的隐喻性就是把某种被寄托者（事理情思）通过外在的事物比较深曲隐微地表现出来。刘勰认为"兴之托喻，婉而成章""比显而兴隐"，清人焦循《毛诗补疏序》："夫诗温柔敦厚者也，不质直言之，而比兴言之"。这些学人强调诗意精神的传达必须借重诗性智慧富有隐喻特性的比兴手法。从修辞学的角度看，隐喻表现为一种修辞格，它在一种事物的暗示下谈论另一种事物。"谈论"意在挑明隐喻是一种语言现象，"事物"意指任何物体或情态，"暗示"意在表明隐喻不仅具有客观性还具有主体性。但隐喻不仅是语言行为，它还是心理行为和精神行为。作为一种心理行为和精神行为，隐喻是在彼类事物的暗示之下感知、体验、想象、理解、谈论此类事物的心理行为、语言行为和文化行为。隐喻是由三个因素构成的："彼类事物""此类事物"、两者之间的联系（无论是现实的还是臆想出来的）。由此而产生了一个派生物：由两类事物的联系而创造出来的新意义。[③]

"君子既知教之所由此又知教之所由废，然后可以为人师也。故君子

---

① 杨叔子. 杨叔子教育雏论选（上）[M]. 武汉：华中科技大学出版社，2010：196.

② 维柯. 新科学[M]. 朱光潜，译. 北京：人民文学出版社，1986：28.

③ 季广茂. 隐喻视野中的诗性传统[M]. 北京：高等教育出版社，1998：12.

之教，喻也。道而弗牵，强而弗抑，开而弗达。道而弗牵则和，强而弗抑则易，行而弗达则思。和易以思，可谓善喻矣。"我国古代所倡导的"君子之教"其实质就是充分发挥诗性智慧的隐喻性功能，让学生在教师的暗示、类比或者比喻之下自致其知，自悟其理。儒家在实施诗教过程中，还开创和培植了"以物比德"的隐喻言说方式。"比"是象征和比拟，"德"是道德人格。所谓"比德"，就是道德主体通过对符号化的特定自然的物体验与感悟来砥砺人生、启迪智慧、陶冶性情，从而构建诗意的人格，把规约化的道德他律自觉地内化为自我净化与升华的自律活动。《诗经》里"以物比德"的内容很多，如《卫风·淇奥》篇说："瞻彼淇奥，绿竹如箦。有匪君子，如金如锡，如圭如璧。"这是以金锡圭璧比喻"君子"纯清美好的本质。又如《秦风·小戎》以玉比喻君子品德之美，《小雅·节彼南山》以高山峻岭比喻师尹的威严等。"知者乐水，仁者乐山；知者动，仁者静；知者乐，仁者寿。"[①]孔子以水比智者的"动"与"乐"；以"山"比仁者的"静"与"寿"，开了儒家比德的先河。不仅如此，他还以松柏的不畏严寒比拟"君子"坚强不屈的品格，以山的挺拔比"君子"德之坚韧，以玉的皎洁比"君子"德之光华。孔子后，孟子提出"流水之为物也，不盈科不行；君子之志于道也，不成章不达"[②]。荀子认为"夫玉者，君子比德焉"[③]，明确提出比德一词。可见，比德的言说方式寓理于感性之中，促使人们通过自然物来进行价值观照、自我反思，使人格对象化、人格理想物化，顺应了人性自然，贯彻了形象性原则，比单纯的逻辑说教更易打动受教育者的心灵，更具艺术性，使道德教育充满了诗意。在积极的人性观和诗意境界审美的价值观指引下，诗教、比德等诗意言说让人和德育处于一种开放、自由、平等的和谐的关系之中，具有强大的召唤存在与敞开存在的能力，沟通了人的内部与外部世界，使之相互关联、互相映照；它还具有巧妙的融合能力，将人的情感、志趣，以及在场与不在场的德育信息均纳入怀抱，让人在与自然、与社会乃至与自我的对话中确证自我的力量。尽管这种诗意言说因比喻、象征、暗示等手法的运用增加了感知的难度，但由于尊重人德性发展的主体性、主动性，以及人与自然、社会、自我三重生态圆融互摄的融通性，让人在直觉、

---

① 论语·雍也[EB/OL].论语网, http://www.lunyu8.cn.

② 管曙光.诸子集成·孟子·尽心章句上[M]. 长春: 长春出版社, 1999: 99.

③ 管曙光.诸子集成·荀子·法行篇[M]. 长春: 长春出版社, 1999: 233.

妙悟的体验中，在"灵光一闪"的瞬间生成对接自我、对接世界、对接宇宙的情怀与意义，因而感到德育的别开生面与妙不可言。

第三节 基于诗性智慧的作文思维方式

作文教学如何弘扬中华民族的诗性智慧？学生作文当中如何做到诗思飞扬，如何借助诗性智慧来确定自身的存在？尼采认为，艺术的本质始终在于它使存在完满，它产生完美和充实，艺术在本质上是肯定、祝福，是存在的神化。

一、图景感性思维："时间、空间、心间"三维统一

（一）人是时间、空间、心间的结合体

"人之所以为人者，何以也？曰：以其有辨也。"①人凭借什么能够辨？如何辨？《诗经》给出的答案是"明明上天，照临下土"（《诗经·小明》）。这句话体现了中华民族什么思维方式呢？这句话展现了一个立体的图景，有时间、有空间、有心间。首先，从时间看，任何生态，不管是自然生态，还是社会生态，乃至自我生态，都是时间的存在。作为时间维度的世界，是过去、现在、未来的结合体；作为空间维度的世界，是自然、社会、自我的结合体，就人的存在而言，人是自然生物人、社会文化人、自我理想人的结合体；作为心间维度的世界，是感性、知性、理性的结合体。也就是人是自然中的一分子，天上的明月不仅自行运转，而且俯察人世间的一切，人的一切与天地自然息息相关。从这可以看出，中国的每一个汉字，其实就是一幅图景。我们再拿一首诗为例，比如李白写的《静夜思》。这首诗只有四句，但展示了一幅极富天人合一的美丽图景。该诗是李白于公元726年（唐玄宗开元十四年）九月十五日在扬州旅舍所写，作者时年26岁，正是血气方刚的时候。从时间维度看，白天忙碌，到了夜晚，明月逐渐升高，以及抬头与低头的动作，无一不告诉我们，作者处在思乡的时间里。从空间看，

①杨柳桥. 荀子诂译[M]. 济南：齐鲁书社, 2009: 71.

远有浩渺的天空，还有高冷的月光，尤其是身处旅社的环境，如果是在家乡，天上明月朗照，倒也不会觉得有什么特别，就是这个旅社的特别场合，给人秋天的凝霜之感；从人物的活动看，天上的明月与作者心中团圆的故乡高度契合，这样就意味这里的时空还得加上作者的心理空间。如果作文教学进入到图景思维的世界，这首诗就是一幅流动的画，是活着的生命。但是我们的中小学教师往往将作文教学处理成为谋篇布局等技法传授与道德规训，学生获得的只是文体知识，以及应试作文的规范表达，缺乏思维品质的作文教学导致学生思路不畅，其作文自然就成为味同嚼蜡的产品。

（二）图景感性思维的基本内涵

所谓的图景感性，指的是中小学教师在作文教学过程中，应该引导学生立足生活现象，不管是描述自己的亲身经历，还是对观察到的现象表达对世界的认识，均需要将历史的过去、现在、未来等要素构成的时间维度与人物、事件、行为等构成的空间维度，以及体验、感受、反思的心间要素结合起来，形成一幅有意境、有图景、有情节的思维品质。

笔者曾为学生示范写作一首《稻草人的新年心声》，演绎了什么是诗性智慧的图景感性思维。这首诗一共5个小节："不知道远方究竟有多远，/通往家的路却无须走多久。/故乡空了，/空得只剩下一条荆棘丛生的路，/一栋栋枯枝撕扯记忆的颓废房子，/一座座山岗上杂草遮掩的坟茔。//如果有一种风刮起，/但愿驰骋的烈马送回青葱少年。//再做一次童年的游戏吧，/保持这样一种姿势，/背着故乡厚重的青山，/眼睛装着满畦的希望。//每年的这个时候，/我只想做一个守望的稻草人，/将自己插在乡愁的泥土里。//"从图景感性思维的时间看，这首小诗写到了"青葱少年做稻草人游戏"的过去，也写到了"人人离开村庄，追求远方"的现在，还写到了"背着青山、装满希望、守望家园"的未来寄望；从图景感性思维的空间看，这首小诗写到了"荆棘丛生"回乡的路、"枯枝撕扯记忆"的颓废房子、"杂草遮掩"的祭奠先祖坟茔，三个场景，将乡村空落图景刻画得全面而生动；从图景感性思维的心间看，这首小诗写到了"追求远方"与"灵魂还乡""还念童年"与"坚守故土"的矛盾与困惑。

（三）图景感性思维的基本价值

从价值取向审视，学生的作文及教师的作文教学尽管有个性张扬、文化传承、灵魂塑造等多元价值追求，但为了落实马克思主义"人的自由而全面发展"思想，发展学生的诗性智慧，尤其是运用诗性智慧的图景感性思维功能是触发学生内心感动进而思路通畅，是搞好作文教学的逻辑前提。作为德育课程的开发者，首先，教师需要引导学生对日常生活现象具备直观反应力，能够对生活中出现的任何一个"偶然"或"意外"的现象，感知到作文的契机；其次，语文教师一定要借助图景感性思维方式，引导学生学会逐步摆脱对教师、对范文等外部因素依赖的思想，发挥主观能动性，赋予自己感知到的生活现象以时间、空间和心间的统一性；最后，以满腔的热情投入作文当中去，而不是把它当作一个任务，当成一个与自己生命无关或不是紧密相关的活动。

二、理论知性思维：切中本质的逻辑

（一）中华民族的理论知性

庄子有言："天地有大美而不言，四时有明法而不议，万物有成理而不说。圣人者，原天地之美而达万物之理，是故至人无为，大圣不作，观于天地之谓也。"①"原天地之美到万物之美"，这是一种什么思维呢？谁说中华民族思维不好，缺乏理性？这就是逻辑判断、推理的理性思维。庄子这句话讲得多好啊，"原"是推究、追求本源的意思；"达"是通达、知晓的意思；而"美"，一指自然界的外相，二指内心对美感的觉察。这句话合起来就是，通过感受、认识天地间自然的图景之美，从而推究、判断，乃至洞悉宇宙万物演化发展之道。人是宇宙万物的生灵，自然也就可以推究出人存在发展之道。天地自然的图景叫作天文，而人的图景自然就叫作人文，二者之间具有比德性与同构性。孔子综合运用图景思维与逻辑理性的智慧去周游列国，其名言"入其国，其教可知也；其为人也，温柔敦厚，诗教也。"②他从社会风气、百姓衣食住行的日常图景，不仅判断出一个地方、一个国家的教育状况，还从老百姓的待人接物的行为方式推断出这是《诗》教的作用与功能。

孔子面对礼制崩解，传统规范消解的现实，周游列国14年，向诸侯王们推行以仁为根基的周朝初年礼乐制度的主张。他的言说方式满溢着浓浓的诗

①庄子.庄子[M].何洋,译注,长春:吉林大学出版社,2020:241.
②戴圣.礼记精华[M].沈阳:辽宁人民出版社,2018:259.

意情怀，而不是将自己置身于道德的至上地位去指责诸侯列王，比如"为政以德，譬如北辰，居其所而众星共之"①一句，将以德治国的诸侯王视为天上明亮的北斗星，散发道德的光辉，从而带动群臣与百姓人人向善，人人发光、发亮。孔子诗意语言的言说事实上是思维使然。而我们的班主任缺乏孔子的语言表达艺术，习惯用规训的话语进行德育工作，造成的状况是——语文老师一上台，"地富反坏右"分子揪出来；语文教师一声吼，楼板都要抖三抖。思维的平庸，导致语言的粗俗，粗俗的语言是难以复活作文教学工作的魅力与活力。

（二）理论知性思维的基本内涵

所谓理论知性，指的是中小学教师运用概念、判断、推理等要素作为思维的工作，对图景感性觉知的图景进行本质化、系统化、逻辑化的思维活动而形成的思维品质。从课程论的视角审视，中小学作文教学需要厘清目标、统整与目标紧密照应的内容、设计组织内容的程序及评价措施。这一系列的工作需要教师能够做到明辨德育问题、把握作文教学本质，且有逻辑地展开教学活动。从学生作文问题的分析上，教师要能够做到善于分析任何问题产生的起点与达成的终点，以及起点与终点之间的差距，只有这样，作文教学聚焦的问题才会既仰望"理想的星空"，又对接"现实的大地"。从作文本质的把握上，作文教学内容不是知识拼盘，而是基于德言同构本质认识而组织的修"明德之品"、做"明智之事"、成"明白之人"的内容体系。从作文教学活动展开看，教学活动不是教师单向地传授作文知识观念与写作技法的规训活动，而是促使学生与自然互动、与社会互动、与自我互动的诗意体验、诗情熏陶、诗意感悟和诗语创作的活动。

当我们阅读大量的学生作文的时候，会发现学生思想缺乏深度、高度和广度，从表面来看是学生缺乏生活素材，其实质就是思维的凝滞，尤其是理论知性思维修养的欠缺，导致审题的时候面对命题或材料作文的概念判断不准，定义不清：有的概念是空洞的、模糊的，根本没有实质的内容；有的概念被过度分析或阐释，导致偏离题意；有的概念的理解则完全是错误的。如何让学生的作文思路通畅呢？如何发挥诗性智慧之理论知性思维的效应呢？从概念的内涵看，所谓的概念是指反映对象的本质属性的思维形式，是对

---

① 孔子. 四书五经（上）[M]. 陈戍国点校, 长沙: 岳麓书社, 2023: 18.

"这种事物是什么"的回答。人类在认识过程中，从图景感性认识上升到理论知性认识，把所感知的事物的共同本质特点抽象出来，加以概括就成为概念。概念所反映的内容是一个事物的特有属性或本质属性。包括两个方面，一是这个概念所指的事物的特性；二是这个概念所指的事物所属的范围。如何认识概念，事实上就是要分析构成一个事物概念的内在本质属性。如何把握事物的本质属性？其思维路径应该是这样的：第一，人在实践过程中，凭借自己的感官器官（眼、耳、鼻、舌、身）直接接触客观外界而在头脑中形成的感性认识；第二，在感性认识的基础上，通过分析、综合、抽象、概括等方法对感性材料进行加工，从而把握事物的本质，才会形成理性的认识；第三，给理性认识的本质进行概念命名。这三个步骤同样适合作文教学。具体见图3-1所示。

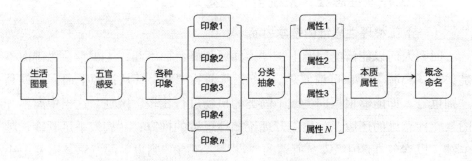

图3-1　诗意作文理论知性思维示意图

（三）理论知性思维的运用案例

例如2016年宁波市中考作文题，其命题给出的材料是这样的："《现代汉语词典》对亮的解释是光线强，或是发光，或是声音很强、响亮，或者说思想很开朗等等。请以'亮'为题写一篇不少于500字文章。"针对这道作文题，第1步，读题，聚焦材料里面的核心概念"亮"；第2步，审题，应该是让学生回归生活图景，发挥图景感性思维的认知、感受功能，也就是调动五感（视觉、嗅觉、听觉、味觉、触觉）去感受、体验生活中种种"亮"的图景，针对材料，不难获知：其一，光线强，或是发光。这是从人类视觉的感官对"亮"的一种解释；其二，声音很强、响亮。这是从人类听觉的感官对"亮"的一种描述；其三，说思想很开朗。这是从抽象的情感、思想方面对"亮"进行的解释；第3步，辩题，也就是对五感体验、感受的种种

"亮"进行分类,自然就会得出:所谓"感官的'亮'",指的是光鲜亮丽、明亮夺目、明光瓦亮、歌声嘹亮等;所谓"思想的'亮'",指的是打开天窗说亮话、心明眼亮、高风亮节等;所谓"情感的'亮'",指的是"敞亮、率亮、开朗乐观等。其四,答题,回归图景,总结"亮"的本质,形成知性认知。从归真角度而言,亮的本质可能是母爱的亮,是一盏闪烁着温暖光芒的明灯,为我屏退黑暗;也可能是心境澄澈的亮,是经过无数世事的洗礼留下来的智慧之光;还有可能是乐观开朗的亮,不是天真烂漫的单纯,也不是没心没肺的欢愉,而是懂得伤痛有所经历,却仍旧保存赤子之心的品质。从求善的角度而言,亮的本质可能是某人振聋发聩的一句提醒,可能是无助中的那一点希望,也可能是别人的善意化成的一缕阳光。

三、工程理性思维:系统全面地筹划

(一)工程理性思维的基本内涵

回到人何以能辨的问题上,"《国风》好色而不淫,《小雅》怨诽而不乱,若《离骚》者,可谓兼之。"①,所谓的"辨",从词源上而言,就是"别也"。即能够根据同类或不同类的事物进行比较、区别。这当中离不开图景感性思维的还原,也离不开理论知性思维的推究;"病人手足厥冷,脉乍结,以客气在胸中"。②所谓的"辨",还有"判也"的意思。需要中小学教师根据作文教学的先进理念对作文教学现象及问题去判断、推理,获得真知、真觉,在此基础上采取有规律、有系统地读题、审题、辩题、答题以及谋篇布局、实践写作等行动。自然需要工程理性思维发挥作用。正如荀子有言:"天行有常,不为尧存,不为桀亡。""制天命而用之"③这是什么思维?日月星辰运转、春夏秋冬轮换都有一定规律,而人凭借图景感性思维与理论知性思维可以认识、把握其规律,倘若再加上工程理性思维,那就能利用自然为自身服务。

所谓的工程理性,指的是班主任能够将图景感性思维与理论知性思维的所得结果,借助一定的作文观念,筹划到作文审题辨题、实施步骤与评价机制当中而形成的思维品质。也就是将写作主体获得的规律、理念、道法设计

①刘勰. 图解文心雕龙[M]. 崇贤书院校注,合肥:黄山书社,2022: 28.

②张仲景. 伤寒论 注解伤寒论[M]. 郑州:河南科学技术出版社,2017: 204.

③司马迁. 史记[M]. 广州:世界图书出版广东有限公司,2019: 145.

成可以实践的方案，进而分步实施，获得理想的作文结果。主要有系统全面的筹划、精益求精的求索与科学实践的精神。从系统全面筹划维度看，中小学教师需要将作文教学视为一个系统，科学厘析系统的基本要素与审视要素之间的逻辑关系，进而形成契合学生作文规律的结构化框架。从精益求精求索方面看，任何作文思路的建立都不是一蹴而就的，需要不断引导学生明辨作文命题主旨、作文内容、作文方法、作文评价等要素之间的关系，也需要不断优化写作个体与集体、学生与教师之间的关系，从而确定自己所写作文的定位、价值与功能。从科学实践精神看，一方面需要中小学教师规范而到位地执行语文课程标准，尤其是作文（新课标称之为"表达交流"）目标，另一方面需要语文教师根据学生发展的实际和课堂教学的特定情境进行灵活变通和创造性发展。

（二）作文教学中运用工程理性思维的基本价值

运用工程理性思维进行作文教学的基本价值主要体现在以下几个方面：其一，有助于学生确定写作目标和读者。在开始写作前，需要明确写作的目标和读者。通过分析读者的需求和背景，可以运用工程理性思维调研与建模的方法，制订合理的写作计划和策略，以确保写作的有效性和针对性。其二，有助于学生组织文章结构。工程理性思维强调系统化和逻辑化，因此在组织文章结构时，可以运用工程理性思维里面的结构化思维方法，将文章分为横向平联，或纵向垂直，或纵横交错的立体结构，并按照逐步深入的顺序安排论点和段落，使文章更加有条理和清晰。其三，有助于学生表述概念和理论。在写作中，需要表述一些抽象的概念和理论。工程理性思维强调运用实例、图示、表格等方式来解释和说明这些概念和理论，以帮助读者更好地理解和掌握。其四，有助于学生分析问题和提出解决方案。写作中经常需要对一些问题进行深入地分析，并提出相应的解决方案。工程理性思维强调实践化和对象化地分析问题，通过对比不同的解决方案，选择最优的方案来解决问题，因此在写作中可以运用工程理性思维的方法，有条理地分析问题并提出切实可行的解决方案。

（三）作文教学中运用工程理性思维的典型案例

我的学生施怡同学在学习诗意作文教学的时候，尝试准备了一堂《守望着那份属于我们的春华秋实——"我是一个稻草人"诗意习作教学》的作文课。作文的命题是这样的——阅读下面的歌词《稻草人》（节选），以"我是一个稻草人"为题，展开想象写一篇文章，可不拘泥于诗歌内容。除诗歌外文体不限，不少于600字。

稻草人
诗/罗大佑

终日面对着青山，终日面对着稻浪，午后的云雀背着艳阳，那样飞 那样笑，那样歌唱，清风吹在我身上，雨珠打在我脸上，晨光 露珠 夕阳 星辰，春耕 秋收 冬藏

面对这道作文题，她运用工程理性思维，视整个作文教学为一个工程，按照工程设计与实施的原则，将作文教学分为"揭示文题，指导审题""回归图景，复活感性""点拨思路，搭建支架""砥志研思，培养德性""多元表达，升华主题"五个板块，其实就是四个子项目，将教师的教路与学生的学路以及作文的文路统整起来，最后呈现出一篇完整的习作。

在"揭示文题，指导审题"板块，施怡同学规划并引导学生做好三件事情：其一，重点分析"题眼"。所谓的题眼，就是揭示意义，体现中心，点明重点或表现感情色彩的词语。本作文的"题眼"是句子文题"我是一个稻草人"，可以采取补充法来理解：我是一个什么样的稻草人？成长的路上，我是一个经历过什么的稻草人？我是一个看到过什么、听到过什么、做过什么梦的稻草人……。其二，理解题目的比喻意义。作文的材料是一首歌词，语言诗意，哲理丰富。写出了稻草人的生活的单调与重复、艰苦与孤独，但也写出了稻草人胸怀的梦想、守护的担当。从歌词中我们可以理解"稻草人"的比喻意义有"有守护心的人""有担当、有责任的人""有见证、又有奉献的人""有初心、有梦想的人"，或者是"奉献精神""守护精神"等等，理解了题目中的比喻义，就等于明确了文章的主题，这样再成文，立意才深刻。其三，明确写作对象和范围。本文的题目是《我是一个稻草人》，结合歌词材料，我们应当明确两点，即写作对象（我）和写作范围（"稻草人"所见、所闻、所感、所经历的有意义的事）。

在"回归图景，复活感性"板块，施怡同学播放了一段稻草人坚守田野的视频，然后要求学生提出视频的关键词，明确核心概念——生活单调、孤独、坚守本心；在此基础上，要求学生分别用一句诗意的句子对三个关键词进行诠释，学生纷纷写出"生活单调——终日面对着青山，终日面对着稻

浪，日复一日，年复一年""孤独——稻草人孤零零地站在麦田中，孤独地欣赏着这让人流连忘返的景色""坚守本心——任风吹日晒雨淋，变化的是天气，不变的是稻草人田埂上的梦"等句子。此环节引导学生观看一段有关稻草人在田野中守望的视频进行诗意的熏陶，启发了学生的图景感性思维。而提取关键词，并在交流解释环节触发学生的动情点，产生与稻草人的共鸣，进一步感知稻草人的孤独寂寥以及他坚守本心的珍贵品质，这其实就是理论知性思维的运用。

在"点拨思路，搭建支架"板块，施怡同学和学生一起探讨了文章写作的总思路和其他变式思路。所谓的总思路，指的是一般学生都要掌握的基本思路。即运用童话的形式写作，写自己就是一个"稻草人"，真实地站立在田野，守护着自己眼前的田野与希望。这期间，有过孤独的侵扰，想放弃；有过风雨的侵蚀，想逃跑；有过日复一日的持续，想半途而废……但是，想起自己肩头的责任，做事的担当，美好的梦想，一切又都不能阻挡自己坚守的决心，春耕后会有秋收，秋收后会有冬藏，"稻草人"的秋收时节，也是自己圆梦的时刻。主要变式思路有：其一，写稻草人是自己的父母、师长，自己就是"稻草人"守护的"麦田"，自己的成长中经历的烈日、风雨都有"稻草人"来见证，来相伴安慰；自己的成长中经历过"鸟雀啄食"的危险，都是稻草人来做保护；自己就是"稻草人"（父母、师长）守护的"麦田"（希望）。在写"麦田"成长过程中，写"稻草人"的语言、动作等，来突出对自己的守护。其二，运用议论文的格式写作。历史上有很多的"稻草人"：勾践卧薪尝胆，何尝不是越国的"稻草人"；伍子胥以死相谏，一心做吴国的"稻草人"；唐雎、墨子、曹刿、邹忌，哪一个不是肩负责任与担当的"稻草人"。古往今来，中华民族的崛起史上，从来就不缺"稻草人"般的担当人士：邓稼先、焦裕禄、黄大年……他们是共和国最忠诚的建设者和守护者，是新时代的"稻草人"……写作本文，既可选取正面的素材诠释"稻草人"的象征意义，又可从反面选材交代丧失担当、守护责任的"稻草人"的"厄运"，从而论证做人要有所担当，担当要持之以恒；做人要肩负责任、做人要有奉献精神，才能实现自身价值等观点。论证过程中，可以在事例的论证过程中传承名人名言等道理论据，以增强文章的说服力。在此基础上鼓励学生拓宽自己的思路。教师给出三种不同的诗意写作思路，目的不在于规定学生如何写，而是鼓励学生高扬个性，拓宽思路。

在"砥志研思，培养德性"板块，施怡同学落实了作文立德树人的根本任务，主要通过引读有关"位卑未敢忘忧国，事定犹须待阖棺"（陆游《病起书怀》）"一身报国有万死，双鬓向人无再青"（陆游《夜泊水村》）等富有道德性的诗句，触发学生内心的责任感、坚守感，从而通过两次言语实践，表达内心的情志：稻草人守望的那份春华秋实，是麦田的丰收，是人们的喜悦。纵使人们在喜悦中总是忘记了他的存在，他依然笑靥如花。为此，他可以守望一生。我能做的，是将双脚深深地扎进泥土，不挪动分毫。不论是轻风柔和地拂过脸庞，还是狂风捶打着身躯，我只管看好这田里的禾麦菽蔬。风吹起，雨落下，虫走过，蝶飞来。我默默站立在田间，守护这片土地。这是我的使命。

在"多元表达，升华主题"板块，施怡同学圆融成篇抒真情，用独到的思考书写结尾，从主题的升华中感受"稻草人"的伟大。把握习作教学的要点，尝试从写一句话到写一段话，最后圆融整篇习作，循序渐进，达至"守望那份属于我们的春华秋实"之思想高度，并让学生一起读出其中蕴含的深情与感动。课堂结尾的一首小诗，则是用诗意的语言传达"每一位学生都是麦苗，而老师则是守望着他们的稻草人"的道理，将诗意习作教学与学生自我联系在了一起。

第四章 诗意作文情感论：
诗情熏陶满驿站

第一节 学生作文缺乏真情实感的现象及归因分析

一、中小学生作文中的弄虚作假现象

陶行知先生在1946年所写的《小学教师与民主运动》一文中倡议："教师的职务是'千教万教，教人求真'；学生的职务是'千学万学，学做真人'。"[①]作为教育界，特别是语文教育界影响深远的隽语箴言，对中小学语文教师应该起到了振聋发聩，撼人心魄的作用，但审视中小学生的作文从审题到立意，从组材到选材，从谋篇到布局几乎难免不掺着一个"假"字。主要体现在如下几个方面：

（一）材料假，无中生有

中小学生在作文的过程中，一写到"母爱""亲情"之类的作文往往会编造自己生病，或者父母亡故的情节，一写到"失败""坎坷"之类的作文也喜欢虚构父母离婚，自己是单亲家庭孩子或留守儿童。还有的把不是自己亲身经历的事，当成自己人生阅历中发生的事情；有的同学为了追求故事的戏剧性，虚构了一些夸张的情节。比如，某同学在写一篇关于自己家庭的作文时，夸大了家庭成员的职业和收入等实际情况，以突出家庭的优越性和自己的幸福感。

（二）情感假，忸怩作态

受教辅材料和教师作文技法训练影响，学生不管情感自然真实的表达原则，在作文过程中，为了追求某种效果或者满足某种需求，故意夸大或虚

---

① 陶行知. 陶行知全集（第4卷）[M]. 成都: 四川教育出版社, 2005: 528.

构自己的情感体验，导致作文中的情感表达与实际情况不符。尤其是喜欢运用所谓的"欲扬先抑"或"先抑后扬"。比如有的学生为了体现情感的波澜和起伏，为了写自己的如何快乐幸福，不去考虑幸福快乐的自然之真，一定要先编自己如何烦恼；为了写自己对集体如何关心爱护，一定要把自己的小学低段，甚至幼儿园时期写得冷漠、自私。作文缺乏生活之真，技巧再好，给人的感觉是忸怩作态，也就是"为赋新词强说愁"。再比如，有的作文教辅书指导所谓的"高分作文"，列举很多开头结尾的技法，尤其是结尾强调"卒章显志"，其技法要求做到"触类旁通，善于联想"，导致学生作文结尾联想牵强附会，引发的联想缺少触动其产生的情境。读起来既不合理，又不合情；既不自然，更不真实。

（三）构思假，套用佳作

受应试作文的影响，一线教师和学生抱侥幸心理，无论是日常的月考、期中期末考试，还是中考高考，往往习惯临场将考前背下的佳作进行仿造、套抄，有的直接从作文选上抄袭，有的掐头换面，套用几篇范文，不管什么作文题目，都把文章的主干部分用上，在开头和结尾部分和题目简单照应一下。甚至作文语言也出空话、官话、套话甚至伪话现象，用他人的认识和思想取代自己的认识和思想。

二、学生为什么写不出有真情实感的作文

（一）学生写不出真情实感作文的社会学分析

学生不是真空的存在，受社会的影响很多。由于电视、电脑等媒体的普及，中小学生容易受到意识形态、媒体宣传等话语的影响，有意无意地沾染了社会化语言表达的话语模式及内容组织方式，导致他们的内容表达迷失了固有的纯真及契合他们心智特点的语言和思想表达，鹦鹉学舌，人云亦云。此外，社会的功利主义氛围也是导致学生写不出真情实感作文的重要原因。在市场经济、网络化社会，受物质对象化的制约，功利主义主要表现为人们对物质、权利的追求。在商业化的现代生活中，各种物质诱惑着人们，越来越多的人崇尚物质、权力至上，而这样的氛围也会潜移默化地改变学生的人生观和价值观。这些因素会促使学生在写作文的时候不念本心，形成揣摩老师的喜好而构思虚情假意的作文。此外，学生对于作文分数的关注胜过为人品质的指引，其实质也是社会上功利主义对学生心灵的影响所致。

（二）学生写不出真情实感作文的心理学分析

从心理学视角看，考试是根指挥棒，作文考试大纲及评分标准比语文课程标准中有关"表达与交流"的规定，无论是对教师的教学，还是对学生的作文更有指挥作用。作文考什么，教师就教什么，学生就写什么，用什么话写出的作文能得高分，教师就想方设法，让学生烂熟于心，至于学生作文是否有真情实感则变得无足轻重了。有这种心理自然导致如下的后果：其一，学生作文缺乏内心感动的表达动机，只是为了完成任务或为了考试得高分；其二，学生不能合理审视作文真实需要，将作文视为演练作文技法的机械活动，而对自己的兴趣、爱好等方面缺乏清晰的认识；其三，学生不能合理调节作文的情绪，带着完成任务式的情绪进行作文，其情感的表达自然不顺畅，有些学生会将自己的消极情绪或负面体验夸大或歪曲，使得作文内容失真。当然，我们也要看到学生过于单调的"两点一线"的家庭与学校生活影响，学生缺少发现生活感动的能力，缺乏对平凡生活的观察习惯，不懂得朴素、平淡、琐细的生活也有很多写作价值，自然也会导致学生作文的失真。

（三）学生写不出真情实感作文的教育学分析

从教育学的视角看，所谓的作文教学应该是教师教学生写，包含教师"导写"与学生"学写"两个方面。在教师"导写"方面，教师的作文教学理念和方法存在一些不当的地方。例如，一些教师过于注重作文的应试技巧，而忽略了学生的个性和情感表达；或者过于追求形式的完美，而忽略了内容的真实性和深度。另外，教师的教学程序也存在一些值得商榷的地方。例如，无论是命题作文，还是材料作文，作文教学的程序基本上是围绕"教师命题——学生作文——教师批改——集体讲评"这种模式展开的，凸显的是教师的主体性，甚少考虑学生的需要。此外，作文教学评价标准单一，教师的批改往往注重集体的共性，相对忽略学生的个性，过多地强调语言的优美、结构的巧妙、题目的新颖等表面因素，而忽略了作文的真实性、情感表达和思考的深度等更为重要的因素。在学生"学写"方面，特别是小学阶段，新课标将小学低段的作文教学定位为"写话"，中段和高段定位为"习作"。无论是写话还是习作均需要发挥教师研究者、示范者的功能，相当多的语文教师在讲台待久了，忘记了教师本人的导引责任，长期不写"下水文"，自然难以为学生的作文习得提供具有示范性、引领性的作品，导致讲评课蜻蜓点水，言不由衷。

第二节　从心出发，作文才能走得更远

黑格尔认为，对日常生活中平凡琐屑的兴趣予以太大的重视，会导致人们没有自由的心情去理会那较高深的内心生活和较纯洁的精神活动，以致许多较优秀的人才难以脱颖而出，并且部分地牺牲在里面。因为太忙碌于现实，以至于不能转向内心，回复到自身。[①]反映在我们的生活当中，不论是教师，还是家长朋友以及广大中小学生，过于沉湎于考纲考点，而对生活中的诗意视而不见，对如何健康心灵视而不见，作文成为获取高分的手段，而不是心灵歌唱的本体，学生的作文自然难以动人心魄。我国历来就有写作从心出发，即以心为出发点进行写作的传统。历代作文贤能之士在古代文论中有很多相关论述。例如，刘勰在《文心雕龙》中提出："经正而后纬成，理定而后辞畅。[②]"他认为，写文章应该先确定思想内容的正确性，然后考虑如何组织安排材料，才能使文章条理清晰、词句流畅。同时，他也强调了"意在笔前"的重要性，即写作前要有预先构思好的主题和思路。唐代韩愈在《答李翊书》中写道："当其取于心而注于手也，惟陈言之务去，戛戛乎其难哉！"[③]他提出写作时需要去除陈词滥调，用心去表达自己的思想和感情。只有如此，才能使文思涌流出来。此外，司空图在《二十四诗品》里也提道："构思其始也，皆妆视反听，耽思傍讯，精骛八极，心游万仞。"[④]意思是说，写作的构思过程需要从内心出发，多角度思考问题，精心组织材料，以心游万仞的心态去开拓思路。因此，作文教学只有从心出发，学生才能自然抒发内心的真情实感。

一、灵感的激发与获得是心动的结果

作文教学为什么要触发学生生命的感动呢？首先从作文机制看，学生的

①黑格尔. 哲学史讲演录（第1卷）[M]. 北京: 商务印书馆, 1959: 1.

②刘勰. 文心雕龙（全本全注全译）[M]. 北京: 团结出版社, 2021: 260.

③韩愈. 韩愈集全鉴[M]. 东篱子解译, 北京: 中国纺织出版社有限公司, 2020: 141.

④司空图. 二十四诗品[M]. 南京: 译林出版社, 2012: 44.

作文涉及许多因素，包括灵感、创意、思维、情感、记忆，等等。其中能够激发学生创作欲望的就是"灵感"。所谓的"灵感"，指的是学生在作文过程中，突然闪现的、具有创造性的思维状态。它通常是由外界环境或内在思考触发的。灵感表面看来是一种顿悟，是人类创意活动中一种复杂的心理现象和精神现象，具有瞬时突发性与偶然巧合性的特征，但灵感的激发与获得均离不开人之心与外界交会的作用。正如刘勰在《文心雕龙》中说："春秋代序，阴阳惨舒，物色之动，心亦摇焉。"[①]为什么外在事物，比如风吹草动会引起人的心动呢？首先，从心理学的角度来看，外界的物会刺激人的感官，引发人的心理反应。这些反应可以是情感的、认知的或是行为的。当外界的物与人的内心产生共鸣或互动时，就会引发人的情感和认知的变化，进而影响人的行为和表达。其次，从生物学角度来看，人体本身是一个复杂的生物系统，外界的物可以通过感官刺激引发人体神经和内分泌系统的反应。这些反应可以导致人的情绪波动和行为变化。此外，从哲学和美学的角度来看，"物色之动"促使"心亦摇焉"的现象也可以被解释为一种审美体验。当人面对美好的事物时，会感受到愉悦、平静、兴奋等积极的情感，从而引发内心的共鸣和情感的变化。因此，学生作文的灵感就来自他们与自然、与社会、与自我互动的方方面面，如一次经历、一段对话、一个观察、一个梦境，等等。这些外在的活动激发了他们内在之心的创作欲望和兴趣，促使他们开始构思和写作。

二、好作文是心融于物与物化为心的结果

钟嵘在《诗品》里也有类似的观点："气之动物，物之感人，故摇荡性情，形诸舞咏"[②]。假如自然界有什么变化，学生的内心也会随之感动。比如春天来了，外面那棵树花枝招展，像一个活泼的小姑娘，他们也会不自觉地跳起舞来，可能一边跳还会一边唱歌，还会一边吟诗作赋，这就叫"形诸舞咏"。如果把这句话倒过来，首先"形诸舞咏"，然后"气之动物"，可能吗？现在有部分老师刚好是倒过来的，先在讲台上眉飞色舞地规训作文的法宝，然后学习范文，布置学生作文，这就是典型的本末倒置做法。作文

---

①刘勰. 图解文心雕龙[M]. 崇贤书院校注, 合肥: 黄山书社, 2022: 404.

②解缙. 永乐大典（全新校勘珍藏版第2卷）[M]. 北京: 大众文艺出版社, 2009: 378.

的逻辑前提应该是客观生活能够给写作者内心有触动，所以随着气候的变化，自然景物也发生变化，景物的变化会触发人的情感，人的情感需要通过外在的动作和内在的语言表达来呈现。这其实就是揭示了作文的秘密。人之心动，心到物边便是情，物来心上即化文。好文章是心的产物：心融于物，物就着我之色彩；物化为心，心随物之变迁而兴观群怨。我们生存的世界只是一种自在的存在，日月星辰、花草虫鱼，甚至小桥流水人家，和你我并没有构成因果性、必然性的关系。只有心，只有善感的心才会促使世间万物、人世沧桑和你我的生命，甚至莫测的命运发生种种意义的联系。这种联系的构成就是与世界、与人并存的语言符号，凭借语言符号，人独立于大地，又圆融于宇宙。

三、作文应该像呼吸一样自然而美好

东晋时期的学者、文学家、训诂学郭璞在其《游仙诗》里有云："呼吸玉滋液，妙气盈胸怀。"[1]作文本应该做到如同人的呼吸一样自然而然呼吸"玉滋液"一样美好的东西，作文教学应该促使学生的生命成为一个归真、求善、至美的存在。什么是呼吸？从生物学视角看，所谓的呼吸是指有机体同外界环境进行气体交换的整个过程，主要是吸进氧气，排出二氧化碳的活动。吸进氧气，那就是要吸收有益、有用的东西；排出二氧化碳就是排除不好的东西。其基本环节有如下过程：第一环节就是外呼吸，通过肺通气和肺换气与自然的空气，自然的环境接洽、交流、交融；第二环节是中呼吸，通过我们的血液进行一个传输的过程；第三环节气体要在血液、细胞之间进行一种交换。由此可以类推到学生作文的基本过程也应该是：第一，外呼吸，学生感受归真的自然生活；第二，中呼吸，将外呼吸吸收的社会求善的信息与思维、与德性、与情感进行对话、解码；第三，内呼吸，自然就是与自己的生命发生联系，进而塑造至美的理想自我。（具体见图4-1所示）

---

① 王钟陵. 古诗词鉴赏[M]. 成都：四川辞书出版社，2017：129.

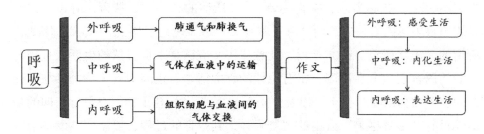

图4-1 自问的自然呼吸示意图

孔子在《论语·雍也篇》中有云："质胜文则野，文胜质则史。文质彬彬，然后君子。"[1]所谓"质"指的是内在的质地；所谓"文"也就是外表的文饰。孔子的意思，大抵是质地有余而文饰不足，就失之粗糙；文饰有余而质地不足，那就是徒有其表的浮华。南怀瑾先生认为，"质"是朴素的文质；"文"是人类自己加上去的许多经验、见解，累积起来的这些人文文化。[2]优秀的作文应该是内在的品质与外在形式的完美统一，这样就说明学生在作文过程中文章主旨、情感是自己心灵内在德性自然的表达。人的存在，除了是生物学上自然的存在，还是社会学上的存在，以及文化学上理想自我的内存在。儒家经典著作《大学》篇不仅为中华民族规划了德性修养的明德、亲民、止于至善"三纲领"，还指出了德性修养的格物、致知、诚意、正心、修身、齐家、治国、平天下的"八条目"。这三纲八目，分类概括，"格物、致知"指的是人的自然生命，而"齐家、治国、平天下"指的是社会类的生命，"正心、修身"指的是"自我内的生命"。三者之间如何实现圆融互摄？儒家给出的路径是"志之所至，诗亦至焉；诗之所至，礼亦至焉；礼之所至，乐亦至焉；乐之所至，哀亦至焉"[3]（《礼记·孔子闲居》）。这其实辩证地处理了德育与美育、智育以及人生修养的关系。所谓的"志"，同"识（zhì）"，是识别、记忆、记载的意思。也就是人在与自然、社会、自我相遇的过程中，有所收获、有所感悟，并收藏、记录在心，从而产生"心之所往"的"情志"。这就正如《诗大序》所言："诗也者，

---

[1]孔子，孟子.论语 孟子[M].北京：燕山出版社，2001：60.

[2]南怀瑾.论语别裁（上册）[M].上海：复旦大学出版社，2020：249.

[3]孔丘，等.四书五经（上）[M].长春：吉林大学出版社，2004：333.

志之所之也，在心为志，发言为诗。"①所谓的"诗"，从言，寺声，也就是用语言表达内心情志。而"寺"本身又具备"规正""法度"等义。因此，所谓的"志之所至，诗亦至焉"就意味作文应该是来自自然的生活，且用诗一般的语言表达合乎法度、富有德性的心中情志。正因为有了诗的参与，外在的表现才会出现"礼至"以及"乐至""哀至"。孔子的教育目标指向的是培养具有"尽善尽美"人格的"君子"，其教育的过程，要做到"发乎情"的心动、"兴于诗"的言动、"止乎礼"的德动以及"哀乐相生"的行动。这个过程其实就是现代教育"知情意行一致性"规律的体现，同时也合乎逻辑地诠释了作文德言同构的辩证关系。即作文不应该是外在于受教育者的规训，而应该是语出衷肠的"诗礼相成"，也就是像呼吸一样自然和美好。

因此，新时代的作文教学工作应该坚守民族化的原则，加强传统文化，尤其是传统诗教的资源整理和新时代创造性转化和创新性发展工作。诗意作文从中华民族传统文化的母体接续了中华民族先秦时期以来的诗教传统，用融诗意、理性、自觉、系统于一炉的理论架构，引导学生从小养成带着诗意的眼光审视周围的世界，赋予自然以人的地位与尊严的为人修养；用诗意文化陶冶自己的诗意情怀，赋予自己有限的生命以无限的意蕴。视作文为诗，但没有局限于"诗"的文体，更不是披着"诗"的外衣，其本质是人内心的充实、丰满，其"诗"所包含的"诗意"实质指向的是人的心灵、人的灵魂，因而诗意作文教学呈现中国"诗"般的色彩、韵律、节奏与生机，具有民族化的特色。

第三节　抒真情，写真意是作文的应有之义

作文应该像呼吸一样自然，作文教学也应该是这样：教师引导学生带着一颗赤诚的心跋涉自己的人生路，总有那么一刻，会让他们心生怜悯；总有那么一处，会让他们泪眼婆娑；即使死了一千年的沙漠，也能触发他们建

---

① 童庆炳，马新国. 文学理论学习参考资料新编（下）[M]. 北京：北京师范大学出版社，2005：2405.

构绿洲的梦想，甚至前面是崇山峻岭，道路崎岖，寸步难行，可以赋予那一弯新月以美好的、纯真的意向。作文是什么？作文是心灵的歌唱，是把一切的相遇视为心灵沟通、交流的一种方式。要让学生明白，作文其实就是每天早晨要喝的一杯涤荡风尘、清肺提神、滋养精气的绿茶。著名作家贾平凹说得好："写作就像人呼气，慢慢地呼，呼得越长久越好，一有吭哧声就坏了。节奏控制好了，就能沉着，一沉就稳，把每一句每一字放在合宜的地位。"①

是的，大千世界，没有一条路是平坦的，但作文及作文教学不是这样，如果心动的起点越来越清晰，作文的终点就会变得"手可摘星辰"，尤其是作文的灵感更会如"泉涌"。如何让作文像呼吸一样自然呢？首要的要求就是要做到抒真情，写真意。

一、什么是"抒真情，写真意"

抒真情是指教师在指导学生作文的时候，要真诚、真挚地传达出内心的感受和情感，而不是虚情、矫情或无病呻吟。写真意指的是学生在作文过程中，真实地表现生活的图景，同时自然传达相遇自然、社会、自我生态的内心想法和情感，不伪装、不刻意美化，让读者感受到作者最真实的一面。抒真情是作文的灵魂，越真越能打动人心，引起读者的共鸣。当学生自然抒发真情的时候，会激发读者内心的情感，让他们感受到我们的真挚和真实。抒真情还可以展现人性的美好和善良，传递出正能量，自然会激发读者的情感共鸣，让他们感受到人性的温暖和美好。写真意能够还原生活的真实，让笔下的文字变成一幅幅灵动的画面，且因为注重细节描写，勇于展示作者的个性，自然能够引领读者身临其境，与作者同呼吸，共命运。

《义务教育语文新课程标准（2022年版）》在总目标第7条指出要培养学生"养成实事求是、崇尚真知的态度"；在第8条指出要"丰富自己的情感体验和精神世界"②。在学段目标"表达与交流"中指出"感情真实"③。

①贾平凹.倒流河 贾平凹中短篇小说精选[M].石家庄：花山文艺出版社，2020：325.
②中华人民共和国教育部.义务教育语文课程标准（2022年版）[M].北京：北京师范大学出版社，2022：6-7.
③中华人民共和国教育部.义务教育语文课程标准（2022年版）[M].北京：北京师范大学出版社，2022：13.

作文考试大纲大都将"感情真挚"作为重要的评价指标，也就是作文要做到感情真挚，力求表达自己对自然、社会、人生的独特感受和真切体验。

所谓的"真"，从词源上追溯，东汉时，许慎在《说文解字》里指出，"真"为"仙人变形而登天也"。①成仙之人变化形体而登天，这显然是根据当时流行的道教的修炼成仙的说法来解释"真"。《新华词典》中"真"的意思：（1）真实；和客观事实相符合的。与"假"相对。（2）事物的原样。（3）副词：的确，实在。（4）清楚。由此可见，从词源上看，"真"从指代道教的仙人得道升天，逐渐演变成用来形容人或事物的性质。作为形容词时，它的意思是：真实的、不虚假、真诚的、真正的、不变的、清楚的等。"谨守而勿失，是谓反其真"②。在庄子的哲学视野，所谓的"真"，其实质就是人的"本性"以及人存在的"本原"；所谓的"真人"是真的人格化、本真化。

所谓的"挚"，《说文解字》里的含义是"握持也，从手从执"。③作形容词用，指的是"诚恳，恳切"的含义。"真""挚"合起来就是诗意作文教学"归真"与"求善"统一。文章贵在真挚，贵在归真生活，写出真意；同时自然流淌真情，表现真性，这是文章能否感动人的关键。只有发自于作者肺腑的真情才是有感染力的，而虚情假意、矫揉造作只会败人胃口。刘勰曾主张"为情而造文"，反对"为文而造情"，指出"故为情者要约而写真"。教师有责任引导学生在平时的学习、生活中要大胆地参与生活，体验生活，擦亮尘封的眼睛，观察高山流水，感知风花雪月，体验世态人情，捕捉生活中的闪光点，采撷真情的花朵，这样才能写出"感情真挚"的文章来。

二、为什么要"抒真情，写真意"

作文教学为什么要"抒真情，写真意"呢？从作文的机制而言，抒真情，写真意有助于诱发学生内心的感动，激发学生的写作冲动。叶圣陶先生说："训练学生作文，必须注重于倾吐他们的生活积蓄。"④这"注重于倾

①许慎. 说文解字[M]. 北京：九州出版社, 2006: 1234.

②刘勰. 图解文心雕龙[M]. 崇贤书院校注, 合肥：黄山书社, 2022: 177.

③许慎. 说文解字[M]. 北京：九州出版社, 2006: 978.

④叶圣陶. 叶圣陶语文教育论集[M]. 北京：教育科学出版社, 1980: 440.

吐"，其实质就是"动心"或"心动"的问题，意在强调作文教学一定要针对学生的实际，满足学生的情感表达需要。正如苏联著名教育家赞可夫指出："教学法一旦触及学生的情绪、意志领域，触动学生的精神需要，就能发挥高度有效的作用。"①要诱发学生的内心感动，唤起学生的写作冲动，教师需要做的就是要使学生产生好的情绪，打破大脑皮层相应区域的平静状态，引起兴奋调动潜在的需求，激发其作文的内动力，促其乐于作文。孔子有云："知之者，不如好之者；好之者，不如乐之者。"（《论语·雍也》）从作文教学的内容而言，有助于学生更加热爱作文，培养出对作文的兴趣爱好。写真情实感的作文一方面可以记录下学生珍贵的生活回忆，这些回忆可以是美好的、感人的、难忘的，也可以是痛苦的、伤心的、难过的。这些回忆可以成为学生成长过程中的宝贵财富，也可以成为他们未来人生中的珍贵回忆。另一方面可以锻炼学生的写作能力，包括表达能力、观察能力、思维能力、想象能力和创造能力等，这些能力的提高有助于学生在写作方面取得更好的成绩和发展。从作文的社会功能看，写真情实感的作文可以让学生更好地理解他人的情感和想法，从而更好地与他人相处，建立更好的人际关系。同时，通过写作可以让学生更好地表达自己的观点和想法，提高自己的影响力和说服力。

三、如何遵循"抒真情，写真意"的原则

一篇文章怎样才能吸引读者？除了与众不同的审题视角、深刻而有启迪的立意、典雅而有个性的语言外，最重要的就是让自己内心深处的感情，通过字里行间缓缓流淌，或涓涓的溪流，或滔滔的江河，或飞溅的浪花，或汹涌的海浪，或平静的江面……

指导学生作文情感表达自然真挚，教师需要引导学生明确作文的情感类型。从作文内容而言，作文的情感分类有亲子、爱情、友情、亲情、爱国情等。所谓的亲子之情，指的是学生在作文中需要探讨孩子与父母的亲子关系而形成的依赖、信任、责任、期望等情感；所谓的爱情，指的是学生在作文中主要探讨的是恋人、夫妻之间的忠诚、付出、关心等情感；所谓的友

---

① 转引自张国学. 思维教学——作文教学问题与对策（上）[M]. 沈阳：万卷出版公司，2014: 6.

情，指的是学生在作文中探讨朋友之间的理解、支持、互助等情感；所谓的亲情，指的是学生在作文中探讨亲属之间的关系，包括血缘、姻缘等关系形成的自豪、自信等情感；所谓的爱国情，指的是学生在作文中自然流露对祖国、对民族热爱的文化自信与文化自觉等情感。

美国著名社会心理学家马斯洛提出了人的需求层次理论（Maslow's Hierarchy of Needs），把人的需要分为金字塔式的五个等级。分别为：其一，生理需求（食物和衣服），涵盖了基本的生活需求，如食物、水、睡眠等；其二，安全需求（工作保障），主要包括对身体健康的保护和对工作稳定的需求；其三，社交需求（友谊），涉及对社交和情感联系的需求，如友情、家庭和归属感；其四，尊重需求，包括对自我价值的认可和对他人尊重的需求；其五，自我实现需求，代表个人成长和实现个人目标的需求。马斯洛的需求层次理论是人性化教育的重要理论基础，被广泛应用于多个领域。反映在作文教学领域，教师根据这个理论可以指导学生在作文过程中清晰而自然地表达自己的情感。针对生理的需要，教师需要引导学生正确对待人的本能情感，比如酸、甜、苦、辣、热、冷、饿、渴、疼、痒、闷等，这是作文"抒真情，写真意"的基础性情感；针对安全的需要，教师需要引导学生根据作文内容，适当处理生活中的舒适感、安逸感、快活感、恐惧感、担心感、不安感等情感；针对社交需求，需要习得人与人、人与社会交往的主体感、互动感、秩序感、爱与被爱感等情感；针对尊重需求，教师需要疏导学生掌握人尊与自尊类情感，涵盖自信感、自爱感、自豪感、尊佩感、友善感、思念感、自责感、孤独感、受骗感和受辱感等；针对自我价值实现的需要，教师需要引导学生处理好人与自我的关系，从而塑造理想自我的情感，涵盖抱负感、使命感、成就感、超越感、失落感、受挫感、沉沦感等。

明确了情感表达的种类及层次，在作文中表达这些情感需要遵循哪些基本原则呢？概括起来，主要是如下几个方面：其一，情感表达的自然而不夸张原则。所谓自然而不夸张的原则，指的是学生在归真所写内容的基础上做到情感表达符合生活的逻辑，不夸大也不缩小。其二，情感表达的实事求是原则。所谓情感表达的实事求是原则，指的是符合生活的真实，经得起推敲，给人真实感；其三，情感表达的舒适效果原则。所谓情感表达的舒适效果原则，指的是学生在作文中表达的情感符合读者认知规律及可接受，符合人之常情。

第四节 诗意作文情感表达策略及实践

一、有"点"：明确情感表达的"动情点"

（一）什么是情感表达的"动情点"

在作文当中，动情点指的是能够触动人们内心感动的关键点或瞬间。这些动情点可以是感人、感事（物）、感景的感染点、感伤点、感化点、感奋点、感恩点、感谢点、感激点、感念点、感触点、感悟点、感慨点、感喟点、感叹点、感怀点等等。这些动情点最能体现文章中心、情节、人物形象、思想感情，最能打动读者的内心。动情点，是文章情感表达的发动机，它可以是一个细节、一个关键事件、一段温馨的回忆、一个美好的寄望。

（二）情感表达"动情点"案例解析

如何在作文里表现动情点？在纪实类作文里，有两种叙事方式：其一，快镜头蒙太奇叙事，揭示事物的规律、特点、演变、阶段，叙事的时候时空切换很快，所以节奏也快，叫作快镜头蒙太奇叙事；其二，慢镜头动情点叙事，揭示正在发生的事物的细节、微妙变化，以及人格、心情意义。叙事的时候，时空切换慢，事实细腻，人物形象饱满，叫作慢镜头动情点叙事。快镜头叙事动情点很难细致表现，而慢镜头叙事可以将动情点表现得细致入微。例如，朱自清所写的散文名篇《背影》，文章的父亲给儿子买橘子的情节生动诠释了父爱的深挚和无私，是整篇文章的动情点。

我说道："爸爸，你走吧。"他往车外看了看，说："我买几个橘子去。你就在此地，不要走动。"我看那边月台的栅栏外有几个卖东西的等着顾客。走到那边月台，须穿过铁道，须跳下去又爬上去。父亲是一个胖子，走过去自然要费事些。我本来要去的，他不肯，只好让他去。我看见他戴着黑布小帽，穿着黑布大马褂，深青布棉袍，蹒跚地走到铁道边，慢慢探身下去，尚不大难。可是他穿过铁道，要爬上那边月台，就不容易了。他用两手攀着上面，两脚再向上缩；他肥胖的身子向左微倾，显出努力的样子。这时我看见他的背影，我的泪很快地流下来了。我赶紧拭干了泪。怕他看见，也怕别人看见。我再向外看时，他已抱了朱红的橘子往回走了。过铁道时，他先将橘子散放在地上，自己慢慢爬下，再抱起橘子走。到这边时，我赶紧去搀他。他和我走到车上，将橘子一股脑儿放在我的皮大衣上。于是扑扑衣上的泥土，心里很轻松似的。过一会儿说："我走了，到那边来信！"[①]

假如改成快镜头叙事，其结果可能一句话就可以讲完——我父亲是个胖子，打算去那边月台买点橘子，他买橘子很吃力，两次爬过月台，回来的时候，我还扶了他一把。在这一段中，朱自清运用了细致的动作描写，将父亲买橘子的过程生动地呈现在读者眼前，使人仿佛亲眼看到了一位父亲为了给儿子买橘子而不顾辛苦的情景。

首先，朱自清通过一系列动词，描绘了父亲穿过铁道、爬上月台买橘子的艰辛。这不仅是一个简单的行动过程，更是一个父亲对儿子深深爱意的具体展现。朱自清用"走""探""穿""爬""攀""缩""倾"等动词，将父亲攀爬月台的吃力与辛苦表现得淋漓尽致。这种对父亲行动的细致描绘，不仅表现了朱自清对父亲的深切关注，更凸显出父爱的伟大和深沉。其次，朱自清在描述父亲买橘子的情节时，巧妙地运用了对比手法，进一步凸显了父爱的力量。在文章前面部分，作者描述了自己的父亲在官场中春风得意、交往的都是达官贵人、拥有丰厚的薪水。然而，在这样优越的条件下，父亲却毫不犹豫地选择花费所剩无几的钱去买橘子给儿子。这种看似简单的行为，实际上是父亲对儿子无私奉献的最好体现。同时，也体现出在艰难困苦中，父亲对儿子的温情与关爱。这种对比更加凸显出父爱的崇高和可贵。此外，朱自清通过买橘子这一情节，暗示了家境的衰败和父亲的落寞。朱父在官场得意时被查处中饱私囊，最终导致官场生涯的结束。尽管如此，他仍然坚持为儿子买橘子，这种坚持表现出他的慈爱和无奈。在这一情节，可以看到一个父亲在逆境中为儿子所做的一切，要比在顺境中所做的更可贵、更感人。最后，朱自清对父亲买橘子的细节描绘也为其自身的成长做了铺垫。正是因为看到了父亲为了自己而不顾辛苦，朱自清才会更加感激和敬爱自己的父亲。这也为他日后在逆境中坚守自己的信念提供了动力。

从动情点表达方式来看，主要有四个方面：其一，事件动情点，即父亲给儿子买橘子这件事；其二，人物动情点，即父亲是个胖子，也是一

---

①朱自清. 朱自清散文选集[N]. 武汉：百花文艺出版社，2021：6.

个生活失意的中年男子；其三，事物动情点，即作者对父亲穿着的描写，涉及黑布小帽，穿着黑布大马褂，深青布棉袍等；其四，细节动情点，即"走""探""穿""爬""攀""缩""倾"等一系列的动作。

（三）情感表达"动情点"实训

例1：要写老师的勤劳艰辛，应捕捉什么动情点？如何表现动情点？请依照朱自清的《背影》父亲买橘子片段进行练习，写出你的创意。

人物动情点：_____；

事件动情点：_____；

事物动情点：_____；

细节动情点：_____。

例2：要写同学的勤奋刻苦，应捕捉什么动情点？如何表现动情点？

人物动情点：_____；

事件动情点：_____；

事物动情点：_____；

细节动情点：_____。

案例参考：

真奇怪，办公室的灯居然还亮着，难道又是英语老师在批改作业吗？进屋后，果然又是英语老师娇小瘦弱的身影，我猫步走到她面前，发现伏在案桌上的她，一头蓬头长发早已把她整个人罩住了，也隔绝了外面的世界。但办公室异常燥热的温度以及沉重的书臭味，让我有些作呕，我想去开风扇，但又不想惊扰老师，她太认真了，她完全沉浸在批改作业的专注中，已经改完的堆积如山的作业本上面有密密麻麻的红叉，有的连红墨迹都还未干，最让我吃惊的是：我站在她旁边五分钟了，老师竟然丝毫没有察觉！要不是一楼的管门大叔厉声吼的"楼上还有谁没走的，我要关门了"惊醒了英语老师，她断然不会发现我的存在。

抬头，老师一脸惊惶："楠楠，怎么是你？作业就你没交。"我感到脸上有股暖流流下来，"老师，对不起，我又迟交了。"她搂住了我，"没关系，下楼吧。我顺便送你回宿舍，你现在回去，宿舍阿姨会骂你的。"

校道上的风异常的清凉，与办公室的暑热形成极大的反差，弯月羞涩地躲进云层里，六月的树木异常繁盛，夜间的叶片斑驳的黑色树影，正如我的一颗羞愧沉重的心。我们在林间漫步，老师给我讲了好多学习方法。其间，我们有说有笑。

奇怪，平常我总是听不进老师的教导，这一次我竟然全部记住了。这条通往宿舍的小道，平常两三分钟就走完了，但那一晚，却感觉走了一个多小时，时间不知不觉定格了。

"老师再见！"这是我说得最沉重的一次"老师再见"，绝没有往日的敷衍！我在宿舍门口与老师依依不舍地道别。**转过身的一刹那，我的眼泪又决堤了。**

二、有"物"：巧借情感触发的"承载物"

（一）什么是情感触发的"承载物"

什么叫有物，指的是情感的表达需要有一个情感的承载物。比如余光中写"乡愁"，乡愁是很抽象的，看不见摸不着，但把乡愁的情感融入"邮票、船票、坟墓以及海峡"，它就变得可见、可感。作文需要明确情感触发的"承载物"，也就是说学生在写作文时要做好如下三个方面：其一，写作文的时候，根据审题获得的题意，进入到生活阅历的回忆当中，回想起与某个物体相关的事情时，会感到温馨或伤感。例如，当我们想起小时候玩过的玩具时，可能会感到一股淡淡的怀旧之情。其二，逐一分析情感承载物的特点和品质，尤其把握情感承载物最动人的细节，它可以让读者更加深入地从而更容易产生共鸣和情感上的联系。例如，在描写一只忠诚的狗时，可以通过描述它炯炯有神的眼神、摇摆的尾巴或者无条件地跟随主人的举动来展现它的忠诚和可爱。其三，注意情感承载物的变化，物体的变化有时也能引起人们情感的波动。例如，一株枯萎的植物突然长出新芽，会让人们感到生命的奇迹和希望。总而言之，情感承载物可以是旧物件，也可以是新物件，还可以是随着时间变迁的一个风景、一场回忆等等。

（二）情感触发"承载物"案例解析

统编教材九年级有一篇课文叫《谈生命》。冰心在开篇说："我不敢说生命是什么，我只能说生命像什么。"生命是抽象的，连冰心都不知道，学生也不知道，更没办法写。因为生命太抽象、太宏大了。但冰心是怎样写这篇文章的呢？找承载物。"我不敢说生命是什么，我只能说生命像什么。"于是情感就有承载物，生命像奔腾到海的春水，像一棵小树。所以冰心的文章就是围绕这两个物来写的。重要的是写春水怎样从一条小溪通过曲曲折折的跋涉奔赴大海，这就是生命；生命还像一棵小树，它会慢慢长大，变成大树，最后大树也会老去，叶子会掉下来。这样的文章就写得很好。假如直接讲生命是什么，生命的意义是什么，就会变成大家都不喜欢的哲学著作。冰心作为文学大家，她知道表达这种抽象的情感要借一个承载物。

（三）情感触发"承载物"实训

1.案例引路

（1）作文题

在学校门口，一位少年与父亲告别，依依不舍却又不知从何说起。他们默默道别。请根据这个场景，选择好情感触发"承载物"，写一篇记叙文。

（2）缺乏情感触发"承载物"的作文

校门口。

正是放学的时候，对面马路涌来一辆又一辆接孩子的"马自达""别克"，甚至"奔驰""宝马"。

一位系着红领巾、穿着实验小学校服的少年站在校门口，看着他的父亲。没有寒暄，没有拥抱，没有诉说一句话，尽管放学的同学三五成群地、热热闹闹地从身边走过。他眼中的父亲是一个穿着工地工作服的中年人，衣服上满是泥浆，似乎还一滴一滴往下掉。头发蓬松起来，就像刺猬的毛发，已经很久没有理发了。这一堆毛发夹杂着根根白发，让人颇感心酸。

模糊中，父亲举起了右手，挺了挺佝偻着的身板，似乎要为儿子塑造一个伟岸的形象。然后，调转身子，抬起左脚，还一边回头，用手指了指街对面的公交车站。这时候，有一辆"奔驰"大声鸣了一声笛，吓得父亲赶紧放下伸出的手，还没有迈出去的左脚，有一点趔趄。少年赶紧走过去，想去扶一把。父亲摆摆手，示意不碍事。父亲抬起右脚，朝街口走去，脚步铿锵有力。

少年目送父亲的背影，没有流出的眼泪，此时不自然地流了下来。

父亲走到街道的另一边，突然回过头来，用目光给少年打招呼，似乎在说，孩子，好好学习，一切有爸爸。

就这样，少年看着父亲的离去，一步，两步，三步。

（3）加上情感触发"承载物"的作文

2018年5月2日，校门口。

"五一"节放了三天假，城里的孩子大都跟随父母游历、阅读祖国的大好河山，小东哪里也没有去，就待在学校里学习。此时，正是放学的时候，天空有些灰暗，对面马路涌来一辆又一辆接学生回家的"马自达""别克"，甚至还有"宝马"和"奔驰"。

小东站在校门口，手里捧着父亲递过来的**"喜之郎"**，喜之郎被五月的太阳"朗照"，有一些发烫。父亲怔怔地看着小东，没有拥抱，也没有握手，只是用细如蚊子的声音告诉小东，这两杯"喜之郎"是五一节，有领导视察工地发放的"慰问品"。

同学们三三两两或追逐打闹或步履匆匆从身边走过，看到校门口站着的"雕像"，投来异样的目光。这明显是从工地赶过来的农民工，穿着一身工作服，衣服上满是**粉刷墙壁的泥浆**，似乎还一滴一滴往下掉。小东不自觉后退了两步，父亲没有挪动脚步。父亲的头发蓬松，**就像刺猬的毛发**，已经很久没有理发了。再仔细打量，不知什么时候起，这一堆毛发里夹杂了或长或短的根根白发，让人颇感心酸。

小东眼中噙满泪水，一直强压着，没有让这泪水滴落下来。迷糊中，父亲举起了右手，理了理蓬松的头发，挺了挺佝偻的身板，似乎也要为儿子塑造一个伟岸的形象。然后，调转身子，抬起左脚，还一边回头，用手指了指对面的公交车站。这时候，一辆"奔驰"大声地"鸣"了一声笛。吓得父亲赶紧收回还来不及迈步的"左脚"，有一点趔趄。小东赶紧走过去，想去搀扶一把。"奔驰"的车窗摇开。一句"国骂"破空而来，父亲木讷地退后几步，挥手示意儿子不碍事。父亲抬起右脚，朝街口走去，脚步变得铿锵有力。

小东目送父亲的背影，没有流出的眼泪，此时哗哗地不自觉流了下来。来不及擦拭，在婆娑的泪眼中，看见街对面的父亲突然回过头来，用目光打招呼，似乎在说，孩子，考上汉寿一中不容易，一定要好好学习，出人头地呀！

折回校园。五月的校园里，鲜花怒放，一阵微风吹来，眼前似乎霎时明亮开来，看看手里的**"喜之郎"**，小东学着城里的孩子，眯着眼对视了一番，似乎也要看看是不是"正品"。忽然，有一个惊人的发现——生产日期"2017年4月21日"。（作者：冯铁山）

2. 自主练习

请任选自己亲身经历的生活片段进行描写。

具体要求如下：

（1）每个学生任选一个生活场景，客观记叙这个场景看到的景象。

（2）选择1～3个情感"承载物"，把"承载物"融进场景里。

（3）写出连续的动作，然后用所涉及的元素修改后形成段落并尝试表演。

（4）自我思考，加上主题，独立成篇。

三、有"我"：灵活运用情感表达的"视角"

（一）什么是情感表达的"视角"

什么是情感表达的"视角"？指的是学生在作文中进行情感表达观察和呈现的角度。主要涉及第一人称、第二人称、第三人称和上帝的视角。作文情感表达是否自然真挚，视角的选择就非常关键。作者选择好写作的视角，其实就决定读者看得到什么，看不到什么，谁的心灵可以进入，谁的又不能进入。比如，莎士比亚的《哈姆莱特》，在这一戏剧里，选择了一个充满内心矛盾的人物开场，他通过这一特定的视角来观察和表达哈姆莱特这个人物，观众和读者更容易进入戏剧的场景，从而与人物同呼吸，共悲欢离合，理解和感受到他的情感。

所谓第一人称视角，指的是作者以亲历者角色，以"我"为视角去观察和呈现情感，具有很强的代入感。例如，在第一人称叙述的散文或回忆录中，作者常常会用"我想""我感觉""我记得"等词语来表达自己的情感和内心活动。这种视角让读者能够更加清晰地感受到作者的情感，也更容易产生共鸣。

所谓第二人称视角，指的是作者与读者构成对话的关系，以"你"为视角去观察和呈现情感，这种视角在文学作品中并不常见，但在某些情境中却能够发挥出独特的作用。在第二人称叙述中，作者会使用"你""你的"等词语来指代读者，这种叙述方式让读者有一种被直接交流的感觉，能够更好地将情感传递给读者。例如，在海明威的小说《老人与海》中，作者使用了第二人称视角来叙述老渔夫独自一人与大鱼抗争的故事。这种叙述方式让读者更容易感受到老渔夫的孤独和坚毅，增强了故事的情感感染力。

所谓第三人称视角，指的是以"他""她""它"等第三人称来观察和呈现情感。这种视角常常用于作者以旁观者的身份来叙述故事，可以更加客观地表达情感。例如，在《了不起的盖茨比》中，作者使用第三人称视角来叙述主人公盖茨比的人生经历。这种叙述方式让读者能够更加清晰地了解到盖茨比的内心世界和情感变化，同时也能够更加深入地了解其他角色的性格和情感。

所谓上帝的视角，指的是作者以一个全知全能的第三方视角来观察和呈现情感，这个第三方视角类似于上帝，可以观察到故事中所有角色的内心活动和情感变化。上帝视角是一种特殊的第三人称视角。例如，在《红楼梦》中，作者使用了上帝视角来叙述故事，可以深入到每个角色的内心世界，将他们的情感变化和内心活动表现得淋漓尽致。这种视角让读者能够更加全面地了解故事中的人物和情感，也更容易产生共鸣。

学生作文表达情感的视角很多，具体到一篇作文里，不是每个视角都要运用，需要根据作文内容、作文情境以及读者需求进行灵活的运用。以下是一些选用情感表达叙述视角的建议：其一，根据故事内容选择合适的视角。不同的故事内容需要不同的叙述视角来表达情感。例如，在一个浪漫爱情故事中，使用第一人称视角可以让读者更加深入地了解主角的内心世界和情感变化，而在一个历史战争故事中，使用上帝视角可以更加全面地呈现战争的场面和每个角色的命运。其二，考虑读者的需求进行选择。不同的读者需要不同的情感体验。例如，一些读者可能更喜欢真实客观的叙述，而另一些读者可能更喜欢代入式的叙述。因此，选择叙述视角时需要考虑读者的需求，以确定最合适的叙述方式。其三，根据故事情境选择叙述视角。不同的故事情境需要不同的叙述视角来表达情感。例如，在描写一个人物的成长经历时，使用第三人称视角可以更加客观地呈现人物的成长变化和内心世界，而在描写一个重大历史事件时，使用上帝视角可以更加全面地呈现历史事件的全貌。

总之，不同的叙述视角可以相互补充，使得作文内容更加丰富多样。因此，在写作中可以灵活变换叙述视角，让故事更加生动有趣。

（二）灵活运用情感表达"视角"案例解析

笔者指导学生进行诗意作文教学的时候，将情感的表达统称为"听得见内心自然流淌的声音"，根据训练要求，152班的秦洁同学设计了《一座桥的叙述》。作文的素材选自毛泽东的诗《七律·长征》，其中涉及的"飞夺泸定桥"这个事件特别有意义，体现出红军英勇向前、视死如归的大无畏精神，是最动人心魄的地方，因而泸定桥就成为情感承载物。关于表现情感的视角，可以是红军中的普通士兵、红军中的领导者，也可以是天上的一片云、地上的一块土。秦同学考虑到红军长征飞夺泸定桥的时间离学生的距离是很远的，在教学的第一个环节介绍了红军长征的两个小故事，这两个小故事的叙述视角一个是小红军第一人称"我"；另外一个是第二人称"你"和我的对话。在此基础上，播放电影《长征》飞夺泸定桥的评点，促使学生身临其境地体验战争年代的生活场景，去想象当时的场面。这是一个层层递进的过程，给学生们营造了一个直观、立体的诗意情感场，尽力把学生拉回到那个年代，拉到飞夺泸定桥的那个场景，促使学生动情。

聚焦"泸定桥"后，为了锻炼学生从多种角度考虑事情的能力，秦同学提出如何选择合适的情感表达"视角"的问题并组织学生研讨，分别总结出各种人称视角的价值与差异。在教学的主体部分，该同学重点从细节描写、内心声音、搭建支架三方面考虑。在细节描写方面，一共选择了两个场景，分别给出了一个整体的框架，挖空让学生填具体内容，让学生感受如何从写好人物的慢镜头方面写好细节描写；在内心声音，也就是情感表达方面，教师给出了两个参考的内容，在教学过后让学生动笔写。实录如下：

师：如果你是这座桥，你看到此情此景，你会有什么感受呢？请开始你的表达。

生：三名战士在王友才的率领下，紧跟在后，背着枪，一手抱木板，一手抓着铁链，边前进边铺桥板。当勇士们爬到桥中间时，敌人在东桥头放起大火、妄图以烈火阻击红军夺桥。勇士们面对这突如其来的烈焰，高喊"同志们，这是胜利的最后关头，鼓足勇气，冲过去！莫怕火，冲呀！敌人垮了，冲呀！"我原本是这场战争的旁观者，此时我的心灵却仿佛被重击了。

师（示范1）：是什么样的勇气足以支撑他们不惧对面如密雨般砸来的子弹？是什么样的信念足以支撑他们不惧这疯狂燃烧的烈焰？我在这里生活几百年了，本以为自己已看透了人性，没想到今天会遇到这样一群人，一群这样勇敢的人，一群不怕死的人。他们的怒号、他们的冲劲让我热血沸腾，让我这座安静了几百年的桥有了年轻人的热血！

师（示范2）：无数的子弹狠狠地打在我的身上，烈火猖狂地在我身上燃烧，可我本就感受不到疼痛。我的身上早已千疮百孔，而我却心潮澎湃，一腔热血在我身上游走。我知道，这是这群年轻人给我的震撼，那是属于这群年轻人的朝气，属于这群年轻人的勇气，那种大无畏的精神，前仆后继永不言弃的精神！

这个片段的诗意作文教学，秦同学以桥作第一人称的叙述者，作为历史事件的亲历者，无论是叙事还是抒情均做到了自然真切，给人震撼。桥并不属于交战两方的任何一方，但它见证了这场战争。附录秦同学的作文：

一座桥的叙述

文/秦洁

血红的晚霞在渐渐消退，周围又恢复了如往常一般的宁静，仿佛什么都没发生过。可是我周围被炸出一个个大窟窿的山崖知道，我身下被染成红色的大渡河知道，七零八落地躺在我身上的尸体知道，这里刚刚发生了什么。

我离水面有好几丈高，是由13根铁链组成的：两边各有两根，算是桥栏；底下并排9根，铺上木板，就是桥面。人走在桥上摇摇晃晃，就像荡秋千似的。现在连木板也被敌人抽掉了，只剩下铁链。向桥下一看，真叫人心惊胆寒，红褐色的河水像瀑布一样，从上游的山峡里直泻下来，撞击在岩石上，溅起一丈多高的浪花，涛声震耳欲聋。桥对岸的泸定桥背靠着山，西门正对着桥头。守城的两个团的敌人早已在城墙和山坡上筑好工事，凭着天险，疯狂地向红军喊叫："来吧，看我们飞过来吧！"

四团马上发起总攻。团长和政委亲自站在桥头上指挥战斗。号手们吹起冲锋号，所有武器一齐开火，枪炮声、喊杀声，霎时间震动山谷。二连担任突击队，22位英雄拿着短枪，背着马刀，带着手榴弹，冒着敌人密集的枪弹，攀着铁链向对岸冲去。跟在他们后面的是三连，战士们除了武器，每人带一块木板，一边前进一边在我身上铺上木板。

三名战士在王友才的率领下，紧跟在后，背着枪，一手抱木板，一手抓着铁链，边前进边铺桥板。当勇士们爬到桥中间时，敌人在东桥头放起大火、妄图以烈火阻击红军夺桥。勇士们面对这突如其来的烈焰，高喊"同志们，这是胜利的最后关头，鼓足勇气，冲过去！莫怕火，冲呀！敌人垮了，冲呀！"我原本是这场战争的旁观者，此时我的心灵却仿佛被重击了，是什么样的勇气足以支撑他们不惧对面如密雨般砸来的子弹？是什么样的信念足以支撑他们不惧这疯狂燃烧的烈焰？我在这里生活几百年了，本以为自己已看透了人性，没想到今天会遇到这样一群人，一群这样勇敢的人，一群这样不怕死的人。他们的怒号、他们的冲劲让我热血沸腾，让我这座安静了几百年的桥有了年轻人的热血！

红军们有勇气从我的链条上爬过去，但敌人岂会如此轻易地让红军过来，而红军又是不会放弃的，所以，当桥头的火焰如毒蛇般蔓延时，红军选择勇往直前；当飞来的子弹紧贴皮肉时，红军选择拿起武器与敌人决一死战。

我被迫地参与这场战争，我的眼、我的鼻、我的口、我的耳都被迫地承受着这一切。我听到了中枪的人绝望的呼喊，看到了许多年轻人从我身上掉落到湍急的河水中，闻到了空气中弥漫的浓浓的血腥味。最终红军获得了胜利，这是一场惊心动魄的战争！

说到这儿，想必大家已经猜出我是谁了。是的，我就是泸定桥，我所叙述的事就是"飞夺泸定桥"。1935年5月的这天对我来说注定是不平凡的一天。战争留下的是鲜血，是落寞，是毁于一旦的家园，更是永远无法弥补的伤痛。战争的胜利终究是归于正义的。我很庆幸我能看到一批这么优秀的红军，有着如此大无畏的精神，这样的军队值得这来之不易的胜利！

（三）灵活运用情感表达"视角"实训

任选一篇语文课文，比如《我的叔叔于勒》，先分析课文里的情感表达视角，然后尝试运用第一人称、第二人称、第三人上帝视角进行情感表达。

人物介绍：

于勒，法国人，出生在西北部诺曼底省勒阿弗尔市，年轻时大肆挥霍，人财两空，被看成流氓，落得扫地出门的地步。后至美洲赚了小钱，两年后又发了大财，成为大家的"福星"。菲利普一家渴盼有钱的于勒归来，二姐也因此找到了未婚夫，一家人都很高兴，出国到哲尔赛岛的旅行，他们在船上却见到一个酷似于勒的穷苦的卖牡蛎的人，菲利普先生在船长那里得到了信息及验证，不但发财的梦想化为乌有，进入上流社会的美梦化为泡影，眼下二女儿的婚事也岌岌可危。最后全家不动声色地改乘圣玛洛船回来，以免再次碰上于勒回来吃他们。最后再也没见过他。

你的表达：_____

_____

四、有"境"：创设情感表达的"诗意场"

（一）什么是情感体验的"诗意场"

所谓的情感体验的"诗意场"，指的是教师在诗意作文教学当中，营造能够触发学生心灵感动的作文情感教学场，是饱含情感的，是能够生成的，是弥散诗意的情境和氛围，从而能够诱发学生的心灵感动、情感共鸣和独到体验感受。情感体验的"诗意场"分为直观情感体验的"诗意场"、体验情感体验的"诗意场"和想象情感体验的"诗意场"。所谓直观情感体验的"诗意场"，是直接诉诸学生感官的情境，用看得见、摸得着、闻得到的身边的事物创设生活体验情境，激发学生作文兴趣。所谓体验情感体验的"诗意场"，是需要学生深入参与体验的情境，在课堂上创设真实的生活情境，让学生现场学习如何观察、发现、表达体验。所谓想象情感体验的"诗意场"，是启发学生发挥想象的情境，比如教师用文字、声音、图片等手段模拟生活情境，引导学生展开想象。

情感体验诗意场具有以下基本要素：其一，氛围营造。教师需要通过直观的、生活的或想象的情境营造一种诗意弥散的氛围，让学生沉浸其中并产生共鸣；其二，形象描绘，教师需要通过亲历性或虚拟性的场景描绘，借助情感承载物形象地传达一种意境，让学生感受到一种美感和诗意；其三，教师要将情感场明示或暗示的情感通过情境传达出来，让学生感受并生成自己的情感和思想；其四，产生共鸣：学生深入诗意情感场，能够与场里的人、物、景产生情感与思想的共鸣和启发。

情感体验"诗意场"是一种具有普遍性、典型性和感染力的教学情境和氛围，具有情感性、审美性、生成性等特点。所谓情感体验"诗意场"的情感性，就是情感体验"诗意场"饱含情感，能诱发学生内心的情感体验，并将这种体验迁移于情境之外的生活或与生命，唤起学生作文的兴趣。所谓情感体验"诗意场"的审美性，就是情感体验"诗意场"是做到以美育人，用美的语言、事物唤起学生美的向往，在美的情感场的陶冶下中做到以美启智、以美育心的效果。所谓情感体验"诗意场"的生成性，就是情感体验"诗意场"不是定在不变的，而是不同的学生进入其中，能够根据自己的生活阅历去对话、交流，从而生成属于自己的情感体验。

（二）创设情感表达的"诗意场"案例解析

亲情是学生不仅在作文中，更是在我们的生活中无处不在的永恒话题，因此写好这个主题的作文也是十分重要的。每个学生作为一个主体，他们对"亲情"这个词多多少少都会有所了解和接触，但是使学生用文字表达出自己对亲情的感受是比较难的。我的学生152班的刘杨同学选择了以《奶奶来了》这本绘本为支架，笔者创作《奶奶老了》的诗形成作文情感体验"诗意场"，触发学生的内心感动，在此基础上，引导学生不断地加入画面、情节、故事等内容，使这个故事变得更加地富有"充满生命律动的场景"，同时也促使学生不断生成动情体验。从刚开始就抛出一个问题——"亲情是什么？"经过这一个过程支架，最终再回到"亲情"这个词中，达到从原点出发回到原点。这一堂课，说是一个作文教学，实际上更多的是在教学中让学生们感受长辈及亲人之间的温暖，唤起孝敬长辈的意识。

奶奶老了

诗/冯铁山

从前，奶奶把我们捧在手心，
站在屋檐下，
一起看日升日落，
一起听雨打芭蕉。

鹦鹉学舌的时候，
奶奶慈爱的目光，就是温暖的阳光，
一缕缕朗照我们的胸膛，
那方言韵味的歌谣，
催眠了我们香甜的梦，
也唤醒家乡温柔的浪花，
奶奶的爱是无时不在的牵挂。

蹒跚学步的时候，
奶奶的手就是散发魔力的灯塔。
一寸寸指引前进的方向，
一步步牵引跋涉的楼梯，
甚至每一步的趔趄（liè qie）或者踉跄（liàng qiàng），

都迈不出奶奶心的篱笆，
奶奶的爱是"更上一层楼"的鼓励。

后来，奶奶把我们送出家门，
喜欢站在阳台上，
清晨，用目光护送一条条船出港，
黄昏，用嗓门呼唤远航的船归来。
有奶奶的地方就有温暖，
奶奶的臂膀给了我们最信赖的依靠。

奶奶烹饪的饭菜让我们魂牵梦萦，
奶奶裁剪的衣裳让我们备增荣光，
而我们呢？
背着奶奶的希望去学校。

揣着奶奶的叮咛去远方，
一张张奖状贴满奶奶荣耀的墙，
一双双小手捶捶奶奶辛劳的背脊。
我们像花一样绽放灿烂的笑脸，
奶奶却慢慢地变老……

（三）情感体验"诗意场"实训

请按照下列要求，进行情感体验"诗意场"训练：

1. 一天早晨，你突然醒来，发现爸爸妈妈均不在家，用五个词语表达你的情感：幸福、惊讶、害怕、镇定、等待。

2. 描述一下你所使用的每个词语对应的具体情境，例如，惊讶：我发现，爸爸有一封珍藏很久的信，搁在书柜的最上层。

3. 把每一个词语对应的情境，按照你活动的进程或思绪的逻辑串联起来。

4. 再想想，能够将五个词语串联起来的主题。

第五章　诗意作文主体论：
诗行体验酿心蜜

在课程改革的催动下，中小学作文课程建设流派纷呈，教学模式层出不穷，但受传统作文教学观念的影响，作文实效性低下的局面仍未得到根本的改观。从主体论的视角审视：学生"学得怎么样"是学科"教什么"和"怎么教"的根本目的与终极关怀，作文教学需要重视学习主体的需要、教学意义的生成。结合中小学语文教学的语境分析，中小学作文教学的主体涉及教材作者主体、教师主体、教材编写主体以及学生主体。从尊重并发挥学生的主体性出发，诗意作文教学是学生发挥主体性过程中与作者主体、教师主体、教材编写主体构成主体间性关系而创造性运用语言文字等符号认识自然、社会、自我获得的归真、求善、至美情意的言语实践活动。其意义的生成自然也就是在与自然、社会、自我互动中达成认知、社会参与、自我发展的建构。这就需要将创造智慧作文教学的根本目标——诗意生成——确定为有价值的选择经验，言语实践回归为本体存在，积极语用悦纳为评改指标，那么中小学作文教学课程及因课程而引发的教学改革或许能够创造别样的风景。

第一节　主体论视域下的作文教学定位

一、主体错位导致作文"教"与"学"关系失衡

一段时间以来，中小学作文教学都是语文教学的"老大难"。在新课程改革不断推进与深化的今天，尽管"绿色作文""本色作文""生活作

文""童声作文"诸多有价值的教学观念或教学模式不断凸显，但作文"老大难"的问题仍未得到较好的解决，作文教学的实效性仍难尽如人意。究其原因，自20世纪50年代以来，我国基础教育领域先后进行了八次课改，作文教学的课改内容基本上是围绕"教什么"和"怎么教"进行的。在"教什么"方面，进行了多次教材的改版和作文课程资源建设等方面的探索；在"怎么教"方面，着力进行作文教学方式、方法、结构、教学模式等方面的变革，但甚少考虑和落实"学得怎么样"。21世纪初实施新课程改革之前，颇受人诟病的是教师占住了课堂，彰显了作文知识传授、技法训练的霸权；而新课程改革后，受"尊重学生的学习地位，不以教师的讲解代替学生的理解"等理念的影响，作文泛文体化、内容泛生活化、形式泛学生化，学生的主体性似乎得到了一定的发挥，但"少慢差费"局面并没有得到根本改变。一味地发挥教师"教"的主体性，强调学生接受作文基础知识与训练基本能力，彰显教师的知识权威、教学的主体地位；一味地放任学生自主的"学"，突出学生学习的主体性，均是失之偏颇的。有人戏言"课改前，学生跟着教师跑；课改后，教师围着学生跑"。这说明如果忽略学生"学得怎么样"的认识，一方面会导致教学目的的错位，"教"与"学"关系的失衡；另一方面会导致教学内容的错漏，出现"浅层知识认知与学科育人疏离"的矛盾以及"校内减负，校外增负"愈演愈烈的现象。中国教育学会小学语文教学专业委员会理事长陈先云先生指出，新课改催动了教师的教学观念、教学方法、教学手段，乃至学生的学习活动等所发生的变化，最终还得看教学的成效。①因此，"学得怎么样"恰好是学科"教什么"和"怎么教"的根本目的与终极关怀。也就是说，中小学作文教学的问题不是出在教学层面，不是教师问题，不是教学问题，而是出在课程论层面。无论是作文教学的课程形态、教学目标，还是作文教学的观念以及教材均存在目的性与规律性难以统一的问题。

二、学生作文的主体性及教学意义

诗意作文教学是为了学生学得积极、主动、更有效，因此，是否发挥学生的主体性是其开展并取得成效的关键。学生首先作为自然之子，就有一种

---

①陈先云. 对当前语文教学改革的几点思考[J]. 课程·教材·教法, 2005（3）: 44-48.

生命的本能，这种本能，在弗洛伊德看来，叫作"力比多（libido）"[①]；在笛卡儿的视野里，叫作"我思"，其主体性体现在自然生命本能力量的向外扩充；而在蒙台梭利的研究里，叫作"神秘的本能"，这种本能表面上看是自发的，实际上却有规律可循。因此，要揭开人类发展的神秘面纱，唯有从儿童着手。[②]其次，作为社会类的存在，学生那种生命的本能力量在向外扩充的时候，作为一种非理性的经验存在自然会跟社会的理性发生冲突，其自然的非理性要受到社会规则的控制，这就造成了冲突。我们的学科教学很大程度上是处在此阶段，实施的是外在规训的浅层知识教学。

怎么让学生很好地进入到社会类的生态，关键之处就在于发挥学生主动交往的能力，和周围的人发生且建构很好的关系。也就是通过社会化的实践把自然的本能变成社会的主体性。在此基础上，学生还有自我理想发展的需要，从而成为自我理想的存在。促使学生从自然的生态走向社会的生态，再发展到自我理想的生态，终极关怀就是指向幸福。如何促使学生在作文过程中通过"个体+小组"合作，在小组集体中获得幸福感，自然也就成为诗意作文的宗旨。幸福感从何而来呢？主要有两个方面，一个是实现人的解放，也就是作文教学需要引领学生克服自然生态里的惰性与社会生态里的恶；另一方面就是释放出人的本质力量，从本我实现到自我和超我的跨越，进而成就理想的自我，这就是学生的主体性。所谓学生的主体性，是指在诗意作文教学活动中，作为主体的学生在教师的引导下处理人与自然、人与社会、人与自我等关系时表现出来的功能特征。具体包括如下几个方面。

（一）内生性

所谓的内生性，指的是学生不是通过编辑、文本作者以及教师等外在的主体来确定自己的主体性，界定自身存在的本质，而是自己主宰自己，自己确定自己。正如《大学》开篇所言，"大学之道，在明明德，在新民，在止于至善"（《礼记·大学》），又如孟子强调"仁义礼智，非外铄我也，我固有之"（《孟子·告子上》）。在学习境况里，实际存在这样一个世界，学生是这个世界的主人，他凭借与生俱来的思维规定、心理法则以及道德之善等要素能够自主地审视人与自然的关系、人与社会的关系、人与自我

[①] 弗洛伊德. 自我与本我[M]. 周珺，译，天津：百花文艺出版社，2019：88.

[②] 蒙台梭利. 儿童成长的密码[M]. 上海：世界图书上海出版公司，2015：14.

的关系，学生在审视自然、社会的同时对自我进行自由地、能动地、自主地同化。在此过程中，形成独特的个性，独特的精神生活和主人翁意识，敢于独立探索，积极寻求发展机会，而且能够自我调节、自我控制，追求最大限度地发挥自身潜能，因此，学生在作文过程中并不是单纯的学习者，而是有着丰富个性的独特的人。《义务教育语文课程标准（2022年版）》倡导学生"与人交流，有礼貌地请教、回应"①"能与他人交流写作心得，互相评改作文，以分享感受，沟通见解"②。在某种意义上看来，其实质就是促进学生通过作文文本，与文本作者、同学等主体进行自由对话。因而，学生的核心素养发展必然受到文本、文本作者、教师、教材编写等因素的影响与制约，但这些因素必须以学生主体性发挥作为逻辑前提，没有学生学习作文的主体性与主动性，就没有文本作者、教师、教材编辑的主体性。

（二）社会性

所谓的社会性，指的是学生在学习过程中作为自然生态的人向社会生态转化而形成的伦理道德及个性心理特征。学生为什么要向社会生态转化？其主体性为什么会有社会性的本质？从"社会"的内涵看，在安东尼·吉登斯（Anthony Giddens，1938—）看来，所谓的社会，指的是人类生活聚合体；③在斐迪南·滕尼斯（Ferdinand Tönnies，1855—1936）看来，所谓的社会，指的是一种机械的聚合和人工制品；④而在弗里德里希·奥古斯特·冯·哈耶克（Friedrich August von Hayek，1899—1992）看来，社会是主体的人有意识构造出来的概念。⑤马克思将社会视为主体的人作为类的存在物，是通过劳动而形成的经济、文化等依赖"关系"。学生的作文不是在真空中进行的，他们的主体性首先体现在将社会生态里相遇的同学、家长、作者、教师、编辑等主体均视为成长的镜子，主动选择并学习他们的人生经验、道德品质；其次，学生作为个体的存在需要与周围的人建构合作、交

---

① 中华人民共和国教育部. 全日制义务教育语文课程标准（2022年版）[M]. 北京：北京师范大学出版社，2022：18.

② 中华人民共和国教育部. 全日制义务教育语文课程标准（2022年版）[M]. 北京：北京师范大学出版社，2022：18.

③ 吉登斯. 社会学[M]. 北京：北京大学出版社，2003：3-32.

④ 滕尼斯. 共同体与社会[M]. 北京：商务印书馆，1999：54.

⑤ 哈耶克. 致命的自负[M]. 北京：中国社会科学出版社，2000：133-134.

流、对话的关系，从而确定自己的存在。这表明学生的学习既要接受教师的教育引导，又要不受教师教导的约束；既学习教师思考问题、解决问题的思维方式，又不受这种思维方式的约束；既认识到范文作者所反映的社会生活内容及依托文本所表现的人生志趣，又融会贯通到自己的生活及学习的经验中去。

（三）创造性

所谓的创造性，指的是学生在作文学习过程中体现出来将学习纳入理想自我塑造的主观能动性。自古希腊德尔斐神谕提出"认识你自己"以来，无论是哲学，还是其他学科均把认识自己当作重要的任务，学科教学也不例外。在传统的教学论视域，学科教学被视作特殊的认识过程，其特殊性就体现在"认识"某种"真理"性的东西。[1]其结果就导致学科教学奉传授学科知识为圭臬，教与学成为教师对学生进行单信道的知识"授受"活动。后现代主义哲学将"认识你自己"发展为"关心你自己"[2]，这不仅意味着哲学从研究世界转向研究自身，还意味着作文教学应该从过于关注作文知识、技法的本位转向关注作文中的人。学生不仅是自然生态的人、社会生态的人，还是自我生态的人。学生的作文只有与自我发生联系，他们所写作的文本才会进入到诠释的境遇之中，教师的主体性、教材编写的主体性才会由潜在的可能性变成现实的可能性，才会真正产生教学意义。离开了学生的主体性，其他主体的教学意义与价值只能是外在于学生的存在，而成为"空谈"。学生无论是对范文系统的解读，还是和教材编写、文本作者进行对话都离不开自我的创造。创造是学生主体本质力量的最佳实现，表现为创造性过程和创造性的学习结果。所谓的创造过程就是学生主体在相遇自然、社会、自我的学习过程中，能够自主、自觉地发挥自己的聪明才智，富有创造性地提出问题、分析问题和解决问题；所谓创造性结果，指的是学生的作文的结果最后都会指向理想自我的塑造。学生是实然的存在，也是应然理想的存在。学生将作文过程视为应然超越实然，超我超越自我、本我的活动，他才会拥有无穷的学习动力。

伽达默尔认为，文学作品的每一次新的阐释就是一次新的未知的探险，

---

① 靳玉乐，于泽元. 后现代主义课程理论[M]. 北京：人民教育出版社，2005：203.

② 福柯. 主体解释学[M]. 上海：上海人民出版社，2005：11.

因为，在与艺术品对话的每一瞬间，说话人聚集了已言说的东西，并同时向对方传递去无限多样的尚未言说的东西。艺术阐述者正是要参与这无限多的未说意义之中。这就使每次艺术对话都包蕴了一种内在的无限性。[①]相对于阅读教学而言，作文教学的意义建构是学生主体主动去和范文作者、教材编写者、同学主体、教师主体互动的结果，尤其是在相遇自然、社会诗意的基础上去生成切己的诗意，即进行理想自我的塑造。尊重学生作文的主体性包含着两个层次的含义：其一，全部的作文教学活动从教学目标的制定，到教材的编辑；从教学参考书的编写，到教师的课堂教学，都必须落实到学生的"学"上，都是为了尽快提高学生的核心素养。其二，在整个作文教学活动中，学生都是一个积极主动的参与者，而不是一个被动的服从者。这表现在学生与教材的关系中，就是学生不是被动地记忆、模仿范文，而是一个站在与范文作者平等地位上努力感受和理解文本作者的思想和感情的读者。[②]因此，学生的主体性是以理想自我的创造性为核心，以社会性和内生性为外延的全部内在规定性及其内在联系。

三、主体论视域的作文课程建设定位

作为主观的作文教学目的如何切合客观的学生作文以及作文教学规律，如何彰显学生作文的主体性？这是摆在研究者和一线教师面前的现实问题。从课程论审视，所谓的中小学作文教学课程应该是教师有目的、有计划引领学生学习用语言文字表达内心感受的进程。现代课程理论之父泰勒认为，一门学科能够称之为课程需要考虑如下因素：学校应力求达到的教育目标？要为学生提供怎样的教育经验，才能达到这些教育目标？如何有效地教学好这些学习经验？我们如何才能确定这些教育目标正在得以实现？表面看来，中小学作文教学课程开发似乎只要落实"确定教学目标""选择学习经验""组织学习经验""评价学习结果"四个要素就可以，实质内蕴着习作教学因何而教？如何而教？怎样而教？如此等等。这一切离不开作文本体论、价值论与方法论的课程建构与实践。

①黄美来. 现代西方哲学思潮述评[M]. 北京: 清华大学出版社, 1990: 256.
②王富仁. 语文教学与文学[M]. 广州: 广东教育出版社, 2006: 42.

（一）创造智慧：中小学作文教学课程建设的根本目标

目标是指预期的学习结果，它决定教学活动的方向，并确定教学评价的依据。作文就是运用语言文字进行表达和交流的重要方式，是"认识世界、认识自我并表达认识结果"的过程，即作文的过程就是认识的活动过程。这是我们目前通用的定义。将作文定位为认知活动，作文教学自然就沦落为手段而不是学生身心成长的本身，自然也就上升不到潘新和教授倡导的"我写故我在"的高度。受应试作文的影响，这种认知型的作文教学又沦为审题、立意、谋篇布局等纯粹作文技法训练的活动。人类的发展经历了蒙昧时代、文明时代、信息时代等发展历程，每一次时代的变革均意味着教育，无论是教育的理念，还是教育的方式方法随之发生变化。以苹果来隐喻，在亚当夏娃所处的蒙昧时代，苹果意味着人类意识的觉醒，意味着人类凭借感觉去触摸世界，目的在于感受；在牛顿所处的文明时代，苹果成为理性的代言物，意味着人类的写作依赖的是理性去表达世界，目的在于认识；而当今时代，是属于乔布斯们的"苹果"时代，那种感受世界、认识世界写作方式的旧船票能否登上时代的航船呢？显而易见，乔布斯的"苹果"之所以受到受众的热捧，主要的原因，该产品是创造的代名词。我们的作文教学自然要跟得上时代发展的列车，创造智慧的培养是课程建设的逻辑起点，自然也就成为中小学作文教学的根本目标。

在当今信息传播高度发达的时代，要使中小学生有一个良好的生存、发展空间，创造智慧的培养自然成为时代的主要命题，而创造智慧的核心在于创造性思维。中小学生作文普遍存在咬着笔头、皱着眉头的"痛苦"现象，我们归因的时候往往归结于"写作失语""生活缺位"以及"思想贫乏"等，其实，这一切现象的背后，无一不是"思维凝滞"所致。不会思维，意味着不会有效地把握世界；不会创造性地思维，意味着作文就不会创造性表达。将中小学作文课程建设的目标定位为创造智慧培养，这意味着中小学生作文的目的不是为了机械地应试，不是简单地复现客观的世界，而是在创造性地运用语言符号去对话世界、认识世界，从而在对世界、生活创造性解构与建构的过程中达成相对理想的存在。受知识、能力本位认识论的影响，中小学作文教学往往被定位为写作知识经验单向度传输以及写作技法能力程式化训练的活动，导致作文"千人一面"。倘若作文课程建设的目标回到创造智慧这一原点，坚持作文是生成的而不是现成的价值取向，鼓励学生独立地感悟并思考，独特地发现并表述，独到地提出见解并交流，把作文存在扩展为学生主体创造性发挥人的生成性本质去确认自我价值和选择个性化表达方式的实践活动，这可能是我们克服当前中小学作文教学瓶颈的一个有益的尝试。

（二）诗意生成：中小学作文教学课程建设的价值经验

将中小学作文教学课程建设的目标定位为"创造智慧"，那么，提供什么样的教育经验，才能达到这一目标呢？教育经验的选择本质而言就是课程内容的建设问题，这一问题自然受到语文学科性质观的影响。受语文工具性或人文性观念的影响，作文教学自然也存在工具性与人文性统一的问题。当然将从属于语文学科的作文教学的根本属性等同于母体学科的属性，本身就违反了逻辑规律。作文工具性论把作文以及作文教学看作师生、生生互相交际、交流思想，以及认识事物、表情达意等方面都必须掌握的工具，作文教学以及课程建设的内容自然离不开写作知识、技法以及修辞等要素；人文精神性论则强调全面贯彻以人为本思想，以人的存在和全面而有个性发展为理论基础，教学的目标、逻辑起点均指向促使学生在作文学习以及作文的过程中充分开发人的潜能，发扬人的个性，作文课程内容自然强化人生命成长的主题，尤其离不开道德教化的要素。而"工具性和人文性统一"的性质论将作文的工具性和人文精神相结合，既关注到让学生学习和掌握语言工具，又促使学生开发潜能，张扬个性，培育德性。但从价值论的视角审视，任何本质属性的认识离不开事实判断和价值判断，本质的认识是合目的性与规律性统一的活动。从事实的维度看，作文与语言显然不是同一概念，语言只是作文的一个因素或者说一个凭借，工具性只能部分或局部反映作文的局部或者个别属性；同理，人文性是作文内容的属性之一，自然也不是作文本体的属性。从规律性的维度看，任何本质属性均是本体的外显，本质是本体的本质。

作文的本质是什么？回到人的发展这一原点上，人首先是一种不确定的存在，作文的时候自然就是以自身的不确定性和"自然、社会与自我"这三个世界进行碰撞、对话、表达、融合，自然会生成许多新的不确定性。人还是诗意的存在，看待世界能够将现实与非现实、理智与情感、时间与空间都凝缩于自己的身心之中，将自己旺盛的生命力化作同情、感动、感恩，分赠给世界万物，不仅赋予世界以诗意，更赋予自我生命以无限可能。因此，中小学作文课程需要提供的课程经验自然就是围绕诗意生成性这一本质展开，而不是人为地框定考试的主题立意、谋篇布局等静态的写作经验。也就是说，当知识信息只是作为知识信息被大量地提供并保存起来时，他会倾向于与具有生机活力的经验分层。而当知识信息进入活动中，成为活动的一个因素，为了知识本身而追求知识时，无论这种知识是作为手段还是拓宽目标和内容，都会有启发作用。直接的洞见与被告知的知识就会融会贯通起来。从这个视角出发，作文课程提供的经验，应该是超越经验本身，是经验背后的有关人生、生命的情感、态度、价值观等信息的解码与编码，是一种创造性的智慧活动，即"思维体操"的经验。

（三）言语实践：中小学作文教学课程建设的本体存在

如何有效地教学好"思维体操"的经验？如何让抓耳挠腮也写不出精彩文章的孩子感受到创造的欢乐，感受到作文的过程就是创造性运用语言符号创造"魔方"的过程？这需要作文课程的开发者和实践者定位好作文的本体。作文教学与语文教学一样，其存在的本体是作文本质、作文价值及一切作文现象"在者"所以为"在者"之"在"，或一切"是者"所以为"是者"之是，是作文教学形成、发展的终极原因或统一根源，是生成和构建作文乃至语文本质的根本原因。作文之所以发生发展的根本原因又是什么呢？追根溯源，从词源的角度说，《诗经·小雅》有言"作此好歌"，从字面上讲，作文之作是"记写、制作"的意思，人类为什么要记写呢？那是因为人类在诸如"砍砍伐檀兮"的劳动实践中自然生发人生的感动；"子为我听而写之"[①]所谓的"文"，是花纹、纹饰的意思，用于作文，就是用心记写与创造。把两字连起来，所谓的作文是指把对生活的感受创造性地运用语言符号用心记写下来。因此，作文的本体是实践。作文教学之所以发生、发展，其原因是多方面的，既有人的潜能、需要、愿望的内在要求，也有人类经济、政治、文化等外部限定性因素的推动，而这些复杂的原因综合发生作用的根本在于教学实践。作文教学实践不同于其他社会实践，是直接发展人力的实践活动，是创造性运用语言符号的活动，其实就是言语实践活动。也就是说所谓的作文不外乎就是学生在经历生命感动基础上创造性运用语言符号进行言语意转换，认识自然、社会、自我，从而进行合理表达的言语实践活动。

---

① 韩非子. 图解韩非子[M]. 崇贤书院释译, 合肥: 黄山书社, 2021: 52.

　　"道非文不著，文非道不生。"[1]作文教学当然有训练学生掌握语言表达工具的责任，也有陶冶情怀，实施道德教化的人文精神培育的义务，但二者如果脱离言语实践这一本体，自然就容易成为"水中之浮萍，空中之楼阁"。朱光潜先生认为，我们不能把语文看成在外在后的"形式"，用来"表现"在内在先的特别叫作"内容"的思想。"意内言外"和"意在言先"的说法绝对不能成立。[2]苏联心理学家维果茨基从思维—语言的关系角度科学验证人所特有的高级心理机能是以社会文化的产物——符号为中介的，"思想不是在词中表达出来，而是在词中实现出来"[3]。推而广之，学生的道德水平、运用语言文字的能力也不是教师"教"出来的，而是在言语实践中动态生成的。因此，从课程论的视域审视，中小学作文教学如果能从既定的知识、技能、技法的经验框架超脱出来，中小学作文的结果应该是语言符号创造的欢歌，而不是愁眉不展的哀叹。作文教学从教作文"规则"转向习得语言，意味作文的过程是言语智慧萌发、提升的过程。

（四）积极语用：中小学作文教学课程建设的评价焦点

　　如何才能确定创造智慧的作文教学目标得以实现呢？这涉及作文评价问题，包括教师的批改、讲评。目前，众多中小学语文教师仍局限在消极语用的评改方面：其一，忽略批改的主体。批改的对象指向学生成品的"作文"，而不是学生的"为人"。教师瞩目的焦点习惯于聚集在批改如何省时省力，如何不挫伤学生积极性等方面，却很少去研究怎样才能逐步提高学生的创造智慧，尤其是创造性运用语言符号表达的能力。其二，窄化作文语用功能。有的老师为了批改省时省力，作文之始就预想了作文行为发生后的结果，于是规定题材、统一写法、提供例文，让学生依样画葫芦，套写改写，其结果自然是学生日复一日，年复一年重复着别人的思想，机械模仿写作技法却没有表达自己的思想，在不断循环的"识记，保持，再现"过程中消磨了作文的灵性，更消磨了作文之于人生命成长的意义。其三，降低语用品质。作文本质上是诗意生成性的创造表达，教师批改往往根据自己的经验注重所谓规范、既定的"已说的"功能作为评判的标准，死抠语法，死抠词义，忽略语言表达还有的"能说的"功能，不能有效引导学生创生意义，有

①郝经.郝文忠公陵川文集[M].秦雪清点校,太原:山西人民出版社,2006:562.

②朱光潜.我与文学及其他谈文学（增订本）[M].北京:中华书局,2012:227.

③王尚文.语感论（第三版）[M].上海:上海教育出版社,2006:246-247.

效迁移。学生每一次作文接受的是"定在"而不是"创生"。

如何呵护学生创造性诗意生成的幼芽？美国教育家唐纳德·纳普提倡找"作文的优点"。主张在学生的作文上不作任何表示错误的标记，努力发现他们的长处，并且用最鲜艳的红色标出作文中的出色部分，或者在空白处写上鼓励的话。①这其实是积极语用思想的有效运用。受此启发，中小学作文课程建设能不能以积极语用作为批改的理论指导思想？所谓积极语用，是表达主体基于独立人格和自由思维而以个性言说、独立评论和审美表达等为形式特征因而富于创造活力的主动完整的表现性言语行为。②学生个体不仅是作文表达的主体，也是批改的主体，更是交流的主体。教师倘能尊重学生的主体性，就会充分发挥学生个体及群体的作用，一方面开通循环写作机制，让学生个体与群体开展接力作文、合作作文、网络作文回帖、书信日记等活动，调动群集的力量，吸纳他人的智慧；另一方面建立循环阅读机制，改变学生"被阅读"的状态，教师变作文本为作文纸，每次作文也不要急于将所有的作文收好后放到办公室，直到下一次作文时才拿出来，而是先将作文纸张贴教室或分组传阅，学生在阅读之后，均对自己欣赏的创造性表达写上简单的评语，签上自己的名字和阅读时间。更为重要的是教师以欣赏的眼光审视学生的文本语用，以积极的心态悦纳个性语用，以鼓励的感情激励学生的创意语用，在作文教学与评改中始终坚守"言语实践"本体论，让学生走在语言的路上，走在创新的路上。

第二节 学生诗意作文的角色定位

从诗意作文教学的内涵看，构成这个教学系统的要素主要有如下几个：其一，诗意的主体，主要指教师和学生构成的主体间关系；其二，诗意的情境，即教师营造的能够触发学生心灵感动的作文教学场；其三，诗意的情怀，指的是教师引导学生赋予自然、社会、自我三重生态以诗意的观照；其

---

① 赵连红. 国外作文教学的策略和启示[J]. 语文教学通讯, 2007（12）: 60-61.
② 潘涌. 积极语用: 21世纪中国母语教育新观念[J]. 北京师范大学学报（社会科学版），2011（2）: 16-26.

四，诗意的智慧，主要体现在作文意义的把握和文章结构的创造；其五，诗意的语言，指的是语言表达体现写作者的鲜明个性。

一、诗意主体的基本内涵

写作，是激情的葡萄美酒；写作更是道德品质的夜光杯。学生所写的每个汉字都带着温暖的体温，每篇作文都是学生道德品质的展现。它们站在门口带着期待的眼神，像导游一样期待与你一起漫游心灵的秘密花园，在行旅的路上带你发现美丽的景致。《义务教育语文课程标准（2022年版）》指出："有理有据、负责任地表达自己的观点，养成实事求是、崇尚真知的态度。"[①]这其实就是要求中小学语文教师把作文的为人训练放在首位，因为作文如同做人，学生的为人决定作文的水平，也决定作文的高度，决定作文的立意。孔子主张："志于道，据于德。""道"指理想的人格或社会图景，"德"指立身根据和行为准则。老子的"道"指事物运动变化所必须遵循的普遍规律或万物的本体。"德"指具体事物从"道"所得的特殊规律或特殊性质。道德，是指以善恶评价的方式调整人与人、个人与社会之间相互关系的标准、原则和规范的总和，也指那些与此相应的行为、活动。中国历代贤明的领导者均注重"以德治国"，历代有识之士在教育领域尤其注重"立德树人"，那么中小学作文教学就应该根据诗意语文教学合目的性与合规律性统一的原则做好"德言同构"。

从内容上而言，培养学生成为一个诗意的主体，其实质就是让学生在处理自然、社会、自我关系的时候做一个有道德的人、一个具备诗意情怀的人、一个拥有高级趣味的人。借用国学大师季羡林先生的观点来说，中小学作文教学首先要引导学生要处理好"人与天、人与人、人的内心与外在行为"三大关系。其中，"天人关系"就是人与自然的关系，做到"敬畏"和"感恩"；"人人关系"就是人与社会的关系，做到"诚"（以诚相待）和"忍"（包容之心）；"人的内心与外在行为"就是人与自我，人在内在修养与外在行为的关系上要做到文质彬彬。

① 中华人民共和国教育部. 义务教育语文课程标准（2022年版）[M]. 北京：北京师范大学出版社，2022：18.

二、学生诗意主体的角色定位

（一）学生是诗意主体的栖居者

作为诗意的主体，在作文教学过程中学生有哪些角色呢？作为诗意的主体，学生首先是诗意生活世界的栖居者。美学家朱光潜先生认为，写作有三修养：一人品，二学识经验，三文学本身之修养。人品排首要位置。而人品的训练秘诀在于"入乎其内，化乎其中，迁移运用"，如何"入乎其内，化乎其中"，这就需要做好本行之内的功夫：从人情世故和物态事理中学习，讲究本色当行。玩味生活、探索自我；以及本行之外的功夫：须处处留心探索，才有深厚学养。因此，教师有责任引导学生成为诗意的栖居者。所谓的栖居者，指的是学生用带有诗意的眼光审视周围的世界，并采取诗意的态度存在于大地上的人。作为自然的存在，学生是一个纯真的人，永远对世界保持一种孩童般的本性；作为社会的存在，学生是一个求善的人，永远彰显自己德性的光辉，且对社会给予无限美好的希望；作为自我的存在，学生是一个上进的人，能够借助作文不断修养自己的关键品格和关键能力。比如具有敏锐的感受力和创造力，能够通过自己的感知和思考来理解和把握周围的世界，并将其转化为具有诗意和哲理性的表达。他们还往往具有丰富的情感和深刻的内心世界，善于通过自己的方式来表达和分享自己的感受和思考。

例如，诗人张华明所写的《夜》："夜，黑色的网/闪烁的星辰，一定是漏网之鱼/抱薪取火/把自己放进或明或暗的温暖/草木之心，滚烫//煮饭，洗衣服，揉病痛的脚/打扫满屋的月光/一次次掐灭心头的火苗/一遍遍揩净心底的烟尘/日复一日，如做佛事//如若无事，也会泡一壶茶/与时光一同静着/像个看客/世事纷杂，我不过是黑夜的一块补丁/捂着仅有的灯火。"在这首诗里，作为自然的社会存在，人人都不是真空的存在，都要做"抱薪取火""煮饭，洗衣服，揉病痛的脚""打扫屋子"等俗不可耐的事情，但作为诗意的栖居者，能够赋予世俗的生活以诗意，赋予这些琐事以美好的"月光""佛事""与时光一同静着"等意象，给人岁月静好的美感。

（二）学生是诗意主体的探索者

在作文教学过程中，教师如果奉经典作家或权威作文为圣经，用名家作品代替学生的自我探索，表面上看为学生作文提供了写作的蓝本，实质上剥夺了学生作为探索者获得心灵感动、人生奇异风景发现的权利，学生即使有探索，由于缺乏作家的生活厚度与修养的高度，也演变成肤浅的认知与机械的模仿。作为"探索者"，学生不是接受作文静态知识与技法训练的器具，而是不断生成诗意的主体人，他们具有敏锐的感知能力，能够注意到周围环境中的细微变化和情感波动，这种敏感性使他们更容易体验并发现生活的诗意。同时，他们具有非凡的想象力，能够通过想象和创造来理解和表达诗意。这种想象力使他们能够将普通的体验和发现转化为具有诗意和哲理性的表达。另外，他们还具有好奇心和探索精神，愿意尝试新的事物和观点。这种探索精神使他们能够从不同的角度和层面来理解和体验诗意。

学生作为诗意的探索者，他们对与自己相遇的世界常常保持一种好奇心与探索欲，永远对自己探索与发现的自然、社会与自我的奥秘保持一种创作的冲动，自然会探索属于自己的表达方式。例如，笔者在创作《人间·白鹭飞走了》一诗的时候，本意要探索抽象时间的本质特性，就抽象写抽象，很难清楚表达时间的内涵。笔者从探索校园里成群的白鹭起步，探索白鹭的颜色、形体、姿态以及冬去春来的自然习性，然后通过自己的感知和想象，将普通的白鹭转化为具有诗意和哲理性的时间内涵表达："时间是白色的/当你沐浴朝阳的时候/当你在林间采撷鲜花的时候/当你手捧一杯咖啡惆怅的时候/它总是像白鹭一样白//它还会发各种声响/有时像乡间小道悠悠的牧笛/有时像大漠孤烟长长的笙箫/更多的时候聒噪一个季节/就像隔壁装修爆发的血脉偾张//身材修长，容貌也漂亮//全身的羽毛皎洁光滑/当你提一篮温柔/还在想邀请跳舞的时候/它，飞向更美好的南方"再比如有学生在写关于友谊的文章时，这样写道："友谊如茶，需要慢慢品味。在朋友面前，我们可以放下所有的伪装，畅所欲言。茶香四溢，就如同我们的友谊一般，越来越浓郁。"这位学生在写关于友谊的文章时，除了运用比喻的修辞手法将友谊比作茶之外，还从茶的芳香四溢里类推出友谊经得起时间流水的浸泡而变得越来越浓郁。

（三）学生是诗意主体的实践者

诗意作文教学的根本目的和终极关怀是培养自由而全面发展的人。人的全面而自由发展是马克思主义学说的根本目的和终极关怀。首先，马克思在其博士论文《德谟克利特的自然哲学和伊壁鸠鲁的自然哲学的差别》里就探讨了人不是纯粹的物质原子，而是具有自由的本质。其次，马克思特别注意"人的异化"。他在其《1844年经济学哲学手稿》里考察了资本主义制度下人的工业化劳动异化状况，人的本质表现片面的异化劳动。在此基础上提出人应该作为一个完整的人，以一种全面的方式，占有自己的全面的本质；[①] 社会主义以完善人的本质和发展为立场定位，以谋求全人类福祉为目标。其次，马克思认为人的自由而全面发展只有在共同体中才能实现。他在《关于费尔巴哈的提纲》和《德意志意识形态》等论著里论述了共同体与个体发展的关系，"只有在共同体中，个人才能获得全面发展其才能的手段，也就是说，只有在共同体中才可能有个人自由"[②]。这个共同体不是被强制从事单一劳动的资本主义社会，而是共产主义联合体。它以人的全面发展为己任，"每个人的自由发展是一切人的自由发展的条件"[③]。具体而言，"每个人自由而全面发展"包含了三个层面的内容，即"人的全面发展""人的自由发展"以及作为主体的"每个人"。"人的全面发展"，指的是人作为一个完整的存在，应该以一种全面的方式去实现、占有自己的全面的本质。"人的自由发展"指的是人作为社会类的存在物、作为完整的人的个体，其本质的实现是自由自觉的活动。作为主体的"每个人"，意味着人不仅是自然的存在，还是社会的存在，更是自我理想的存在。作为自然的存在，人拥有无限发展的一切可能，其全面发展意味着人的个性、知识和能力等的全面提高，人能够自主构想发展目标、生发发展兴趣，甚至选择发展道路；作为社会类的存在，其本质是在相遇并结成一定的社会关系中实现的，什么样的社会关系就决定个体的人成为什么样的存在；作为理想的存在，人需要超越现实政治、文化、经济等种种条件的限制，实现今天的我对昨天的我、明天的我对现在的我的超越。因此，"人的全面发展"是人的"自由发展"的前提和基础，同时，人的自由发展反过来对人的全面发展起到制约作用，两者之间是相互联系、相互渗透的辩证统一。

马克思主义理论中关于人的自由而全面发展的学说为当代的诗意作文教学奠定了厚实的理论基础。学生作为诗意的"实践者"，是指他们能够在作文当中不仅表现自己栖居世界而探索到的诗意，还能通过作文改变自己的思想，从而以实际行动来实践自己的思想。作为诗意的践行者，他们有明确的奋斗目标和理想，会借助作文进行实践计划、统整资源、开展行动。同时，

①马克思, 恩格斯. 马克思恩格斯文集（第1卷）[M]. 北京: 人民出版社, 2009: 187.

②马克思, 恩格斯. 马克思恩格斯文集（第1卷）[M]. 北京: 人民出版社, 2009: 571.

③马克思, 恩格斯. 马克思恩格斯文集（第1卷）[M]. 北京: 人民出版社, 2009: 53.

他们也会时刻反思自己的行为和结果，以便不断改进自己的实践。在此过程中赋予脚下的步伐以坚定的意志和足够的耐心。

三、教师诗意主体的角色定位

从教师的角度看，在诗意作文教学活动中，教师的责任和信念应该是以生活之真顺自然之性，以教师之善养学生之德，以课堂之美怡学生之情，以科学之理明学生之心。教师在诗意作文教学活动中充当什么角色？有哪些活动呢？根据诗意作文教学机制与原理，教师应该改变作文知识传授者、技法训练者的角色，而应该根据主体论哲学的要求，与学生建构主体间性的关系，因此，教师应该成为诗意主体的研究者、导引者和示范者。

（一）教师是诗意主体的研究者

教师作为诗意主题的研究者，要研读教材，研究学情，确定诗意作文训练的主题，设计合乎诗意作文教学要求的目标。目前在中小学作文教学中，教师存在的问题是缺乏有效的、先进的作文教学观念的指导，对教材缺乏个性的解读，不能根据学生的需要去提炼训练主题，比如涉及环保问题，教师的作文教学主题就变为"环境保护"；教学目标设计知识能力维度缺乏写作训练点，往往与情感态度目标雷同，过程方法目标缺乏言语实践的过程，往往简化为写作手法的讲解以及"教师命题—要点讲解—范文介绍—学生写作"的公式化流程。教师作为诗意作文的研究者，还需要有卓越成长的精神。所谓的"卓"就是"高"，所谓的"越"就是超越俗常。这就意味着中小学教师要有敢于革故鼎新的精神，不固守陈旧的作文教学观念和多年积累的经验，而是将每一次作文教学当成突破自我的机会。

中小学教师面对作文教学需要研究哪些内容呢？概括起来需要研究如下内容：其一，研究学情，从为人与为文两个维度，分别把握学生每次作文中诗意感受的能力与水平，学生写作文的基本知识、基本能力的现状和努力的方向。其二，作文的主旨及价值，在把握学情的基础上，教师需要深入探讨每次作文的主要目标及达成目标的基本策略。其三，写作过程和方法，教师需要研究学生作文的过程和技巧，例如写作前的构思、写作中的草拟和修订、写作后的评估和反馈等环节。此外，教师还需要研究不同文体和话题的写作技巧，以便更好地指导学生。其三，学生作文的问题和困难，教师需要研究学生作文中常见的问题和困难，例如语言表达、结构安排、逻辑论证等。通过了解这些问题和困难，教师可以帮助学生在写作过程中避免类似错误。其四，作文评价和反馈。教师需要研究如何评价学生的作文，包括评价标准、评价方法和反馈方式等。此外，教师还需要了解如何有效地给予学生反馈，以便他们能够更好地改进自己的作文。从诗意作文的视角看，教师需要研究触发学生内心感动的诗意情景设计、促进学生进行自然真挚的诗意情感体验等。

（二）教师是诗意主体的导引者

所谓的导引者，指的是在诗意作文教学过程中，通过"立像造境，入情会意"诱发学生心灵的感动，引导他们和自然、社会、自我相遇、相认、相融，对学生进行为人品质的训练以及言语实践的设计与实施以及教学评价。作为"导引者"，目前有部分中小学语文教师尚未意识到自己导写的任务与内容，在教学情境设计方面，情境单调，难以诱发学生心灵的感动；在句子的写作方面，缺乏句子教学的具体指导，不能根据诗性智慧的原理引导学生写出有生活图景且融注自己真切感情的、富有个性特征的语句；在段的写作方面，只会提出段落简单的结构要求，缺乏必要的思路与变式指导；在篇的写作方面，缺失或缺乏理性指导，往往是直接提要求，缺乏分步言语实践。

教师作为诗意作文的导引者，应该发挥教学的组织功能，导引学生进入到诗意的情境，当学生没有思路的时候，能够引导学生从多个角度和层面来思考和表达作文的主题和内容，从而诗思飞扬；在学生咬笔杆的时候，能够及时发现学生在写作过程中的问题，并分析问题的原因。也就是教师不仅要引导学生每次作文需要储备的作文知识和技能，还要引导学生善于观察、善于分析，通过评价和反馈，导引学生的图景感性思维、理论知性思维和工程理性思维。例如，任何一篇作文总要有作文的主旨，也就是通过一件事、一个人、一道风景要表达出一个富有意义的道理？中小学受传统作文规训"中心思想"的影响，往往喜欢从所记叙的人、物、景本身去找道理。比如，农民种地收粮食，就会总结出"辛勤劳动很重要""付出才有回报"这样的中心思想。这些所谓的道理，人云亦云，浅尝辄止，导致作文内容与思想普遍平庸。如何从诗意作文之"感悟诗理"去探索道理，表现中心思想呢？拿农民种地收粮食来说，教师有责任从图景感性思维导引学生看水稻或高粱从播种、到出穗、到间苗、到收割，到再生种子的循环，从时间、空间与心间导引学生审视种子的命运，进而推导出人类祖祖辈辈无限循环的人伦之理；

同时，从理论知性思维方面，导引学生看到一粒种子从一到多的变化，而立足的土地从一到一始终默默奉献的不变，变与不变同样缄默，从而获得"坚守"的概念命名。在此基础上，教师还有责任从塑造理想自我的角度，导引学生通过种子的人生去规划自己的人生，设计实现人生理想的步骤，也就是培养他们的工程理性智慧。

（三）教师是诗意主体的示范者

学高为师，身正为范。教师除了有传道授业解惑的职责，更有以身为范的义务。所谓诗意主体的示范者，指的是在诗意作文教学过程中，教师和学生构成相互指导学习的关系，与学生一同作文，并为学生发现、表达生活诗意作出示范。教师作为诗意主体示范者的角色是非常重要的。归根结底，有如下几个方面的价值与意义：其一，有助于发展教师的专业素养，改变教师纸上谈兵、照本宣科的做法，促使教师与学生的思想、情感、智慧同频共振；其二，有助于给予学生正确的写作引导，教师通过自己的亲身实践，对于学生学习如何审题立意、谋篇布局、语言组织、思想表达等方面的认识有真切的体验和把握，给予学生的指导无疑更有说服力和穿透性；其三，有助于激发学生的写作兴趣和灵感，教师作为示范者，在学生面前树立了作文与做人的榜样，可以让学生获得、增强迎接作文挑战的信心和动力；其四，有助于提高学生写作水平，教师作为示范者可以让自己更加深入地了解什么是好的作品，并从中学习和借鉴优秀的作文技巧和表达方式，同时也避免不必要的问题。具体而言，教师还可以示范写作技巧和表达方式的最优运用，文章结构和逻辑性的合理安排，语言运用和文字表达的水平提高。

作为"示范者"，目前中小学语文教师普遍缺乏和学生一同写作文的习惯，因此，语言表达的示范：教师难以切合年段学生的特点；内蕴思维的示范：教师局限在抽象的公共规则，缺乏创意的、灵动的思维示范；内蕴品质的示范：教师对作为德性榜样对学生为人的训练缺乏意识。作为诗意的主体，教师该如何示范呢？其一，教师需要写下水文，最好与学生在同一空间、时间里进行；其二，以自己的实践为范本供全班同学研讨，不仅总结教师下水文的写作技巧、表达方式、文章结构等，还要鼓励学生找出不足，针对不足进行改写与创写；其三，开展擂台赛，给出评价表进行学生作文的鉴赏与评价。也就是在集体评议教师作文的基础上，师生集体研判本次作文评价的维度与指标，开展个人+小组合作的作文批改，力求人人达标。总之，教师作为诗意主体的示范者在作文教学过程中应发挥重要的作用。

<h1 style="text-align:center">第三节　主体论视域下
诗意作文教师与学生的角色分析</h1>

一、格物致知，激活学生探究作文题目关键概念本质内涵的兴趣

获第45届奥斯卡最佳影片奖的经典电影《教父》中有一句发人深省的台词就是"花半秒钟就看透事物本质的人，和花一辈子都看不清事物本质的人，注定是截然不同的命运"[①]。类推到中小学作文，如果不能认识所作之文的本质，所写的文章不过是缺乏思想、缺乏灵魂的文字符号游戏，作文的过程就变成机械照搬、模仿技法、写法的活动。学生作文的时候所面临的场域本不是由一维的作文知识或二维的"作文知识+作文能力"，而是由"人与自然、人与社会、人与自我"及其关系组合而成的立体而复杂的现象构成。这些现象具有模糊性、瞬时性、变化性，隐含其中的作文意义与价值自然也就具有隐蔽性、暗示性、深刻性等特点。这就导致学生的作文经验和生活世界产生疏离感，需要学生运用本质思维，从生活现象出发，从构成现象的人物、事物、事件的起点发问，根据事实，推论事实存在的理由、根据以及事物产生、变化的规律。所谓的本质思维，指的就是根据实际的事、具体的物，探究事件、事物存在、变化的真理、规律以及本质的理性思维方式。

如何培养学生本质思维的兴趣呢？《必须跨过这道坎》是2007年的高考作文题，是被师生评为比较难写的作文题之一[②]。笔者在进行这一课教学的时候，首先做好研究者、导引者的角色，借助小学语文课文《王戎识李》，引导学生做探索者，体验并发现王戎的思维方式。第一步引导学生辨识该课文存在的事实："道边李树多子""折枝""诸儿竞走取之"。接下来，引导

---

① 刘磊, 岳付灿. 我们招聘什么样的应届生——50位名企HR高管的私房话[M]. 上海: 上海交通大学出版社, 2017: 239.

② 梁颂. 特级教师高考满分作文备考方案[M]. 南京: 凤凰出版社, 2013: 334.

他们分别根据事实推敲背后的本质思维推导过程，比如李子树种在人来人往的道路边，方便采摘，理当无李或少李；李子成熟了，有人尝试过采摘李子，折下的枝条仍挂有未吃的李子，一定是不好吃；同游小伙伴看见道旁李子就争先恐后去采摘意味他们是盲从之人，基于以上事实与推理，就得出"此必苦李"的结论。借助经典故事诱发学生本质思维的兴趣，顺水推舟，总结出本质思维基本路径，即琢磨具体的事、客观的事实，探求具体的事、客观的事实隐藏的本性、规律、事理以及对具体的事、客观的事实存在的价值、意义。简而言之，就是南宋名儒王阳明、朱熹提出的"格物致知"。事实上《王戎识李》的思维推导的过程也是教师示范的过程，受老师的影响，学生自然会激发诗意栖居的内在动力以及激发他们付诸实践的兴趣。

学生明白了要想指导所作之文"本质"需要"格物"的道理后，在此基础上，笔者将作文题推介到学生面前：请以"必须跨过这道坎"为题，写一篇文章。要求"（1）不少于800字。（2）不要写成诗歌。（3）不得透露个人相关信息"。根据最后一段材料，教师再次成为导引者，引导学生把握构成作文题的核心概念和群概念以及核心概念与群概念的关系。《必须跨过这道坎》的关键词有"必须""跨过""这道""坎"等，但核心概念是"坎"，"必须"是一种态度，"跨"是一个动作、一个过程，"这道"表明能写这一道，表明主要写自己，和自己生活发生联结，这些概念都是"坎"的修饰语。对"坎"进行本质思维就成为重中之重的教学任务。笔者先引导学生审视课件呈现的南北文化有关"坎"的图片，从南方文化看，学生根据图片呈现的事实，不难发现，所谓的"坎"指的是"田野自然形成的或人工修筑的像门槛、台阶形状的东西"；从北方文化看，学生也不难发现，所谓的"坎"指的是"低洼的地方，比如坑"。在此基础上，引导学生"格物致知"，从"门槛、台阶"的具象出发推导"坎"的本质指的是一个人、一个社会，乃至一个国家遇到的种种"障碍、困难、挫折"；从"洼地、坑"的具象出发也可以推导出"陷阱、束缚"等含义。

二、联结生活，创新学生作文正文分析框架的构建

深度学习的概念是美国学者马顿（Marton，F）和萨尔约（Saljo，R）1976年提出来的，批判的靶子是孤立记忆和非批判性接受知识的浅层学习。而加拿大西盟菲莎大学艾根（Egan）教授领衔的团队提炼出评价深度学习

有三个关键词，即充分广度（Sufficient Breadth）、充分深度（Sufficient Depth）和充分关联度（Multi-Dimensional Richness and Ties）①。在诗意作文教学过程中，要使学生的本质思维有深度，必须"联结"学生的生活。这里面的联结不是简单的联系而是通过"层进式"与"沉浸式"的学习，达到对知识内在结构的逐层深化与学习过程的深刻参与和积极投入，实现作文与学生自己的生活实际圆融，作文立意构思、谋篇布局以及语言表达的个性化处理和生命成长"归真、求善与至美"境界的提升。"切己"的充分关联度取决于学习内容的广度和认知方式及运用认知方式表达思想的深度。

基于以上的认识，笔者执教《必须跨过这道坎》这一课，作为研究者与导引者，引导学生理解概念及概念关系之后，随即联结富有生活广度的内容，并一一予以呈现：其一，热播电视连续剧《知否知否》里"盛纮捡棋子"的特写镜头。其二，《蛇·小猫·狗》的视频。电视连续剧《知否知否》的特写镜头反映的是女儿明兰抱怨父亲偏心的画面，生气走开后，作为父亲的盛纮不管自己的年迈之躯，坚持弯腰费尽力气去捡掉落的棋子，而不是绕到对面，绕到女儿刚刚站立的位置轻松地去捡棋子；视频主要内容反映的是一只小猫待在树枝上，一条蛇顺着树干往上爬，威胁到小猫的生存，几次交锋后，胆小的小猫不断往上逃离，逃到树梢，树枝难以承受其重，断裂下来，小猫刚好跌落到树下的"坑"里。陷于绝境的小猫除了发出悲鸣之声外，也累次纵跳起来，但均告失败。收到小猫叫声的呼唤一条小狗出现在坑外，小狗先后尝试抛下树枝、找来绳索，几经努力，小猫终于得救。其三，出示反映学生与家人相处、在学校与老师相处时种种问题的图片，促使学生沉浸在种种生活情境之中，打开思维的闸门，找到自己需要认真面对的"这道坎"。需要指出的是，这三种材料的处理方式各有侧重点。其中第一份材料属于教师示范如何进行本质思维，引导学生根据演员的表情、动作，尤其是不肯绕到女儿明兰刚刚站立的、数落自己的位置去把掉在几案下面的一粒围棋子捡起来的心理活动分析出来，进而得出捡棋子动作隐含的本质之思——"维护面子，固执己见""桌角遗落的棋子其实就是他忽略的女儿与父女亲情，等他想要捡起的时候却怎么用劲也捡不回来，反而离他更远"。第二则材料属于小组合作学习并将学习的结果及时展示出来，目的在于灵活

---

① 郭元祥. 论深度教学：源起、基础与理念[J]. 教育研究与实验，2017（3）：1-11.

运用第一则材料的思维路径，第三则材料放手学生自主学习，找到属于自己"必须跨过的坎"。

如何充分落实思维的深度呢？这里的"深"，其实指的是学生思维过程不是简单的线性思维，而是有"层级"的复杂思维的"程度"。为了改变学生平面思维、散视思维的局限性，笔者依照笛卡尔本质思维的方法，将《必须跨过这道坎》内蕴的复杂问题，分解成多个比较简单的小问题，一个一个地分开解决。于是，引导学生在上一环节现象探究的基础上对"坎""必须""跨过"三个关键词进行开火车式的提问，然后抽取合理的子问题构成有逻辑的问题群。概括学生的答案，就会形成如下的问题群：其一，"坎"是什么？其二，谁的"坎"？其三，为什么要跨过这道"坎"？其四，用什么"跨"过这道"坎"？其五，跨过这道"坎"后是什么？面对学生提出的每一个问题，教师都会让学生联系上面的案例进行深入的分析，促使学生思维的内容与形式逐步走向"深度"。在基于基本问题思考的基础上，笔者通过课件出示正文的基本构建，即从"入题、正文、结尾"三个部分，整合前面环节的构思。结过师生讨论，确定"入题部分"需要通过"设置问题情境，暗示坎的存在""熏染气氛，铺垫坎的产生""开门见山，揭示我的坎"；"正文"需要交代、落实"必须跨过坎的充足理由""跨的过程、凭借什么跨过、如何跨过"。根据这个基本框架，鼓励学生探索属于自己的框架。比如有学生属于提出自己的思路：第1段，交代坎是什么；第2段，过渡写明自己的坎；第3-5段，通过记叙分别交代"为什么要跨过这道'坎'""用什么跨过这道'坎'""跨过这道'坎'后是什么；最后结尾段再一次追问"这道'坎'是什么。还有同学将老师确定的基本结构发展为：第1段，设置情境，隐含"坎"；第2段，交代这道"坎"是什么；第3段，记叙初次尝试跨越"坎"，交代必须跨越理由之一；第4段，记叙再次尝试跨过这道"坎"，进一步阐明跨越理由之二；第5段，记叙最后成功跨过这道"坎"，深入剖析理由之三；最后结尾，照应开头，记叙跨越"坎"后的风景。

三、娴熟运用，在言语实践中自动提升德言同构的品质与水平

从认知心理学和信息学的视角看，如果说阅读教学的深度学习指的是教师引导学生对话文本，运用语言文字符号进行编码→转换→解码，从而形成

新的阅读认知结构和生活经验，那么作文教学的深度学习则指的是学生创造性地运用语言文字符号对生活经验与阅读经验进行解码→转换→编码，从而呈现自己的文本作品。尽管这两种教学其过程与程序殊异，但都离不开"生活经验""语文经验"两个核心要素。从生活经验看，学生的生活本是立体的，是由时间维度的历史、现实与未来等要素构成的生活图景；从语言经验看，学生的语言素养也是立体圆融的，是由空间维度的字词句段篇章以及听说读写能力等要素构成的综合体系。这些时空交错的复杂要素如何作用于学生的作文教学，需要遵循作文教学的基本规律，作文审题、立意、技法、结构等要素只是学生学习作文的知识，走入深度学习，还必须调动学生的生活经验以及创造性运用语言文字符号，运用作文知识表达生活感受的能力、情感、态度、价值观，这些综合要素统一于言语实践活动。学生只有去做实践者，通过自己的言语实践才能触发对生活的感受，生成作文的表达灵感，进而形成作文的表达智慧，乃至个性而独特的语言风格。

　　具体到《必须跨过这道坎》的作文教学，笔者改变过去教师串讲作文审题、构思、技法的做法，围绕学生提出的系列问题设置系列言语实践，让他们走在自我的言语实践路上去相遇作文的立意、作文的文思，乃至作文的内容，从而自悟其文理。在审题环节，抓住核心概念"坎"，设计了"'坎'是什么"的言语实践，学生联系《知否知否》特写镜头、《蛇·小猫·狗》视频，尤其是自己的生活经验，教师摇身一变，变成示范者，示范出这样的句子表达："坎是种子渴望冲破的那一层层土壤，是流水淌过的一座座山谷，是幼蛹要撕断的一条条蛹线。"受教师示范者角色的影响，学生很快就写出了"坎是李煜春花秋月何时了，往事知多少的苦闷与忧伤；是岳飞怒发冲冠，凭栏处，潇潇雨歇的报国无门；是王维劝君更尽一杯酒，西出阳关无故人的别离。"在正文展开部分，笔者设计了如下言语实践：其一，基于为什么要跨过这道"坎"（寻求原因），设计了"商纣王没有跨过荒淫无道这道坎，最后得不到人民的拥护，只能国破家亡；如果我不能跨过＿＿＿＿＿＿坎，我可能＿＿＿＿＿＿＿"；其二，跨过这道"坎"后是什么（探寻结果），设计了"幼小的种子跨过土壤遮盖这道坎，获取阳光雨露的滋养，茁壮长成了参天大树；我＿＿＿＿＿＿＿"；其三，基于用什么"跨"过这道"坎"（探寻品质），设计了"面对权臣谗毁排挤，李白的坎是壮志难酬的无奈，但他以豁达乐观的态度跨过这道坎，过上了'长风破浪会有时，直挂云帆济沧海'的诗意人生；面对升学（身边同学穿名牌），我的坎是_____，但_____，_____"。在指导学生结尾环节，设计了"回到起点，再问'坎'是什么"的言语实践。学生根据自己所写的事情，不难写下对自己所面对之"坎"的本质认识。比如"作为中学生，整天计较家里给的零花钱多少，和同学比较穿名牌服装，这道坎不过是'虚荣心作祟'罢了""'少年强，则国强；少年独立，则国独立。'如果人人比爹娘官大官小，恨不得都投身帝王之家，那么，我们出身贫寒之家就会徒增烦恼，出身富豪之家就会处处依靠父母。这道坎就是养尊处优的不思进取，是不愿自立的自怨自艾（自卑）。"学生通过系列的言语实践，自写自悟，自然不难明白跨越"坎"的本质内涵——"道阻且长，当我们跨过这道坎后，便是人生的一次顿悟，便是一次心灵的蜕变，便是'在水一方'的灵魂升华。"

林崇德先生认为思维的第一属性是概括，而概括的背后就是学生对于生活现象进行本质思维的结果。作为记叙文写作，学生要写好一件跨过一道"坎"的事情不难，难就难在概括不出跨越这道"的价值、意义与作用。正因为这样，指导教师在审题阶段，就会代替学生思考，把教师自己理解的"价值、意义与作用"灌输给学生，导致学生的写作成为教师思想观念的印证，其结果自然是"千篇一律"。如果让学生走在自主的言语实践路上，学生在教师给出的明示或暗示的支架引领下，他们不仅会相遇生命成长的风景，更会触发内心的涟漪，对相遇的风景进行本质之思。这一过程还成为学生内在德性、道德品质洗礼与语言表达提升的活动，达到德言同构的效果。

四、分步评价，在写作过程中看得见自己的进步也辨得清差距

中小学作文教学反映在评价方面，一直难免存在重视结果忽略过程的弊病，而在结果方面，又难免存在重共性忽略个性、批改时间长、反馈慢等不足。浅层化的评价必然导致浅层化的教学。作文教学要指向深度学习，除了让学生深入理解作文题目的概念内涵、联结自己的生活、习得语言表达技能和滋养德性之外，还得学会对自己的学习行为以及学习结果进行评价。因为有效的评价是判断作文教与学目标达成的标尺，还是判断学生审题、立意、谋篇布局以及语言表达，乃至德性水平达成的程度，甚至可以检测、调整作文运思的过程。根据什么进行评价自然就成为学生在写作中进行深度学习的关键。任何评价指标的建构都离不开事实判断与价值判断。在作文教学

方面，所谓的事实判断，指的是关于学生作文本身的判断，它要以学生的写作行为及结果为对象，从实际出发，根据学生写作的事实进行客观的审视、评述，从而揭示写作行为的正确与否以及写作过程水平的高低。所谓的价值判断，指的是对教师作文教学与学生写作行为"应然性"的认识，其评价的对象主要是学生的写作行为及结果是否满足教师每一次作文"为人"与"为文"的主观需要的性质和程度。

回到《必须跨过这道坎》作文教学，笔者根据中高考作文的评分要求以及本次作文学生生活经验起点、作文经验起点以及作文教学目标，设计了基础性评价与发展性评价两个体系的评价目标。基础性评价的目标主要由"内容与切题、篇幅与规范、结构与思路、创新与文采"等维度组成，目的在于引导学生练好基本功；而发展性评价目标主要由"'坎'等概念内涵认识、'跨过'的过程、'必须'的理由、'必须跨过这道坎'的意义与感受"等维度构成。为了落实这些要素，笔者还化大步子为小步子，根据教师"导写"与学生"写作"的过程将以上要素进行分解，分别设计各环节的评价指标。比如在概念认识环节，学生完成"坎是什么与谁的坎"这一言语实践后，给出的评价要点如下：其一，落实明确的写作对象，写清"坎"的内容；其二，适当用上1—2个修辞，语言读起来朗朗上口；其三，字数限制在30—80个字之间，书写规范。再比如，在构建作文分析框架环节，为了引导学生把握所写事情的内涵与思维的层次，给出的评价要点有：其一，写清"跨过坎"的过程及每一阶段跨越坎凭借的品质；其二，在叙事的过程中明示或暗示"必须跨过坎"的理由；其三，结尾回到起点，再一次思考"坎"的本质内涵以及跨过坎的价值，注意与开头形成对照。

作文教学评价不仅是深度学习必不可少的环节，还是激发学生主动作文的手段。将基础性评价与发展性评价统一起来，赋予相应的分值，比如基础性的"创新与文采"涉及语言表达，要求做到语言规范、没有错别字与语病，如果基础分是20分，有一句语病扣分为3分，有一个错别字扣1分；在发展维度，鼓励学生对"坎"概念内涵以及"跨越"过程有本质思考且把本质思考合理而有个性地表达出来，这就可以依照"有文采"的要求，设计"金句"的评价指标，每一句可以加上5分。将评价维度、指标以及赋分清晰地呈现出来，有加有减的考评机制，不仅有利于学生个体操作，也有利于小组成员相互校验。一方面，调动学生个体主动作文的内在动机，让他们在看到自己进步与辨别自己差距的过程中学会自定目标，自己规范语言表达，并在规范的基础上写出本质之思；另一方面，也发挥群集的力量，促使小组成员或班集体同学在互帮互助中积极完成作文任务，不断发展评价、鉴赏、勘误的能力，变浅层的无意义的学习为深度的、有意义的学习。

总之，诗意作文教学，需要辩证处理好教师研究者、导引者与示范者角色，同时处理好学生诗意栖居者、探索者和实践者的角色，把握本质思维训练的基本要素及其关系，让学生的思维能"深"在概念内涵的理解，"深"在丰富多彩的生活联结，"深"在德言同构的言语实践，"深"在作文评价的分步达标。①

---

①冯铁山.作文深度学习：问题、内涵与基本策略[J].读写月报,2020（27）:4-9.

第六章 诗意作文语言论：雅言积淀传神韵

第一节 语文核心素养的作文教学要求与启示

一、问题的提出：语言的品质决定育人的品质

（一）学生作文"语言癌"表达现象

党的二十大报告指出"青年强，则国家强"。青少年作为社会主义事业的接班人，肩负着民族复兴的大任。他们的道德水准和素质水平不仅决定社会文明建设的成效，还会影响到科教兴国战略、人才强国战略、创新驱动发展战略的顺利实施。受网络文化的影响，青少年在其作文中创造性运用"给力""逆行者"等网络词语表达对正能量的肯定与热捧，也创造出"屌丝""逼格"这样的粗俗语言表达负面情绪与心态，导致语言表达形成新的"洋泾浜"现象，有的学者将这种消极的、粗俗的网络语言称之为"语言癌"[①]。哲学家怀特海认为，人类文明是语言的结果，每种语言都是其社会系统的文明表达[②]；存在主义哲学家海德格尔甚至将语言视为人存在的本体。难以想象语言粗俗的青少年会拥有与社会文明要求契合的世界观、人生观与价值观，进而成为一个具有爱国精神、民族情怀的社会主义事业建设者。

（二）学生作文语言缺典雅性的归因分析

1. 粗俗化日常语言表达吞噬了美感语言的运用空间

美国学者乔治·斯坦纳在《语言与沉默：论语言、文学与非人道》中

---

① 周云. 主持人即兴口语表达[M]. 北京：中国传媒大学出版社, 2016: 52.

② 阿尔弗雷德·诺思·怀特海. 思维的方式[M]. 赵红, 译, 北京：新华出版社, 2018: 46.

提出，17世纪以后，人类书写知识的语言习惯已经发生了变迁，随着自然科学的突飞猛进，以前描述性、接近于文学表达的知识表达语言逐渐被公式演算、图表所替代；今天，专业化领域内部的知识表达面临着前所未有的语言危机，言词语言和数学语言之间的分野日渐扩大，大众对专门化领域内部知识的了解越来越难。不仅如此，随着信息化、网络社会的到来，在日常生活中，人们越来越喜欢使用简略的、口语化的语言表达方式，忽略使用美感语言的必要性和价值。美感语言的价值和魅力在于其精细、优雅和含蓄的特点，能够通过精妙的词汇、优美的句子和恰到好处的表达方式来传达情感、描绘形象、传递思想，给人们带来美的享受和心灵的触动。

2. 快速发展的网络技术促成了学生语言表达的惰性

在网络环境中，各种通信工具提供了大量表情包以及便于浏览的文字，受众只需要简单地浏览、检索、粘贴、复制，文学语词语言被降格，语言文字的典雅美被所谓的"爽性"快感代替。不仅如此，现代社会，无论是公交车、候车室，还是人行道上，到处可见的都是"低头族"，现代人越来越依赖手机，依赖微信，以及各种网络交流工具。……在网络的环境中，各种通讯的工具提供大量的表情包，以便于浏览。学生受此影响，只需要简单地浏览、粘贴、复制就可以进行所谓便捷的交流与表达，其结果自然就形成了语言表达的"惰性"。所谓的语言表达的惰性，指的是学生在表达自己的观点和思想时，倾向于使用固定或者刻板的新"洋泾浜"表达方式，而不是尝试使用灵活机智、高贵从容的典雅语言表达方式。其结果自然会限制他们语言表达能力的发展，限制他们思维能力的发展，进而影响到语文核心素养的和谐发展。

3. 精神家园的荒芜会导致语言表达的贫乏与粗俗

法国哲学家贝尔纳·斯蒂格勒认为消费主义已经将人控制于股掌之中，使个体创造力丧失，从而导致人们精神贫困。类推到作文教学，我们可以看得见这样的风景：开学之初，新华书店人影幢幢，学生受考试功利化作文教学思想的影响，一窝蜂地奔赴作文教辅资料柜台，购买所谓的《作文宝典》《作文高分秘诀》等书籍，而那些能够引领精神成长的哲学、文学等书籍鲜有人光顾；受欢迎的杂志往往是与应试作文有关的刊物，而不是文明精神、典雅语言表达的刊物，甚至知名的《诗刊》《人民文学》这样的杂志都举步维艰。这些现象，其实质就是精神家园荒芜的典型表征。中小学语文教师也受这些作文教辅书的影响，奉同质化的考纲、高分作文，以及大量所谓"名校"编印的辅导资料等为"圭臬"，进行公式化、格式化的作文教学，习惯做作文宝典的搬运工，久而久之，语文教师因为教辅资料取代了自己的独立思考、自我价值判断，只能运用公共化的作文教学语言去掌管课堂，其结果就是丧失了高贵的精神追求，也就式微了典雅语言表达的能力。精神的荒芜意味内心的苍白，内心的苍白意味语言的贫乏，反之亦然。

（三）典雅语言决定学生优雅的存在

如何解决学生语文素养发展不佳的问题，回到本体论思考，伯特兰·罗素在《哲学问题》里认为，哲学上引起最大困难的一个区分就是"现象"与"实在"的区分，事物"好像是什么"与它"究竟是什么"的区分。画家想要知道的事物好像是什么，实践家或哲学家只是想要知道它们究竟是什么……然而如果实在并不是所表现出来的那种样子，那么我们有没有什么方法知道究竟有没有任何的实在呢？本体探索之路应该是在者（现象）——现象背后的实在——本体[①]。所谓的本体必须满足两个条件：其一，他似乎依赖他的存在；其二，本身不会被创造或者毁灭。

刘士林教授在《中国诗哲论》中提出：中国文化的本体精神是诗，中国文化的根本秘密在于中国诗学[②]。从诗学层面看，我国自古以来就是一个诗的国度，中华民族也是一个崇雅的民族，历代教师特别注意用诗词歌赋等雅言对学生进行教育，使用诸如"王师北定中原日，家祭无忘告乃翁。""莫等闲，白了少年头，空悲切！"这样的言说方式去化育青少年的道德品质、涵养审美意识、提升人生境界，形成独特的典雅语言教育思想。从基础教育课改层面看，《普通高中语文课程标准（2017年版）》《义务教育语文课程标准（2022年版）》加大了诗词歌赋教育力度，大量扩充了背诵篇目；2016年9月教育部启用的统编版中小学语文教材大量选编了诗词歌赋。在这种背景下，无论是学科教学，还是德育工作，中小学教师往往需要借助语言才可以传输知识、宣导思想。从哲学本体论视域看，中小学教师使用什么样的语言就决定了教育与学生是什么样的存在。据此而论，中小学教师如何运用中华民族独特的典雅语言教育去落实立德树人根本任务和搞好作文教学是新时代

---

① 转引自杨克忠. 存在与本源[M]. 上海：上海大学出版社，2015：27.
② 刘士林. 古典美学新探[M]. 上海：上海交通大学出版社，2020：298.

基础教育高质量发展的重要课题。

二、课标精神：对学生作文的语言训练要求

（一）"语言运用"素养要求

新课标对"语言运用"核心素养有具体的规定："语言运用是指学生在丰富的语言实践中，通过主动地积累、梳理和整合，初步具有良好语感；了解国家通用语言文字的特点和运用规律，形成个体语言经验；具有正确、规范运用语言文字的意识和能力，能在具体语言情境中有效交流沟通；感受语言文字的丰富内涵，对国家通用语言文字具有深厚感情。"[①]语言运用体现语文课程的工具性、基础性，与思维、文化、审美密切相关。语言是重要的交际工具，也是重要的思维工具；语文的发展与思维的发展相互依存，相辅相成。语言文字是文化的载体，又是文化的重要组成部分。语言文字作品是人类重要的审美对象，是语文学习发展的重要途径。由此可见，语言运用核心素养决定作文教学存在的根本与基础。

（二）"课程目标"精神解读

从课程总目标看，涉及作文语言表达的有第2、第4、第5、第6、第7、第8、第9条。这些内容分别为"热爱国家通用语言文字，感受语言文字及作品的独特价值。""主动积累、梳理基本的语言材料和语言经验，逐步形成良好的语感。""能根据需要，用书面语言具体明确、文从字顺地表达自己的见闻、体验和想法""丰富语言经验，培养语言直觉，提高语言表现力和创造力。""有理有据、负责任地表达自己的观点。""感受语言文字的美。""能借助不同媒介表达自己的见闻和感受，学习发现美、表现美和创造美，形成健康的审美情趣。"[②]

从学段目标看，有关作文语言表达的内容集中体现在"表达与交流"板块。

第一学段的规定是：其一，对写话有兴趣，留心周围事物，写自己想说的话，写想象中的事物。在写话中乐于运用阅读和生活中学到的词语；其

---

① 中华人民共和国教育部. 义务教育语文课程标准（2022年版）[M]. 北京: 北京师范大学出版社, 2022: 4.

② 中华人民共和国教育部. 义务教育语文课程标准（2022年版）[M]. 北京: 北京师范大学出版社, 2022: 6-7.

二，根据表达的需要，学习使用逗号、句号、问号、感叹号。①

第二学段的规定是：其一，尝试在习作中运用自己平时积累的语言材料，特别是有新鲜感的词句；其二，学习修改习作中有明显错误的词句。根据表达的需要，正确使用冒号、引号等标点符号。②

第三学段的规定是：其一，懂得写作是为了自我表达和与人交流；其二，修改自己的习作，并主动与他人交换修改，做到语句通顺，行款正确，书写规范、整洁。根据表达需要，正确使用常用的标点符号。③

第四学段的规定是：其一，写作要有真情实感，表达自己对自然、社会、人生的感受、体验和思考，力求有创意；其二，写作时考虑不同的目的和对象，根据表达的需要，围绕表达中心，选择恰当的表达方式；其三，合理安排内容的先后和详略，条理清楚地表达自己的意思，运用联想和想象，丰富表达的内容。正确使用常用的标点符号；其四，根据表达的需要，借助语感和语文常识修改自己的作文，做到文从字顺。能与他人交流写作心得，互相评改作文，以分享感受，沟通见解。④

首先，从课程性质看，语文课程是综合性、实践性课程，这就意味语言运用是作文教学的本体，同时语言运用不仅是作文教学的逻辑起点，也是终极旨归。通俗而言，作文教学就是要让学生在语言文字运用的实践中"出生入死，死去活来"。其次，从课程总目标看，语言文字运用有一个从规范表达到合理表达，进而形成优美而典雅表达的训练层次与过程。最后，从学段目标看，语言运用存在学段的纵向衔接与横向贯通的训练规律，所谓的纵向衔接，指的是运用有关语言文字的积累与梳理、标点符号的运用，以及语言的组织和表达有一个螺旋上升的过程；所谓的横向贯通，指的是每一学段语言运用的内容尽管有写话、写段和习作、写作的差异，但语言表达的规范表

---

①中华人民共和国教育部. 义务教育语文课程标准（2022年版）[M]. 北京: 北京师范大学出版社, 2022: 8.

②中华人民共和国教育部. 义务教育语文课程标准（2022年版）[M]. 北京: 北京师范大学出版社, 2022: 10-11.

③中华人民共和国教育部. 义务教育语文课程标准（2022年版）[M]. 北京: 北京师范大学出版社, 2022: 12-13.

④中华人民共和国教育部. 义务教育语文课程标准（2022年版）[M]. 北京: 北京师范大学出版社, 2022: 15-16.

达、合理表达以及典雅表达是作文教学始终坚守的职责。

三、哲学启示：作文语言的表达

（一）终极存在：作文教学回归"言语实践"本体

基于终极存在的视角，20个世纪末，王尚文教授、李维鼎教授和李海林等专家学者依据19世纪的"语言-言语分立学说"，提出了"语感论""言意转换论""言语教学论"等学说。潘新和教授针对语文教学"理解本位"的缺陷，明确提出"我写，故我在"的本体论思想。这些学说均强调作文教学实践应该做到变作文知识教学、作文激发训练为言语实践活动本体的教学。什么是言语实践本体？海德格尔曾以梵·高的名画《农鞋》为例分析艺术作品的本体，分析艺术作品里人与大地、世界的关系。农鞋之所以变得破旧不堪，那是因为农夫每天穿着这双鞋，走在农田耕耘的路上使然，是劳动生产的结果。语文教学也是这样，要让学生形成热爱祖国语言文字的语感，养成创造性运用语言文字的智慧，教师需要让学生像农夫一样走在语言文字创造性运用的路上，而不是静态的基础知识灌输、机械的基本技能训练以及外在于学生生命存在的人文精神理解。语文教学实践不同于其他社会实践，它是直接发展人力的实践活动，是创造性运用语言符号的活动，这种创造性运用语言符号的活动其实就是言语实践活动。

比如部编本三年级下册《燕子》一课，有这样的一句话——"这时候，那些小燕子，那么伶俐可爱的小燕子，也由南方飞来，加入了这个光彩夺目的图画中，为春光平添了许多生趣。"这个句子里关键的词语就是"平添""生趣"。教师如果只是遵循"语言工具本体论"或者"双基本体论"，所教学的内容，往往离不开语素分析、构词分析，分析的是该词语字典静态的词语意义——"自然而然地增添""生活的情趣"。这种抽象的解释，学生是没有办法理解的。有的老师在此基础上进行近义词"增加"的词语辨析，告诉学生所谓的"平添"，后面加的是抽象的名词，只能在感受层面上体会到，比如平添色彩、平添生机；"增加"一般是搭配一些具体的、我们看得到的事物，是要在原有的基础上变多，比如增加数量。学生学到的都是静态的语义分析。

阅读文本，你会发现，在这个句子之前，课文描写二三月的春天，春风微微地吹拂，毛毛细雨自然地洒落，千万条柔柳随风摇摆，红的花，青的草，绿的叶，构成了烂漫无比的美景。如果我们的语文教师能够回归语言运用的言语实践本体论，注重学生"写话"训练，教学的程序与内容应该是这样进行：首先，要让学生置身春天立体的图景里，把他们的眼睛、耳朵、鼻子等感官系统全部调动起来，让学生自然体验春天立体的感受；然后，开展"（ ）为（ ）平添了（ ）"的言语实践活动。学生结合上下文的语境，不难表达出"蒙蒙的细雨，为春天平添了许多活力""嫩绿的柳丝，为春天平添了许多盎然的绿意"等句子。因此，小燕子从南方赶来，为春光平添了喧闹、灵动、色彩。在此基础上，再进行"春天图画之所以光彩夺目，是因为（ ）"的言语实践，学生也就自然领悟到这不仅仅是小燕子的功劳，还有春风、春雨、各种花儿、草儿、小动物，等等，正是这些事物的齐心协力、合理搭配，才创造了这么美丽的春天。静态的词语动起来，激活了学生内在的感性与情思，读写结合也会变得情趣盎然。

（二）终极解释：作文教学要做到"德言同构"

为什么要对学生进行作文教学？学生为什么要作文呢？从终极解释的角度看，中小学语文教师需要探寻作文及作文教学认识的统一性。只有明确了"为什么教"，才能把握作文教学应该承担的职责和应尽的义务，做好作文教学分内之事并承担教学不良的后果。纵观语文教育史，作文教学的"教什么"经历了"作文知识本体"学科化到"双基训练本体"科学化，再到"人文精神本体"人文化以及当下的语文"工具性与人文性"统一的认识发展过程。受终极存在的影响，作文教学在"为什么教"方面也经历了为"化民成俗"而教、为"政治服务"而教、为"全面发展的人"而教等认识发展过程。当科学主义观念成为语文教师信念基石的时候，其责任就落实在工具化的字、词、句、段、篇、章、语、修、逻、文等作文知识认知、讲解等方面；当人文主义取代科学主义成为语文教师的行动逻辑时，其责任就沦为外在于学生存在于文化的精神熏陶与宣讲的精神活动。这种单一的工具性或人文性终极解释自然导致语文教师承担了太多非语文的分外之事。回到分内之事看，语文学科是语言文字符号学科，其内容构成尽管离不开政治、经济、文化等诸多要素，但其核心要素应该是"祖国的语言文字"。其责任，或者说根本任务就是组织学生学习创造性运用祖国语言文字符号相遇自然、相遇社会、相遇自我，激活言语意识，积累言语库存，积淀言语图式，领悟古今中外作者恰当又得体地运用语言文字符号创造的文化，以及语言文字符号运用的技能水平。

当然，中小学作文教学的对象是学生，需要和其他学科一道履行"立德树人"的根本任务。和其他学科不同，语文教学的"立德"需要和"立言"结合起来。这是我国语文教学的传统，也是特色。自古以来，我国语文教学就有"文道统一"的理念及做法。比如"质胜文则野，文胜质则史；文质彬彬，然后君子"①等。古代语文教材，不管是《三字经》这样的蒙学教材，还是"四书五经"这样的经学教材，大多是道德教化教材。道德教化需要借助语言文字学习来完成，且做到"兴道"与"语言"的结合。所谓的"兴道"指的就是道德教育；所谓的"语言"指的是语言文字教学②。从国外的视野看，苏格拉底提出了"美德即知识"的命题，苏联心理学家维果茨基更断言"思想不是在词中表达出来，而是在词中实现出来"③。因此，作文教学"立言"的过程就是"立德"的过程；"立德"的活动也就是"立言"的活动，它们在"立人"的信念与责任指引下所进行的言语实践获得中实现同构④。

（三）终极价值：作文教学要塑造"理想自我"

中小学作文教学要实现高质量发展的超越，还需要明确"有什么用""教了后如何"的问题。这一问题的回答，需要从终极价值层面去探索，也就是寻求作文教学的价值、功能的统一性。所谓的价值，指的是中小学作文教学满足学生主体的需要。作文教学能够满足学生什么需要呢？从学生面对的世界看，他们面对的是一个感官的世界，它是一个非本真的存在；同时又面对一个理性的世界，是一个本真的存在。学生的成长，从历史的时间维度而言，他们是历史人与现实人以及未来人发展的生命体；从共时的空间维度而言，又是一个从非本真的自然人向本真的社会人，乃至理想的自我人发展的结合体。这就意味着学生是一种不确定的存在，他们在学习语文的时候，其实就是以自身的不确定性和"自然、社会与自我"这三个世界进行碰撞、对话、表达、融合。语文教学的价值就在于回归言语实践这一本体，让每一个

---

① 孔子，孟子. 论语　孟子[M]. 北京：北京燕山出版社，200：60.

② 张隆华，曾仲珊. 中国古代语文教育史[M]. 成都：四川教育出版社，2000：26.

③ 维果茨基. 思维与语言[M]. 李维，译，杭州：浙江教育出版社，1997：5.

④ 冯铁山，张诗琪. 德言同构：语文教学立德树人的实践逻辑——以语文教学目的建构为视角[J]. 语文建设，2016（36）：8-11+30.

孩子走在创造性运用语言文字符号的路上，去获得终极之真、至上之善和最高之美①的阐明，从而看待自然能够将现实与非现实、理智与情感、时间与空间都凝缩于自己的身心之中，看待社会能够将自己旺盛的生命力化作同情、感动、感恩，赋予社会以美德。在此基础上，更赋予自我生命发展以欣欣不已的动力。

结合语文学科学生核心素养审视，中小学作文教学的价值及功能就在于教师让作文和学生自我发生切己的联系，而不至于成为课堂的"看客"和知识的"容器"：其一，从知识素养维度看，需要围绕"思维发展与提升"，进行认知有深度的教学，终极存在就在于作文教学要归真，帮助学生识别世界的真与假；其二，从社会参与维度看，需要围绕"文化传承与提升"，进行社会参与有深度的教学，终极解释在于促进立德树人，引导学生处理好社会的善与恶；其三，从自我发展维度看，需要围绕"审美鉴赏与创造"，进行自我发展有深度的教学，终极价值在于塑造学生的理想自我，作文教学做到"至美"，也就是引导学生把握自我形象塑造的美与丑。其本体在于言语实践，贯穿三维度始终的就是"语言运用"，且以语言典雅而培育高雅的人文终极价值。

第二节 雅言及典雅语言教育的基本内涵

一、什么是雅言

什么是典雅语言教育？雅言，从词源分析的视角看，所谓的"雅"，雅者，正也，合乎规范之义。从语用的视角看，《风俗通·声音》认为"雅之为言，正也"，所谓的"雅"就是正统、规范的意思；诸葛亮《出师表》也有"察纳雅言"之句，所谓的"雅"，就是正确的意思。另外，从文化学的视角审视，"雅"和"夏"是互通的。"雅"本指《诗经》内容构成的三个部分之一，指的是周王朝京都地区宫廷宴飨或朝会时的乐歌，即所谓正声雅

①孙正聿.哲学通论（下）[M].长春：吉林人民出版社，2007：493.

乐。《孔子论诗》之"大雅""小雅",亦作"大夏""小夏"。《左传》中的"公子雅",《韩非子》中就称之为"公子夏";《墨子》引"大雅"为"大夏"。而"夏"的含义,本指汉民族的自称,比如"华夏""诸夏"。故"雅言"本义指的就是"夏言",其本质是从其前身华夏族祖先所使用的部族方言一步一步发展为正统的、通用的语言[①]。受诗词歌赋民族文化本体的影响,"雅"逐步引申为"典雅""高雅""优雅"。所谓的雅言,指的是诗词歌赋等具有良善而积极的德性、正面而诗意的情怀,以及艺术而富有感染力的典雅语言。

二、雅言发展的基本脉络

从诗这一概念的内涵与发展形势看,诗这一文学体裁发展、嬗变的过程就是语言雅化探索与尝试的过程。在西方话语体系里,"诗"这概念转自希腊语"ποίσις",意为"生产、创作",指出了诗具有技术性、主观性以及创造性等特性。而在中华民族文化视域里,章太炎在《答曹聚仁论白话诗》中认为,广义的诗,只要合乎汉族语言的韵律,富有节奏都可以称作诗[②]。诗也就是人类经受生活感动而进行雅化的活动,它是一切艺术的统称,是人类处理人与自然、人与社会、人与自我关系而进行美的观照与表达的代名词。关于狭义的诗,其定义尽管众说纷纭,莫衷一是,但古今中外大多认可诗是一种表达心灵感动的文学体裁。"诗者,志之所之也。"[③]"诗者,吟咏性情也。"[④]。就诗歌的形式变化角度而言,中华民族的诗包括先秦以《诗经》为代表的四言诗、汉魏六朝产生的古体诗,以及唐初形成的近体诗和现当代发展的新诗。无论古体诗,还是新诗均强调语言的凝练、声韵的和谐、丰富的想象和独到的意象。

所谓的词,可以理解为诗的生活化表达。从时间的维度来说,根据叶嘉莹先生的考证,它萌发于殷周时期的"雅乐",发展于六朝时期的"清

---

①劳秦汉. 中国诗歌声韵演变发展史稿[M]. 成都: 四川大学出版社, 2020: 50.

②章炳麟. 答曹聚仁论白话诗[J]. 原载《华国月刊》, 1923年第1卷第4期. 转引自王永生主编. 中国现代文论选(第1卷)[M]. 贵阳: 贵州人民出版社, 1982: 71-72.

③萧统. 昭明文选[M]. 黄侃黄焯批校, 北京: 民主与建设出版社有限责任公司, 2021: 463.

④严羽. 沧浪诗话校释[M]. 郭绍虞校释, 北京: 人民文学出版社, 1961: 157.

乐"，兴起于隋唐时期的"宴乐"，繁荣于宋代①。所谓的"雅乐"，指的是先秦周王朝统治阶级祭祀天地、祖先等场合演奏典雅纯正的音乐；所谓的"清乐"，指的是西汉到南北朝时期民间的"乐曲"与西域等地传入的"胡乐"融合而成的"新声"；所谓的"宴乐"，指的是隋唐时期在郊游、宴会等场合演奏的音乐。不同于诗强调语言本身的节拍，词需要和着音乐的节奏，音乐上追崇雅的价值追求，自然会反映在词的创作当中。从创作主体看，强调"发乎情，止乎礼义"②，也就是说作者应该拥有高雅的志趣、高尚的修养以及高洁的品性；从创作主题与内容而言，尽管词的诞生、发展，表面看来是生活化的结果，但生活化并不意味着低俗化。斥"郑、卫流靡、媚俗之声"，倡"文以载道之词"成为历代文人的审美法则；从词的体裁风格看，尽管词不再拘泥于律诗严格的平仄对仗和五言、七言的字数限制，倡导多样化的表达，但"合鸾歌""谐凤律"③的审美思想，意味着承继并发展了诗学"声依永、律和声"思想。

所谓的歌，从词源的角度分析，"咏也，从欠哥声。"从字形方面分析，所谓的"欠"，形象地描绘了一个人张开嘴巴发出声音的形状。"断竹，续竹；飞土，逐宍。"这是《吴越春秋·勾践阴谋外传》记载的一首上古歌谣，反映的是先民的狩猎生活，不难发现，内蕴的是劳动节拍，外化的是张口号子。这也就意味，歌最初是对自然界声音质朴的模仿和劳动场面的歌唱，随着社会的进步，歌也走上了一条雅化之路。大体是从劳动号子出发，发展为祈求风调雨顺的祭祀祷词，进而发展成颂词以及反映男女求偶对唱的情歌等，现在已嬗变为声乐领域中的歌。"诗"与"歌"原为一体，其区别在于是否入乐。"诗"主要外化为文字作品，"歌"则将诗句转化为四处传播可以吟唱的"曲"。"直言不足以申意，故令歌咏其诗之义以长其言"④。

所谓"赋"，如果从诗的广义内涵分析，赋就是诗的散文化表达。它是以"铺采摛文，体物写志"⑤为主要手段，善于通过写景、借景抒情、借古

---

①叶嘉莹.从词的起源看丝路上的文化交流[J].文学与文化,2016（1）：4-11.

②黄升.中兴词话[J].转引自唐圭璋.词话丛编[M].北京：中华书局,1986：184.

③赵崇祚.花间集校[M].北京：人民文学出版社,1958：1.

④张力伟,等.康熙字典通解（上）[M].长春：时代文艺出版社,1997：996.

⑤刘勰.文心雕龙[M].范文澜,注,北京：人民文学出版社,1958：134.

喻今、铺陈叙事等手法达到"颂美"和"讽喻"的目的。这种文体起源于战国，兴盛于两汉。其雅化之路大体如下：关于赋的源头，尽管学术界莫衷一是，有"《诗经》说""《楚辞》说""楚民歌说"等学说，但大都肯定赋属于"古诗之流"①"不歌而诵"②。作为古诗的衍生，自然离不开民间自然声音的表达；作为不入歌的诵读，自然有不同于诗的表达。从种类和形态看，民间的俗赋经过先秦诸子的努力发展成为一种具有隐语（类似于今天的谜语）性质的"短赋"，散见于诸子百家的散文；经宋玉、屈原等文人的努力，发展成为"骚赋"，即"骚体诗"，这是诗向赋的过渡；在此基础上，两汉经贾谊、晁错等纵横家以及司马相如等文人的努力，逐步奠基了赋的体例、体裁，成为"辞赋"；其后经过魏晋南北朝诸多文人雅士的骈文化，形成了"骈赋"，随后的唐代骈体转为律体，创新为"律赋"，宋代用散文的形式写赋，练就了"文赋"。

三、典雅语言教育的基本内涵

所谓的典雅语言教育，指的是中小学教师基于积极语用的原则，运用诗词歌赋等言说方式赋予教育对象、教育内容以审美的观照和价值的体认，结合现实生活和教育教学语境进行动态演绎的言语实践活动，其结果就是促进学生修养良善而积极的语言德性、涵养温和而谦逊的言说态度、习得形象而含蓄的表现手法以及产生得体而舒适的教育效果。这个活动变诗词歌赋"自在之物"为学生"人化的自然""德化的社会"，以及"理想化的自我"。

典雅语言教育表面看来是自由化、粗俗化口头语言向文学化、典雅化书面语言嬗变的活动，事实上是一个民族格物致知的归真精神、道德教化的求善情怀，以及臻于至美的审美心理的反映。这就使得历代积攒下来的、丰富的诗词歌赋，成为新时期青少年高尚品德、高雅气质值得挖掘并科学利用的资源。比如，《颜氏家训》《朱子家训》《弟子规》等以诗词歌赋文体表现出来的道德箴言、内蕴的就是"仁爱孝道""敬业爱群"的道德品质，再比如《诗经》《千家诗》《唐诗三百首》《书法雅言》等教材与读本以及大量文学经典作品里的韵文雅言，均可以成为青少年，尤其是中小学生高雅气

①纪昀. 四库全书（珍藏版）[M]. 长春: 吉林大学出版社, 2011: 314.
②刘勰. 图解文心雕龙[M]. 崇贤书院校注, 合肥: 黄山书社, 2022: 58.

质、发展专业的语言能力的"教材""学材"。这也启迪新时代的基础教育，需要创造性挖掘、利用诗词歌赋的雅化规律与价值追求，不仅要摆正学生对待诗词歌赋的态度，而且还要扭转他们的认知，促使他们从低层次的机械记忆、背诵转向"立德树人"与"核心素养全面而和谐发展"的高层次追求。

第三节　典雅语言教育的时代价值

所谓"价值"，从哲学层面而言，指的是主体对主客体满足自己需要的评价或主客体满足主体需要的功能。价值形成的关键在于人的需要。因此，审视典雅语言教育的时代价值首先应从学生发展的角度，然后从语文课程建设的角度去审视。

典雅语言教育有什么价值？中小学教学中如何认识这些价值？所谓的价值，指的是典雅语言教育本身客观的有用属性，也指教育主体根据自己的需要自觉地、有意识地赋予典雅语言教育的属性，更指教育主体利用典雅语言教育能够促进与满足中小学生核心素养全面而和谐发展的需要。中小学生需要发展哪些核心素养？根据经济合作与发展组织（OECD）2003年发布的《为了成功人生和健全社会的核心素养》报告，"素养"指的是在特定情境中，通过利用和调动心理社会资源（包括技能和态度）以满足复杂需求的能力，是覆盖多个生活领域，有助于促成个人成功和社会健康运转的重要能力。主要包括"互动地使用工具""在异质社会团体中互动""主动地行动"三个方面。而我国教育部2014年研制印发的《关于全面深化课程改革落实立德树人根本任务的意见》将核心素养视为学生应具备的适应终身发展和社会发展需要的必备品格和关键能力。中国学生发展核心素养课题组2016年9月13日发布研究成果，将学生的核心素养分为文化基础、自主发展、社会参与3个方面，综合表现为人文底蕴、科学精神、学会学习、健康生活、责任担当、实践创新等六大要素。这些要素均可以在孔子等"诗教"名家的思想论述里找到。孔子提出了"兴于诗、立于礼、成于乐"的诗教理论，还指出了"诗教"的功用：其一，"多识于鸟兽草木之名"，即有助于扩宽眼界，学习科学文化知识，相当于当今时代的文化知识素养；其二，"迩之事父，远之事君"，即有助于学生成为社会人，在家里学会孝顺父母，在社会懂得与领导、同事的相处之道，相当于社会参与素养；其三，诗可以兴，可以观，可以群，可以怨，即有助于学生的心理和谐，塑造积极、平和、健康的理想自我形象。因此，典雅语言教育的价值几乎涵盖了核心素养的各个方面。

一、有助于培育青少年的良善德性，促进思想道德品质的健康发展

"高度决定视野，角度改变观念，尺度把握人生。"这是广为流传的广告词，用来形容典雅语言教育也颇为贴切。首先，从高度上看，这项工作的目的不是为了迎合"经典诵读"的潮流，或者成就中小学打造"书香校园"的品牌，更不是为了培养所谓"诗人""骚客"，而是站在"百年中文，内忧外患"的台阶上，承担起基础教育的神圣责任——让学生亲近汉语、热爱汉语，增强民族语言表达与运用的自尊心与自信心，进而成就文化自信与文化自觉的良善德性。典雅语言教育首先是"雅化"德性的教育，本质而言就是借助诗词歌赋等言说方式纯正学生的道德品质，端正学生的学习态度，进而培养学生参与社会的核心素养。所谓的德性，正如亚里士多德所言，人的德性，就是那种促使人成为良善之人，从而圆满发挥、成就其良善功能的品性①。如何培养学生的德性，如何发展学生的社会参与核心素养？孔子给出的良方就是"兴于诗，立于礼，成于乐"（《论语·泰伯》）。诗具有感天动地泣鬼神的感发意志的作用，因而成为修养德性的凭借与道德教育的前提。其次，从角度上看，从"雅化"语言的视角去审视中小学的立德树人工作，有助于改变中小学规训式道德教育而带来的"祛魅"弊端，复活道德教育的亲缘性与魅力性，变诗词歌赋这些"静止的文字"为学生德性发展"活着的生命"，更有助作文教学处理好"作文"与"做人"的关系，在言德同构中实现立德树人的根本任务。比如，当学生将"慈母手中线，游子身上衣"这样诗句对接自己的生活，雅化为自己生活的表达——"亲情就是黑夜里点着的一盏灯，是不幸来临时关切的眼神"。这样的雅语表达，复活的不仅是语言文字符号的诗意魅力，还复活了学生体验、感受学校、家庭、社会等生活的灵性，其德性培育也变得像呼吸一样自然而美好。从尺度上看，诗

---

①亚里士多德.尼各马可伦理学[M].北京：中国社会科学出版社，1990：156.

词歌赋方寸之内，中小学生通过雅化的路径不仅可以在"寻言观象"中相遇人与自然、人与社会、人与自我的人生风景，还可以在"寻象观意"中揣摩、借鉴、建构属于自己的，尤其是参与社会的核心素养。

二、有助于陶冶青少年的诗意情怀，学会带着诗意的眼光审视世界

党的二十大报告承继了十九大报告的精神，将我国的主要矛盾视为人人都有过上美好生活的需要与发展不平衡的矛盾，并提出"坚持把实现人民对美好生活的向往作为现代化建设的出发点和落脚点"[①]。推而广之，青少年也有享受美好教育的需要。美好教育有"美"与"好"两个层面的内涵。所谓"好"的教育，相对的是教育条件，尤其是物质条件有优劣之别；而"美"的教育则偏重学生的心理体验感受，有精神层面的获得感、幸福感。这就意味中小学课堂不仅要满足学生享受到优质的办学条件，还要从接受科学文化知识的层面提质到诗意情怀的陶冶。所谓的"诗意情怀"，指的是青少年在相遇自然、相遇社会、相遇自我的活动中修养而成的情感、态度、价值观方面的积极心理及行为倾向。是青少年核心素养，不仅是知识文化素养，或社会参与素养、自我发展素养，如果说良善德性培育是奠基工作，那么诗意情怀的熏陶则成为关键。青少年不仅是过去的历史人、现在的时代人、未来的发展人的存在，还是自然物质人、社会伦理人、自我理想人的存在，作为完整而立体的存在，学校教育要关注他们自身本位的审美需要，即要关注"人自身价值的实现，个人潜力的发挥和个性心理的健全"。基础教育由过去单向度的基础知识与基本能力发展到今天的"五育融合"，人的审美素质发展与实用的知识技能训练协同已经成为普遍潮流。中小学生的素质教育价值取向从"不管白猫黑猫，抓到老鼠就是好猫"的"唯结果论"，过渡到"不看重结果，只重过程"的"唯过程论"，再升华到现在的审美与实用和谐统一的"和谐论"。这一变化反映了人们渴望从过分逻辑化、物质化的人生中超脱出来，在人与自然、人与社会、人与自我交往的过程中建构一种诗意的关系，获得诗意盎然的人生乐趣。对于广大中小学生而言，诗词歌

①中共中央党史和文献研究院、中央学习贯彻习近平新时代中国特色社会主义思想主题教育领导小组办公室.2023习近平新时代中国特色社会主义思想专题摘编[M].北京：中央文献出版社；党建读物出版社，2023：87.

赋无疑是宝贵的教育资源。而以诗词歌赋为本体的典雅语言教育具有"反映生活集中形象、抒发感情饱满强烈、进行想象丰富大胆、语言表达和谐凝练"等特点。就此展开学生核心素养培养，一方面能够促使青少年学生对自然界的一草一木，保持充满旺盛的想象力，具有真挚的情感，并且从自然物里汲取积极的力量；另一方面能够赋予人与社会关系以诗意的期待，发现知识文化学习的乐趣和与此相关社会参与的广阔，从而优化其道德品质；还有一方面的价值在于青少年借助诗词歌赋的言说方式，能够对自我的成长充满幻想，充满热情，能够用带有诗意的眼光审视周围的世界，赋予世界以美好的期待。这些素养，恰好都是学生写好作文的基础。

三、有助于培养青少年的创造能力，成为左右大脑和谐发展的完整人

实现科教兴国、人才强国、创新驱动发展的宏伟蓝图，需要把握科技、人才与创新的辩证关系，因为科技是第一生产力，人才是第一资源，创新是第一动力。青少年也需要学会"互动地使用工具""在异质社会团体中互动""主动地行动"。这些核心素养中，创造能力的培养是关键，其核心在于思维发展。人类观照世界的方式，从思维发展的角度看，不外乎两种方式：科学理性智慧和诗意感性智慧，大体相当于形象思维与抽象思维。形象思维是以生活经验、图景为凭借与依托的思维方式，这种思维在凸显形象性、直觉性的同时，也呈现出思维散乱、碎片化的特质，不利于从本质上把握世界；而抽象思维是以概念为思维的根据，采取判断、推理的方式认识世界，在理性化世界的同时，也割裂了世界之于人、人之于世界动态生成的关系。推广到基础教育，单一的、感性的"经典诵读"，如果是"口诵心不惟"，容易促使诗词歌赋学习陷入经验的泥淖，学生感性有余，思想肤浅，缺乏体认与创造；纯粹的、理性的"鉴赏分析"，似乎培养了学生的逻辑推理能力，造就了理性的"逻各斯"，事实上由于缺乏学习的温度，容易脱离现实的大地而显得机械。而典雅语言教育恰恰把青少年学生当下的富有生活意味、未来理想的图景和诗词歌赋描摹的过去或未来的画卷对接、圆融起来，促使形象思维的感性与和富有逻辑推理的科学理性统一起来，在综合认识世界的过程中左右大脑实现和谐发展。比如马致远的《秋思》，简单的两组物象组合，一方面用"古道西风瘦马、枯藤老树昏鸦"表现天涯游子的孤寂与

悲凉，另一方面用"小桥流水人家"表现黄昏家居生活的温馨。学生将这简短的曲词雅化为散文化的表达，恰好发挥左右大脑的功能。左脑掌管的是科学理性的智慧，而右脑掌管的是直观的、感性的形象思维。让学生沉浸在两组意象营造的意境里，学生的学习自然就发挥了右脑的形象性、情感性与现实性、音乐性功能，感受到秋景之凉，体会诗人"孤独""冷清""悲凉"的羁旅之感；再透过物象去探寻诗人的心灵深处的思乡之情，思考诗人心中的追求与人生的价值意义，这样自然发挥左脑理性思维的功能。典雅语言教育将生活感性图景与人生价值、意义等理性思考笼于一体，自然可以促使青少年学生成为一个理性与非理性思维和谐发展的"完整人"。

四、有助于塑造青少年的文明形象，成为言行举止气质高雅的代言人

无论讲好中国故事，还是讲好自己的故事，均需要借助语言塑造良好的形象。任何形象塑造离不开视觉看得见的外在形象，也离不开心理体验、感受的内在形象。对于青少年学生而言，社会寄予他们形象上的期待往往是"良善的德性、得体的语言、端庄的穿着、得体的举止、温和的态度、机敏的反应、蓬勃的朝气"等。简而言之，青少年就是言行举止气质高雅的代言人。塑造青少年气质高雅的形象，不是先前中小学所奉行的"剪头发、整衣裳、理妆容"的行为规范教育，而应当从"雅言雅心，导言导行"入手，本着"语言是存在的家"的哲学本体论思想，运用诗词歌赋进行典雅语言教育。英国诗人和评论家塞缪尔·泰勒·柯勒律治（Samuel Taylor Coleridge，1772—1834年）认为诗是"最佳词语的最佳排列"[1]。朱光潜先生认为"思想和使用语言是同时发生的同一事情"[2]。语言是思想的外化，语言粗俗化的背后，其实质就是思想道德品质的粗鄙化。孔子把学诗提升到人存在的本体论高度，认为"不学《诗》，无以言"。诗可以让人能言、会言，进而立言、立德、立人，而不学诗，不仅不能没什么说的，而且将来进入社会，更不会说有品质的话。这就意味着典雅语言教育除了具有诗意情感陶冶、思维发展等功能外，还有典雅语言的价值。当我们的中小学生沉浸在诗词歌赋营

---

①冬婴.新诗的理论基础与实践验证[M].北京：中国戏剧出版社，2012：109.

②朱光潜.朱光潜全集（第九卷）[M].合肥：安徽教育出版社，1993：389.

造的优美境界里的时候，那些不同于日常生活语言的典雅词句能够滋润他们的心灵，进而引导他们诗意地观照存身的世界，赋予人与自然、人与社会、人与自我关系以真善美的思考，进而把这种思考外化为语言表达。就这样，诗词歌赋成为学生文雅学识、高雅气质的桥梁。

总之，自先秦儒家肇始，凡有远见卓识或有所建树者十分重视"以诗言志，以雅怡情"。从历代流传下来的蒙学教材和经学教材看，无论是识字教材"三百千千"（《三字经》《百家姓》《千字文》《千家诗》），还是专门的道德教材"四书五经"，甚至像《增广贤文》这样的小册子，尽管这些教材不乏士农工商的直言、婉言，劝善言、勉戒言，在家出家言，世宦治世言，隐逸出世言，但这些语言无不反映了古代中国人积极的人生态度和乐善的处世原则，均称得上各个时期的雅言至论。受这些典雅语言的熏陶，我们中华民族久经风霜，却不曾改变诗意的心灵底蕴：在"慈母手中线，游子身上衣"的诗句里感受亲情，在"少小离家老大回，乡音无改鬓毛衰"的感叹里品味乡情；在"劝君更尽一杯酒，西出阳关无故人"的规劝里领悟友情。它籍积极崇高的精神、圆融互摄的思维、真挚朴实的情感以及形象化的手段，造就一个诗意氤氲的精神空间，召唤中华儿女自然进入物我相融的诗意境域：在采菊的东篱下收获生命的"南山"，在"荡胸生层云"的泰山勃发奋斗的豪情。显而易见，中华儿女自儿童时代开始无时不是受到典雅语言母乳的喂养，无时不是在诗河之中如鱼得水地做到诵"诗"而达礼，知"雅"而达道。可以这样断言：典雅的汉语创造了中国传统高雅的文化，塑造了中华民族别具一格的诗意精神。

第四节　作文典雅语言教育的基本策略

如何发挥典雅语言教育的基本功能？如何让诗词歌赋进入中小学课堂？中央电视台打造了一档深受社会各界好评的节目——《中国诗词大会》。节目的宗旨就是"赏中华诗词、寻文化基因、品生活之美"。主要采用抽题、答题、选手相互PK识记以及专家点评校正等喜闻乐见的方式，营造紧张而又愉悦的氛围，实现诗词歌赋及其内蕴文化的传播、传承。这对于改变当前中小学语文教学诗词歌赋机械记忆学习是有启迪作用的。其中的"赏、寻、品"就是雅化的基本步骤和主要过程，但还缺乏"化"与"用"的步骤。所谓"化"，就是指导青少年学生在识记诗词歌赋文体、文学、文化知识的基础上，能够结合自己的生活和表达的需要进行个性化的现代语言雅化，雅化不仅仅是诗词歌赋内容的鉴赏、解读，也不局限于表达形式的变换，它还应该是诚如朱熹所言"切己体察"的再发现，再创造；所谓的"用"，指的是秉持积极语用的原则，对个性化、雅化的诗词歌赋进行实践的运用。因此，在作文教学当中，对中小学学生进行典雅语言教育，需要从主体关系、氛围营造到内容建构以及评价方式进行全方位的改革。

一、优化师生主体间性关系，发挥典雅语言教育的对话交流功能

（一）规训的言说方式导致教育失效

作文教学规训的言说方式，不管是"司令员"式的指令，还是"审判员"式的评价，以及"讲授员"式的教导，彰显的都是说话者的主体地位，促成的是师本话语霸权，甚少考虑倾听者的主体地位，造成师生关系失衡。先秦时期韩非所描述的《扁鹊见蔡桓公》，尽管倾听者蔡桓公存在讳疾忌医，缺乏虚心接受批评的美德，但不可忽视的是扁鹊的规训式言说存在的问题。扁鹊诊断出蔡桓公"有疾在腠理，病在肌肤，病在肠胃"，缺乏雅言表达的艺术性，采取直接断言的"不治将恐深""不治将益深"话语进行颇有权威感的言说，尽管给出了"疾在腠理，汤熨之所及也""在肌肤，针石之所及也""在肠胃，火齐之所及也"的治疗方案，但由于未能与倾听者建立主体间性的对话关系，导致蔡桓公拒绝接受名医扁鹊的诊治。

（二）典雅语言运用增强言说的亲和力

与之相较的是汉代辞赋家枚乘所写的辞赋《七发》，该作品是一篇讽喻性作品。作品里的吴客之所以成功劝说楚太子，主要的理由还是雅言运用巧妙。首先，从言说态度看，吴客遵循雅言表达的"谦恭"原则，一句"伏闻太子玉体不安，亦少间乎"的问候语，拉近了言说者与倾听者的距离，与楚太子建立了主体间性对话关系，楚太子自然报以"愈！谨谢客"的积极回应。其次，从言说行为看，吴客遵循雅言表达的"导行"原则，运用"天下安宁，四宇和平，太子方富于年"的劝慰语，一步步引出倾听者身心存在的问题，语气温和，用词典雅，楚太子自然也就坦诚以告"时时有之"的病

况。最后，从诊断视角看，吴客遵循雅言表达的"舒适"原则，考虑到倾听者的接受心理，善于将患者病况以及生病缘由予以图景化、艺术化，尊重楚太子的主体地位，自然达成了诊治谏言的目的。关怀伦理学家诺丁斯认为，教师需要与学生建立一种关怀关系，关怀是一种双向互动关系[①]。因此，中小学教师进行作文教学的时候需要学会将学生主体地位放在对话交流的天平上进行衡量，优化师生关系，这是实施典雅语言教育的前提。

（三）典雅语言教育的案例及解析

侄儿嘟嘟刚上小学一年级，不喜欢机械地抄写，尤其是僵硬地填写词语。比如，练习本上有一道题——"天空飞来（　　　）"。括号里只能填写"小鸟"，不能填"云朵""飞机"，因为这是老师规定的。学生缺乏学习的主体性与主动性，语文教学就变成机械地应试考试；不是让词语焕发生命的活力，而是将富有生命活力的词语静止化为一个符号。这不就把孩子的灵性教没了，久而久之，缺乏语文的灵性，自然成为语文学习的傻瓜。

伯伯：嘟嘟很帅，帅得像语文课本！

嘟嘟：伯伯，你说的话好奇怪，应该说我帅得像奥特曼。

伯伯：每次都说帅得像奥特曼，太没创意了，帅得太普通了。

嘟嘟：为什么说帅得像语文课本。

伯伯：你先告诉我与"语文课本"有关的词语。

嘟嘟：拼音、文字、封面、课文、标点，好多好多哟！

伯伯：那你再说说与数学、美术有关的词语。

嘟嘟：数字、加法、减法、正方形、圆柱体、长方形；颜料、画笔、调色板、水彩笔。

伯伯：再说说与家里物品有关的词语。

嘟嘟：沙发、凳子、桌子、椅子、床铺、咖啡、盘子、碗筷、砂锅、开水瓶。

伯伯：如果按照"家具""炊具"分分类就更棒了！

嘟嘟：家具有沙发、凳子、桌子、椅子、床铺、长凳子、高凳子、矮凳子、方凳子、圆凳子；电器有空调、电视机……

[①] 吴丹, 刘芳. 论诺丁斯关怀视角下教师与学生的关系性关怀[J]. 现代教育科学, 2017（3）: 39-42.

伯伯：如果能说出颜色就更棒了。

嘟嘟：赤橙黄绿青蓝紫。

伯伯：现在我们用上刚才说的词语来说说咱们家。我起头，听好了——嘟嘟家就像一块调色板：奶奶是红红的太阳……

嘟嘟：奶奶的嗓门很大，只要一开口说话我就感觉像太阳照在我身上一样温暖。

伯伯：你爸爸妈妈是什么呢？

嘟嘟：爸爸是圆柱体的橙色高脚椅，无论什么时候，只要背靠着爸爸这把椅子，我就知道很安全；妈妈是白白的开水瓶，干干净净，又很小心！

伯伯：谁要很小心？

嘟嘟：当然是我要小心……姐姐是粉红色的小狐狸（没有说下去，因为察觉姐姐和妈妈走过来了）。

伯伯：嘟嘟像什么呢？

嘟嘟：我是金黄的小星星，不对，是金黄的小画笔，用调色板，把家里调得五彩缤纷！

从这一段对话不难看出，当我说嘟嘟很帅，帅得像语文课本的时候，因为"语文课本"是小侄儿熟悉的"有所本"的事物，自然就说"伯伯你讲话好奇怪的"，然后根据自己的"有所愿"，变"语文课本"为"奥特曼"，因为他喜欢奥特曼，看动画片也经常点开此系列看，因此，马上建构出抽象概念"帅"的具体模样来。接下来，为了让他"有所用"，先注意调动他的语言积累和语感意识，于是先围绕"语文课本"积累"拼音、文字、封面、课文、标点"等词语，再围绕"数学、美术"积累"加法、减法、正方形、圆柱体、长方形、颜料、画笔、调色板、水彩笔"等词语；再顺水推舟，积累有关"里"的词语，并在此基础上，按照"家具""炊具"进行分类，然后识别颜色。这样就促使他去主动建构有关"家"的句子。有所愿、有所用，最终一定要落到用上。什么是语文教学？不是道家说道，玄家说玄。是让孩子用语言文字把生活说得实实在在，又能够实实在在地生活。

（四）典雅语言教育的对话交流原则

开展典雅语言教育进行对话交流，需要遵循语义生成原则，也就是教师需要落实典雅语言"有情"的内涵，和学生建构"我和你"主体间性关系，秉持典雅语言谦恭的交往态度，充分尊重他们的主体地位，说话者善于引导，而听话者则自主体验、感受自身的情感与心灵的价值而生成切己的意义。产生一种舒适的、心心相印的效果。

1. 导引德言同构行为中生成语义

言说尽量蕴含德行的指引，在行为动机上尽量减少他人付出的代价，尽量增大他人的益处。也就是无论是阅读教学对人物的赏析，还是作文教学对主题、文意的把握，这个心中之意不是老师讲出来的，而是引导学生自己领悟，从内心里流淌出来的。所以，语文教师言说时秉承谦恭的交往态度，充分尊重聆听者的主体地位，开展我和你主体间性的对话交流活动，就会形成与学生心心相印的效果。我们来看看《窗边的小豆豆》这本书，如果是看过这本书的人，一定知道这个豆豆是一个问题孩子，坐也坐不住，老师讲什么也听不进去。但是巴学园的小林校长很懂得"德言同构行为中生成语义"的教学之道，既不做诊断学生是非的审判员，也不做喋喋不休的教导员，而是用富有德性魅力、弥散情趣的语言引导学生自己去理解、去寻找、去探究。比如组织孩子们吃饭，根据孩子挑食、吃饭缺乏时间观念与纪律约束的问题，说出这样的导引语："现在，我们开始吃饭了。同学们，打开你的饭盒，都来找一找，谁能吃到山的味道，谁能吃到海的味道？"于是，小朋友将吃饭变成了寻找、探究的活动，自然在饭盒里生成有关"山的味道""海的味道"的语义。比如有的小朋友找到一条鱼，就认为这是"海的味道"，有的小朋友吃到一颗青菜，就说我吃到了"山的味道"。学生一边找一边吃，很快把饭吃完了。这个就叫作语义生成法则，在导引学生吃饭的行为里面既有语言表达，又有德性熏陶。学生不仅明白什么是山的味道、海的味道，还会自然爱上大海、爱上大山，珍惜农夫收获的每一粒米，渔夫打捞出来的每一条鱼。

2. 构建合作对话关系中生成语义

回到语文教学的本体——言语实践，语文教学的师生关系应该是主体间的对话关系，对话的展开一方面需要有师生感兴趣的话题，另一方面师生应该是合作解读话题，创造性运用语言文字符号表达自我认识。教师不应该是知识的灌输者，而应该是学生语言文字建构与运用的导引者、示范者和促进者，尤其要做好语言建构与运用的支架，这样才能促进学生的语义生成。比如，列举"我有一所房子，面朝大海，春暖花开"这个句子引导学生发现，学生就会和老师一同探究，"房子、大海"是实实在在的事物，而"我"的心理感觉本应该是抽象的"开阔、美好"，这里用"春暖花开"这样富有生活图景的事物形容，使语言表达呈现诗情画意。也就是说这个诗意生成的秘诀在于从具象出发，用"感官形容词+虚象事物"表现所写对象及写作者内心感受。学生发现这个规律后，教师搭建"我有一片绿野，脚步在奔跑，童趣在疯长；我有五彩的云朵，＿＿＿＿＿＿＿＿；我有一架风车，＿＿＿＿＿＿＿＿。"学生不难生成"梦想在徜徉，奶奶的叮咛在织网"等语义。在此基础上，还可以串词成段——"我有一片绿野，在所有秸秆与嫩叶里，疯长着一段又一段童趣，沉淀一个又一个奶奶叮咛的岁月"。甚至扩展成篇——我有一片原野，面朝大山，春暖花开。白天我要去山间砍柴，穿一双草鞋，扎一条短裤，吆喝着谁也不懂的山歌，我是一个快乐的渔夫。抑或戴一个斗篷，穿一身蓑衣，原野小河荡舟垂钓，你可曾听到我摇船的橹声？暮色四合的时候，我便回到那小小的木屋里，挑一盏油灯，读一段自己喜欢的文字，或者闭上眼，闻一闻窗外那淡淡的菊香。"

3. 尊重对方正面面子中生成语义

所谓尊重对方的正面面子，就是要做到从情感场的创设，到言语手段的运用均应该从倾听者的人格、主体地位出发。比如周忠波老师执教《桂花雨》，首先创设安静、平和的对话环境，导引学生自然诉说、表达心中的乡愁；第二步，比德喻志，导引学生巧借"花草虫鱼""日月星河"等隐含乡愁元素的自然之物表达乡愁，进而导引学生走进课文，感受作者琦君笔下的桂花所隐含的情意；第三步，抓住"全年整个村子都浸在桂花的香味里"这个句子里的"全年""整个村子""浸"三个关键词逐层描绘课文展现的具体画面以及画面背后的情意；接下来，教师引出宋代词人蒋捷的《虞美人·听雨》，让学生在少年听雨歌楼上，壮年听雨客舟中，听蒋捷对人生无常的感慨；进而触类旁通，引申到听桂花雨，从中听到了琦君对故乡的眷恋。最后一步，建构意象，生成自己的乡愁。也就是从文本出来，自正其心，走在理想自我塑造的路上。写出诸如此类的句子："多少年过去了，我常常想起故乡的稻花，想起故乡的小溪，想起故乡的明月；那家乡的稻花、明月、小溪，飘过了四季；飘过了童年；飘过了千山万水；尽管远离故乡多年，那故乡的味道却一直萦绕在我心头。"

二、营造典雅语言教育的情感场，发挥环境育人的质效

（一）典雅语言教育的情感场内涵

所谓的"场"指的是物质存在的物理空间，借用这一概念，推衍到典雅语言教育，所谓的情感场则指的是教育主体为实现特定的目标而在情感熏陶方面营造的物质与精神文化空间。在这个空间，受教育者能够受到场域里物质与精神文化能量、动量和质量的影响而达到情感陶冶、心灵浸润、境界提升的质效。为什么要营造典雅语言教育情感场？青少年对于道德认识、文化知识的接受，总是从感知开始的，诗词歌赋尽管是形象性、创造性、音乐性以及反思性的文字，但我们接受它，首先还是从诗词歌赋所选择的物象开始的，也就是从客观事物的感受开始，进而把握作者倾注其中的情感，以及情感和物象结合而形成的意象，最后才把握、领悟其中理性思考的内涵。正如美国的美学家帕克所言"感觉"是人们"进入审美经验的门户"，①营造散发诗意魅力的校园文化、课堂文化情感场，学生置身其中，就会有入"椒兰居室"的感觉，受到陶冶，受到感染。

（二）教师典雅语言教育专业能力发展机制

中华民族是诗意的民族，诗意的元素或诗意的种子都潜滋暗长地融入音乐绘画和各种文化当中。就拿一幅中国画来说，这幅画的题目叫作《飞鸣食宿》，画的内容是展现了四只芦雁的生存状态：一只芦雁低头在草丛里寻找食物；一只芦雁将头插在颈脖子里休息；最妙的是一只芦雁在天空飞翔，回头朝向大地鸣叫；另一只扬起脖子对着天空嘶鸣，似乎在呼应天空飞翔的芦雁。这说明什么问题？中华民族诗意的生活境界就从这幅画投射出来。首先，人应该满足起码的自然诗意的生活，那就是能够"日出而作，日落而息"，其次，需要积极地投入社会，和其他社会成员构成心心相印的关系，成为和善的社会人；最后，还要能够超越大地的局限，飞翔上自我的蓝天，塑造理想的自我。概括起来就是"修身、齐家、治国、平天下"。这当中，无论是自然人，还是社会人以及理想自我人，均离不开语言表达。所谓的语言表达，就是信息沟通，就是情感与志向的表白。沟通与表白是否合适，是

---

①朱寿兴. 文艺心理发生论——人文视野中的文艺心理学研究[M]. 长春: 吉林大学出版社, 2009: 56.

否切合需要，其实取决于语言的品质，也就是说，用什么样的语言就决定了什么样的人生。如何改变部分中小学语文教师高高在上、规训式言说的习惯，如何改变传统规训作文的机制呢？针对教师专业能力发展的需要，应做好"个体+合作"的"联合教研"工作。

随着作文课改的深入，中小学教师的专业素养，尤其是典雅语言素养越来越彰显重要性。要促使教师坚持锻造典雅语言表达能力，一方面取决于教师个人专业能力发展的原动力，另一方面取决于教师存身的外在环境的推动力。尽管外因必须通过内因发生根本的作用，但外因是可以转化为内因的，这却取决于外因能否切合尊重教师专业发展的需要，能否转化为教师专业自主发展的目标。因为目标是方向，是定位，强烈的目标意识是运动的、发展的、动态的过程，是促使人产生追求崇高理想和超越各种给定的对象性关系的原动力。为此，部分中小学推出了典雅语言联合教研机制：其一，倡导"让典雅语言成为习惯"的个人修炼。要求教师每天结合自己的教学与教育工作，创作、提炼自己的富有典雅韵味的自我教育雅言，让教师们在反思、总结、提炼教育雅言的过程中不断提升教育理念，逐步实现向"学者型""研究型"教师转轨。教师的雅言创作不求多，而求动人，每日一句即可，集腋成裘。其二，开展"典雅语言沙龙"活动，可以将语文科组每月每周的业务学习、教研活动改为教师们的典雅交流、分享、研讨的时间。在这半天时间里教师们可以资源共享，可以聆听同事典雅语言学习感受、可以互相推敲典雅语言蕴含的教育理念、教育智慧以及交换互相有兴趣的典雅语言。其三，推行"典雅语言擂台赛"。每天让教师提交一条自己满意的典雅语言，学校通过展板与网络平台等方式，让教师、家长乃至学生进行评价、打分，选取"最有魅力"的教育金言。学校每次开教职工大会，均设置教师即兴演讲、自我推销、典雅语言比赛的环节，强化教师典雅语言竞赛的意识；结合课余工会活动，开展相声、诗歌吟诵等社团活动，既提高教师典雅语言表达能力，又丰富校园文化生活，从而推动典雅语言表达的多维度发展。

（三）学生典雅语言表达能力提升机制

中小学的作文课堂上如何提高典雅语言表达能力，一方面需要借鉴美国作文、日本作文教学的做法，将诗歌一般的典雅语言教育落实到课堂文化建设当中，产生一种类似于物理磁场的效应；另一方面要借助典雅语言教育形成"雅言雅心，导言导行"的教学评一体化机制。

1. 创设并实施个体+合作的"轮写"作文机制

所谓轮写作文机制，指的是教师为了促进学生提高典雅语言表达能力，发挥学生个体+小组合作作文的效能，依照一定的次序进行教学评一致性的写作作文机制。在这种机制下，每个学生都有机会按照一定的顺序或规则来展示他们的写作能力，同时获得微共体小伙伴的智慧指导。具体来说，这种机制的步骤如下：

第一，分组。教师可以以班级常规小组为微共体，也可以根据每次作文的要求将全班学生分成若干个小组，每个小组的学生数目可以相等，也可以不相等。每个小组要选出小组长，负责轮写作文程序的安排、教学评一致性活动组织。

第二，确定作文主题。在每次的轮写作文活动中，教师需要做好诗意作文情境设计和诱发学生写作冲动，从而明确一个写作主题或者题目，这个主题应该是全班学生都能够理解和感兴趣的。

第三，轮流写作。在每次的轮写作文活动中，小组长组织本小组同学按照一定的顺序和规则来轮流写作。这个顺序可以是按照座位顺序、学号顺序或者其他方式来确定。每个学生都有机会写一次。

第四，评价反馈。对于每个学生写出的作文，应该给予一定的评价和反馈。第1个同学写完自己的作文，需要把自己的作文交给第2个同学，第2个同学需要做好"审丑"与"审美"两件事情。所谓的"审丑"，指的是后写作文的同学对前面同学所写的作文出现的错别字、不通顺的句子进行修改；所谓的"审美"，指的是针对前面同学作文里典雅的句子进行鉴赏、评价、仿写与创写，也可以用五角星等符号表示自己的欣赏。建议每个同学的作文基础评分为60分，发现别的同学错误就扣分，能够修改正确给自己加分。

第五，总结反思。在轮流写作结束后，可以采取先小组后全班的方式进行总结和反思。每个小组长统计各个同学典雅语言表达的具体情况，也就是数一数作文里的"星星"，如果一个小组9个同学，一个句子得到同学7—9颗星星的就评为"金句"，4—6颗星星的就评为"银句"，1—3颗星星的自然就是"铜句"。每一句金句可以给自己的作文加5分，银句3分，铜句1分。小组长将所有的金句收集起来，交给课代表进行黑板报或班级电子小报展示，全体同学可以利用课余时间进行研习，同时比较自己作文的语言，进行整改。

第六，课前演讲。借助早读或语文课前，开展典雅语言演讲，主要是课代表根据同学们遴选的金句，安排其作者采取演讲的方式分享典雅语言表达体会和收获，也可以请学生总结写作中出现的问题和不足之处，以便今后能够更好地进行写作练习。

需要注意的是，在分组时应该考虑到学生的不同水平和能力，以便让每个学生都能够得到适合自己的练习机会。同时，在评价反馈时应该注意不要过于强调学生的不足之处，而应该更多地关注学生语言的优点和进步，以激励学生更加努力地参与到典雅语言的表达活动中来。

2. 开展每日一句"雅言美容"活动

所谓"雅言美容"，指的是教师秉持"雅言雅心，导言导行"的原则，要求学生阅读语文教材、阅读经典名句、阅读每日生活，每天创写一句雅言，给自己的心灵美容，并将优秀作品予以静态或动态的展示。比如行为举止的提示语是"千里始足下，高山起微尘"；个人修养的导引语是"三米内，我对走过身边的人常常面带笑容"。再比如将班级命名为"红烛班""春蚕班"等，并化用相关诗词歌赋为座右铭。

3. 开展每篇课文的"课本诗"教学

所谓"课本诗"教学，指的是教师秉持"从语言出发，又回到语言"的教学原则，引导学生从读写班比照的视角，辩证处理"言、象、意"三者的关系，把每一篇教材文本改写成诗歌的言语实践。该教学活动注重从读写结合走向读写生成，从传统语文阅读教学知识本位的单向道灌输式教学，转为重视"寻言观象"。它要求教师，善于寻找文本的诗意点，或主问题，侧重于诗情、诗理、诗思、诗语的某一个纬度，在课堂的师生互动对话中，动之以诗情、晓之以诗理、启之以诗思、导之以诗行、积之以诗语。具体见图6-1所示。

例如，中山市三鑫学校毛老师在执教小学三年级《与时间赛跑》中，为了让学生体会最疼爱"我"的外祖母去世了，特设以乐衬悲的补白环节，用静谧的名曲《繁星》引导学生走进外祖母疼爱"我"的记忆珍藏，教师声情并茂地呢喃，"我一圈一圈地跑着，想起外祖母带我郊游的欢乐情形。累了，她或用五彩缤纷的野花编一个花环戴在我的头上，或捉一只蛐蛐给我玩，逗得我咯咯直笑，或给我讲一个超级笑话，笑声在田野上一亩一亩地传递……时间的骏马停止了，这成为动人的乐曲。我一圈一圈地跑着，想起外祖母给我讲故事的情形——风在露台逗留，外祖母的脸上闪着月光。她摇着扇子，有时指着星星，有时指着银河……我偎依在她的怀抱里。时间的流水冰冻了，这成为美丽的雕塑。"因为有了温情画面的唤醒，外祖母去世的痛学生才更好体味。一咏三叹，在教师富有情感的画面引导语暗示下，学生不仅沉浸在悲欣交集的意境中，还自然生成《与时间赛跑的那个人》的课本诗："最疼爱他的外祖母去世了/那个人在操场上一圈一圈地跑着/跑着、跑着/想追回外祖母的微笑/目光以及暖暖的抚摸//墙上的日历又撕了一页/露出了谜底——/有些东西永远回不来了/那个人的眼里流出了坚定/那个人开始与时间展开赛跑//太阳一寸一寸地沉进了山头/那个人狂奔，跑赢了太阳/小鸟一只一只随风飞走/那个人继续加劲，跑赢了西北风……//再后来，那个人拿起了笔/在纸上的王国里/种下《心田上的百合花》/《温一壶月光下酒》……//为外祖母塑像，为爱定格/那个人用文字打败了时间/把一棵棵"菩提"树移进/人们的梦里//"其言说就指向典雅而富有个性，张扬了汉语的诗意魅力①。

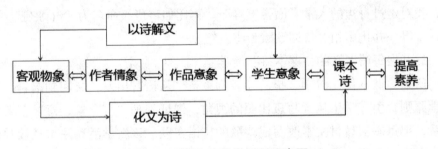

图6-1 课本诗教学机制示意图

总之，物象生动、意象丰富的轮写作文和雅言美容自然会形成一种磁场磁力的感染力、向心力，一次次诗词歌赋的雅化会让整个校园、课堂成为一部立体的、多彩的、富有魔力的生活教科书。

三、回归典雅语言教育的本体，变翻译教学为演绎教学

（一）翻译串讲的古诗文教学制约了语言的典雅

古诗文一直是雅言的代名词，也一直是中小学语文教科书特别青睐的

---

①叶才生. 课本诗导写理念下诗意解读文本的实践策略[J]. 生活教育，2014（08）：18-19.

内容，但从教学论的视角看，其教学一直存在一个认识论的悖论：一方面中小学教师认为古诗文以意象取胜，尤其古体诗词还涉及大量的用典，导致语言变成文言或意象化的语言，离不开老师的讲解；另一方面又认同"熟读唐诗三百首，不会作诗也会吟"的传统理念，引导学生自主诵读，大量背诵，达到自读自悟的效果。不太对头的理念自然导致不太对头的教学行为，目前中小学语文教学出现两个极端：其一，古诗文教学凸显的是教师主体、教材中心的作用，有的教师掌握着专业知识的霸权不放，古诗文教学成为串讲义理、考据、辞章知识传授的活动；其二，在教育部"金课建设"精神指引下，发挥学生的自主学习积极性，古诗文教学变成了学生中心和活动中心，学生的学习活动围绕"翻译"而展开，实质上以理解为价值取向的机械记忆、背诵教学没有得到根本的改变。

（二）古诗文演绎教学的基本内涵

古诗文从其起源来说，本是生活实践的结果，学习诗词歌赋自然也应该回归到生活实践。典雅语言教育需要回归言语实践的本体，让中小学生在对话、解读基础上，创造性运用语言文字符号进行"以词解诗，化赋为诗，化诗为歌"等演绎。所谓"古诗文演绎教学"，指的是以"培养学生热爱祖国语言文字""弘扬民族优秀传统文化"为旨归，赋予教师、学生、古诗文作者及其彼此关系以审美观照，学生在老师的引导下，立足古诗文，进行"推演引申，铺陈发挥"的言语实践，即用白话文对古诗文进行立体还原与时代创新的演绎①。所谓的"绎"，《说文》中解释为"绎，抽丝也。"《汉语大字典》将其定义为"引出头绪，寻求，分析"。其目的在于改变教师单向道讲解文言词句、学生被动接受文言知识的"翻译串讲"教学观念与方式，而使古诗文静止的文字动起来，躺下的符号站起来，散发古诗文独特的文化魅力。它是以"活化文言，贯通文意，启迪文思，融会文化"为规程展开的师生、文本与作者之间多维互动的言语实践。显然，在中小学实施这种教学方法，其价值是多维的。从教学古诗文角度而言，能够变教师外在的古诗文知识规训为学生全身心体悟。

比如，有教师教学张籍《秋思》的时候，针对第一句"洛阳城里见秋

---

① 冯铁山. 小学古诗文演绎教学：内涵、价值与课型[J]. 课程·教材·教法，2019，39（10）：104-110.

风"，重点挖掘"见"到的内容，让学生去想象并表达；针对第二句"欲作家书意万重"，采取设置情境的方式让学生完成诗人的内心独白——诗人看到一个年轻的女子抱着婴儿走过，想到了自己的妻子，提笔告诉她什么？诗人听到窗外老人不断的咳嗽声，想到了自己年迈的父母，提笔又会告诉他们什么？针对第三、四句"复恐匆匆说不尽，行人临发又开封"，则发挥学生学习的主动性，让学生变静止的诗句为立体而动态的生活，复原诗句连续的动作、立体的生活图景以及人物内心的独白。这种变翻译教学为学生自我演绎教学，让中小学生学习古诗文做到了像呼吸一样自然。其实质就是让他们走在言语实践的路上，去演绎诗词歌赋涉及的自然、社会与自我的世界，进而相遇未曾遇见的自己。

（三）古诗文演绎作文教学案例

《赠汪伦》是出自一年级下册语文园地三"日积月累"的一首古诗，七言四句二十八个字。中国诗历来主张含蓄蕴藉。古人写诗，一般忌讳在诗中直呼姓名，以为无味。而《赠汪伦》从诗人直呼自己的姓名开始，又以称呼对方的名字作结，反而显得亲切而洒脱，很有情味。其语言直白很适合小学生朗诵，又加之情意直率、情感真挚，也适合拿来给学生进行古诗文演绎教学。

笔者执教小教151班，开展小组合作学习，其中以陈锦霞同学设计为蓝本的无垢组进行的古诗文创编演绎教学颇有特色。该小组设计的《赠汪伦》，导入环节选用播放《送别》歌曲，很自然地引出《赠汪伦》一诗的语象，即友谊文化。从现代歌曲逐渐过渡到古诗，同时，设计"我看到了长亭外，古道边，这是一场令人_____的送别"这样的言语实践，引导学生把友谊文化用诗意的语言表达出来，为整堂课语言雅化奠定基调。

在"初读有声，把握内容"板块，设计了全班齐读、学生个体自由读、与同学交流读等多种朗读方式，引导学生整体把握诗歌内容、文意，着重要求学生尝试分析"赠"的含义，以此理解这首诗的"来源"与"去向"。这也是对语象——"友谊"的初步解说，两个人的友情以这一个"赠"字为开头，从而引出下文对这一文化的深入探讨。

在"入景入情，释句分析"板块，教师主要采取物象与情象结合起来演绎的教学方式，引导学生将诗歌的关键词句演绎成散文化描写片段。主要的关键词有"舟""将欲行""踏歌声""桃花潭水"等，比如在演绎"桃花潭水"的时候，教师运用TPR（全身心感受反映）教学法，引导学生看桃花潭水的画面，闻送别场景的味道，听朋友送别的歌声。将这里的水演绎成诗情画意的水，承载着汪伦深情厚谊的水，还原大自然的生命之水，连绵不断的忧愁之水，一眼望不尽的离别之水等。教师带领学生领悟这独特的"潭水"，感悟汪伦与李白之间的友谊，有助于学生又快又好地感受这潭水背后的深情。

在"物我互化，创编演绎"的板块，教师一方面引导学生将古诗演绎成现代诗，一方面引导学生演绎成散文。比如现代诗的《赠汪伦》创编演绎："当你离去，/伴着我的歌声，/从此，/你将一去千里。你说，/我的情意有多深？你看，/看那桃花潭水。"再比如散文演绎：

桃花潭上，波光粼粼，一叶小舟缓缓地漂。

李白乘着小舟眺望着远方，准备离此而去。谁知远处传来悠扬的歌声，他转头一瞥，原来是自己的好友汪伦啊。只见汪伦一袭青衣，边踩着脚，边唱着歌儿，遥遥望向即将离去的李白。"太白兄，请保重！"汪伦挥动着手臂，向李白依依惜别。李白抱拳，垂下头，"请汪兄日后珍重，即使桃花潭水有千米之深，也不及汪伦兄对吾的情谊深啊！"

小舟渐渐离去，汪伦回头看了看远去的小舟，拂袖离去。

我亲爱的朋友李白，请多保重。

四、打造典雅语言教育系列课程，变碎片化教学为整体建构学习

北京师范大学著名的训诂学家王宁教授认为，语文课要起到一个语言引导作用，让人们向雅文化靠拢[①]。中小学语文教材尽管选编了大量诗词歌赋文本，但从价值取向看，中小学教师缺乏典雅语言教育意识，也缺乏课程建设的高度，而是将散见各册教材的诗词歌赋当作文言文阅读考试能力训练的教学材料。如何发挥典雅语言教育的育人功能，笔者尝试建构并实践"雅言课堂"。所谓的"雅言课堂"，指的是为了提高中小学生语言表达能力而进行的典雅语言教育课堂。该课程体系由宏观诗意课程、基础诗润课程以及拓展诗化课程组成。宏观诗意课程由"雅·德性课程""雅·情意课程""雅·学识课程""雅·形象课程"等组成；基础诗润课程主要由"雅化

---

① 桑哲."遵循语言规律 关注母语发展"大家谈[J].现代语文，2006（11）：4-5.

学科知识语""雅化社会参与语""雅化自我发展语"等微型课程构成，可以随机渗透到有关主题班会、学科专题教学、项目化学习等课程里面；拓展诗化课程则由学生课外的"每天一句诗雅言撰写""每周一张班级小报""每周一期公众号"以及"每期一次雅言作品赏鉴"等活动课程组成。通过鲜活灵动的言语实践形式，为中小学生核心素养发展提供多样的机会和搭建多元的平台，张扬他们的高雅理想自我形象塑造的意识，在典雅语言的熏陶和感染下，拥有发现美、感受美、表达美、分享美的"诗心"和"诗情"，并践履成为"诗行"。

总之，语言既是思想观念的表征，也是情感、态度和关系状态的外显。诗词歌赋都是有限而既定的存在，如果没有学习者本着雅化的审美需要和创造性解读、演绎的活动，它们都会成为陷于"桃李不言"的非本真状态，成为静止的，甚至死去的文字符号。典雅语言教育激活了中小学生认知结构与诗词歌赋文本共有的信息"相似块"，又基于高雅气质的理想自我形象塑造的追求，消除了青少年学生对诗词歌赋价值功能认知的"结构差"。读诗，不仅读到语言文字符号背后的生活图景，还能触摸到语言文字背后的温度，并对自己的文化知识素养、社会参与素养以及自我发展素养产生切己的影响，进而增强民族语言表达与运用的自尊心与自信心，自然可以带来学科知识教学本位等观念的革故鼎新，乃至焕发中小学作文教学，乃至德育的诗意魅力。

下篇：诗意作文教学实践篇

第七章　诗意作文的起点：垂钓心灵的阳光

第一节　作文教学起点确定存在的问题

任何事物的发生、发展都有起点，正如一篇材料作文所言：起点是开始，终点是结束；起点是出发，终点是到达；起点预示着新生活、新天地的出现，终点就宣告一个过程、一个阶段的过去；起点意味着未知、神秘、茫然、探索，终点则代表收获、成长、喜悦或失败、沮丧……①。作文教学也不例外，只有科学认识作文教学的起点，才能统整好作文教学内容资源、厘清到达终点的作文主题，以及规划实现作文教学目标的重点。"千里之行，始于足下"，任何作文目标的实现都是从起点开始的。然而，有些中小学教师受急功近利的应试作文影响，对于作文起点的研究不够重视，出现如下几个方面的问题。

一、过于注重作文技法理论知识

在作文教学过程中，教师往往以作文技法、作文知识为本位，注重作文理论知识的教学，重视诸如作文技巧、结构、文体等训练。比如笔者曾经深入小学课堂，听过一节关于《如何写好一件事》的习作课。实录如下：

来到S学校，受语文科组长所邀，第七节课前步入小学四年级教室，听任课老师主讲的作文课"如何写清一件事"。学生还没有来，老师在黑板上写下漂亮的课题，一下子抓住了我的眼球，让我内心怦然心动，这堂课该怎么上呢？习作教学是语文教学中的"老大难"，任课老师有什么妙招可以突破呢？小学习作教学到底该教些什么呢？

---

①王伟营. 中学生话题作文实用写作素材大全[M]. 北京: 朝华出版社, 2007: 265.

孩子们陆续来到教室，该校语文科组的老师也接踵而来。任课老师首先用德国诗人、作家歌德的名言"一个人只要把一件事说得很清楚，他就能把很多事情说清楚"导入课题。接下来的教学程序是这样的：第1步，采取课件呈现、学生朗读的方式，认识并理解"写事记叙文"的概念；第2步，采取师生问答的方式，厘清写事记叙文的基本结构，并总结出一个习作公式，即"事件发生（要素清楚明白）+事件发展（情节生动曲折）+事件结局（主旨含蓄启迪）"；第3步，写事记叙文方法指导，逐条讲解"如何明确中心""理清事情的前因后果""记叙文的顺序要有条理"等习作知识，教师每讲一个知识点均会引用学生学习过的课文片段作为例文，以印证掌握这些知识的作用；第4步，在介绍记叙文大量习作知识的基础上，教师重点演练"倒叙"的写作手法。整堂课，从学生的视角看，学生学习的主要活动体现在"听、读、看、记"三个方面。所谓"听"，就是听教师讲习作知识；所谓"读"，就是朗读课件呈现的有关记叙文知识的文字；所谓"看"，不外乎看老师引用学过的课文片段例子；所谓的"记"，指的是学生机械地做笔记。

从老师的教路看，该老师的备课似乎是下了功夫，对记叙文知识的整理与提炼倾注了很多的心血。但从作文教学起点看，该教师既未分析学生学习如何写一件事的学情，也未考虑生活中一件事的发生、发展规律；起点的模糊，自然导致整堂课都在讲解记叙文写作的技法和规则。另外，从教学观念看，受起点模糊的影响，教师始终占据课堂的主导地位，秉持的是经验主义的记叙文知识本位观念，未能在课堂上引导学生充分理解"写清""一件事"等关键概念，未能引导学生进入一件事的生活语境，难以激发学生的内心感动以及唤醒学生亲身所经历一件事的深刻记忆与独特感受。

二、忽视学生个体差异，缺乏针对性

教师习惯于按照传统的作文教学程序进行备课、教学，在确定作文教学起点的时候，缺乏调研精神，没有充分考虑、分析到学生认知水平的个体差异和每一次作文的心理需求，如学生的年龄、学习风格、兴趣爱好等。而学生是差异化存在，作文教学就需要做到有针对性、有层次性。所谓的"针对性"，指的是教师的作文教学，应该瞄准学生作文存在的问题，以及作文德性培育、语文核心素养发展 的个性化需求；所谓的"层次性"，指的是针对学生的个性差异，分别进行作文起点的"低配""标配"和"高配"的设计，力求作文教学落实"三全育人"原则。所谓的"低配"，简而言之，就是作文教学做到一课一得，解决学生每一次作文存在的典型性、普遍性问题；所谓的"标配"，指的是分析学情，调研并评估作文之前学生是否掌握基本的作文知识，是否具备基本的写作能力，也就是上一次作文是否达到合格、良好的基本情况。这些情况涵盖了审题、立意、选材、谋篇、布局等要求；所谓的"高配"就是满分作文的要求。

笔者听过一节中学的作文课，属于半命题作文《——成为我致胜的魔杖》。教师的教学是从一篇范文解析开始的，首先课件呈现作文例文——《自信成为我致胜的魔杖》，然后师生研讨这篇范文的结构，总结出构思的规则：其一，开头做到一句话点题，将半命题变成全命题；中间正文需要落实"交代我的现状""促使我改变的契机""怎样取得胜利的过程"；其三，成为魔杖后的情感体会；其四，结尾：再次点题、抒情。在此基础上，补充一篇学生范文，然后组织学生开展作文。

从以上简单实录可以看出，教师教学做到了因材施教，用意在于帮助学生理解把握文章基本结构和思路，学会如何布局构思。不难发现，这个老师忽略了学生的个性，采用一刀切的方式进行教学。难以充分激发学生的创造力和想象力，也使得作文教学失去了应有的活力和生气。每个学生都有自己独特的生活经历和情感体验。如果教师只注重教学计划的完成，而没有关注到每个学生的独特性，那么学生可能会感到自己的声音被压制，无法在写作中表达自己的真实情感和体验。

三、过于依赖教材或教学参考资料

相当多的教师在进行作文教学时，压根就没有起点的意识，根据教材以及教学参考资料，甚至是下载的课件进行教学。受制于教材、教参的制约，教师既不会对学生作文状况进行事实判断，也不会根据"作文与做人"的关系进行价值判断。什么是事实判断？所谓的事实判断，指的是语文教师对教师教作文与学生学作文的行为与结果所作的"真实"或"虚假正确"或"错误原因"或"结果形式"或"本质"的描述或解释，即事实是怎么回事，它现在怎样，将来会如何，以及为什么是这样而不是那样。所谓价值判断是指教师根据自己信以为真的作文价值观等对作文所表达的思想、所传递的信息进行整体评估的过程。即教师对作文及作文教学是产生对的，好的，有积极意义的，还是产生坏的，有消极意义的作文行为及结果的判断。

下面实录笔者学生王之轩同学参与的《写人物要抓特点》联合教研情况。

2017年12月12日，笔者组织研究生团队来到C市Z中学微格教室，观摩J老师执教的关于人物描写主题的作文研讨课。

时间接近午后一点半，学生们陆续走进教室，作文课正式开始。在导入环节，J老师展示了部分学生关于自我肖像或者同学形象的作文描写片段，由全班同学来猜测作文描述的是哪位同学。在热烈的讨论和充满趣味的氛围中，J老师出示了本节作文课的主题"写人要抓住特点"。在学习方法点拨环节，J老师先引导学生思考了一个问题——"怎样观察人物的特点，品析人物的个性"。学生依据教材编写的内容和自己已有的经验，提出主要的观察方法。J老师结合学生的发言进行了板书，罗列出观察的四个方面，即"看、听、想、感"，并且重点分析了"看"的观察可以分为"外貌、神态、动作"等几个角度，"听"的观察可以分为"语言、语气"等方面。而本节课的主要教学内容，就是针对"看"中的"外貌描写"。在案例研习环节，J老师介绍了人物外貌描写的概念和主要表现方法。为了说明其刻画人物性格特征的目的，设计了引用经典课文中的人物外貌描写片段来进行分析，例如《朝花夕拾》中鲁迅笔下的长妈妈、藤野先生和范爱农，引导学生通过文中对他们的外貌描写来揣摩人物性格、情感。为了进一步强化理论，J老师又举了茅盾《子夜》中的片段和一段母亲的外貌描写为例。在实践运用环节，J老师以片段升格的方式，一方面，组织学生作给句子排序的小练习，掌握描写要有一定的顺序，例如先整体后局部，局部描写时从上到下；另一方面，布置课堂练笔作文，要求学生运用常见的人物外貌描写等方法进行练习，在同学们完成描写练习后，点名学生进行作品展示、评点。最后，J老师布置了完成教材写作实践三的课后作业，即通过刚才活动的片段扩写成写人为主的记叙文。

J老师整堂课的作文教学设计与实施，基本上按照教材编写体例及要求进行，恪守教材有关人物描写的知识本位。在教学环节中使用了经典课文作为范文，例如鲁迅《朝花夕拾》中的描写语言，值得学生揣摩、分析、借鉴。但需要指出的是受控于教材的编写体例，作文教学缺乏个性化规划和设计，教学内容难以契合学生的需要，显得机械、随意和零散。任何作文教学都基于一定的事实判断和价值判断，传统作文教学的价值取向偏向于语文知识的"传授—接受"，它所关注的主要是教材已有信息，而非学生作为完整人、立体人存在的全面发展。这就导致作文教学的目标建构、内容设计以及程序关注的是静态的结果而不是动态的过程。教学当中也出现了一些瑕疵，比如关于观察板块的板书有些凌乱，本环节的主要目的其实是引导学生进行多感官的观察，而不是单单局限于常规地用眼睛去观察人物形象。学生能够掌握多感官的感知，就能更深一步地有深度地进行人物描写。同时，在每一个环节学生有不理解时，教师可以亲自做示范，帮助学生进行内在理解。现代认知心理学认为，有效学习最重要的条件就是学习者在课堂上能够进行主动加工活动。"主动"从何而来？"主动"首先反映在心理学上是"自主"。学生要能够自主地作文又取决他们在作文课堂上所处的地位及担负的责任，即在一定条件下，学生个体及团体对自己的作文具有支配和控制的权力与能力。在当今的微共体教学中，语文教师均意识到让位给学生，让学生组成小组合作学习共同体，有机会研讨，也有权利登台展示，但研讨与展示不能只是结果的印证。马克思认为，"正是在改造对象世界中，人才真正地证明自己是类存在物。这种生产是人的能动的类生活。通过这种生产，自然界才表现为他的作品和他的现实。因此，劳动的对象是人类的生活的对象化：人不仅像在意识中那样理智地复现自己，而且会能动地、现实地复现自己，从而在他所创造的世界中直观自身。"（《1844年经济学哲学手稿》）同样的道理，作文教学也不例外。作文教学给予学生自主学习的权利，让他们有机会在掌握作文内容的同时，还必须根据各自承担的任务去进行切实的实践。因此，学生才会在自我、生生、师生多元的言语实践中发现、接受作文明示的信息以及隐藏于字里行间的缄默人文情怀，才会在对话作文、对话自我、对话生活的过程中相遇自己、相遇意义，从而塑造理想的自我。

第二节 学生作文的逻辑起点分析

一、什么是起点

关于起点的认识，首先看作家林清玄写的一个小故事。

一位烦恼的妇人来找我，说她正为孩子的功课烦恼。我说："孩子的功课应该由孩子自己烦恼才对呀。"她说："林先生，你不知道，我的孩子考试考第四十名，可是他们班上只有四十个学生。"我开玩笑地说："如果我是你，我一定会很高兴""为什么呢""因为你想想看，从今天开始，你的孩子不会再退步了，他绝对不会落到第四十一名呀。"我说。

妇人听了展颜而笑。我继续说："这就好像爬山一样，你的孩子现在是山谷底部的人，唯一的路就是往上走，只要你停止烦恼，鼓励他，陪他一起走，他一定会走出来。"过了不久，妇人打电话给我，向我道谢，她的孩子果然成绩不断往上升。

我想到，最容易被人忽略的是，山谷的最低点正是山的起点，许多走进山谷的人所以走不出来，正是他们停住双脚，蹲在山谷烦恼哭泣的缘故。[①]

从这个小故事，不难看出，所谓的起点有三层内涵。其一，起点就是开始：一轮旭日喷薄而出，那是光明的起点；山间响泉的第一声叮咚，那是浩荡的起点；婴儿的呱呱坠地，那是人生的起点；其二，起点意味动情：出谷的黄莺亮出清脆的嗓音，模仿母亲的嘀唱，渐渐学会放声高歌；花蕾吸吮自然的雨露，盛开鲜艳的笑容；种子深埋大地，不久后发芽壮大；其三，起点就是问题：在问中长智、问中求知、问中启思，问题是开启智慧之旅的锁钥，是上下求索的动力源泉。

第一层含义是时间的定义。比如每天早上起床，推开窗户，看到窗外的阳光，一轮旭日蓬勃而出，这就是今天的起点；如果我们回到山里边，听到泉水的第一声叮咚，那就是水流浩浩荡荡奔赴大江大河的起点；或者明澈

---

① 林清玄. 山谷的起点[J]. 小作家选刊, 2008（03）: 1.

小溪里的蝌蚪不断游弋，成长为荷叶上的一只青蛙，然后纵情一跳去追溯夏日的好时光，这就是事物萌发生机的起点。第二层含义是空间的定义，也包含了事物与事物，事物与人物，人物与景物间的关联、环境。起点还意味着什么呢？起点意味从陌生到熟悉，从散乱到秩序，从离心到归属，这是德性的起点、伦理的起点。第三含义是心间的定义：作为主体的人，能够接受新的观念与思想，回归生活实践产生的问题，获得的体验。这是一种心理的定义。

二、什么是逻辑起点

（一）逻辑的语用学分析

逻辑源于希腊文logic，其原意为言语、思想、概念、理性等。作为一个哲学概念，能够寻找的文献表明，该概念出现在古希腊哲学家赫拉克利特的著作里，指的是思维的规律和规则。从语用学的视角看，一个事物、一个概念、一个命题是否符合逻辑，首先取决于具体的语境。同一句话在不同的语境下可能会有不同的含义和解读，因此需要考虑说话者、听话者以及他们所处的语境。另外还要分析把握预设与蕴涵，在言语实践活动中，发话者的每一次发声，期待倾听者能够有积极的回应，这就意味着交流、对话的双方均进行预设和蕴涵，以便于沟通的通畅。预设是指在语句中已经暗含或默认的信息，而蕴涵则是指从语句中推断出的信息。比如，发话者提出"今天运动会开得很成功，大家可以写一篇有意义的作文"，这句话里预设了学生经受运动会后由于班级健儿勇于拼搏、啦啦队员密切配合、班集体荣誉感强烈等前提条件，意味着学生有作文触动，有作文素材，有作文需要；这句话的意涵就意味着学生听了老师的话后，需要推断运动会精彩竞赛场面的作用价值。这个意涵的具体化表达就是言语行为，言说者和倾听者通过言语来表达自己的意图和态度，如断言、疑问、命令、建议等。这些言语行为都有特定的语用力量和逻辑特征，语用逻辑对其进行了深入的研究和探讨。另外，即使有的话语含有言外之意，这种言外之意也需要逻辑的支持，包括对语言的理解、推断和评价。

从语用的视角分析，"逻辑"的基本含义有：其一，关于思维形式及规律的科学，即逻辑学；其二，话语表达遵循的思维的规律、规则；其三；客观事物的规律及发展运动过程；其四，指一个人做事严谨、有章程，或指其生活、行为有严格的程序和固定不变的习惯，如说"康德的生活很有逻辑性"。沿用到作文教学的语境，所指的逻辑不仅是学生学写作文的规律、规则；还指教师教学话语表达、教学活动的规律及发展的运动过程。

（二）逻辑起点的基本内涵

什么是逻辑起点？概括起来，在学术界主要有如下观点：其一，"起始范畴"说，逻辑起点是科学结构、理论体系的"始自对象"或"思想、思维的起点"；其二，"认识起步"说，逻辑起点是教育教学研究的出发点；其三，"体系规定"说，逻辑起点是某学科内最基本的概念以及对这些概念之间的最基本体系的规定；其四，"思维维度"说，逻辑起点是构建某理论体系的思维维度。学界对逻辑起点内涵的判定遵循的是基于黑格尔在其《逻辑学》著作中提出的几点原则：其一，逻辑起点应该是一个最简单、最抽象的规定，理论体系的概念推演过程，就是不断地丰富开端规定性的过程；其二，逻辑起点应该揭示对象最本质的规定，并以此作为整个体系赖以建立起来的根据和基础；其三，逻辑起点与对象在历史上最初的东西相符合。[①]

国内学者郭元祥先生认为："逻辑起点范畴具有四个方面的规定性：其一，它是整个理论体系对象最简单、最一般的规定；其二，它是构成体系对象的最基本的单位；其三，它是以"胚芽"的形式包含着体系对象整个发展中的一切矛盾和可能；其四，它是认识历史发展的起点。总之，逻辑起点范畴所反映的是体系对象由多样性统一构成的基础。"[②]

从简单的学术史整理可以判断，逻辑起点是作文教学理论与实践研究的一个重要问题，它是作文教学理论和实践的起始范畴，由此出发，能够推导和演绎出整个作文教学的宏大体系，能够解释作文的一切事实和现象。研究逻辑起点对于作文教学有重要的价值和意义。它既是作文教学理论体系建构的本源、开端和基础，也是作文教学思想、观念形成发展的起源，明确作文的逻辑起点，有助于教师了解作文教学的起源和发展历程，从而更好地认识和理解构成作文教学体系要素和各要素之间的差异和联系；有助于学生更好地理解作文的基本概念、原理和方法，加深对作文本质的理解，促进作文教学的高质量发展。

---

①翟葆奎，郑金洲. 教育学逻辑起点：昨天的观点与今天的认识[J]. 上海教育科研，1998（3）：3.

②郭元祥. 教育学逻辑起点研究的若干问题思考[J]. 教育研究，1995（9）：31.

三、学生作文的逻辑起点

（一）作文逻辑起点研究的主要学说

从作文的视域看，对于作文的逻辑起点，学术界目前有如下观点：其一，"兴趣说"，兴趣是最好的老师，作文教学的逻辑起点就在于激发学生的兴趣，诱发学生写作的内驱力；其二，"观察说"，观察是积累素材最主要的途径，也是触发学生生命感动的前提，因而作文教学的逻辑起点就在于引导学生学会观察；其三，"言志说"，作文言志是一种通过写作来表达个人志向和心境的手段，教师需要帮助学生确定"志"的主旨及内容，也就是俗称的"中心思想"；其四，"审题说"，审题是把握命题的第一步，也是落实考试要求的最基本要求，教师的首要责任和任务就是指导学生审题；其五，"主体说"[①]，从师生关系看，教师教作文的终极关怀在于指导学生写，写作文是学生主体创造性运用语言文字符号表达生命感动的活动，作文教学的逻辑起点在于培养学生的主体性。从现有的学术成果看，从总体而言，学术界对作文教学的逻辑起点研究尽管作出了一些努力，但还有努力的空间。以上的各种学说，存在的问题有如下几个方面：其一，主体不清，未能清晰地揭示是谁的逻辑起点，基本上属于教师主体代替学生主体；其二，范畴不清，将一次作文教学的逻辑起点等同于整次教学，尤其是课程建设视域的逻辑起点；其三，概念含糊，未能将逻辑点判定的基本原则一以贯之到学生作文的全过程。

（二）学生作文逻辑起点案例分析

学生作文的逻辑起点到底如何确定，诗意作文教学的逻辑起点又在哪里？

我们来看几个案例，请看一幅描绘一棵枯萎多年的老树长出嫩嫩新枝的春天新绿的图片。如果将此画直接推到学生眼前，鼓励学生调动视觉去看嫩芽摇曳的春风，去听这棵枯树对嫩芽吐露的箴言，去触摸老树与嫩芽内心的涟漪，学生将会融入图景里，这里的老树与嫩芽自然染上了人之情感与志趣，自然也就喷薄内心的激情，写出如此精彩的诗篇：千年的枯枝上/一颗嫩绿的新芽/呼唤春风/呼唤夏雨/呼唤季节深情的回眸；还会写出这样的诗句——树枝上/长着嫩芽一片/如一个舞台/上面站着春天。我们再将目光移到

---

①卢正德, 吴隐强. 1979—1988中学语文教学论文选[M]. 南宁: 广西人民出版社, 1989: 374.

新疆香甜的瓜果，或者用水果刀将瓜果剖开，让学生察看瓜子，学生可能自然会想到这是天空的星星，就会有所触动、有所质疑："星星"为什么挤在瓜果里？星星为什么不到太空去遨游呢？有一个小朋友是这样想的：果实里的星星/都挤在小小的房子里/静静地聆听大地的声音//歇息一下吧/春天到了/就可以放心地播种大麦和彩虹。还有小朋友这样想：我家的蚂蚁到/学校来了/妈妈问我怎么知道/那是/我家的蚂蚁//我说/因为我家的蚂蚁/是红色的/学校的蚂蚁/是黑色的。这个小朋友为什么由水果写到了蚂蚁呢？因为妈妈给他的是石榴，石榴籽是红色的，学校里给他吃的是西瓜，西瓜籽是黑色的。由此可见，悬置作文的技法、作文的知识，以及审题立意、谋篇布局，学生感知到的瓜果是富有童趣的，是活生生的画卷，是流动的生命。

再看一个例子，我的小侄儿嘟嘟4岁的时候，来我家过暑假，正是天真烂漫的年纪，也是没有养成多少好习惯的年纪。他很喜欢吃西瓜，一吃西瓜就把西瓜籽吐得到处都是。对于这样的孩子，你去跟他灌输要爱卫生，不要把西瓜籽吐得到处都是，显得不文明。心理学研究表明，要让孩子养成一个好习惯需要强化训练21天，那得花多少时间。原因是这些所谓的养成好习惯的道理全部属于外在的规训，难以和他内心发生联系。教育的起点是心动，不妨从起点开始做起。请看冯老师的教育手记：

伯伯：嘟嘟，吃西瓜了！

嘟嘟：谢谢伯伯，我好喜欢吃西瓜。

伯伯：请说出理由，至少讲三条。

嘟嘟：第一，西瓜水分多，解渴；第二，西瓜很甜，好吃！

伯伯：还有吗？（故意把西瓜切了一刀，把西瓜瓤藏有瓜子的一面让他看了一看。）

嘟嘟：西瓜籽很黑。

伯伯：好奇特的理由，西瓜籽看起来像什么？

嘟嘟：小蝌蚪。

伯伯：小蝌蚪为什么挤在西瓜里，不去找妈妈呢？

嘟嘟：因为小蝌蚪还没游到小河里。

（嘟嘟把切好的西瓜端到茶几上，搬来我们家"著名的蓝色塑料凳"，然后开始吃西瓜，一边吃，一边用小手把黑黑的西瓜籽抠出来。）

伯伯：你为什么把西瓜籽一粒粒抠出来呀？

嘟嘟：因为它们还要去找妈妈呀！（这个时候他终于明白了西瓜子儿是小蝌蚪，小蝌蚪是有生命的，是要去找妈妈的。）

嘟嘟身边就有一个垃圾桶，从此，他不再把西瓜籽吐得到处都是了。

从这几个案例看，学生面对的世界主要有两个：一个是感官的世界，一个是理性的世界。感官的世界是变化的，比如西瓜籽挤在西瓜里，它们可以变成星星，变成小蝌蚪，而小蝌蚪还要去找妈妈；理性的世界是不变的，不管是西瓜籽，还是小蝌蚪，都同人类一样拥有温情，拥有人世间一样的真善美。复旦大学的陈果博士认为，孩子们跟大人真正的不同就在于，世界对于孩子们来说是灵感的源泉，世界对大人们来说是谋生的渠道，世界对孩子们来说是有趣的，对大人们来说是有用的，世界对孩子们来说，他们是真正热爱的。从人与世界的关系出发，学生的世界分为人与自然、人与社会、人与自我三个世界。学生在三个世界里相遇相求，自然物色之动，心亦摇焉。也就是志之所至，达成"心动"。这是学生写话、习作和作文的逻辑起点。再比如西瓜籽是挤在西瓜里，西瓜籽跟西瓜构成什么关系呢？小蝌蚪跟妈妈构成什么关系啊？他们的关系其实就是人与社会的关系，"夫缀文者情动而辞发"。辞就是诗，辞就是言，故诗之所至，促成"言动"。而一个孩子能够说出诗一般的语言，也就意味内心之认知与外化之意向达成了——礼之所至的"德动"。比如嘟嘟讲出来"西瓜籽是小蝌蚪，需要找妈妈"这样富有诗意的话，在他的世界里，西瓜籽变得富有生命与活力，需要人之呵护，自然也生成了爱护西瓜籽的情意，从而附带修养了爱卫生的德性。最后，自然是其乐融融的"行动"——把西瓜籽一粒粒抠出来。

（三）学生作文逻辑起点的基本内涵

学生作文逻辑起点确定的"老大难"秘密就在这里，目前中小学生的作文受传统作文知识本位观念与教学程序的影响，其逻辑起点基本上都是由外铄的作文知识、规则引发内生的需要，由内生回应外铄，致使学生作文的文意、文脉与文思训练均称为"定在"的复制、模仿和些许的改造。学生每一次作文活动尽管需要运用一定的知识经验，但这些经验只是起到支架作用，而不该成为作文的本体，学生应该更关注知识经验背后的有关人生、生命的情感、态度、价值观等信息的解码与编码。他们的作文活动是一种创造性的智慧活动，即"思维体操"的活动。这就意味学生的作文逻辑起点也在于"心动"，其作文的过程自然应该是从心动出发，走在"言动""德动"

和"行动"的言语实践路上，去相遇未曾遇见的自己。简而言之，就是"为文"的"言"与"为人"的"德"的圆融互摄与同构生成。这也就意味作文是行旅，有着寻找与相遇的乐趣；寻找与相遇莫过于归真、求善、至美的诗意栖居与境界提升；诗意栖居与境界提升植根于语文教学本体的存在——言语实践，创造性运用语言符号表达相遇的世界与未曾遇见的自己。学生是一个自然的存在，通过作文及作文教学的"志之所至，诗亦至焉；诗之所至，礼亦至焉；礼之所至，乐亦至焉；乐之所至，哀亦至焉"言语实践过程，学生才会实现诗意的栖居与境界的提升，这个言语实践的本质其实就是语言的道说与命名趋向于理想的自我。

第三节　诗意作文教学的逻辑起点

一、国培班上的讨论

2022年4月24日，受湖南第一师范学院国培项目办的邀请，笔者为来自全国29个省市的"2022教育部小学语文示范性项目"国培班学员们讲授《从"规训外铄"到"诗意生成"——诗意习作的基本内涵与实践》。在探索学生作文逻辑起点的基础上，采取分组讨论的方法，让学员们结合教材里的作文材料，探讨诗意作文的逻辑起点。下面摘录几位老师代表的发言。

Z老师：我代表先锋组发言，我们小组研读的是四年级下册的6单元，这单元的主题是——"我学会了一项本领"。第1点，从为人的角度来说，孩子们在一天天地长大，那么长大的过程也是学习本领的过程。孩子们在学习本领过程中，会遇到非常多的困难，他们每克服一个困难，就是意志力增强的一个过程，而且事后在克服困难的时候，还需要求助他人或者需要团体合作，这个过程对孩子的成长是非常有好处的。教师教这篇作文的时候，逻辑起点应该确定为学生遇到的一个困难；第2点从学生的为文角度看，如何写好学会一个本领，学生面对一个选择、构思的过程，选择什么材料，如何选择好材料，这是学生做有米之炊的逻辑前提。第3点，从教材的视角看，该单元的语文要素是要求学生"按一定顺序把事情的过程写清楚"，我们小组认为这也是为文的要求，在学习一般的时间顺序、空间顺序基础上，可以理清楚一件事情的起因、波澜、高潮、结果，那么从事物发展的情况看，事情的起因应该是事物本身的逻辑起点。

L老师：我们小组选了六年级上册的习作——"学写倡议书"。从为文方面的习作经验看，我们认为六年级的学生，他们的习作水平能够做到把话写清楚，倡议书本身是一种实用性的文体，这种文体它不需要用非常多的修辞，所以教师能够摸清楚学生有关实用文写作的水平、基础，班级学生是否可以胜任"倡议书"的文体写作是作文教学的为文逻辑起点。如果大部分同学都掌握了"倡议书"的文体特征，那么逻辑起点的确认就要考虑那些写不好的"倡议书"主题、内容表达等方面存在的问题，与学生平时写人、写事、写景的叙述性文体相比，倡议书的写作格式、倡议的原因以及倡议的措施，需要从不同的角度分条表述，这些其实是写倡议书的难点，学生可能对这些内容的掌握是比较陌生的。这应该属于作文教学的逻辑起点。从为人方面来分析，也就是研究学生生活经验、德性基础及审美能力等方面的基本情况。现在的学生所处的是一个互联网信息化时代，手写倡议书在现在的社会并不常见。网络化社会，我们常见的都是一个个诸如水滴捐之类的APP、小程序，其中出现的是一些陈述病情、病例、医生诊断书之类的非连续性文本，学生对倡议书的接触是比较少的，如何对待学生生活经验的匮乏应该是教师作文教学，尤其是备课需要考虑的逻辑起点。从价值取向看，倡议书隐藏了一个读者，那就是倡议的对象，需要引导学生明确倡议书中所有的倡议行为需要有非常正面、积极的沟通心态和心理建设，就是说如果学生不是一个非常愿意说话、愿意沟通、愿意交流的人，让他们去写倡议书会存在对隐藏读者的忽视以及对自己和他人沟通、交流的心理障碍。要引导学生写好倡议书，教师就要从为人德行方面，引导学生学会对身边发生的问题产生关切、产生兴趣。学生只有养成公德心、公益心，倡议书才会做到有的放矢、言之成理。另外，我们小组认为倡议书写完以后，它需要有一个发布、推广、总结、评价的过程，如何发布，发布在哪里，发布后如何管理，如何评价，这些都涉及一个信息素养的问题。因此，作文为人逻辑起点的确定需要根据具体作文教学解决的学生问题或发展某一方面的素养来确定。

从这两个国培班老师的发言可以看出，作文教学的终极关怀、根本目的是促进学生的发展，也是为了促进学生掌握祖国的语言文字符号进行创造性表达，实现"我思，故我在"与"我写，故我在"的辩证统一。因此，作文教学逻辑起点的分析、确认需要从为人与为文两个角度进行，缺一不可。

二、作文教学逻辑起点确认的两个维度

（一）为人的逻辑起点分析的内容

为人的逻辑起点分析的内容主要包括以下几个方面：

1. 学生作文的兴趣和热情

作为个体，学生作文通常会被自己的兴趣和热情所驱动。这些兴趣和热情可以是多样化的，包括对艺术、文化、科学、社交活动、体育等方面。就作文而言，教师需要了解学生对哪种类型的作文、哪类体裁感兴趣，以便在布置作文时能够更好地满足学生的需求，让他们"怦然心动"。教师还需要了解学生对写作的态度和热情。有些学生可能对写诗持有热情，喜欢用诗的语言文字表达自己的想法和感受；有的学生习惯散文化的表达，喜欢随心所欲的表情达意；还有些学生则可能感到写作很枯燥、困难重重。教师既需要关注学生的情感体验，给予学生正面的反馈和鼓励，还需要了解学生在写作过程中遇到的困难和问题。有些学生可能缺乏写作技巧和方法，需要教师给予指导和帮助；有些学生可能缺乏写作素材和思路，需要教师给予启发和引导。教师需要关注学生的需求，给予有针对性的指导和帮助，让学生更好地掌握写作技巧和方法，提高写作水平。一方面有助于教师把握作文教学的切入点，设计好作文教学情境，另外有助于研制富有差异化的教学目标，以保证目标的适切性。

2. 学生为人的理想信念与道德修养

学生作文的品质其实是其理想信念、价值观、道德修养品质的体现，正确的价值观、崇高的理想信念和深厚的道德修养是作文的基石。理想信念是引领学生人生前进的灯塔，他们通过树立正确的理想信念，可以更好地明确自己的人生目标和方向，从而在面对各种困难和挑战时更加坚定自己的立场和信心；崇高的价值观对学生的作文具有重要的导向作用，正确的价值观可以帮助学生更好地处理生活中的各种问题，同时也能影响学生对社会、对人生和对他人的态度。尤其是充分认识作文涉及的个人利益与集体利益、眼前利益与长远利益之间的关系，从而通过作文表达出自己的善心、善意，进而更好地履行自己的社会责任和义务。道德修养对于学生的个人成长和作文具

有重要意义。学生通过作文，一方面弘扬社会公德、职业道德和家庭伦理等道德规范，另一方面提升自己的品德修养，学会秉持诚信、正直、公正和负责的道德观念，从而更好地树立自己的人格形象和社会信誉。

3. 学生为人的认知水平

分析学生的为人，还需要从智力上把握学生作文的认知水平。所谓的认知水平是指对作文信息的搜集、处理能力，主要包括专注力、判断能力、思维能力、记忆力等，而以上能力有共同的内核即思考能力。从心理学的角度看，认知水平涉及知觉、记忆、注意、思维和想象等要素。所谓的作文专注力，指的是学生对作文主题和写作活动需要能够集中注意力，对作文内容进行深入的思考和理解；所谓的判断力，指的是学生对作文内容能够进行正确的判断和评价，区分正确和错误的理解和观点；所谓的思维力，指的是学生需要能够围绕作文主题，对记叙、议论、说明的内容进行逻辑分析和综合思考，理解主题与内容的内在联系和逻辑结构；所谓的记忆力，指的是学生在作文过程中对需要旁征博引的内容进行记忆和回忆，形成较好的作文素材储备及认知基础；所谓的思考力，指的是学生需要能够对作文内容与形式等作文要素进行深入的思考和理解，形成自己的观点和见解，同时能够进行批判性思维和创造性思维。

4. 学生为人的家庭、社会背景与文化修养

学生的成长环境、家庭背景以及文化修养对他们的性格、价值观和行为方式有很大的影响。首先，学生的家庭、社会生活是他们生活经验的重要组成部分，这些经验是他们写作时的宝贵资源。深入了解、分析学生的家庭、社会背景，可以帮助学生在写作时更深入地探讨作文主题或话题，增加文章的深度和广度。其次，学生的家庭、社会背景与文化修养是他们个性形成的重要因素，也是他们在写作时表现自己个性的重要资源。合理地认识自己的家庭与社会背景，不断修养自身的文化水平，学生在写作时才能较好地表现自己的个性和生活气息。另外，学生的文化修养决定了作文的深度与高度，有助于教师指导学生如何扬长避短。

（二）为文的逻辑起点分析的内容

学生是差异化的存在，他们学习作文的能力和写作文的技能都是各不相同的，作文的为文逻辑起点分析主要包括以下几个方面：

1. 学生为文的审题能力

审题是学生作文过程中非常重要的一环，它决定了学生是否能够准确地理解题意，并确定正确的主题和主旨。教师需要了解学生是否能够准确地理解作文题目的含义和要求，避免出现误解或偏题的情况；了解学生是否能够分析题目的要素和关键信息，包括题目中的主题、中心思想、写作要点等，从而把握好文章的写作方向和重点；了解学生是否能够根据题目的要求和要素，确定合理的写作思路和框架，包括文章的主题、结构、素材和论证方法等；了解学生是否能够根据题目的要求，把握好文章的文体特点，包括议论文、说明文、记叙文等，从而更好地进行写作；同时注意题目陷阱，避免出现错误的理解和写作。

2. 学生为文的选材、组材能力

在确定好作文的主题、文体和结构之后，需要认真分析作文中需要用到的材料和内容。在分析作文教学的起点时，教师需要把握学生明确哪些材料和内容是必要的，哪些是可选择的，如何组织这些材料达成最优化的表达效果。所谓的选材能力是指学生在进行作文时，能够根据主题和中心思想，从大量的素材中选择出最恰当、最具代表性的材料，以支持文章的观点和表达。选材能力包括对素材的真实性、适用性和新颖性的判断，以及对原始材料进行适当处理的能力，如搬家、移植等。提高选材能力有助于写作出内容丰富、条理清晰、逻辑性强的文章。所谓组材能力是指将作文素材进行整合和组织，使其符合文章的逻辑和结构的能力。具体来说，文章的组材需要确保几件事情之间有内在的统一性，这会让文章的整体感更加强烈，对于传达主题或者观点有更大的帮助，起到1+1>2的效果。

3. 学生为文的谋篇布局能力

所谓的谋篇布局，简单来说就是将文章的主题、内容和表现形式进行合理的组织和安排，使文章在结构上达到整体连贯、层次分明、上下协调的效果。涉及文章结构、逻辑顺序、段落安排等方面。从文章结构方面看，教师确定逻辑起点的时候，需要考虑学生是否能够根据题目的要求和所选择的素材，确定好文章的整体结构。这包括开头、结尾、段落之间的过渡和照应等。从逻辑顺序方面看，教师需要审视学生是否能够根据主题和中心思想，确定好素材的排列顺序和每个段落之间的衔接。从段落安排方面看，教师需要了解学生是否能够合理地安排每个段落的内容和长度，避免文章出现段落过长或过短的情况。

当然，分析学生为文的经验与水平，不仅仅是审题、选材、组材、谋篇布局，还涉及观察、语言表达、修改等方面的能力，还需要了解学生对作文技巧的掌握情况，如开头和结尾的写作技巧、过渡和照应的写作技巧、修辞手法的运用等。同时，教师还需要了解学生的写作速度和时间管理能力，以便更好地指导学生在写作方面取得进步。

三、诗意作文教学的逻辑起点

（一）诗教乃诗意作文教学的文化基因

在逻辑起点研究中，人们通常运用的方法论之一就是逻辑和历史一致的原则。从历史的维度看，中华民族是诗意的民族，诗教是中华民族颇具特色的教育方式，作为上层建筑的重要组成部分，诗教的诞生与发展总是和一定的物质生产方式基础上发展起来的精神实践方式相关。诗教一经产生，就成为中华民族在一定时代精神文明的重要标志之一，成为中华民族教育的特定文化"密码"或文化"基因"。因此，探究诗意作文的逻辑起点必须探究产生这种思想的文化"基因"，尤其探究中华民族物质生产和精神实践方式。

在意大利哲学家维柯看来，世界在它的幼年时代是由一些诗性的或能诗的民族所组成的，诗性智慧是人类历史前夜的原始野蛮人所特有的一种智力功能，是人类最初的智慧形态。（《新科学》）而尼采认为，人类有个原始时代，其时人接近大自然的心灵，在自然状态中同时达到人类的理想，处于乐园的善行和艺术气氛中；这就要假定我们人人都是这样完美的原始人之后裔。[1]人作为"万物的灵长，宇宙的精华"，他的存在是精神与肉体的合金，劳动使人获得必要的物质基础，同时也使人成为有所追求的精神存在。人拥有其他灵长类动物所不具备的东西，即马克思所认为的"人具有掌握自然规律的意识机能"，这种机能引导人类用诗意的眼光审视周围的世界，使人类个体既认识了自己的有限，同时赋予人有限的存在以无限的意义，使感性个体的人处于一种壮丽的、精力充沛的原始力量之中，这种力量促使人类超越自然、时间的有限，从而与自然、与自己的生命力本身，无不处于浑然和谐之中。如果缺乏或者丧失精神的支柱，人不过是"一根苇草"，是自然

①尼采. 悲剧的诞生[M]. 周国平，译. 北京：三联书店，1986：156.

中最脆弱的东西。

中华民族独特的精神支柱是什么？自然需要从中国传统的精神实践方式去寻找答案。"中国文化的本体是诗，其精神方式是诗学，其文化基因库是《诗经》，其精神峰顶是唐诗。一言以蔽之，中国文化是诗性文化。或者说，诗这一精神实践方式渗透、积淀在中国传统社会的政治、经济、科学、艺术各个门类中，并影响，甚至是暗暗地决定了它们的历史命运"[①]"中国人最美妙的特质就是：作为一个有着悠久历史的成熟的民族，一个有着成年人理性智慧的民族，他们至今仍然能够过着孩子般的生活。"[②]中国人之所以累遭外族的凌辱而一直保持文明之火绵延不绝，就在于诗教所造就的精神，这种精神是心灵和理智的完美结合，是人恪守规律、秩序的理性与直觉、迷狂、冲动的本能的对立统一的精神。诗意作文教学源自传统诗教，无论是从起始范畴，还是从起源看，诗教是诗意作文教学的文化基因。

（二）心动乃诗意作文教学的逻辑前提

从逻辑的维度看，借助认识论，可以探索诗意作文教学逻辑前提的合目的性与合规律性统一的认识。传统形而上学的认识论以追求普遍有效的、必然性知识作为根本目的与终极关怀，采取概念、判断、推理等纯粹理性的思维方式，显然割裂了物质与意识、主体与客体、在场与不在场之间的联系，导致人与世界的二元对立。作为宇宙的生灵，人的存在不仅是自然的存在，而且还是社会的存在以及自我的存在；人不仅是大地的栖居者，而且还是大地沧海桑田的见证者和体验者。如何认识大地四季变迁的风景，体验大地草木枯荣的情感，这离不开善感的心灵。人之心灵如何发现生存世界之诗意，在诗学的世界里，诗之诗意源自人善感心灵的"发现"，形成了"发现说"。钟嵘在《诗品·序》里作了确切而生动的诠释："气之动物，物之感人，故摇荡性情，形诸舞咏。"（《诗品集注》）自然存在之"气"这一元素催动了四时节候的更替，也促使自然界万物勃发生机。自然之万物的摇曳多姿，在恰当的时空自然触发人内在的生命感动，人的思绪与性情随之激动和摇荡，于是手舞足蹈并赋诗吟诵，诗意就勃发出来。这个过程和音乐的发生有点类似。据《孔子家居》记载，德行超凡的颜回只要听到有人哭泣，就

---

①刘士林. 中国诗学精神[M]. 海口：海南出版社，2006: 2.
②辜鸿铭. 中国人的精神[M]. 海口：海南出版社，2007: 39.

能推知人有死别之伤与生离之痛，究其原因在于，他曾经听闻母鸟与幼鸟分离之悲鸣，从自然鸟雀的悲悯推测出来人之哭泣的生离死别，根源于人内心的活动；而人内心的活动，则是外界环境刺激的结果。

在诗意发生与音乐发生的对比中可以发现，无论是音还是乐，都是人内心生成的东西，其关键之处在于"物、人心与音乐或诗意"三要素的作用。其中，"人心"是起决定性的作用，而外在之"物"又是左右"人心"变化的逻辑前提，音乐或诗意不过是"物与人心"互动的结果而已。这样看来，"物"何以动"心"就成为催动诗之"诗意"发现的闸门，打开这个闸门，诗意就萌发衍生开来。钟嵘推导的"物之动心"的缘由在于"气"。这个"气"，既是充塞天地之间本体存在的元气，又是四季流转的现象节气。它具有使大自然成为"在者"的本体功能，又具有感于人心的意象功能，即具有使人内心性情外化象征物的功能。

因此，从诗教衍生出来的诗意作文教学机制概括起来，就是外在的事物触发学生内心的感动，从而促使他们敏锐地对外在事物进行人生经验视角的审美观照、分析、判断和提炼，迅速注入思想和情感，最终凝结为意象而表现出来的一种"诗"般的艺术、"诗"般的作文。那些历来被称为"天籁之音"的富有诗意的名句，与其说是外在之物变化的结果，不如说是人心之情思迁移外在之物的结果。明月、野火和春风等的外在之物自生自荣、自美其美于天地之间，学生诗意的发现、表达、传播需要通过他们善感之心灵，以慧眼识之、以妙手得之。自然界不乏美，而是缺乏发现；同样的道理，自然界不乏诗意，而是缺乏发现诗意的眼睛与善感诗意的心灵。能够发现诗意且表达出来，需要为人生活经验的积淀，也需要为文的语文经验作为基础。

（三）诗意作文教学逻辑起点的基本内涵及发生机制

所谓诗意作文教学的逻辑起点，指的是学生对为文已经具备有关语文知识与技能的语文经验，以及对为人的体验、认识水平以及态度等形成的生活经验。简言之，就是为人与为文综合作用而形成的"心动"。以"心动"为起点的诗意作文逻辑起点发生机制应该是怎样的呢？

从发生机制而言，在传统作文教学的研究视域里，作文之所以发生，是因为无论是"观察说""审题说"还是"言志说"，均强调外在于学习者的教师、社会、政治、经济等要素的影响，而忽略了学习者作为主体人的存在。从哲学主体论视域来看，诗意的获得，以及作文的冲动，都是人主体性发挥的结果。

1. 心动：激活应需

刘勰有言："春秋代序，阴阳惨舒，物色之动，心亦摇焉。"[①]外在于人存在的无机界、有机界和人造的物质世界等事物、人物、景物，之所以具备人之喜、怒、哀、乐的情感，是因为人之心动。心动，心到物边便是情、物来心上即化文。好文章是心的产物——心融于物，物就着我之色彩；好教育自然也是心之功能作用的发挥——物化为心，心随物之变迁而兴观群怨。孔子讲得更为明白和系统一些："志之所至，诗亦至焉；诗之所至，礼亦至焉；礼之所至，乐亦至焉。"[②]所谓的诗，不过是心中之"志"的语言化结果而已。因此，开展诗意教育的逻辑前提在于：把握学生的学习需要，激发学生的学习动机，促使学生内心有所感动。请看广东省中山市东区雍景园小学教师冯思佩在教授《贩卖》一课时是如何把握诗意作文教学的逻辑起点的。

（1）回忆童年，唤醒体验

呈现几张售卖店的图片，先从买者的角度，勾连起童年的美好。

师：你有去过这些地方吗？

生：去过。

师：都去买过什么？

生：辣条、棒棒糖……

师：真是多种多样啊！我们一起来读一首小诗，看看是不是写的你？

在童年的小卖店

我们买过几包零食

几粒棒棒糖

买过快乐与美好

也受过无数的责骂

师：我小时候就有过一个愿望，就是想要当小超市的老板。

生：（笑）

师：笑的同学当中，也有人有过这样的想法，是不是？（是）

（2）转换话题，切入课题，引起兴趣

---

①刘勰.文心雕龙（下册）[M].范文澜，注，北京：人民文学出版社，1958.693.

②蔡先金，等.孔子诗学研究[M].济南：齐鲁书社，2006.201.

师：如果有一天，你有一家小店，你想贩卖什么？

生自由回答。

师：你的答案有些特别，能告诉我为什么吗？我想卖的东西也有些特别，你们看。

生：是夕阳。

思佩老师深谙诗意教育"心动"之道，首先呈现几家富有童话色彩的售卖店，将学生带入熟悉的校门口的小卖店买零食、文具等美好时光。之后教师用诗一般的语言旁白："在童年的小卖店，我们买过几包零食，几粒棒棒糖，买过快乐与美好，也买过无数的责骂。"其结果，学生所见、所听和所感均因心动而生发出这样的愿望："如果我拥有一间小卖店，该有多么美好呀。"

2.言动：启迪诗思

语言运用是学生语文核心素养重要的要素。语言运用和启迪诗思有着密切的联系。在写作过程中，语言是表达思想和感情的工具，而诗思则是通过语言来启迪和传达的。语言的形象性可以启迪人们的想象力，使诗歌更加生动形象。通过比喻、拟人、象征等修辞手法，诗人可以创造出生动的意象和情境，让读者沉浸其中。在语言运用的过程中，作者可以通过对语言的节奏和韵律的把握，创造出不同的情感氛围和意境，启迪读者的情感和想象力。另外，通过语言的运用，作者可以创造出独特的意境和氛围，让读者产生共鸣和情感共振。

（1）体验夕阳下的美景

播放夕阳中的小小图景

师：我们再一起来欣赏几张图片。为什么我想要贩卖夕阳呢？

生：很美好/很漂亮。

（2）思考贩卖夕阳的工具

师：是啊，于是，我选择了一个好看的玻璃瓶，把夕阳装了起来。玻璃瓶里的夕阳，向上看，一部分夕阳往哪里蔓延？

师：往下看，一部分夕阳往下

生：掉。

【掉在"湖面上"】

师：再观察一下，什么样的夕阳往下掉？

生：金色的夕阳往下掉。

师：掉到了哪里？

生：湖面上。

师：水里的谁最先得到这个消息？

生：鱼儿最先得到这个消息。

师：于是，这条鱼做了什么事情？

生：告诉另一条鱼。

师：我们连起来说。

生：金色的夕阳往下掉/掉在了一片湖面上/一条鱼告诉了另一条鱼。

【落在"山上"】

师：再看看，远处的山又是什么样子的？

生：黑色的。

师：为什么？

生：太阳渐渐落山了，有的地方光照不到，所以就变黑了。

生：绵延不断。

师：绵延不断这个词用得好，让我们的视野不断拉宽，很有空间感。

师：噢，原来黑夜正朝着我们走来。

师：夕阳还掉进了哪里？我们往最前边看？这依稀的轮廓是什么？

生：船。

生：（后排的同学）看不见。

师：看不见的同学，把手拿出来，跟着老师比画。大约是这样一个形状。（师画船）

（3）串联夕阳图景为故事性的图文诗

A.教师启迪——"掉"或者"落"在"船上"

师引导学生发现船以及对船产生思考。

师：你对这艘船有什么疑问吗？

生：这是谁的船？为什么停在这里？

师：好，我们一起来读一读这首诗。

B.诗歌总结

展示范例：

透明的玻璃瓶里浮现，

像沾了水一样晕开的云，

被黑色涂抹的山。

一抹金色的夕阳，

轻轻悄悄地掉进了，

谁的小船里？

师：猜猜这首诗是谁写的？

生：你。

师：真聪明，是我。那么，冯老师是如何把自己的感受写成一首小诗的呢？大家想知道吗？

生：想。

（4）打开诗歌思维，给出范例，创作诗歌

A.拼接图景，创作诗歌。

a.思维支架一：

装夕阳的玻璃瓶+夕阳景色+一个问题

_____（工具）

_____（具体景色）

_____（一个你正在思考的问题）

师：在这首小诗的背后，有着一个清晰的构思过程，我们来看一下：装夕阳的玻璃瓶+夕阳景色+一个问题。我想我们每个人的想法都不一样，那这个思维支架中的内容，可不可以变一变呢？（可以。）

师：工具除了是玻璃瓶还可以是？具体的景色也可以变，可以变成你看过的夕阳。结尾处的问题可以发生改变吗？一个人物，一个问题或者一件事……看看老师怎么变的？

b.思维支架二：

展示范例：

夕阳在秋千上摇摇晃晃，

一朵火烧云，一只小狗，

不知不觉落进了，

她的身影里。

她走了，

明天再来。

思维支架：

装夕阳的工具+夕阳景色+一个问题（人物、问题、事件）

＿＿＿＿＿＿＿＿（工具）

＿＿＿＿＿＿＿＿（具体景色）

＿＿＿＿＿＿＿＿（一个人物，一个问题，或者多件事情……）

B.创作诗歌及点评。

生创作：4—5分钟

点评环节：选择两首诗歌，进行点评。

师：当他读着他的诗，你的脑海里出现了什么？

生：画面。

师：这画面让你有什么样的感受，或者让你想到了什么？

生自由说

师：这首诗中，哪一个字、哪一个词或者哪一句诗，让你印象深刻？

生自由说

师总结：这两首短诗，语言精练，篇幅短小，带给了我们不同的画面和情节。

C.感受内在节奏，创作诗歌。

对整体形式的感知，句式的排列照应主题

师：如果贩卖的不是我们看得到、摸得着的东西，你还可以贩卖什么呢？（给一个诗例）

范例：

贩卖时间

一个钟头

接一个钟头

白天的房子

夜晚的房子

贩卖一块块

时间的碎片

师：这首诗有什么样的特点？

生：没有标点符号。

师：没有标点，影响我们的阅读吗？

生：不影响。

师：是啊，你很细心，因为现代诗是分行的，没有标点，也不影响我们的停顿和连接。

师：还有其他的发现吗？

生：排列很整齐。

师：但是，第一句为什么只写了四个字？好像有一个缺口一样。

生答。

师：那可以用诗里的一个词语，告诉我这一首诗像一块什么吗？

生：碎片。

句式的排列，形成诗歌的节奏感。

师：请你看看第一行和第二行，第三行和第四行。

生：句式相同。（形式相似的句子）

师：句式相同，读起来会怎么样？

生：朗朗上口。

师：有着音乐的节奏感。

师总结：所以这些都构成了这首诗内在的规律，句式的排列，让我们看见了时间的碎片。内在的节奏，让我们听见时间的声音。当然，每一首诗都有属于它的节奏，接下来请你完成练习二，围绕你刚刚想到的主题，进行诗歌的创作。

创作诗歌及点评

生创作：4—5分钟；

点评环节：选择两首诗歌，进行点评。

师：他的诗歌，让我们打开了新的世界。跳出平时所习惯的思考模式，创造了新奇的感受。

思佩老师遵循诗意作文本体论精神，调动学生多感官去审视周围的世界，进而设计读写结合的言语实践活动，促使学生在言语实践活动中相遇夕阳下的美景、思考贩卖夕阳的工具、串联夕阳图景为故事性的图文诗。言动的过程就成为启迪学生想象、联想和概念判断、推理的图文诗构思与表达的诗性智慧活动。

3. 德动：促进生成

立德树人是学校教育的根本任务，诗意教育也不例外。任何学科教学都需要正视的问题是：如何结合学科的本质进行立德树人。在传统的课程与教学论视域里，德育似乎是规训的代名词，成为"渗透"的外在物。在孔子的诗意教育思想论域里，"诗之所至"的同时就是"礼之所至"；孟子更是断言："仁义礼信智，非外铄我也"①。

这就阐释了学科知识教学和立德树人的辩证关系：德育与学科教学不是处于主客体对立的关系，而是你中有我、我中有你的圆融互摄的关系。诗意教育只有在心动的基础上促使学生德动，他们才会带着一个赤诚的心去跋涉自己的人生路，即使面对的是崇山峻岭，道路崎岖、寸步难行，他们也会赋予脚下的路以美好的、纯真的意象。

（一）启迪思考

过渡：一首好诗，除了生动的画面、富有故事的情节、内在的节奏之外，还需要触摸柔软丰富的内心。我们来读一个和夕阳有关的故事片段。

（二）阅读经典

生：齐读《小王子》的片段1：

过去很长时间里，你唯一的乐趣就是观赏夕阳沉落的温柔晚景。这个新的细节，我是在第四天早晨知道的。当时你对我说：

"我喜欢看日落，我们去看一回日落吧……"

"可是得等。"

"等什么？"

"等太阳下山呀。"

开始，你显得很惊奇，随后你自己笑了起来，你对我说：

"我还以为在家乡呢！"

可不。大家都知道，美国的中午，在法国正是黄昏。要是能在一分钟内赶到法国，就可以看到日落。可惜法国实在太远了，而在你那小小的星球上，你只要把椅子挪动几步就行了。那样，你就随时可以看到你想看的夕阳余晖……

"有一天，我看了四十三次日落。"

生：齐读《小王子》的片段2：

"有一天，我看了四十三次日落。"

过了一会儿，你又说：

①林镇国.儒者的良心·孟子[M].北京：九州出版社，2017：129.

"你知道……一个人感到非常忧伤的时候，他就喜欢看日落……"

"这么说，看四十三次的那天，你感到非常忧伤吗？"

但是小王子没有回答。

追问：为什么小王子这么喜欢看日落？

生：忧伤，人忧伤的时候，需要温暖。

师：你有过忧伤的时刻吗？回想起来，心里会涌出什么样的感受呢？

生：很难过……

师：人难过的时候，特别想……

生：有人可以陪伴自己，听自己说说话。

师：是啊，若是此刻有人陪在自己的身边，可以聆听自己说的话，那些难过的事情好像消失了。即使什么也不说，光是陪在旁边，心里也会觉得温暖。谁在陪着小王子一起看夕阳呢？

生：狐狸。

师：你觉得小狐狸陪着他一起看的这场夕阳，是一场什么样的夕阳呢？

生：一场温暖的夕阳、一场美妙的夕阳、一场独一无二的夕阳……

师：如果你可以贩卖一件东西给他们，你想贩卖什么？

生：永远。

师：那请你把这首诗送给他们吧。

在上例中，冯思佩老师在触发学生心动的基础上，巧妙设置了一个问题：如果有一天，你有一家小店，你想贩卖什么？这个问题的提出建立在童年美好生活回忆与买零食、玩具经验的基础上，学生自然答出自己想贩卖文具、书籍，甚至欢乐、友谊等富有德性内涵的东西。除此以外，还从研读《小王子》一书中，挖掘书中求善的内容并张扬学生内心深处的善心、善意。这就叫"诗之所至，礼亦至焉"，这就叫心动诱发了你作为社会人的、潜藏的德性之善。

3. 行动：最近发展

学生是有个性差异的学生，其生活阅历与德性修养自然也是千差万别的。诗意教育课堂不应该是教师文采炫耀的场所，而应该成为学生成长的田野。学生的成长都有自己的起点，起点不同也就意味着诗意教育的切入点设计、生长点安排需要考虑学生的"最近发展区"，而不是教师的预设。如何发现学生的"最近发展区"？答案就是让学生走在成长的路上，自己相遇成长的世界和未曾遇见的自己。

（1）至美自己，促进创作

师过渡：所以小王子和小狐狸需要这一抹夕阳，他们看见了永恒。除了他们，谁还需要夕阳？

生：我们。

师：谁来读一读。

生读。

范例一（实＋补）：

贩卖夕阳

透明的玻璃瓶里浮现，

像沾了水一样晕开的云，

被黑色涂抹的山。

一抹金色的夕阳，

轻轻悄悄地掉进了，

谁的小船里？

假如有贩卖夕阳的人

请把他的地址告诉我。

无论多远，

我也打算去见他。

因为我想静静重温，

一个人经历过的时光。

师：在一抹夕阳里，静静重温念念不忘的时光。

范例二（虚＋补）：

贩卖时间

一个钟头

接一个钟头

白天的房子

夜晚的房子

贩卖一块块

时间的碎片

每一块时间的碎片

沿着自己的轨迹运行

装下过去、现在、未来

装下生活和爱

师：在时光里无数次出发，寻找新的意义。

（2）自由创作

请补充题目"贩卖_____"，然后选择练习（一）或练习（二）中，你写的一首短诗，随着思绪，接着往下写……

在上例中，冯思佩老师在触发学生有关小卖店生活阅历心动和做一个善良的售卖店店主德动的基础上，设计了有关导引学生售卖行动的情境：夕阳下，一个孤单的孩子等候晚归的父母；地铁里，低头一族看手机；夏天里，干涸的河流等。每一个图景均配备"售卖店"有关的柜台、器具以及售卖的方式，引导学生创造性地设计小店的风格、贩卖的商品等。事实上就是在学生经验的基础上适时、适度、适量地提供情境、思维和言语表达等支架。值得注意的是，诗意教育提供的支架不能成为限制学生行动的"套子"，而要从"最近发展区"出发，获得发现或创造诗意的时机、材料以及水平上的最适恰的帮助。

第四节　诗意作文教学起点设计思路与案例赏析

一、诗意作文教学起点设计思路

缺乏起点意识，或者对起点认识不到位，就会出现作文教学行为的偏差。为了达成诗意作文教学目标，起点的设计显得尤为重要。"起点"是诗意作文教学的方向，是诗意作文教学的开始，是诗意作文教学的基调。可以是心动后一以贯之的情感主线，也可以是德动后的品德升华起步，还可以是言动表达的各个方面。总体而言，都应该从为人和为文两个维度做好"心动、言动、德动、行动"的工作。

从为文的角度看，学生作文需要掌握的体裁、写作手法、语言运用，以及书写习惯都是需要考虑的起点。更深层的地方还在于任何作文都不是随意地表达，诗意作文教学也是有一定目的的，终极目标自然就是促进学生语文核心素养全面而和谐发展。从学生为人的角度看，学生是作文的主体。需要把握学生为人的德性水平，观察自然、社会和自我的能力与为人处世的态度、价值观。简而言之，就是为文的知识经验维度需要把握学生对作文内容要求已具备的学科知识素养及水平；为人的生活经验维度需要把握学生感受生活的意识与能力。具体见图7-1：

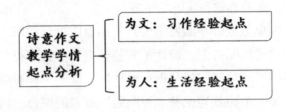

图7-1 诗意作文教学起点设计示意图

二、诗意作文教学起点设计案例

（一）"爱的栖所"诗意习作教学

1. 教材分析

诗意习作教学的内容来源于人教版三年级下册语文园地五的习作：通过一两件事，写写父母对自己的爱，要表达真情实感。

父母之爱，流淌于生活的细枝末节之中，蕴含于时光的浅浅流淌之下。如果把父母的爱比作树，那么孩子就是栖荫于父母爱之树冠下的啾啾幼鸟。父母努力地张开枝叶，为鸟儿遮风挡雨，蔽日成荫。不管春夏，无论秋冬，枝枝叶叶都在岁月的浸润中饱含爱的光辉。以树喻父母，以鸟比孩子，从"树"与"鸟"的物象中归真出"爱的栖所"这一习作诗意点。

从"为文"角度来说，第二学段的孩子已经具备了一定的语文素养和习作水平，对写话有兴趣，能够留心周围事物，写自己想说的话，有一定的习作经验。教师应引导学生以"爱的栖所"作为思维的启发点和语言的训练点，通过"图文关键词组合法""言语实践搭支架法"将诗意点拓展为句、段、章圆融一体的归真动情的语言训练，看得见生活中爱的慢镜头，不拘形式地写下生活中父母爱自己的一两件小事，表达父母对自己的爱与关怀。

从"为人"角度来说，第二学段的孩子初步具备了感受生活的意识、能力和学会感恩父母、老师关爱的德性水平。学会感知、回忆乃至感恩父母的爱对他们来说并不困难。教师应引导学生以"爱的栖所"作为习作的德性点、情感的动情点和体验的成长点，通过"多元感知法""启思交流法""讲授导行法""古诗引读法"将诗意点拓展为启思求善、导行至美的情感交流和德性培育，听得见内心感恩的声音，并用自己的语言文字创造性地表达出来。

整个诗意习作教学以"爱的栖所"为习作知情意与生活真善美的结合点，充分协同了教路、学路、文路三路的统一，抓住学生的语文习作经验和生活经验为教学起点，从"为文""为人"角度引导学生抒发诗情，创造智慧，在言语实践中达到习作的终点，即语文教学目标。

2. 学情起点分析

（1）语文习作经验（为文的起点）：第二学段的孩子已经具备了一定的语文素养和习作水平，对写话有兴趣，能够留心周围事物，写自己想说的话，有一定的习作经验。能够初步具体明确、文通字顺地表达自己的所见、所闻、所想，运用常见的表达方式，具备基础的书面语言运用能力。

（2）生活经验（为人的起点）：第二学段的孩子初步具备了感受生活的意识、能力和学会感恩父母、老师关爱的德性水平。回忆生活中父母对自己爱的小事并从中有所感悟对他们来说并不困难，在此基础上通过导行至美激发他们的感恩之心便顺理成章。①

（二）跨单元作文教学《展信颜欢，纸短情长》起点分析

1. 课标研读

《义务教育语文课程标准（2022年版）》以学习任务群的形式组织和呈现语文课程内容，"文学阅读与创意表达"是发展型学习任务群之一，旨在引导学生在语文实践活动中，通过整体感知、联想想象，感受文学语言和形象的独特魅力，获得个性化的审美体验；了解文学作品的基本特点，欣赏和评价语言文字作品，提高审美品位；观察、感受自然与社会，表达自己独特的体验与思考，尝试创作文学作品。

阅读是输入，表达是输出，两者相辅相成。新课标要求学生进行"文学阅读"，通过高质量阅读指向创意表达，通过整体规划，有序推进。在"创

①选自芜笙组微共体合作探究的《展信颜欢，纸短情长》，团队成员有尚锦霞、包佳怡、施怡、沈思慧、鲁寅恺。

意表达"方面，注重整合性和创造性，旨在通过对表达内容、形式、媒介等的创新来调动学生表达的积极性和创造热情，培养创造创新意识，同时在表达中整合学生抒发情感、表现客观现实等，符合生活中说写一体化、表达功能复合化。在本任务群中培养学生的审美创造，落实语文核心素养的培养。在语文实践活动中学会运用语言文字表现美、创造美的能力，形成健康正确的审美观，能学会表达自然、社会、自我。

在第二学段中，学生通过阅读描绘大自然、表现人类美好情感的文学作品，并学习表达自己对美好生活的向往，尝试用文学语言表达自己热爱自然、珍爱生命的情感，同时欣赏富有童趣的语言与形象，感受纯真美好的童心，发展想象力。在语文写作课堂教学中，坚持贯彻"以教师为主导，学生为主体"的教学理念，创新写作教学模式，通过组织一些新型的习作教学活动，培养学生的自主意识、创新精神、合作能力和探究本领，促进学生的健康全面发展。

2. 教材分析

（1）三下第六单元《身边那些有特点的人》

习作要求学生写一个身边有特点的人。

教材的第一部分，首先呈现了一系列表现人物特点的词语，这些词语不仅活泼俏皮，还鲜明地揭示了人物的特点：有表现人物性格的，也有表现人物品质的，还有表现人物兴趣和爱好的。它们来自学生的日常生活，富有生活气息。看到它们很容易使学生联想到某个人。接着，教材设计了两个层次的问题。第一层次围绕教材所给词语进行讨论，让学生说一说教材中的词语，让他联想到谁，再说说为什么。第二层次启发学生不局限于教材，把视野放宽，说说还能想到哪些这样的词语、哪些人。

为了拓宽学生写作的思路，教材还设计了两个泡泡，引导学生围绕"想到了谁"和"为什么会想到他"两个问题，进行讨论。第一个泡泡提示学生可以通过什么事来表现人物的特点，第二个泡泡提示学生可以通过人物的一系列行为来体现人物特点。

教材的第二部分，要求学生选一个人来写。根据教材第一部分的提示，学生既可以通过一件事来表现人物的特点，也可以通过人物的一系列的行为来写这个人。习作完成后，教材要求用上表现人物特点的词语给习作取个合适的题目，并提供了具体的范例。

教材的第三部分，提出了评价的建议。建议学生将写好的习作"给你写的那个人看看"，并听取他的评价，看是否准确地把握住了人物特点，旨在培养学生的交流意识，让学生体会分享的快乐。

（2）四上第八单元《我的心儿怦怦跳》

习作要求练习把一件事情的经过和当时的感受写清楚。

教材第一部分提供了"参加百米比赛""登上领奖台""一个人走夜路"等常见的生活或学习场景，编排了"你有过上面的经历吗""当时的心情是怎样的"等问题，并以形象的图例呈现"惊喜、害怕"等心理状态，旨在唤起学生真实而丰富的内心体验，开阔习作选材思路。

教材第二部分布置了本次习作的任务，并提出了习作要求。教材在本册习作单元编排了《生活万花筒》，引导学生按一定顺序把事情的经过写清楚。第六单元习作《记一次游戏》练习把游戏的过程写清楚，鼓励学生会试写当时的心情。该单元还在"词句段运用"中安排了用动作描写表现心情的训练。本次习作是在此基础上的进一步发展，既巩固"写清楚事情经过"的方法，又将"写清楚当时的感受"作为新的训练点，不断提升学生把事情写清楚的能力。

教材还以泡泡提示学生，习作时要运用平时积累的写心情的词语。教材列举了14个形式丰富的词语和1个歇后语，有的直接表现某种心情，如"提心吊胆、心急如焚"，有的表现身体在某种心情下的状态，如"脸上火辣辣的、心都提到了嗓子眼儿"。教材提供这些词语，旨在帮助学生描写自己的感受，培养学生自主运用积累的语言材料的意识。

（3）四上第七单元《写信》

随着电话、QQ、微信的普遍使用，书信在人与人的沟通中不再扮演重要角色了，但是书信是人类文明的象征，是传统文化的重要组成部分，在学习、工作、生活中有着特殊的应用意义。本次习作是在写留言条、通知、启事等基础上，培养学生用应用文进行日常交流的能力。

教材第一部分，先用简要的文字说明了书信在生活中的作用，然后通过例文加旁批的形式，让学生感知书信内容特点，明确书信格式要求。信的内容贴近学生生活，语言浅显易懂，能让学生感受到书信在互通消息、交流情感中的作用。旁批形象地提示了书信中称呼、问候语、正文、祝福语、署名、日期的书写位置和规则。

　　教材第二部分前半句话提示学生，寄信需要信封；后半句引导学生交流写信封的注意事项。教材没有直接用范例加批注的形式展示信封的填写格式，而是启发学生联系实际，积极思考，再通过交流得出书写信封的注意事项。

　　教材第三部分提出了写信、寄信的习作任务，体现了以"实用"为导向的教学原则。教材在写信对象上给予学生选择的空间，还为寄信的实践活动，提供了两种方式，即通过邮局寄送和通过电子邮件发送，体现了与时俱进的特点。

　　3. 学情起点分析

　　（1）为人的教学起点

　　本次习作教学引导学生留心身边的人，发现身边人的特点，培养学生的观察能力，养成良好的观察习惯与自主运用积累的语言材料的意识。习作话题与学生日常生活联系紧密，唤起学生真实而丰富的内心体验与生活经验，从中体悟情感之美，学会用国家通用语言文字表达他们的真实感受。在课堂中培养学生的交流意识，让学生体会分享的快乐。最后以书信的形式与他人互通消息、交流情感，表达自己的所思所感，培养学生用应用文进行日常交流的能力，成为善思、善写、善言的优秀少年。

　　（2）为文的教学起点

　　四年级学生往往已经具备了一定概括能力，写出的文章也能体现出良好的条理性与逻辑性。对此，需培养学生良好的观察能力，让学生学会收集信息、整理信息、分析信息、给出结论。同时，在习作教学中激发学生学习的主观能动性，帮助学生明确学习目标，拓展习作的深度和广度，让学生能有条理地表达自己的想法，充分发挥创作的积极性与创新性。此外，教材在此之前有关于写留言条等方面的练习，也为本次"展信颜欢，纸短情长"习作奠定了基础。学生通过整体感知、联想想象，感受文学语言和形象的独特魅力。①

---

①选自九思组微共体合作探究的《爱的栖所——我想用我的一生来陪伴你》，团队成员有郑一鸣、葛青青、黄珈奕、李昕烨、叶诗婷、宋秋仪、戴璐。

第八章　诗意作文的终点：
步入雨花深处

第一节　什么是诗意作文教学终点

一、三个隐喻引起的思考

每跑一段路，奔跑者都希望看得到路的尽头；每一次扬帆远航，奋楫者都希望抵达成功的彼岸。上了一节又一节作文课，但相当多的学生听不到终点的掌声，也看不到彼岸的花开。我们是否分析过，学生为什么抓耳挠腮也写不出精彩的文章？我们是否反思过中小学作文教学的终点是什么？是舍本逐末式的作文技法、技能训练？还是义理、辞章？

（一）亚当、夏娃时代的"苹果"

在《圣经》中有一个大家耳熟能详的故事，说的是当初上帝创造天地之时，把泥土捏成自己的形状，去人世间管理万物，就有了亚当。后来，亚当觉得寂寞，恳求上帝又制造出一个女人，名字叫作夏娃。上帝还给了他们一个叫伊甸园（意为快乐、愉快）的院子，让他们在里面生活，并且规定伊甸园什么都能碰，就是不能吃其中两棵树上的苹果，否则要遭到天谴。因为一棵树代表智慧之树，吃了果子可以成长得像上帝一样聪明；另一棵代表生命之树，吃了果子可以像上帝一样长寿。后来一条毒蛇告诉了夏娃，于是，夏娃经不住诱惑吃了苹果并与亚当分享。从此，亚当、夏娃懂得了仁义道德，懂得了人伦秩序。上帝知道后，惩罚亚当开始每日在地上务农耕种，饱受劳动之苦；惩罚夏娃要承受生育之苦，繁衍生息。

在这个故事里，"苹果"代表着知识，"毒蛇"自然成为人类的老师。老师掌握了知识的奥秘，传授给亚当、夏娃这样的学生，人类从蒙昧状态进入到文明的启蒙时期，尽管违背了上帝的禁令，被逐出伊甸园，开始了人类的痛苦和劳作，但追求知识成为人类进步的阶梯。在前喻文化时期，人类需要在劳动实践中不断积累成功的经验，这些掌握经验的人就成为"老师"，而学生只有接受老师的教导，才可以像亚当、夏娃一样不再蒙昧而变得逐渐聪明和健康。

（二）牛顿时代的"苹果"

牛顿的"苹果"故事其实是一个著名的科学传说。它描述的是英国伟大的数学家、物理学家、天文学家和自然哲学家艾萨克·牛顿1642年在家乡英国林肯郡伍尔索普村的苹果树下休息时，被一个熟透的苹果砸中头部。这个偶然的事件引发了牛顿对重力的思考，并最终导致了万有引力定律的发现。

牛顿时代的苹果代表着科学和理性。在这个故事中，苹果代表着观察、推理和实验的精神，是一种科学探索和理性思考的象征。同时也意味着人类生活在并喻时代，教师和学生的关系不是主客体"教者"与"学者"的关系，而是主体间性的相互促进、相互学习的关系，教师有责任教学生学，更有责任引导学生探索，知识不是客观的定在，而是主体不断探索的发现。无论是教师的"教"，还是学生的"学"，均需要重视认知的价值与功能。

（三）乔布斯时代的"苹果"

1955年，乔布斯出生于加利福尼亚州旧金山市。他的亲生父母把他送给了保罗和克拉拉·乔布斯夫妇。乔布斯自幼就对电子产品感兴趣，经常在车库里摆弄各种零件和工具。1976年，年仅21岁的乔布斯与他的好友斯蒂夫·沃兹尼亚克在自家的车房里成立了苹果公司。他们的第一个产品是苹果Ⅰ号个人电脑，但真正让苹果公司声名大噪的是1977年展示的苹果Ⅱ号样机，公司开始扩张并生产更多的电脑。然而，乔布斯与公司的管理层的经营理念发生了分歧，他几次试图夺回公司的控制权，但都没有成功。在1985年，他宣布离开自己一手创办的苹果公司。离开苹果之后，乔布斯创立了皮克斯动画工作室，并在1986年被迪士尼收购。在此期间，乔布斯成为迪士尼最大个人股东。然而，苹果公司的经营陷入了困局，公司面临重大危机。此时，乔布斯在迪士尼的职位上也开始寻找拯救苹果的方法。1997年，乔布斯重返苹果公司并担任首席执行官。他开始对公司的产品进行大刀阔斧的改革，推出了一个个具有里程碑意义的产品，如iPod、iPhone和iPad等。苹果公司也因此成为全球最有价值的科技公司之一。尽管2011年，乔布斯因胰腺癌去世，但他的创新精神和追求完美的理念仍然影响着世界各地的科技从业者。

乔布斯时代的"苹果"象征着"Think Different"（不同凡响）的创新、美学和进步。也就意味着这个时代的教育，教师和学生不仅要建构主体间性的对话者关系，还要建构合作者关系，无论是教育还是教学，不再固守传统的知识本位主义，更不能固守学科本位，也应该围绕创新思维、颠覆传统的勇气以及对美学执着追求，走向教育的融合，学生不再是知识的接受者、认知的发现者，而应该是敢于创新的"勇者"与"智者""雅者"的综合体，是立体而灵动发展的人。

从苹果的隐喻看作文教学，那种接受世界、认识世界的作文观念和教学方式的旧船票能否登上新时代的航船呢？作文教学的目标指向何方呢？作文教学的终点究竟在哪里呢？

二、作文教学终点

（一）概念的界定

什么是终点？从生活实际视域看，终点指的是空间或范围的界限、边界、尽头，是指某个过程或事件的结束点；在时间管理领域，终点是指一个计划或项目的截止日期，也指人生结束的时刻。从本质上说，终点是一种目标导向的观念，它指导我们如何有效地利用时间，以实现我们的目标。根据不同的划分标准，终点概念可以分为不同的类型。例如，根据目标的不同，可以分为学业终点、职业终点和人生终点等。

（二）什么是作文教学终点

在作文教学中，终点是指教师引导学生通过作文的言语实践，在一段时间内可以达到和实现的写作能力和水平。换句话说，终点是教师为作文教学和学生作文学习目标预设的学习结果。研制作文教学终点，具有重要的意义。首先，它可以帮助教师合理地规划作文教学目标。作文教学有明确的终点，教学目标会变得可操作，教学程序会变得有条理，甚至达成目标会有更明确、具体的计划和时间表；其次，可以预见的终点，就如同长跑者看得见的目的地，可以促进学生提高作文的兴趣和激发他们的内驱力；当他们奔跑的脚步一步步接近看得见的目的地时，就会感到努力的充实和满足，从而增强作文的幸福感；最后，抵达作文的终点，还有助于学生审视走过的作文之路，从而反思自己的不足，发扬作文的优势，促使自己不断地进步。

（三）作文终点的时代流变

在不同的历史时期，我国的作文教学终点分析与确认会因为教师的事实判断和价值判断发生变化。

1. 古代作文教学终点

在古代，隋唐时期推行科举取士制度，常设的科目有秀才、明经、俊士、进士、明法、明字、明算、一史、三史、开元礼、道举等等，而考试内容有帖经、墨义和诗赋等。所谓的帖经，指的是考官任取经典中的某一段，用纸条贴盖其中的数字或数句，令考生背出来，类似现代填空考试的办法；所谓的墨义即笔答，指的是考官根据经文出题，考生笔答该句经文的前人注疏或上下文，有时采取口答的形式，就称为口义；所谓的策问，指的是考官就当前时务提出策问，考生书面作答。唐朝初期的进士科考试为"时务策"五条，涉及国家现实问题，要求考生面向社会，观察、思考问题，设计解决办法。这就要求考生具备十分高超的作文能力。唐高宗调露二年（680年）为进士科加试帖经、杂文，进士科形成了杂文、帖经、策问三场考试制。此杂文泛指诗、赋、箴、铭、表、赞之类，测试应试者的文学才华。[①]为了达成科举取士的目的，考生必须在限定时间内完成一篇内容充实、结构合理、语言流畅的文章。考生的作文素养不仅涉及时政观察、分析论辩能力，还需要非同一般的文学造诣。随着科举的演进，作文从内容到形式对读书人的思想限制越来越严。北宋王安石废诗赋取经义，将取士内容限制到儒家经典的狭窄范围内；南宋时经义形成"有定格律，首有破题，破题之下有接题"[②]。到了明清时期，形成并推行八股文。八股文每篇由破题、承题、起讲、入手、起股、中股、后股、束股等固定段落组成，作文教学的终点落在文章的形式训练上。"为世用者，百篇无害；不为用者，一章无补。"（王充《论衡·自纪》）"盖文章，经国之大业，不朽之盛事。"（曹丕《典论·论文》）"文章合为时而著，歌诗合为事而作。"（白居易《白氏长庆集·与元九书》）总体而言，古代的作文教学价值取向是"为世所用"，导致作文教学的终点落在"学而优则仕"上。

---

① 金诤. 科举制度与中国文化[M]. 上海: 上海人民出版社, 1990: 57.

② 龚笃清. 中国八股文史 明代卷[M]. 长沙: 岳麓书社, 2017: 218.

2. 近现代作文教学终点

近代，尤其是清末民初的作文教学思想在某种程度上还是受到了科举考试制度的制约，作文教学注重培养学生的应试能力，强调写作技巧和文体的规范，尤其是八股文的训练在这一时期得到了比较广泛的重视。在戊戌变法、洋务运动等影响下，随着传统家塾、私塾、义学、义塾逐渐被新式的学堂、学校所取代。一些进步的教育家和学者对作文教学进行了积极的探索和改革。比如梁启超专门撰写了《中学以上作文教学法》讲稿，着眼于文章的内容、结构和功能因素，把文章划分为情感之文、记载之文和论辩之文三大门类，反对让学生脱离内容胶着于文体的做法。在此基础上，要求教师做到：其一，能与人规矩，着眼谋篇的作文教学任务；其二，求真求达的作文教学精神；其三，读写结合的作文教学方式；其四，从范文分析中揭示出写法要点，使学生理解作文理法；其五，少做精练。他试图通过读写结合，将民族文化的精神内涵、民族国家的再造文明的自豪感、使命感，深深植入青少年心中，使其主体性坚实、饱满，从而培养具有健全人格的"新民"以作用于社会。[①]再比如著名的教育家陶行知就主张作文教学应该注重培养学生的创造性和独立思考能力，提出了"生活教育"的理念，强调学校教育应该与现实生活紧密结合。此后，随着新文化运动和"五四运动"的发展，作文教学重点逐渐转向了表达思想和感情的培养。

3. 当代作文教学的终点

在当代，随着信息技术的不断发展和互联网的普及，新课改的深入推广，《义务教育语文课程标准（2001年版）》到《义务教育语文课程标准（2022年版）》的不断修订，作文教学重点更加注重学生语文核心素养的培养，尤其是强调信息素养和跨文化交流能力的培养。作文教学流派和作文教学思想层出不穷，诞生了"情境作文""生活作文""思维作文""快乐作文""童心作文""绿色作文""本色作文"等。从它们的主张看，起点各有不同，但终点殊途同归。比如，情境作文流派主张通过创造具体、生动的情境，帮助学生产生写作的热情和动力，从而提高学生的写作兴趣和能力。情境作文流派强调写作的情境性，认为写作应该是对真实情境的再现和创造，而不是对抽象概念的表述。生活作文流派主张通过引导学生关注日常生活，

---

① 韩世姣. 中国语文教育思想简史[M]. 上海：复旦大学出版社，2015：38.

从中寻找写作素材和灵感，从而提高学生的写作能力和水平。生活作文流派强调写作的生活性，认为写作应该与生活紧密相连，只有真实的生活才能产生真实的写作。思维作文流派主张通过培养学生的思维能力和思维方式，提高学生的写作能力和水平。思维作文流派强调写作的思维性，认为写作应该是对思维的表述和呈现，只有通过深入思考和分析，才能产生有思想、有深度、有力量的好文章。快乐作文流派主张通过营造轻松愉快的写作氛围，帮助学生克服写作中的困难和障碍，从而提高学生的写作兴趣和能力。快乐作文流派强调写作的快乐性，认为写作应该是一种享受和愉悦的过程，而不是一种痛苦和负担。童心作文流派主张以"童心"为核心理念，强调在作文中回归自然、回归真实、回归初心，追求自然、真实、简单的写作风格。该流派主张通过激活学生的童心，帮助他们释放自己的天性，发挥自己的创造力，从而创作出有趣、生动、有感染力的好作文。借鉴了李贽的"童心说"文艺创作观念，反对虚伪矫情的文风和崇尚模拟的流弊，主张以自然本心为文，不受传统写作规范的束缚，用自己的语言和方式来表达自己的思想和情感。该流派认为，只有保持童心，才能保持对世界的好奇心和创造力，才能在写作中不断探索和创新。绿色作文流派是一种以"绿色"为核心的作文教学理念和流派，强调在作文中体现环保、低碳、可持续发展的理念。该流派主张通过引导学生关注自然环境、思考环保问题和社会发展问题，培养他们的环保意识、社会责任意识和创新思维能力。本色作文主张以"本色"为核心，强调在作文中保持自己原有的真实、质朴、自然的风格。该流派主张通过引导学生关注自己的内心世界和真实情感，从而培养学生的自我认知和表达能力。

以上是几种当代主要的作文教学流派及其主张，这些流派各具特色，但共同点在于都强调写作的实践性和体验性，注重培养学生的兴趣和能力，作文教学的重点都落在"人"的培养上。

三、诗意作文教学终点

（一）诗意生成是诗意作文教学的终点

作为国家发展重要战略提出的基础教育高质量发展，从概念解析的角度看，所谓的质量，依照中国国家标准GB6583.1-86的质量定义，指的是产品、过程或服务满足规定或潜在（或需要）要求的特征和特性的总和。按照这一定义类推，所谓的作文教学质量，指的是中小学教师基于作文教学为人、为文起点的认识，设计并实施激发心动、言动、德动、行动的言语实践活动，从而满足教育利益相关主体规定或潜在要求所呈现的特征和特性的总和。从主体规定看，任何作文教学均应该指向学生的培养。学生不是静止不变的"定在"，而是不断与自然、社会、自我相遇的诗意生成。从载体看，尽管作文教学最后要通过语言文字符号来记录，但记录在案的作文，需要师生之间、生生之间进行鉴赏、评价，这个活也是生成。就作文主体而言，每一次的作文生成，无一不是理想自我归真、求善、至美的结果。从潜在的要求看，作文的高质量，其实质就是语文教师引导学生创造性运用语言文字符号去对所遇到的世界和自我进行个性化的解读和表达，从而促使其"规定或潜在"的特性得到合乎规律性与目的性统一的发展。因此，评价、衡量作文高质量水平，从结构而言，主要是判断、评定作文教学育人质量；从培养起点和过程而言，主要是考察、审视教学的合法性、合理性与合用性。

所谓的"合法性"，直观的解释就是合乎法令制度，而法令制度的本质是人们对于社会行为共同认可的规范。哈贝马斯强调合法性意味着某种政治秩序被认可的价值[1]。作文教学的合法性自然就是国家等教育主体所倡导及施加影响的作文教学能够产生社会大众广泛认同效应的教育效能及价值。显然，作文教学的合法性来自两个方面：其一，作文教学共时性存在与发展的价值判断；其二，作文教学历时性存在与发展的事实判断。

从价值判断的维度看，作文教学的合法性建构与生成需要以价值合理性为动力，以工具合理性为行动准则，将作文教学的信念和责任互补交融结合起来。自中华人民共和国成立以来，党和国家就特别重视基础教育质量提升，也特别重视作文教学改革。作文教学的发展历程大致可以总结为以下几个阶段：其一，1949—1977年，起步和发展阶段。在这段时间内，作文教学逐渐在语文教育中占据重要地位。一方面，注重学生的应用文写作，特别是在工作、学习和生活中常见的应用文，教材中编选了很多应用文课文供学生学习模仿，对学生应用文写作的要求也在逐渐提高；另一方面，加强了作文知识教学。其二，1978—1987年，改革和探索阶段。随着改革开放的深入推进，语文教材建设开始注重学生的作文知识与基本功训练。教材中编辑了诸

---

[1] 哈贝马斯. 交往与社会进化[M]. 张博树，译，重庆：重庆出版社，1989：184.

如"读写例话"等作文知识，常以读过的课文为实例，抓住读写方面的一个重点，向学生提出读和写的基本要求，提示怎样读和怎样写的方法。其三，1988—2000年，深入改革和创新阶段。受改革开放的影响，这一时期的作文教学更加注重学生的主体性、探究性和合作学习。在作文教学方法上，出现了情景写作、创意写作、批判性写作等新观念和新模式。随着互联网的普及，网络资源对作文教学产生了深远的影响。其四，2001年至2021年，全面而有特色发展的阶段。2001年起，我国启动了新课程改革，提出了一系列新的教育理念和方法。在语文教育中，语文教学注重发挥学生的主体性、探究性和合作性学习效能，作文教学也从单纯注重技巧转变为关注学生的思想、情感和表达能力的综合培养。此外，作文教学也更加注重与现实生活的联系，教师引导学生观察生活、体验生活，从生活中获取灵感和素材。其五，2022年至今，随着《义务教育语文课程标准（2022年版）》的落地实施，作文归位到课程目标板块的"交流与表达"，将原有的"口语交际教学"和"写话、习作教学"统整起来，这样有利于从过去作文内容与形式的定在走向诗意的生成。

所谓的"合理性"，依照苏联学者M.H.斯卡特金的观点，指的是A现象在B条件下得到C的结果[①]。诗意作文教学要促进语文教育高质量发展，其合理性就在于科学认识其行为在高质量发展的条件下得到契合其合法性的教育教学结果。从作文教学的主体看，尽管存在教师"教"的主体，但为了学生且促进学生的发展是作文教学的根本目的；从教学条件看，作文教学的顺利展开，似乎需要富有诗意的教师，教师需要有诗意情怀的陶冶、一定的文学素养和写作能力，需要运用诗性智慧，选择适合的教材和组织丰富的教学资源，营造轻松、愉悦的课堂氛围，从而发挥学生的想象力和创造力。这一切只有放置在人的自由而全面发展的范畴里，作文教学才可能焕发诗意的魅力。从作文的结果看，作文不仅仅是一篇篇写在作文本上的文字，更重要的地方还在于回归了作文的本质。作文是一种表达情感和思想的方式，也是一种创造性的思维活动。诗意作文教学通过引导学生运用合适的语言创造性地表达自己的内心感受和情感，从归真自然的生活，到求善社会的德性以及至美自我的审美，能够提高学生的审美感受力和审美素养，从而帮助学生更好

---

① 李方. 课程与教学基本理论[M]. 广州: 广东高等教育出版社, 2002: 249.

地理解和表达美。

所谓的"合用性"，从经济学的视野看，指的是产品在使用期间能满足使用者的需求①。推衍到作文教学领域，诗意作文教学终点的认识自然也是供给中小学进行作文教学改革所使用的"产品"，因此，所谓的"合用性"，指的是诗意作文教学能够满足中小学教学促进语文教学高质量发展的需求且能产生最大教育效应的水平。马克思在《关于费尔巴哈提纲》一文中提出了以人为本的重要命题：人是一切社会关系的总和，人的主体性、能动性是由人的社会属性决定的，因此，要从社会性的角度去激发人的首创精神，并最终为人服务①。从这一经典哲学命题出发，诗意作文教学充分激发语文教师坚守民族诗教特色的主体性、能动性、创造性原则，正确梳理和认识中华民族诗性文化的本质与责任，形成以诗一般的言说方式去讲好中国故事的教学模式，有助于民族化的作文方式创造性转化和创新性发展，进而促使语文教育高质量发展呈现新新不已的局面。

无论是从"合法性""合理性"，还是"合用性"看，诗意作文的终点都是学生为人与为文的诗意生成，这是诗意作文的本质特征，也是作文教学目标的价值追求。

（二）诗意作文教学终点与目标的辩证关系

诗意作文教学终点与作文教学目标是什么关系？我们需要把握作文教学目标的基本内涵。什么是目标（goal）？《现代汉语词典》给出的定义有两个：其一，攻击或寻找的对象；其二，想要达到的境地或标准。从心理学的角度看，在动机心理学中，是指有机体所想要达到的最终结果；在E.C.托尔曼的目的行为定义中，则指个体在活动中所趋向的特定的地点或物体。在教育心理学中，R.加涅把教育目标界定为通过学习获得的有助于发展的人类活动②。从这可以看出，所谓的目标是人们主观上对自我或群体行为活动预期和追求的客观标准的超前反映，是外界或环境等客观条件是否满足主观需要的诱因或刺激的反映。

从管理学的角度看，目标通常指的是对一个系统进行管理时预期达到的结果。主要由目标内容和达到要求两个因素组成。其表示形式有两种：数量

---

①韩冰. 朱兰的质量管理三部曲[J]. 企业改革与管理, 2009（9）: 65-66.
②车文博. 当代西方心理学新词典[M]. 长春: 吉林人民出版社, 2001: 234.

目标与形象目标。所谓的数量目标，指的是用绝对数和相对数表示某方面应达到的具体水平和程度；所谓的形象目标，指的是用具体的形象对比来衡量达到目标的程度。例如，要获得金奖、银奖的品种，达到全国评比的名次，达到或超过国内或世界的水平等。数量目标所定的数据在一定计划期内是不变的，所以也称静态目标。形象目标的具体要求，即使在一个计划期内，也会因对比对象的变化而变化，因此也称动态目标。①管理学范畴的目标强调结果达成的可控和可检测，检测的手段可以通过量化结果的比较，也可以通过形象目标的质性分析，这对于教学目标长期处于模糊状态的语文是有积极借鉴作用的。

从教育学的角度看，据我国学者李乾明先生考证，美国著名教育学家、心理学家布鲁姆1956年出版了《教育目标分类学，第一分册：认知领域》（*Taxonomy of Educational Objectives：Cognitive Domain*，1956年），在该书里他把目标分为认知、情感和动作技能三个维度，这就是语文课程与教学论三维目标的来源之一。不过，李乾明先生接着指出：布鲁姆提出的"educational objectives"应理解为教育目标；就目前的文献看，尽管难以判断是谁最早提出了教学目标概念，但可以肯定的是美国著名教育家拉尔夫·泰勒（R.W.Tyler，1871—1960年）提出的教学目标一般翻译为"teaching objectives"。教学论教材大都把泰勒视为"行为目标运动"之父，在泰勒的学说里，所谓教学目标就是"形形色色的行为方式的变化"。②苏联著名教育家巴班斯基（Юрий Константинович Бабанский，1927—1987年）根据整体性、系统性原则，着眼于教学的整体与部分、部分与部分、整体与外部环境之间的相互关系、相互作用、相互制约，综合地考察教学对象的教学意义和价值，把教学目标视为教学任务，提出教养、教育和发展三大目标。其中教养的目标包括"掌握科学知识、形成专业的和一般的学习技能和技巧"；教育的目标包括形成学生的世界观，形成道德的、劳动的、审美的、伦理的观念和信念，行为方式和活动方式，理想、态度和需要等个性品质；而发展的目标指的是发展学生思维、意志、认知兴趣和能力等内容。从这些简单的文献梳理可以看出，西方学者倾向于把教学目标视为教师主体对自己教学行

---

①郑大本, 赵英才. 现代管理辞典[M]. 沈阳: 辽宁人民出版社, 1987: 167.

②李乾明. 重绘教学理论学术思想地图[M]. 北京: 中国社会科学出版社, 2012: 49.

为预期的结果或效果，或者教学在学生身上引起的行为方式的变化。显然，这不是形式逻辑上的性质定义，充其量只能算作发生学的定义。

受西方学者的影响，我国语文课程与教学论的学者对作文教学目标的界定也往往从作文教学发生的主体、条件及结果进行界定与分析。比如，作文教学目标是指作文教学活动实施的方向和预期达成的结果，是对师生通过作文教学活动所要达到的结果或标准的一种预期。这种预期，主要是对学生作文后行为变化的预期，即对学生通过作文能做什么的预期。作为一种预期，作文教学目标是预设的，存在于观念中，而并非已经存在的现实，也不一定能实现。[①]作文教学目标，广义而言是语文教师引导学生进行作文行为预期实现的结果，是教学后应产生的事前标示，是在主观上预先建立起来的教学和学习形象；狭义而言是指语文教师对作文教学中教师教和学生学语文行为所产生结果的判断与预设[②]。从这些定义不难看出，构成作文教学目标这个概念系统的主要要素有语文教师主体、语文教学主体行为、语文教学对象、教材等教学条件以及教学结果。其中作为语文教学对象的学生当属于构成教学目标系统中的关键要素。正因为教学行为是指向学生的，是教学主体对语文教学行为之于学生学习语文结果或效果的预测、预评，这就导致语文教学目的与目标纠缠在一起，厘清二者的区别与联系就成为语文教学以及实施诗意语文教学的一个关键问题。

作文教学目标与教学终点是什么关系？从现有的研究情况看，学者们主要有三种意见：其一，对应关系，作文教学目标是针对学生的写作能力和素质而设计的，而作文教学终点则是通过教学活动达到提高学生写作能力和素质的目标。它们是相互对应的，一个是从目标出发，一个是从结果出发，但都是为了提高学生的写作能力和素质；其二，包含关系，作文教学目标和作文教学终点都是为了提高学生的写作能力和素质，但它们的具体内容和侧重点不同。作文教学目标是作文教学终点的组成部分，而作文教学终点则包含了作文教学目标的实现和其他相关素质的培养。其三，不同关系，即作文教学终点与教学目标之间有主体认知、陈述方式、适用对象等方面的区别，作文教学终点属于语文课程论的范畴，而作文教学目标属于教学论范畴，但

---

① 刘淼. 语文教育中的心理学问题[M]. 济南：山东教育出版社，2013：230.
② 朱绍禹. 中学语文教学法[M]. 北京：高等教育出版社，1988：23.

在实践操作层面，作文教学终点与目标的运用往往并不要求作如此严格的区分。其四，指导关系，作文教学目标是制订作文教学计划的依据，而作文教学终点则是检验作文教学计划是否达到预期目标的标志。作文教学目标指导着作文教学计划的制订和实施，而作文教学终点则是对作文教学计划实施结果的评价和反馈。

总之，诗意作文教学视作文教学目标为作文教学计划的起点，也是作文教学计划的终点。诗意作文教学目标是指教师引导学生在一定时间内，通过言语实践去相遇自然、社会、自我的诗意，进而创造性运用语言文字符合诗意生成理性自我活动的预设，诗意作文终点在于教师与学生共同努力，通过一段时间的作文教学活动，学生所达到为人与为文的诗意生成能力和水平，是教学目标的实现，是诗意情感的激情喷发，是创造智慧的才华展现。简言之，就是语文经验的丰富与生活经验的精粹。

第二节　如何把握诗意作文教学的终点

一、遵循主体性原则，建立"以人为本"的理论导向机制

学生是教师作文教学工作的对象。作文教学以培养人为根本、为存在的依据。我们的作文教学首先应做到"以人为本"。恩斯特·卡西尔在他的著作《人论》中声称："人只有在创造文化的活动中才成为真正意义上的人，也只有在文化活动中，人才能获得真正的'自由'。"[①]

"以人为本"，就作文教学而言，就是以人的发展为根本，关爱人，关爱人的生命，关爱人的生存环境。青少年学生处于人生的最佳发展期，其行为有盲目性、可塑性以及纯真性，给此阶段的作文教学提供了极大的可开放性，学生才会诗意地生成理想的自我，赋予学习、生活以诗意的意象和美好的憧憬。现代认知心理学认为，有效学习最重要的内部条件一是学习者的原

---

①韦仁忠. 文化符号的本质与著作的意义——读恩斯特·卡西尔《人论》札记[J]. 宿州教育学院学报, 2012（6）: 113.

有知识基础，二是学习者的主动加工活动。"主动"从何而来？从外部看，来源于教师赞赏的笑脸，同学羡慕的眼神、家长郑重其事的夸奖等，但更重要更有效更持久的"主动"应来自其内部因素，即学习者的自身兴趣及自我发展需要。因此，"主动"首先反映在心理学上的则是"自主"。自主性所反映的是学生在作文教学中的地位，是指在一定条件下，学生个体对自己的作文具有支配和控制的权力与能力。自主性原则要求充分尊重学生的兴趣、爱好，为学生的自主性的充分发挥开辟了广阔的空间，让学生独立自主地完成一系列学习活动，允许他们自主地确定作文目标，选择作文素材，创新作文的方法，自己去设计、开发、行动、体验乃至创造，从中享受学习的愉悦、成功的快乐。

以作文知识为本位的传统作文教学模式对学生作了一个潜在的、不切合实际的假设，即学生是缺乏主动加工能力、能动反应的个体，作文教学只能以毫无错误的方式给学生传授毫无错误的作文知识，由此，作文教学只能置学生的主体性于不顾，采用小步子的原则，一股脑儿对文章的审题立意、谋篇布局进行面面俱到的"肢解"，教学目标、教学程序、教学内容等的确定，一切取决于"教者好教"而不是"学者好学"。

"以人为本"的诗意作文教学充分肯定学生是具有一定早期经验和历史积淀正在发展的能动体。学生是作文的主体、认识的主体、发展的主体，在作文教学中必须充分调动学生的学习积极性、主动性和创造性，使学生最大限度地参与整个作文教学过程，让学生通过动眼、动口、动脑，把外部的学习活动逐步内化为自身需要的言语实践活动，促进学生在言语实践过程中知识与能力、情感与态度、过程与方法的和谐发展与提高。

为了有助于"学者好学"，实现"让学生生动、活泼、主动地发展"的总目标，教师应树立"以人为本"的观念，不给学生预设先在、定在的"目标"，瞄准诗意生成的终点，变单一作文知识传授为关注个性、才能的发展，变设置知识学习的"通道"为创设激发兴趣、诱导情感的"情境"，总之，"以教定学"必须转向"以学定教"。

二、遵循相融性原则，建立发展学生语文素养为核心的目标机制

以作文知识为本位的传统作文教学模式，教师简单地把强烈的功利主义、技术主义的价值取向当作作文教学的奋斗目标，作文教学活动也就演变

成静态的作文知识传授、灌输"中心思想"的过程。其实质就是教师以自己的意志为核心，把学生的思维、语言乃至作文教学过程均纳入教师的控制范围。粗暴地抑制学生作文的灵性，破坏了学生诗意看待世界以及自我的主动性与能动性，导致学生成为定在作文的模仿机器。缺乏诗意生成的作文不仅味同嚼蜡，更可怕的危害还在于，学生的人格实现分裂，作文成为达成功利化目的的手段，而不是改造自己的为人和为文，或者说借助作文生成富有诗意的理想自我。

以知识为本的传统作文教学模式的误区就在于混淆"语言学得"与"言语习得"的本质区别。言语习得是指个体通过言语活动学习言语的过程，而语言学得则指的是个体在教师的教导下学习语言知识来掌握语言的过程。二者的根本区别在于"实践性"三个字。个体只有亲自参与言语实践活动，由长期规范的言语熏陶、感染内化出自己的言语行为，才能形成具有个性的言语能力。"语言学得"是一种理论学习，属于认知行为，离不开教师的传授，也就少不了条分缕析的讲解。

从语文课程的基本性质看，语文学科既具有工具性，也具有人文性。语文是一个以言语为核心的包括语言、文字、文章、文学、汉语言特有的文言文等的多元系统。就作文教学目的而言，《义务教育语文课程标准（2022年版）》"课程目标"中有具体的体现：一是规范表达能力，即"能根据需要，用书面语言具体明确、文从字顺地表达自己的见闻、体验和想法"；二是丰富语言经验，即"培养语言直觉，提高语言表现力和创造力"；三是修养语言表达德性，即"有理有据、负责任地表达自己的观点，养成实事求是、崇尚真知的态度"；四是提高作文品质，涉及"感受语言文字的美""理解、欣赏和初步评价语言文字作品，丰富自己的情感体验和精神世界""学习发现美、表现美和创造美，形成健康的审美情趣"。简言之，作文教学必须使"归真、求善、至美"三个方面相互渗透，融为一体，注重语文素养的整体提高。这就要求作文教学必须坚持相融性原则，整体把握作文教学内容的价值取向，构建以发展学生语文素养为核心的目标机制，使作文教学过程变成动态的诗意情怀、诗思启迪、诗理感悟和诗语积淀的过程，形成学生、教师、教材、环境等因素的整合。相融则利，相离则弊。相融才能形成整体结构，从而发挥更大的作文效能。

三、遵循实践性原则，建立"自主、合作、探究"的学习机制

语文课是活的生命之课，作文教学自然就是生命焕发诗意魅力的活动。作文教学是一种培养人的活动，培养人的活动应在实践中进行。《义务教育语文课程标准（2022年版）》指出："语文课程是一门学习国家通用语言文字运用的综合性、实践性课程。工具性与人文性的统一，是语文课程的基本特点。语文课程应引导学生热爱国家通用语言文字，在真实的语言运用情境中，通过积极的语言实践，积累语言经验，体会语言文字的特点和运用规律，培养语言文字运用能力。"①作文教学主要是通过言语实践（语言实践）实现教育的人学主题。作文课是言语实践课，是活的生命之课。学生的言语实践能力不是教师"讲"出来，而是学生在充分地"践行"中形成的。作文课堂应是学生"践行"的场所。

遵循实践性原则，作文教学必须以学生的现实生活和社会实践为基础，以活动为主要形式，强调学生的亲身经历、自主参与学习，通过"做""考察""探究"等一系列的活动去接触和感知各种人和事，在真切地体验和感受生活过程中，获得与人交往、探究问题的能力以及正确的情感、态度与价值观，发现和解决问题，发展创新能力。

指向定在的作文知识、作文技法训练的传统作文教学是教师将学生取得应试成绩作为作文教学的直接目的，其指导思想往往发挥的是教师的主体性，其作文教学目标是教师的主观价值取向的体现。死记硬背，机械套用，应付考试，争取高分，追求升学率，就成为衡量作文教学优劣的唯一标准。教师是作文教学的中心人物，教学内容依据的是作文考纲的评分细则，而不是课标总目标、年段目标和学业质量的指导，导致作文教学过程只能是程序化的、工程化的分析和训练。

受这种作文教学终点的制约，教师必要的教学环节或必备的教学内容就是读范文、模仿范文，其用意在于为学生作文铺路搭桥，给学生明确的方向指向，建构定在的思维支架，快速把握应试作文套路，表面上是为学生的作文思维排忧解难，事实上，从诗意作文教学诗意生成的终点看，它恰恰限制

①中华人民共和国教育部. 义务教育语文课程标准（2022年版）[M]. 北京：北京师范大学出版社，2022：1.

了学生作文的自主性，大大缩小了学生自主探索的空间；学生表面看来能够轻松地走过教师设置的"通道"，顺利地达到教师预定的目标，得到教师想要的终点，但学生不经积极艰苦的探索学习，学生往往只是"学会"而得不到"会学"的本领。

面向诗意生成的作文教学强调学生是立体人、发展人、创造人，教师只有做研究者、引导者和示范者，学生才会成为诗意的栖居者、诗意的探索者和诗意的践行者，作文才会成为德言同构、真善美圆融互摄的活动。诗意作文教学主张学生个体与学生，学生与小组构建"微共体"，一同沿着"自主感悟—发现问题—合作探究—求实创新"的思路前进，在主动积极的"发现—探索"式思维和情感活动中，相遇自然、社会与自我的诗意，并在理解中体验、感悟和思考这些诗意得以产生的基础以及与其他语境的相互联系，使学生在获得诗理感悟的同时受到诗情熏陶，获得发现与探究知识的方法，提高审美情趣以及享受学习的快乐。

四、遵循开放性原则，实施"开放—创新"的言语实践机制

就诗意作文教学而言，作文本应该是学生创造性的个性化行为。在作文的起点，学生首先应该和生活对话，教师的责任和义务在于引导学生亲验生活场景，获得心灵的感动。其次，在学生有了初步心动的基础上，老师予以启发、引导，或组织讨论，进行言语表达；学生则在老师的启发下，在自主地与同学合作的交流中相互启发，学会用诗一般的语言表达内心的善意。作文个性化的第一要义是自主，没有学生的自主，所谓个性化自然无从谈起。自主选择素材、自主提炼观点、自主构思文路是创造性作文的前提，而富有创造性的作文，才是作文教学的真谛。根据接受美学的观点，学生的作文，如果不对生活阅历本身进行个性化解读，对作文某一对象而言，就没有任何意义，也无所谓生命，作文包括具有未定性的生活和学生写作过程中的具体化，二者合璧才是完整的作品。没有学生的阅读，没有学生将自己的生活通过"心动、言动、德动和行动"的具体化，那些耳熟能详的生活阅历只能是未完成的素材。作文是一种对话交流活动，在学生与自己的生活、与潜在的理想自我以及与教师、同伴等的对话交流中，原生态的生活就富有个性化，甚至理想化的意图语境，那些自然状态的生活信息，借助语言文字符号的载体留下富有积极人格、社会伦理规范等指导意义。学生对生活的接受过

程就是作文的再创造活动，也是作文得以真正实现归真、求善、至美价值的过程。因此，作文教学过程就是让学生自主求知、启智、健德和发展创新能力、形成个性品质的过程。

传统的作文教学，教师追求统一的作文认识、统一的作文结论，甚至统一的作文模板，教师以自己的思想去代替或束缚学生的思想，以自己的思维模式去规范和窒息学生的思维和智力。教师如同知识之船上的舵手，划定了作文的刻板程序，给出了按图索骥的范文，学生只要在笃定的航道里航行，似乎就平安地抵达作文的终点。方向是教师确定的，航道也是教师开创的，学生只要坐在船上就行了。学生在封闭的狭小的空间里被动接受已成定局的学习内容，学习的心理机制趋向同化，达到终点的途径也只能是教师已经开创好了的"通道"。

诗意作文教学在许多方面都表现出开放性。它关注的焦点是面向每一个学生的个性发展，尊重每一个学生发展的特殊需要，学生享有比较充分的思想和行为自由；作文内容面向学生的整个生活世界，随着学生生活的变化而变化；在学习时空方面改狭隘性为广延性，力求开放小课堂，融会学校中课堂，融入社会大课堂；允许多样的搜集资料渠道、解决问题的方法以及多种多样的答案；评价的标准同样具有开放性，关注学生在活动过程中所产生的丰富多彩的学习体验和个性化的创造性表现，因而它的学习气氛相当宽松，也正是在这自由和宽松的氛围中更容易迸发创造的火花。

遵循开放性原则就能求得有序，求得适应，求得和谐与奇异。学生在创造性言语实践活动中获得的不仅仅是一个生活感悟、一种结论、一种方法，而且能够创造性地将生活归真语境、社会求善语境和自我理想语境融入自己的作文之中，可以使自己真正成为言语实践活动的主体，使作文成为自己生活的一部分。

第三节 诗意作文教学目标的表述

一、作文教学目标设计的困境

在日常生活中，无论做什么事情，"预则立，不预则废"，这就需要做事的人们对做事的终点和目标有比较清醒的认识。作文教学同样如此，如何科学地对作文教学目标进行研判与设计自然成为作文教学顺利实施的逻辑前提。

在传统语文教学论视域，作文教学过程往往是教师命题，然后进行前指导，学生开始写作，教师进行批改，最后进行讲评。从教学主体看，教学活动指向的是"教师"，不是"学生"。比如，"语文教学过程，是教师根据语文教学的目的和要求以及学生身心发展的特点，引导学生有目的有计划地学习语文知识、培养语文能力、开发智力、陶冶情操、完善人格的过程"[①]。也有论者指向"学生"。比如，"学生在教师的指导与组织下，有计划有目标地学习范文及语文基础知识，进行听、说、读、写训练，从而形成语文能力的过程"[②]。从教学内容看，其"特殊性"要么指向"语文知识、语文能力、语文智力以及道德情操和人格培育"，要么指向"语文知识和听说读写的能力训练"。不管指向什么，从教学目标的视角看，构成教学目标这一系统的要素应包括"教学主体、教学内容、教学条件、教学行为以及教学结果"。正如上文语文教学目的所研究的，语文教学目标预判和设计也是基于语文教学活动的事实进行的价值判断，是合目的性与规律性的统一活动。但在传统教学论的视域，语文教学目标的事实判断一般局限在语文知识能力的范畴，价值判断也往往局限在语文知识教学与语文听说读写能力训练之于学生的影响，学生的语文学习更多地考虑认知心理活动。这就导致出现如下现象。

---

①周庆元. 语文教育研究概论[M]. 长沙: 湖南人民出版社, 2005: 67.
②阎立钦. 语文教育学引论[M]. 北京: 高等教育出版社, 1996: 118.

（一）教师主导学生的作文行为

在设计语文教学目标的时候，我们的老师习惯于绝对主体的身份，凭借自身的教学经验、认知方式对教学行为及其结果进行预设而形成的语文教学目标系统。例如，某小学语文教师设计习作《一个特点鲜明的人》一课时，考虑的教学的目标有：其一，在相互修改、自我修改过程中，提高习作能力；其二，通过范例指导、微课引领、小组合作等方式，围绕人物特点，学习用提问法修改习作，做到文从字顺；其三，让学生在修改中对所描绘的人有更深入的认识，突出其鲜明的特点，力争把人物个性生动地表现出来。在该份教学目标设计里，除了第1条凸显的是学生的活动，第2、第3条的教学行为均属于教师主导的，本质是师本的。可以预见的是，学生的语文学习行为也是受教师的控制。另外，即使是作文修改课，也未确定"一个特点鲜明的人"的评价指标，导致学生难以链接自己的生活，更难以赋予生活中任务以"特点"清晰而有个性的认识。

（二）视作文教学任务为教学目标

语文教师在设计作文教学目标的时候，其主体性的发挥除了主导学生的作文行为外，往往还会主导教学内容，这就导致教师常把教学任务当成教学目标。比如，某初中语文教师面对的这样一道材料作文题：

这是全民阅读的时代，这是人人使用微信朋友圈的时代。生活中，常常可以见到以下情景：

S想好好读些书，回到家，S点开了微信朋友圈……

请依据这个情景进行写作。

提示：

①你可以用任何一种人称代替S。

②你可以就这个情景联系生活，叙述故事；也可以根据这个情景展开想象，进行文学创作；还可以针对情景中反映的现象展开论述……

要求：①题目自拟，文体自选；②不少于600字；③不得套作、抄袭，不得透露个人信息。

针对这个材料作文题，教师研制的教学目标主要是简单的两个方面：其一，从这个情景出发，正确审题；其二，正确解读"读书""微信朋友圈"这两个关键词。从教师设计的作文教学目标看，教师未能调动学生写材料作文的生活感受，也未能认真研究学生作文需要的具体行为。这两个目标只是这堂作文课的两个小小的教学任务，是属于教师的职责范围，缺乏对学生材料作文审题、读题、辩题、答题的行为预判以及材料作文隐含的合理处理读书与读微信、朋友圈关系的辩证思考，学生变成教师微言大义的机械接受者。

（三）学生作文行为比较模糊

受新课标的影响，当下有部分老师在作文教学目标设计方面，想方设法顾及学生的"学"，凸显学生作文的主体性，但对学生作文行为的分析比较模糊。比如，撰写一篇描述你最喜欢的动物的作文。教师设计的教学目标有如下几个方面：其一，学生能抓住动物的外形、生活习性等表现出动物的特点，学习运用恰当的修辞手法、按一定顺序把小动物特点写具体、写生动；其二，能够更深刻地了解自己喜爱的这种动物；其三，在作文中能够加深对自己所选择的这种动物的了解及喜爱之情。第1条目标里面涉及学生作文行为的词语有"抓""学习""写"；第2条的学习行为主要是"了解"；第3条的学习行为主要是"加深"。就"抓"的行为分析，学生对什么是"抓"、如何"抓"显然是难以清晰地认知和把握，抓的本义是"搔"，引申为"用手或爪取物"，显然适用日常生活的语境。"学习"与"写"及"了解""加深"等词语因为缺乏行为实施的条件说明，这些学习行为只能是笼统而含糊的，导致这些目标难以产生看得见的结果，尤其没有讲清学生运用这些行为进行作文心智上会得到的什么样的收获。事实上，这三个目标统整起来看，可以变成一个目标，即学生将能够通过详细描述其最喜欢的动物的外貌、习惯和个性特征来展示对动物的了解和喜爱。涉及学生的学习行为有：其一，学生收集有关他们最喜欢的动物的信息，包括从书籍、互联网和与他人交谈中获得的知识；其二，将这些信息组织成一篇有逻辑、连贯的作文，包括引言、主体和结论；其三，在写作过程中，学生将使用适当的描述性和议论性语言，以及具体的细节和特征来描述这个动物。这些行为旨在帮助学生发展他们的信息收集、组织和呈现技巧，以及他们的语言知识和口语技能。同时，这个过程也鼓励他们对动物有更深入的了解和欣赏，以及与他人分享他们的兴趣和热情。

二、目标分类学视域下的作文教学目标设计

任何学生都是一个具有历史人、现实人和未来人高度融合的结合体，学

生由自然人向社会人转化的过程其实质就是自然、社会、自我三个世界相互协同的结果。

（一）作文教学目标构成要素

作文教学目标是对作文教学活动预期结果标准和任务规定的设想，是教师对自己的作文教学活动结果主观上的一种期望。教学目标是一个需要从学情分析起点、课程标准定位、教材解读等多因素、多层次综合考虑的结构体系。社会、各级教育行政部门、教研组织也会根据政治、经济、文化发展的需要，对中小学作文教学提出各个方面的要求，中小学教师也要根据学校语文教学总目标制定作文目标、设计单元目标和完成单元教学任务的课时目标。作文教学目标从时空的角度进行区分，可以分为宏观目标和微观目标。宏观教学目标是指课程标准（或教学大纲）规定的最终教学目标，主要指课程目标；微观教学目标是指每个单元及至每一节课所应达到的教学目标，包括单元目标、课时目标等。就教师而论，他们所涉及的主要是微观目标，主要表现为对学生作文成果及其终结行为的具体描述。从微观目标呈现的方式看，教学目标又有显性目标和隐性目标之分。显性教学目标是指通过作文教学能够明显地看见学生学习的结果与行为的变化。而隐性教学目标是隐蔽的，不容易或不能直接看出学生的学习成果，一般难以用言语表达，理解、认识、获得、内化、思想、态度、情感等都属于内隐目标的范畴。

（二）目标分类学视域的教学目标分类

人们对作文教学目标认识的维度不同，对教学目标的分类方法也就各不相同。其中以美国教育家布卢姆为代表的原子论分类方法和以苏联教学论专家巴班斯基用整体论的方法来研究教学目标具体化产生了比较大的影响。美国以布卢姆为首的一个委员会于1956年、1964年和1972年先后公布认知领域、情感领域和心意动作技能（psychomotor skill）领域的教育目标分类。其中认知领域的教育目标由低级到高级共分六级：知识、领会、运用、分析、综合和评价；情感领域的教育目标由低级到高级共分为五级：接受（注意）、反应、价值化、组织、价值与价值体系的性格化；心意动作技能领域的教育目标分为七级：知觉、定向、有指导的反应、机械动作、复杂的外显反应、适应和创新。这种分类方法以外显行为作为基点，其明显的层次性便于教师掌握和运用，但其存在的重复交叉现象又影响教师的掌握和实施，并且这种教学目标分类只注重学习结果不重视学习过程，对文学、艺术等学科存在局限性。巴班斯基从教学目的演绎出较为具体的教学目标（即教学任务具体化），分为三类："教养目标"（包括知识和技能等亚类）、"教育目标"（包括世界观、道德品质、审美观念等亚类）"发展目标"（包括思维、意志、情感、认知兴趣和能力等亚类）。巴班斯基整体方法的教学目标分类虽不及布鲁姆的目标分类精细、确切，便于教学结果的测量和评价，但其优点是简练、实用，更接近我国教学实际。

（三）诗意作文教学目标设计的维度

作文教学目标是教学活动的出发点和归宿，具有定向、调节、激励、检测和评价等功能。诗意作文的总目标是"传承文明，弘扬诗韵，关注心灵，热爱汉语"，通过言语实践活动促使学生形成对自然、社会、自我之内在联系的整体认识，发展对自然的关爱和对社会、对自我的责任感；形成从自己的周围生活中主动地发现问题并独立地解决问题的态度和能力；发展实践能力，发展对知识的综合运用和创新能力；养成合作、分享、积极进取等良好的个性品质，最终实现学生"为人"与"为文"的诗意生成。因此，作文教学目标的选择和确定要围绕三条线索进行：其一，依据"为文"的起点，落实习作素养的终点，即学生作文所包含的文体知识（陈述性知识）、写作能力等基础性内容，是全体学生应该掌握、发展的作文文化素养；其二，依据"为人"的起点，落实社会参与素养的终点，即学生对作文教学内容所包含的思想品德、人文素养的解读、识别与培育；其三，依据"言语实践"的起点，落实自主发展终点，学生融会贯通学习语文习作知识（程序性、策略性）、训练习作技能、涵养思想品德后进行语言习得与运用的言语实践活动的效度与水平，具体如图8-1所示。

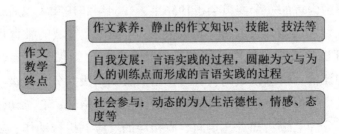

图8-1　诗意作文教学目标设计维度示意图

三、诗意作文教学目标设计的基本要求

诗意作文教学目标设计有什么具体的要求，如何描述教学目标呢？以研究目标著名的美国学者梅格在其《编序教学目标的编写》论著里指出，一个好的教学目标应该包含三个基本要素：其一，说明具体的行为，以便教师能够观察学生，了解教学目标是否已经达到；其二，说明产生上述行为的条件；其三，指出评定上述行为的标准。①依循梅格的目标要素建构理论，中小学教师在进行具体的诗意作文教学目标设计时还应注意明确描述教学对象情况，体现作文教学诗意生成终点的精神。

（一）明确学生作文的主体地位

作文教学的主体是学生，同时也不该忽略教师的主体性。如前所述，在设计作文教学目标的实际中，首先应确定教学对象，教学对象是教学目标设计的主体。因为判断教学效益的直接依据是学生有无具体的进步，而不是教师是否完成任务。我们应改变以往习惯采用的"使学生……""提高学生……""培养学生……"等使动的话语模式，转变为以学生为主体的主动话语模式，例如"二年级学生在感受自然阳光的基础上，通过个体的自主体验以及群体合作探究与交流感悟生活的阳光与精神的阳光"，这里的"二年级学生、个体、群体"等陈述对象既说明教学对象，也明确界定了学生学习的方式。有利于教师测量、评价，更有利于学生操作和理解，能增强学习的针对性与效率性。

（二）准确说明学生的行为

弄清作文知识文化素养的认知目标与社会参与情意目标的本质区别，不要混为一谈。认知目标采用的陈述方式是明确告诉人们学生学习的行为、状态以及结果是什么，所采用的行为动词要求明确、可测量、可评价。而培养学生的社会参与素养，形成一定的价值观念，提高道德情操等情意目标具有内隐特征，难以直接观察和测量。我们只能通过学习者的言行表现，间接推断这一类型的目标是否达到，所采用的行为动词往往是体验性、过程性的。例如，在确定《走进动物"城"》一课的教学目标时可以这样表述："设置富有欢乐气氛的动物城情境，学生自主感受、体验风光的美好，在看见动

①张祖忻.教学设计——基本原理与方法[M].台北：五南图书出版公司,1990:166-167.

物，认识动物，发现动物的过程中，对动物生发共情，感受人与动物间的和谐关系，体会人与动物的友谊，感受陪伴，学会感恩，学会珍惜，在生活中学会去爱，去播撒温暖。"该教学目标的行为动词有"设置、感受、体验、看、认识、发现、生发"等行为动词，这些动词是可以检测、可以评价的。总之，作文教学目标设计应准确说明学生学习后应获得怎样的知识和能力、情感态度会有什么变化，用可观测到的术语来说明学生的行为，以减少教学的不确定性。

（三）明确行为产生的条件

一个有针对性且指向诗意生成终点的作文教学目标需要清晰地把握学生学习作文和写作行为的基本条件和达到的程度。明确作文教学目标中学生行为的条件有助于教师更好地理解学生的需求和水平，更有效地评估学生的学习成果，还有助于学生在作文过程中评估抵达终点的情况并结合评估进行学习行为的调整。这些条件是指能影响学生学习结果所规定的限制或范围。主要包括"环境（场地、室内、室外、气候等）、方式（自主学习、小组合作、在教师指导下探究等）、设备、信息资源"等，它们都为评价提供参照的依据。如"借助……经过一节课的学习，学生能够……"，"结合上下文，了解……"，"课堂讨论时，能……"。宁波杭州湾新区初级中学的任露芳老师在笔者主持的"诗意作文教学"培训班上，设计了一节《雨的诉说》诗意作文课，设计了三个教学目标：其一，作文素养目标。学生通过聆听雨的声音，认识自然界中的"雨"这一常见气象；然后通过细致观察，用心倾听，抓住景物特征，寓情于景，情景交融，抒发内心真实感受；同时，借助多文体、多题材的参考范文，能够多角度、多感官归真雨中景象。其二，社会参与目标。借助小组合作机制，学生通过关键词方法，能够在写雨景、雨中事的时候自然抒发积极健康的情感，学会热爱自然，热爱生命。其三，自我发展目标。学生通过写雨中景、雨中事、抒雨中情一系列言语实践，学会写一篇文从字顺、真切感人的散文。三个教学目标，每一个目标里学生作文学习的行为均落实了达标的条件。

（四）预测学生作文行为到达的程度

诗意作文教学为了落实终点，不仅要凸显学生主体、厘定学生作文行为、明确行为的条件，还需要预测学生作文行为到达终点的程度。通过预测学生作文行为达到的程度，教师可以明确教学的重点和难点，以及需要强化和补充的知识点。根据学生作文行为达到的程度，教师可以适时调整教学策略和方法，更好地满足学生的需求。如果发现学生的作文表现普遍较好，教师可以适当提高教学要求，增加难度；如果发现学生的作文表现不佳，教师可以适当降低难度，增加指导和反馈的力度。这样有助于教师在作文教学实践中优化教学程序、调控学生学习行为、统整作文教学资源，从而提高作文教学的有效性。另外，教师可以更好地了解学生的学习进展和困难，及时发现教学中存在的问题和不足，进一步完善教学反馈机制，为后续教学提供有益的参考。所谓达到的程度，指的是学生达到作文教学目标的最低衡量依据，是阐述学习成就的最低水准，程度可以从行为的速度（时间）、准确性和质量三个方面来确定。如"在教师的指导下，45分钟（小学40分钟）能自主写出不少于600字、文从字顺的记叙文"。

总之，研制科学合理的诗意作文教学目标应该符合以下基本原则：

第一，理解。充分理解诗意作文教学的基本原理，尤其是搞好诗情熏陶、诗思启迪、诗理感悟、诗语积淀以及诗行引导所内蕴的归真、求善、至美关系的处理。

第二，依据。充分研读课程标准、教材、学情、资源等内容，尤其是搞好为人与为文两个维度的学情分析，以明确作文教学的起点与指向诗意生成的归宿。

第三，核心素养。基于为人、为文和言语实践三个维度出发的教学目标设计且每一条目标相互之间有关联；三维叙写，可分解成具体任务或指标。

第四，评价。明确每一条目标的"主体""行为""条件""程度"四个要素，力求教学目标做到可观察、可测量、可评价。

四、诗意作文教学目标设计案例

（一）《我的动物朋友》赏析

1. 教学分析

《我的动物朋友》作为四年级下册第四单元的习作课文，是第二学段的内容，第二学段中对于"表达与交流"的要求有：①观察周围世界，能不拘形式地写下自己的见闻、感受和想象，注意把自己觉得新奇有趣或印象最深、最受感动的内容写清楚。能用便条、简短的书信等进行交流。尝试在习作中运用自己平时积累的语言材料，特别是有新鲜感的词句；②学习修改习作中有明显错误的词句。根据表达的需要，正确使用冒号、引号等标点符号。课内习作每学年16次左右。四年级下册第四单元，这一单元以"作家笔下的动物"为主题，本单元的语文要素是"体会作家是如何表达对动物的感情的"；本单元的习作要素是"写自己喜欢的动物，试着写出特点"。

（1）《猫》《母鸡》《白鹅》课文解读

在本单元阅读《猫》《母鸡》《白鹅》。在《猫》中，作者老舍描写了猫的古怪和满月小猫的淘气与可爱；在《母鸡》中，作者老舍表达了自己对于母鸡态度的变化，塑造出"鸡母亲"的伟大形象。在丰子恺的《白鹅》中，作者主要围绕"高傲"一词，对叫声、步态和吃态进行了细致的刻画描写。

三篇课文都富有浓郁的生活气息，作者将笔触落于细微之处，通过对点滴小事生动具体的描写，展现生动鲜明的动物特点，让动物的形象呼之欲出，见表8-1。在单元阅读教学中，应当引导学生从阅读中感悟特点、体悟写法，进行迁移练笔。

表8-1　作家笔下动物的特点

课文	共同点	不同点	
		情感	语言
《猫》	都表达了对所写动物的喜爱之情。 将对动物的喜爱之情寓于平实的叙述之中。 语气词的大量运用增添了亲昵之感	《猫》着重将喜爱之情蕴含在字里行间，通篇都在写猫的可爱	《猫》用了"明贬实褒"来写出猫的可爱
《母鸡》		《母鸡》着重运用前后对比，先抑后扬来表达情感	《母鸡》则通过态度的变化来表现对母鸡的喜爱和赞美
《白鹅》		《白鹅》则用质朴、幽默、风趣的语言、明贬实褒的方法表达情感	《白鹅》则突出体现贬义词褒用，语言幽默、风趣

（2）习作《我的动物朋友》教材解读

习作《我的动物朋友》教学，则指向本单元的习作要素："写自己喜欢的动物，试着写出特点。"《我的动物朋友》习作创设了三种不同的情境，并鼓励学生自己创设情境，学生需要针对不同表达对象的需要，选取不同角度，培养读者意识，做到写出特点。

教材的第一部分提出习作要求：一是选择教材中的情境或者自己创作情境，向别人介绍自己的动物朋友；二是写之前要先思考，自己准备从哪些方面介绍动物朋友，并抓住特点。

第二部分则展现了三个具体情境：第一个情境是小羊不见了，为了便于小朋友帮忙寻找，要向别人讲清它外形的特点；第二个情境是请邻居帮忙喂小狗，要讲清楚小狗的饮食；第三个情境是自己要搬家，想请一位同学收养自己的小猫。

第三部分提出了修改与评价的要求：提示同桌互评，看看是否根据交际需要写出特点，对习作评价的对象与标准作指导，让学生与他人进行交流，提高习作水平。具体见图8-2。

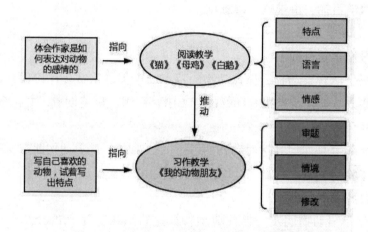

图8-2 四年级下册第四单元教材分析示意图

2.学情起点分析

一是为人起点分析，源于学生审美创造培养和热爱生活培养的需要。

四年级属于习作起步阶段，在整个小学习作教学中发挥着承上启下的作用，但学生的习作仍存在"表达抽象化"，缺乏了解语言表达技巧，看到什么就写什么及表达粗糙的现象。

本堂课通过讲解《我的动物朋友》这堂习作课，并且联系《猫》《母鸡》《白鹅》这三篇课文，引导学生根据不同的情境，针对不同的表达对象需要、选取不同的角度、抓住动物的特点，向特定对象进行介绍，引导学生关注现实、热爱生活、积极向上并且表达真情实感。在完成习作后，同桌相互评一评，让学生享受与他人交流习作的快乐，在分享、交流、评价中共同提高习作水平。

二是为文起点分析，体会作家是如何表达对动物的感情并且写自己喜欢的动物，试着写出特点。

在本单元的学习中，学生已经初步领略作家写小动物的特点：《猫》一课要求举例说说可以从哪些地方看出作者非常喜欢猫；《母鸡》一课比较同一作家写不同动物时，表达上的相同与不同之处；《白鹅》一课要求体会作者是如何把"高傲"写清楚的。三篇课文描写对象不同，却都是在抓住特点写动物，便于学生借助课文，学习"写自己喜欢的动物，试着写出特点"的方法。

3. 教学目标、重难点、诗意点

（1）教学目标

【习作素养目标】

重回生活观察动物、抓住动物的特点；审美、欣赏、评价优秀作家是运用了哪些方法抓住特点描写动物的。（语言运用，审美创造，文化自信）

【社会参与目标】

体会作家是如何表达对动物的情感的；观察、感受动物朋友，表达自己独特的体验与思考。（语言运用，审美创造）

【自我发展目标】

学会介绍动物朋友，抓住典型特征进行形象、生动的介绍。通过情境创设培养学生乐于助人的品质。（语言运用、思维能力、审美创造）能够有条理地描写自己的动物朋友，通过具体的情境写清楚动物朋友的特点，并在介绍和描写动物朋友的过程中，表达自己的喜爱之情。（语言运用、思维能力、审美创造）

（2）教学重难点

根据情境需要，有选择地介绍动物特点，表达自己的喜爱之情。交流分享修改习作。

（3）诗意点

心动：找出动物的特点，介绍熟悉的小动物，获得"人与自然"层面上的归真。

德动：针对不同的情境，选择向特定对象着重介绍的内容，获得"人与社会"层面上的求善。

言动：通过生活化、个性化的语言写出小动物的趣事，获得"人与自我"层面上的至美。

行动：表现和小动物之间的深情厚谊，表达喜爱之情，达到圆融。①

（二）《"我要给××颁奖"》赏析

1.教学分析

本次作文的素材来源于课上老师谈到的美国小学生作文，以"我要给××颁奖"为题进行的写作。我也写了一篇以这个题目为作文题的作文，在接下来的教学中将进行示范。内容可以是多种多样，不限制题材。可以是写解决问题，也可以写友情，可以写亲情。但是要求做到有理有据。

主要以"给苏菲颁奖"这一事件来写，写出给它颁什么奖，写出给它颁奖的原因。在写原因的时候，要有理有据，给苏菲颁"最会倾听"奖。给她这个奖的原因，一个是因为她不会因为是小孩子所以忽略小孩子的烦恼，不愿意去听；还有一个原因是苏菲她不会在你讲话的时候打断；第三个原因，在她聆听完你说的话之后，烦恼会消失。

孩子的天真无邪是成人所不具备的，我希望能以儿童的视角来考虑问题。所以，对于内容的选择其实并没有大的要求，只要是符合学生的生活就行，最好就是写学生生活中经常会遇到的一些麻烦或者是问题。在我的示范作文中，就是以主人公偷了同桌莉莉的铅笔，感到自责这件事情来写的。并不是以平铺直叙的方式来讲述这件事情，这样的方法当然是容易掌握的，但是也很难将简单的事情写出新意来。所以，我讲述的反而是主人公自责进行反省的过程。主要人物从"我"和"莉莉"变成了"我"和玩偶"苏菲"。其实"苏菲"这个角色也可以是宠物或者是家人，或者是朋友或者是一样物品，但必须是学生能够经常接触到的，能够信任的，受孩子喜欢的事物。我相信，平常的事物在孩子眼中和在成人眼中是不同的，它们是更加富有想象和生命的。

2.学情分析

学生为文起点：使学生找到真正的感情触发点，并能够意图明确、内容

---

①案例选自博观小组合作研制的《"万物有灵，可爱者甚蕃"——我的动物朋友》诗意作文教学设计。团队成员有邓诗嫄、褚晶壹、陈雨点、金燕薇、殷姿、叶萌、王芷琪、张葵星。

充实地表达自己的思想情感。

学生为人起点：微笑的味道即开怀的情感和乐观的哲思，充分运用生活经验使学生体悟身边的微笑味道。

3. 教学目标

【习作素养目标】

学生能够通过"我给×××颁奖"来写出给×××颁奖的原因（至少写3个），做到有理有据，使人信服。

【自主发展目标】

能够在写好一句话，写好一段话的言语实践中，写出真情实感。将×××的优点和值得学习的地方写完整，写信服。

【社会参与目标】

学生在颁奖的时候，能够抓住事物的要点来写，发现它的优点或者是缺点来写，在写原因的时候要有条理，逻辑清晰。能够在颁奖的过程中扬长避短。

4. 教学设计意图

习作中有"自我真实的诗意（归真）"，"社会乐于助人的诗意（求善）"和"自我理解的诗意（至美）"。所以在设计的过程中要围绕这三部分来设计。其中"归真"是看得见生活的慢镜头，"求善"是听得见内心的声音。除了运用一些修辞手法对画面的正确、生动描述之外，还要让学生有自己的感悟，对人物的内心世界有一个探索想象的过程。在最后，学生能够有自己独特的体会。

5. 教学重难点、诗意点、德育点

教学重点：在"颁奖"的时候发现事物的优缺点，能在分析的时候有理有据。

教学难点：学生在分析的过程中能够将事物的优缺点与自己作比较，从而能够扬长避短。

第九章 诗意作文的中点：
归真求善至美谱新曲

第一节 什么是诗意作文教学过程"中点"

一、作文教学过程及教学过程"中点"

（一）作文教学过程的主要思想

论及作文教学过程，专家学者从不同的视角及不同的注意点，提出了很多真知灼见。比如有学者认为，作文教学的过程是锻炼学生思维的过程，是培养学生兴趣、意志、情感等非智力因素的过程，也是促使学生素质全面发展的过程[①]。还有学者认为作文教学过程是教师指导和学生作文的合作过程，是一个以教师为主导、学生为主体密切结合的过程，是一个"教—学—做"的统一过程，是一个"知、情、意、行"的渐进过程，是一个真、善、美的完善过程[②]。作文教学过程还是教师"教"学生"练习"作文的过程，是师生双边活动的有机统一体[③]。作文教学过程是学生在教师的指导下学习写作知识，形成写作能力，发展智力、提高思想修养和审美情趣的过程，这个过程是有序的、分段的、可控的；一次作文教学的过程是：教师命题—学生选题；教师指导—学生准备；教师点拨—学生表达；教师批改—学生自改；教师讲评—学生总结[④]。作文教学过程是教师指导和学生作文的合作过

[①]赵家骥.教育改革与发展文论（第11集）[M].成都：天地出版社，2008：23.

[②]欧阳芬，彭隆辉.初中语文课堂教学课型[M].长春：吉林大学出版社，2008：166.

[③]孙照华.中国发展探索世纪优秀文库（下）[M].北京：国家行政学院出版社，2001：994.

[④]于亚中，鱼浦江.中学语文教育学[M].北京：高等教育出版社，1992：157.

程，是一个教师主导、学生主体密切结合的过程①。

（二）作文教学过程内涵分析

从现有的研究成果看，我们对作文教学过程的认识，基本集中在要素构成和教与学行为描述以及主体间关系的阐述上。从要素构成上看，作文教学过程涉及的要素由作文思维、作文兴趣、意志、情感等智力因素和非智力因素构成，当然还涵盖思想修养、审美情趣等人文素养；从行为描述上看，学界将作文教学过程视作审题、立意、选材、组材、写初稿、修改等逐项加以训练的活动；从师生关系上看，作文教学过程是师生指导与被指导，或者主体间性的合作关系。

（三）诗意作文教学过程"中点"内涵

无论是哪一种观点，整体而言，作文教学过程是一种开放的、民主的、自主的、和谐的过程，是师生合作、生生合作的共同学习过程，是融实践、生活、社会，融听、说、读、写等各种因素于一体的活动。每一个活动均有时间上以及活动进程上的"中点"，从数学的视角看，所谓的中点指的是直线段或曲线弧线的正中点；而在作文教学过程中则指的是涉及作文教学过程结构的构成要素及合理安排。这些要素有：其一，作文教学重点和难点。在作文教学中，教师需要着重解决的重点和难点，例如：审题、构思、语言表达等环节，这些要素都需要教师善于运用作文教学思想并在教学过程中逐一落实和突破。其二，知识点和技能点。在作文教学过程中，学生需要掌握的知识点和技能点，例如：文体知识、表达方式、写作技巧等，这些都需要在教学过程中得到强化和训练。其三，关键点和转折点。在作文教学过程中，会出现一些关键点和转折点，例如：学生在写作过程中突然遇到了瓶颈，无法继续推进，这时教师需要给予及时的指导和帮助，帮助其渡过难关。其四，兴趣点和兴奋点。在作文教学过程中，教师需要关注学生的兴趣点和兴奋点，通过引导学生产生写作兴趣，激发学生的积极性和主动性，从而提高学生的写作水平。总的来说，"中点"在作文教学过程中是贯穿始终的，它涵盖了各个方面的内容。

诗意作文教学将"中点"当作从起点出发，达成终点的连接点；是学生习作经验知情意与生活经验归真、求善、至美的习作内容的分解点；是教师

---

① 袁治信. 中学作文教学过程研究[D]. 西北师范大学硕士学位论文, 2003: 2.

的"教路"、学生"学路"与习作"文路"的结合点，是从一句话、到一段话，再到一篇文章的训练点。只有合理审视这些"中点"，作文教学过程才会变得科学有序，且焕发学生作文的诗意魅力。

二、作文教学"中点"建构的历程与理论基础

（一）新中国成立以来作文教学模式改革的主要历程

新中国成立以来，我国语文教育经历了多次作文模式改革。从社会学视角看，作文教学大体与共和国的发展史保持了同频共振的关系。主要分为如下几个阶段：其一，20世纪50年代到20世纪60年代中期的"探索"期。这个时期重视作文教学规律的探讨，强调作文的思想性、政治性，加强与社会的联系，扩大学生视野。初步形成了"主题先行，内容为主"的作文模式，强调学生应该根据既定的主题和材料进行写作。其二，20世纪80年代到20世纪90年代的"改革"期。这个时期属于改革开放初期，我国的作文模式开始向多元化和开放性转变。出现了多种作文模式，例如李吉林老师领衔的"情境作文"、丁有宽老师的"读写结合作文"、贾志敏老师的"语感作文"、张华万老师的"科学实验作文"等。这些模式注重学生的个性表达和创新思维，强调学生的兴趣和需求，鼓励学生通过自己的语言和形式表达自己的思想和观点，同时注重学生的主体性和交互性，强调学生的合作学习和交流互动。其三，2000年到2022年的"发展"期。这一时期随着基础教育课程改革的推行，作文教学成为语文课程五大内容之一，多版本的教材也催生了作文教学新模式的建立，呈现出模式更加多元化和开放化的趋势。比较代表性的有宋运来老师的"童漫作文"、荣维东老师的"过程写作"、刘济远老师的"本色作文"、张云鹰老师的"开放式写作"等作文教学模式。

从上面所列的主要作文教学模式看，每一种模式都有一定的运动轨迹。运动的目的，要么是培养学生书面表达能力，要么指向作文内容建构以及思维发展，或者培养合作作文能力。落脚点也在人的培养上。为什么会高耗低效呢？为什么会少慢费差呢？我们比较一下数学教学，不难发现问题之所在。数学老师所设计的教学模式一般为：举一个例子——从个例归纳出一般原则、普遍原理或某种方法——让学生做同类型的题目——再做变式练习。数学老师一堂课从起点到终点，其眼光不只停留在知识的传授上，他们每一环节的教学均有"终点"意识，比如例题讲析环节，其"中点"在于学生归

纳弄懂个例所涵盖的规则、原理、方法；其常式和变式练习的"中点"在于促使学生由一个思维模式走向另一个思维模式，形成敏锐的领悟力；自主练习的环节的"终点"在于促进学生举一反三，形成自能解题、自主实践的能力。从现有的文献看，语文教育理论与实践界比较重视作文教学过程模式的建构，尚未对教育过程涉及的"中点"问题引起足够的重视。

（二）作文教学过程"中点"因何建构

一个合理的教学过程"中点"设计应该具有本体论、价值论和方法论基础。其中本体论基础是最根本的，它最大的特点是超越教学层次，主要是回答作文教学一系列最本质的问题。比照西方教育理论，夸美纽斯的理论就具有"公理"化的特点，它是采用由"本体论"—"本质论"—"价值论"—"方法论"的思路论述和得出教学过程的基本要素和基本程序，而我国对作文教学过程模式建构的探讨，刚好反其道而行之，由"方法"—"原则"，是对"本体论"的探讨，目前还留下许多空白。比如"读写结合"，有人认为是"教学方法"，有人认为是"教育原则"，这种认识就缺乏令人信服的理论根据。

如果追究其理论渊源，支撑作文教学过程设计的基础性理论不外乎是"写作学""阅读学"和"文章学"。中国是一个文章大国，文章之学的研究历史也有一千六百年的历史。但人们所做的工作，不过是对文章文体的分类及特点进行研究，人们致力于研究文章的一般构成要素，各类文章的形式和源流演变。关注阅读学，是为阐释文章形态找到读者方向的依据，关注写作学，那是为文章的具体形态寻找作者方面的原因。写作学的研究，大都停留在经验介绍的阶段，远没有达到具备完善的写作教学，尤其是中小学作文教学过程理论体系的高度。它研究的内容主要是文章的生成过程（即整个写作活动），把揭示写作规律和一般的写作原则、方法作为自己的任务。它也注意阅读的研究，那是为了帮助作者懂得如何选择更恰当的表达方式和表现手法。它也注意文章学的研究，以便写作成果更具有文章风范。阅读学和写作学是文章学的辅助学科。至于阅读学，主要是以阅读现象作为研究对象，实际上脱不了文章学的底子，只是从阅读的角度来看待文章学而已。

就本质而论，作文教学过程是语文教师的教与学生的学相结合且通过教师的教，让学生自主求知、启智、健德和发展各种作文能力、形成个性品质的过程。从语文的基本性质看，语文既具有工具性，也具有人文性，人文精神的熏陶、人格的教育应与知识的传授水乳交融地结合起来。然而，在实践中，往往忽视人的存在，忽视了在作文教学过程中让学生通过言语实践相遇自然、社会和自我的诗意，从而生成理想自我。作文过程模式从内容上而言，应该有归真、求善、至美与圆融的"中点"考量。

就设计而言，一个完善的科学的教学过程建构应该由哲学基础、教学原则、教学方法、教学控制等层次构成。其中哲学基础层次是最根本的，决定和产生它的教学原则层次和教学方法层次。我国语文教育界所设计的作文教学过程大多出于个体或群体的经验积累太多，是作文教学实践体验感受而不是逻辑分析，总结出来的模式大多停留在教学方法、教学原则的总结层面上，具有比较浓厚的经验主义色彩。

就控制论而言，教学控制就是对整个作文教学过程进行调控、管理。它保证教学过程的每个步骤得以顺利实施。有效的管理不但能提高作文教学效率，而且是提高作文教学质量的必要步骤。可是，我们在实施作文教学活动的过程中，往往对调控手段、管理评价措施重视不够。简单地把教学控制等同于提问、宣读范文。满堂问及公共化的范文，其实质就是教师以自己的意志为核心，把学生的思维、语言乃至教学过程均纳入教师的控制范围，粗暴地抑制学生自主作文的灵性，破坏优美的言语作品及和谐的人文精神。

就结构而言，任何作文教学过程模式都不是一成不变的僵死的东西。它必须因受教育对象、教学内容、教学阶段等因素的变化而变化。构成作文教学过程结构的要素也不是僵死不化的。有的必须依靠教师的悉心指导，有的必须放手让学生自己去发现、去探究。就认知过程设计而言，有时可以偏重思维发展的序列，有时则注重诗意情怀陶冶、诗意语言训练。

按照巴班斯基的理论，所谓"最优化"，指的是"用最少的时间，花最少的钱，取得最好的效果"。依此理论，作文教学效果应该主要体现在"每个学生按照所提出的任务，于该时期内在教养、教育和发展三个方面，获得最高可能的水平"。换言之，优化的最终目的就是促进学生更好地发展。由于长期对作文教学过程理论的漠视，对训练目的的忽视，我们的过程模式建构有环节，缺乏环节的"中点"；有过程，缺乏过程的检测与调控，学生的作文行为形同长期在同一条河流进行固定航道的漂泊。教师如同作文规训之船上的舵手，作文的起点、方向是教师确定的，航道也是教师开创的，学生只要坐在船上就行了。学生缺乏自己活动的空间，更不能在自我读写探索中获得创造的快乐，更不知语感是何物。这种刻板的训练过程其实质是重结果，轻过程；重教师，轻学生；重课内，轻课外；重接受，轻发现；重知识，轻能力。这就形同于教师在岸上教游泳，然后推学生下水。

如今，社会进入了网络化、信息化时代，不仅出现了"知识爆炸"现象，而且知识更新的周期越来越短。在这样的时代，如何发挥学生的主体地位，如何增强作文教学的亲和力与魅力性，变单纯地接受作文知识的教学为创造性运用语言符号的主动学习自然成为当今作文教学改革的必然选择。其理论根基就在于"语言是存在的家"的本体论、"人的为人与为文的诗意生成"本质论，以及作文"言德同构"的价值论，和以"归真、求善、至美、圆融"为作文教学"中点"的方法论。

第二节　如何建构诗意作文教学过程"中点"

古希腊著名的哲学家赫拉克利特说过一句很有名的话："人不能两次踏入同一条河流。"说的是任何事物都是不断运动变化着的。不过，任何事物的运动都有一定的先后次序，沿着它的程序，运动就会加速，反之则延缓，甚至欲速则不达。我们的作文教学也不例外，它是运动的事物，运动的过程就是俗称的教学过程，运动的每一个步骤或者每一个任务完成的节点就叫教学过程的"中点"。就一堂作文课教学而言，需要考虑的"中点"有教师作文教学的"教路"、学生学习作文的"学路"，以及学生为文的"文路"。学生是立体而灵动的存在，作文教学过程自然也不是单调的、静止的、线性的教学活动，而应是以言语实践为依托的教路、文路与学路的三路统一。

一、建构诗意作文教学过程"中点"应该遵循的基本原则

（一）"以人为本"原则

人是教师工作的对象。教育以培养人为根本、为存在的依据。诗意作文教学过程"中点"的设计首先应做到"以人为本"。恩斯特·卡西尔（An Essay on Man）在他的著作《人论》中声称："人只有在创造文化的活动中，人才能获得真正的'自由'。"马克思说："正是在改造对象世界中，

人才真正地证明自己是类存在物。这种生产是人的能动的类生活。通过这种生产，自然界才表现为他的作品和他的现实。因此，劳动的对象是人的类生活的对象化：人不仅像在意识中那样理智地复现自己，而且能动地、现实地复现自己，从而在他所创造的世界中直观自身。"①

"以人为本"，就作文教学而言，就是作文教学起点从人出发，终点的旨归也落在人的自由而全面的发展上，涉及的主要中点就有作文教学过程中的"言动、德动、行动"。青少年学生处于人生的最佳发展期，需要尊重学生作为完整人、发展人、创造人的存在。首先，作文教学应该注重学生的个性差异。每个学生都有自己独特的生活经历和情感体验，理解和欣赏其中的个性差异，他们才会创造性地用自己的语言和方式表达自己的思想和感受，从而朝向理想自我的境界努力。其次，作文教学应该培养学生的写作兴趣和自信心。作文教学应该通过情境创设，做好诱发学生内心感动的工作，在此基础上，唤醒学生潜藏内心的善心、善意，且由语言文字符号外化为善行，促使德动。另外，作文教学根据新课标"教学评一致性原则"做好学生的作文过程和结果的评价。尤其需要关注他们在写作过程中表现出来的兴趣、态度和技能，以及他们最终的作品的质量。需要建立多元化的评价体系，包括学生自我评价、学生互评和老师评价等多种方式。

（二）"言语实践"原则

任何事物都是运动的，静止只是相对的。恩格斯在《自然辩证法》中认为："运动，就最一般的意义来说，就它被理解为存在的方式，被理解为物质的固有属性来说，它包括宇宙中发生的一切变化和过程，从单纯的位置移动直到思维。"②作文教学过程也不例外。

从语文的内涵看，语文是一个以言语为核心的包括语言、文字、文章、文学、汉语言特有的文言文等及其文化的多元系统。简言之，语文就是言语。以前将语文教学定位为语言，导致作文教学诗意生成性本质的错位和本体的流失。造成教师讲欲过旺，作文知识性讲解代替了学生的自我思考，理性的分析代替了丰富的感性体验，以此为代价的是人的价值、情感的不断消失。

---

① 人民教育出版社教育室. 马克思、恩格斯、列宁论教育[M]. 北京：人民教育出版社，1998：62.

② 恩格斯. 自然辩证法[M]. 北京：人民出版社，1971：53.

　　从语文课的内涵看，语文课就是言语实践课，是活生命之课。李海林先生认为人类进行实践活动有三种形式：一是"工具实践"，是指借助劳动工具得以开展的生产活动，落实的是"人与自然"的关系；二是"精神实践"，指的是通过人的精神活动实现人的某种理想和观念的活动，关注的是"人与社会"的关系；三是"符号实践"，是指通过言语实践实现教育的人学主题活动，它关注的是人的生命，是"人与自我"的关系。在人的生命活动中，真正的核心活动恰恰是人对自我的活动。在过去的作文教学活动过程中，我们过分地强调"人与自然""人与社会"的关系，总是有意无意地忽视"人与自我"的关系，按社会的要求把有棱有角的学生塑造成单一的"社会人"模样，造成"千万所学校一个样，千万本教材一个版，千万个老师一个腔，千万个学生无特长"。

　　就语言能力培养而言，作文知性分析的理论误区就在于混淆"语言学得"与"言语习得"的本质区别。言语习得是指个体通过言语实践活动学习言语的过程，而语言学得则指的是个体在教师的教导下学习作文语言知识来掌握语言的过程。二者的根本区别在于"实践性"三个字。个体只有亲自参与言语实践活动，经过长期规范的言语熏陶，感染内化为自己的言语行为，才能形成具有个性的言语能力。"语言学得"是一种理论学习，属于认知行为，离不开教师的传授，也就少不了条分缕析的讲解。

　　当然，树必有根，水必有源。生活就是进行言语实践活动的根和源。具体到学生作文的语境，学生的言语实践只有植根于生活的土壤，才有可能点燃学生的心灵火花。言语训练只有介入学生的生活，才能真正激起学生强烈的学习愿望，更能有效地把教学目的的客观需要转化为学生作为生活主体的内在需要。因此，所谓的言语实践原则，指的是教师和学生建构作文教学的过程，应该还原作文言语实践的本体，促使学生的作文活动成为创造性运用语言文字符号去相遇自己的生活，从而生成理想自我的活动。其主要的中点有"用好几个词""写好一句话""创写一段落""构筑一整篇"等。只有这样，学生作文的过程才会变成设计好语言运用的历程，学生才会自主走在体验、发现、创造诗意的路上，学会用诗一般的语言实现语言表达能力与水平的提高。

（三）"主体间性"原则

　　在作文教学过程中，教师和学生都是作文教学的主体，这两个主体本应该是对话合作、相互指导的主体间性的关系。但在传统作文教学视域，教师形成了知识权威的主体地位，作文课上以"听课""听话"为价值取向，并告诉学生"听"自己的准没错，似乎教师的指令就是学生的所有依靠，久而久之，导致师生关系出现主客体的对立。语文教师被错位成是作文知识的化身，是掌管中考、高考高分作文"秘钥"的权威。相对而言，学生就成为"白板"，任教师挥斥方遒，随意绘制。教育生态学认为，正确处理群体动力关系，才能实现教育的健康与和谐发展。根据德国著名的场论创始者、格式塔学派心理学家勒温（KurtLewin）所创立的群体动力原理，作文教学需要优化群体各成员（师生、生生）间相互作用和影响而产生竞争、合作、权威、侵犯和寄生等之间的关系①。要想作文教学过程处于良性发展的轨道，作文教学的群体各成员（师生、生生）只有形成相互协调、合作的关系，产生既有竞争又有合作的积极影响，师生、生生之间才会形成教育生态的良性循环，共同发展。这种师生关系就是"主体间性"关系。

所谓"主体间性"原则，指的是在作文教学过程中，教师和学生作为两个独立的个体，需要相互交流、相互作用而形成的一种主体间对话交流的关系。这种关系不仅强调教师和学生的主体地位和作用，而且也注重双方的互动和交流。在师生主体间性关系中，教师不再是知识的传授者和管理者，而是与学生平等相处、共同发展的伙伴；学生也不再是被动接受知识的对象，而是具有独立人格和思想的人。这种关系要求教师尊重学生的个性和差异，鼓励学生积极参与教学，发挥自己的创造力和想象力；同时也要求教师关注学生的情感体验和学习需求，积极引导学生思考问题和解决问题。

落实到作文教学过程需要把握的中点就是教师的教路与学生的学路之间的辩证关系。就一次作文指导课而言，从教师教作文的基本过程看，教学的教路涉及的中点有"激发学生兴趣""指导审题与明确要求""引导学生构思""点拨写作技巧指导""组织学生写作、分享和讨论"。所谓的激发学生兴趣，就是"心动"，指的是教师需要通过创设情境、联系生活实际等方式，激发学生的学习兴趣和写作欲望，帮助学生以更大的热情投入到写作中。在这个节点，教师需要做的事情其实就是"动之以情"；所谓指导审题与明确要求，指的是帮助学生理解题目的含义和要求，明确写作的方向和重

---

① 李强. 管理心理学[M]. 北京: 北京工业大学出版社, 2002: 236.

点。同时，要让学生明确写作的具体要求，例如字数、时间限制等；所谓的引导学生构思，指的是教师需要引导学生对作文的主题进行深入思考和构思，帮助学生整理思路，明确写作的框架和结构。在这两个节点，教师需要做的事情，概括起来就是要做好"启之以思"的工作。所谓点拨写作技巧与思想指导，指的是教师可以提供一些写作技巧的指导与表达作文主旨的范例，例如语言表达、结构安排、素材运用、思想提炼等方面的问题，帮助学生写出言之有理、结构完整的作文。此环节需要落实的中点其实就是"晓之以理"。所谓组织学生作文、分享和讨论，指的是教师逐步引导学生从写一句话到完成一整篇的言语实践活动的开展，并组织学生分享自己的作文，让学生互相评价和讨论，从中吸取他人的意见和建议，从而进一步导引作文行为，简言之就是"导之以行"。

从学生作文的学路看，作文教学过程涉及的"中点"有"体验与感怀""审题与明意""素材的收集与整理""雏形写作与修改""分享与评价""总结与反思"。所谓的体验与感怀，指的是在学生在教师陶冶情怀的作用下，自主进入到作文教学情境里，体验生活的感动并产生写作的冲动；所谓的审题与明意，指的是学生在老师启发下对作文的题目进行仔细的审读，理解题目的含义和要求，明确写作的对象和重点，避免写作过程中偏离主题；所谓的素材的收集与整理，指的是学生在写作前，通过观察、体验、调查等方式，收集与写作主题相关的各种素材，并进行合理的整理和筛选，以便在写作时有所依据。所谓的雏形写作与修改，指的是学生根据题目要求和收集的素材，开始构思作文的基本框架和内容，这个过程中需要学生的积极思考和探索，产生初步的写作雏形，并根据构思的雏形，开始正式写作，同时注意语言表达、结构安排、素材运用等方面的问题，并进行反复的修改和调整，使作文更加完善。所谓的分享与评价，指的是完成作文后进行分享，并接受教师、同学或其他读者的评价和建议，从中吸取他人的意见和建议，进一步完善自己的写作技能。所谓的总结与反思，指的是学生对整个写作过程进行总结和反思，发现自己在写作方面的不足之处，并思考如何改进和提高自己的写作能力。

（四）"双脑协同"的原则

所谓的"双脑协同"的原则，指的是在作文教学过程中，教师既要发挥左脑科学理性智慧的功能，也要发挥右脑人文实用智慧的功能，且将左右大脑的功能圆融成诗性智慧。作文教学过程是动态的而不是静态的。学生对生活进行言语解读和言语生产的过程，是师生和生生的交流和合作好的。作为言语运用的具体产物，言语作品产生的过程是：物—意—思—文。对一个写作者而言，他进行言语作品创作，首先是生活中具体的动人的形象打动他。使他内心里有了一定的思想认识，然后才通过生动的形象提炼出对生活的理解。这种创作无疑是形象思维、抽象思维协同作用的结果。

脑科学的研究表明：中国人的思维偏重于右脑，而右脑主管的是具体、综合、类推、直觉和整体诸种能力。汉语注重意会，讲究神韵，侧重感受和体验。这就决定了我们的作文教学必须致力于语言的品味、意蕴的咀嚼和内在规则的体认，决定了我们作文能力的习得离不开感性的体验。有待成熟的学生，他们需要借助一定的具体的心智"原型"去梳理熟悉的言语材料；需要适合他们的言语情境的组块，根据相似关系去对照、去类推、去重组，而对照类推重组的过程离不开左脑理性思维的开发和培养。因此优化作文教学过程离不开双脑协同。

大脑的各部分能分工，更能合作，当左右脑协同考虑问题时，其效能是惊人的，创造潜能容易得到激发，为此，我们引导学生进行言语实践活动时，应动员他们的视、听、触、运动等各种感觉器官全员投入，思考问题时让他们学会画"脑图"，头脑里有画面、情景、旋律。这样全脑动员，使他们感受言语表现力的同时也体验到创造的快乐，有利于学生构建完善的"认知结构"，从根本上培养学生分析问题、解决问题的自学能力。

人脑分为左右两个半球，从下到上又可分为本能脑，情感脑和大脑皮层三个部分。情感在协调左右脑功能方面起着不同凡响的作用。大脑在完成一个特定任务时，如果只有一个半球产生优势兴奋中心，只有抽象的、概念式的"唯理智教育"，而忽视生动的情感教育，在言语实践过程中漠视、扭曲和阻碍学生的情感发展，根本不把学生当作一个有感情的人看待，把他们当作操作演练刻板模式的机器，那么必然会影响右半球的激活与兴奋，伤害学生的灵性，压抑，损伤学生的学习积极性，甚至造成学生内在的精神世界的残缺不全。现代心理学的研究表明，一个人的成功，有20%依赖于智力因素，即智力商数水平的高低；而其余的80%依赖于非智力因素。其中，非智力因素里最关键的是"情绪智力因素"，俗称"情商"。我们进行作文教学过程建构也应遵循思维规律进行教学，设计的教学"中点"尽量与作者的文路和学生的学路保持一致。真正好的言语作品，都是情与理的高度结合，情感是言语作品的生命。其写作过程，事实上就是情感倾注的外溢。而我们对言语作品进行解读，主要也是通过对艺术形象的感知，借助想象与联想唤起学生相似的生活感受，在情感上产生共鸣。通过对言语作品情感的感知、领悟，达到提纯学生情感的目的。

因此，优化作文教学过程必须利用情感机制。在双脑协同的基础上倾注情感的因子，在教学过程中设计"激情—析情—定情—赏情—悟情"的教学机制，使情感渗透到训练的整个过程，有意识地对学生情感心理进行积极的培养和储备，并且和学生的认知情境巧妙地结合，从而达到平衡、协调左右大脑的功能，有利于训练他们感知、直觉思维能力，有利于语感的形成，发展他们的创造力，更容易激发和保持学生学习的"内驱力"。

总之，遵循"双脑协同"原则去优化作文教学过程，做到"文路、学路、教路"的高度统一，可以帮助学生撩开作文的神秘面纱，拉近作文与学生生活的实际距离，使学生真正成为言语实践活动的主体，使作文成为他们生活的一部分。

二、诗意作文教学过程"中点"的表述方式

（一）诗意作文教学过程教路与学路中点分析

条条大路通罗马。作为一种高级的精神现象与生命活动，作文教学引领学生通达理想自我塑造的路径、环节、模式，几乎有着无限的可能。然而，我们限于固有的经验或既定程序的园囿，往往将多元开放的教学之路窄化为教师单信道传输语文知识之路，开启一道门，还是封闭一条路，就在我们的一念之间。

《论语》中写道："子以四教：文、行、忠、信。"（《论语·述而篇第七》）现在可以这样理解："文"指文化知识，学习时重在逻辑；"行"指行为实践，学习时重在操作；"忠"指忠心对人，学习时重在情感；"信"指信约交际，学习时重在交往。这奠定了我国传统作文教学过程的基本模式。其结构是：（1）识记：朗读、背诵；（2）理解：句读、逐句讲解；（3）练习：吟诗写文、对对子。西方德国教育家赫尔巴特提出了"四段论教学过程"理论：（1）"明了"（明了教学内容）；（2）"联想"（新旧知识联系）；（3）系统（知识系统化）；（4）"方法"（练习应

用，掌握技巧）。这个教学过程对我国的语文教学影响比较深远。

美国实用主义教育家杜威打着反传统的旗帜，提出"进步教育"，主张教学改革。他从实用主义教育理论出发提出了"五阶段"教学模式。"五阶段"教学模式是杜威儿童中心主义和"从做中学"教学思想的集中体现。杜威从儿童生来就具有某些才能、兴趣和社会需要的本能论出发，提出了他的教学过程设计：即"发生困难—确定问题—提出假设—推论—验证"五步。后来，杜威的门生克伯屈等人创立了"设计教学法"，进一步发展和完善了实用主义的教学模式。

结合前人的探究，根据现代心理学成果，诗意作文教学过程涉及教师教学的"中点"，概括起来就是"动之以诗情、启之以诗思、晓之以诗理、导之以诗行"；与此对应，学生在作文学习过程中也有"思考接受、活动探究、情感体验、合作展示、交流反思"等学习方式。

从教师作文教学行为维度分析：所谓的"动之以诗情"，重在陶冶诗意情怀，让学生在品味语言文字的魅力中得到感染而激发生命感动、提升境界；所谓"晓之以诗理"：重在把握文本内蕴的、生活辐射的诗意哲理，让学生得到人文精神的培育，并形成诗意看世界的精神。所谓"启之以诗思"，重在培养学生结合文本进行概念、推理、分析的理性智慧，结合生活进行联想与想象的诗意智慧。所谓"导之以诗行"，重在实际运用。让学生在参与活动中探究学习，提高动脑动手的能力，培养学生熟练掌握运用汉语语言的"基本技能"。

从学生学习作文的活动维度分析：所谓"思考接受"，重在发挥学生逻辑思维的效能。在教师和教材的启发下，学会"思考接受"，掌握语文基本知识、基本概念和基本原理；所谓"活动探究"，重在应用操作思维，让学生在小组合作或个体学习的过程中尝试动手、动脑操作，在做中学，提高实践应用能力；所谓"情感体验"，重在陶冶学生的情感，让学生在言语实践中学会创新，学会有个性的表达；所谓"合作交流"，重在培养学生与人相处的能力。让学生在相互沟通与交谈中，加深理解，能有效地内化为自己的知识，又能外化表达给他人。

（二）诗意作文教学过程文路中点分析

从文路分析，需要考虑的中点就是归真、求善、至美和圆融。这是诗意语文的核心概念，也是诗意作文教学的核心概念。

1. 诗意作文教学过程的"归真"

从实践操作的层面而言，作文教学需要尊重学生纯真的本性与回归他们作文的自然状态。尊重学生天生就是"诗人"的本质，发挥他们感受语言的节奏、韵律的敏感性和亲近性等特性的教育功能，促使他们看待世界时能够将现实与非现实、理智与情感、时间与空间都凝缩于自己的身心之中，将自己旺盛的生命力化作同情、感动、感恩，分赠给世界万物。同时，教师要变单信道传输作文知识活动为倾听真实声音与表达心灵自然感动的言语实践活动，需要引导学生做到所写事件归真、叙述过程归真、聚焦的细节归真、流露的感情归真、环境烘托归真。简而言之，就是引导学生"看得见生活的慢镜头"。

2. 诗意作文教学过程的"求善"

从作文和作文教学的价值追求看，文道统一是中华民族作文教学永恒的旨归。诗意作文教学将教育目的与终极关怀指向塑造学生的积极人格与语文核心素养的和谐发展，促使中小学生在创造性运用语言符号进行言语实践的过程中保持对周围的世界充满旺盛的想象力，对现实保持一种新鲜活泼的感情体验；怀着诗意般的生活态度，养成纯正高雅的审美情趣、乐观向上的人生态度，对汉语产生深深的迷恋感情。诗意作文教学过程的"中点"自然离不开"善心""善意"与"善行"。一方面立足学生语文素养发展的需要，挖掘教材、学生生活等课程资源中能够触发学生生命感动的关键处、精美处、深刻处、疑难处、知识内容丰富处、手法巧妙处、意义隐含处等"有嚼头"的求善元素，成为训练学生亲近母语、典雅汉语的言语实践点；另一方面在教学程序的设计上，教师将自身的生命感动以及人生的美丽风景采用合乎生活本质以及学习本质的方式，逐步展示，促使学生在人生道路上自主践履诗意化的行为法则。简而言之，用一句话表达就是"听得见内心德性的声音"。

3. 诗意作文教学过程的"至美"

从诗意作文教学本质看，作文的"落点"在于学生为人与为文的诗意生成。从作文教学主体论看，诗意作文教学需要处理人与自然、人与社会、人与自我的关系，也就是要让不确定存在的学生走向相对理想的自我形象塑造，这就需要做好"至美"的境界导引。所谓的"至美"，即诗意作文教学基于美的语言，追求美的享受，臻于美的境界。诗意作文教学需要鼓励学生从超验主义的视角看待生活，引导学生超越现实生活的局限，去探寻更深层次的意义和价值；启发学生的创造性想象，通过激发学生的想象力，帮助他们从理想生活的角度出发，创造出更美好的图景和情境；促进深度情感表达，超越实际生活中的情感冲突和困扰，去探寻理想生活中更为纯粹和真实的情感体验；弘扬理想主义精神，鼓励学生持有积极向上、乐观向前的态度，去追寻自己理想中的生活。需要落实的中点有：美在起点到终点的成长，美在记叙描写的具体，美在自我的反思与悦纳，美在理想自我形象的塑造和人生境界的提升。简言之，用两句话表达就是"闻得到语言的馥郁芬芳"与"体得到境界的哲思之光"；用一句话来表达就是"闻得到作文语言与境界馥郁芬芳"。

4.诗意作文教学过程的"圆融"

诗意作文教学以主体与客体、主体与主体之间的互动共生为基点，强调教与学是师生间主体指导性的审美化活动，即以语言典雅为根本性的维度，涵盖了历史上伦理化理想和理性化理想的合理成分，使真与善、伦理与理性在更高的层面上即真、善、美的真正统一中实现其价值，因而促使语文向一切生命体开放，使语文成为生机勃发的语文。其次，诗意作文教学过程的中点建构以言语实践为本体的、有魅力的实践方式为施教的途径。其逻辑线索是遵循诗情激发、亲验活动、体验在先，领悟诗意、践履诗行在后的流程，让教师和学生进到"人与自然、人与社会、人于自我"圆融互摄的诗意之境，体验三者彼此之间生态关系的结构性变动，在自我言语实践中，自读自悟，自造自建发展语文素养。圆融需要考虑的中点在于：言德同构是否和谐、形式与内容、情商与智商是否摇曳多姿、相得益彰等。简言之，用一句话来表达就是"触得到形式的摇曳多姿"。具体见图9-1所示。

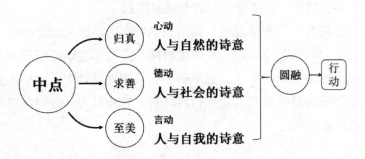

图9-1 诗意作文教学过程文路中点分析示意图

三、诗意作文教学"三路统一"设计

诗意作文教学过程是教师"教路"和学生"学路"与所写作文本质属性之"文路"相结合或相统一的活动，教师教的主导作用和学生学的主体地位以及作文的本质属性应该辩证统一。诗意作文教学过程是指教师教与学生学的实施过程，是语文教师有目的、有计划、有组织地指导、组织学生运用言语实践的机制，师生协同掌握作文基础知识和基本技能，发展语文情商与智商的圆融统一的过程，是教路、学路、文路统一的过程。

（一）诗意作文教学的"教路""学路""文路"

结合上文的论述，从诗意作文过程范畴看，教师教路维度的中点在于：A."动之以诗情"；B."晓之以诗理"；C."启之以诗思"；D."导之以诗行"。教路自然是教师基于学生"为人与为文"的学情分析起点、"作文素养、社会参与、自我发展"的教学目标终点、统整合适的作文教学内容等元素，设计并实施的组织言语实践文路的教学活动过程及其基本环节。学生学路维度的中点在于：a.思考接受；b.活动探究；c.情感体验；d.合作交流。学路自然特指学生在作文教学过程中，在教师指导下进行作文知识学习，进行诗意情感熏陶、诗意智慧启迪、诗意语言表达等的过程，是学习的路径。所谓的文路，指的是师生在诗意作文教学过程中，相遇归真、求善、至美、圆融的诗意的言语实践活动过程及结果，同时也是学生进行写作呈现思想、表情达意所依循的内隐脉络。从诗意作文教学的本体论及本质论分析：作文=言语行为+语言结果；言语行为=言语实践=言语活动（听说读写）=言意转换；言语实践结果=语文素养=语文能力+语文知识+语文情商+语文智商=语感（诗语：典雅汉语）。

（二）诗意作文"三路合一"教学过程模式

所谓"三路合一"教学过程，指的是教师在诗意语文理念指导下，从学生的生活和学习经验起点出发，在考虑教师教路与学生学路以及文本文路的基础上，瞄准教学目标的终点，有步骤、有条理地设计中点，从而促进学生创造性地运用语言符号自致其知，自启其智，自奋其力，自健其德的教学活动过程。具体见表9-1。

表9-1　诗意语文教学过程构建示意图

学生学路　语文文路　教师教路	a.思考接受	b.活动探究	c.情感体验	d.合作交流
A.动之以诗情	动情—接受—言语实践—积淀诗语	动情—探究—言语实践—积淀诗语	动情—体验—积淀诗语	动情—交流—言语实践—积淀诗语
B.晓之以诗理	晓理—接受—言语实践—积淀诗语	晓理—探究—言语实践—积淀诗语	晓理—体验—言语实践—积淀诗语	晓理—交流—言语实践—积淀诗语
C.启之以诗思	启思—接受—言语实践—积淀诗语	启思—探究—言语实践—积淀诗语	启思—体验—言语实践—积淀诗语	启思—交流—言语实践—积淀诗语
D.导之以诗行	导行—接受—言语实践—积淀诗语	导行—探究—言语实践—积淀诗语	导行—体验—言语实践—积淀诗语	导行—交流—言语实践—积淀诗语

　　诗意作文教学强调，无论是哪一种融合方式均应做到从心动出发，经受言动、德动、行动，且以言语实践为本体落实的诗意生成。改变传统语文从"言"直接释"意"的单向道灌输文本已有信息的做法，转为重视"寻言观象—寻象观意"的言语实践过程，教学的基本过程是以为人、为文经验的学情分析为起点，经受归真、求善、至美、圆融等中点，最后实现教学目标的终点，力求落实言德同构的教学评一致性。这个教学过程是台阶式的不断螺旋上升的、动态生成诗意的教学活动，强调学生对生活、对作文自主的"阅读体验"生发内心的感动是作文教学的前提，"立象悟意"与提升作文体验境界是关键。即倡导并践履"言、象、意"一体化的教学。要求教师善于寻找、建构作文教学过程的诗意点，或主问题，侧重于诗情、诗理、诗思、诗语中的某一个维度，在课堂的师生互动对话中，动之以诗情、晓之以诗理、启之以诗思、导之以诗行、积之以诗语。具体见图9-2。

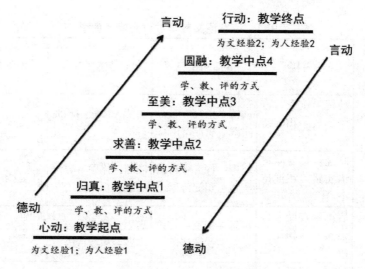

图9-2　诗意语文教学过程模型建构示意图

第三节　如何把握诗意作文教学的中点

一、审题：《推荐一本书》

（一）作文材料

推荐一本书

读一本好书如同交一个好朋友。把读过的好书推荐给同学，就像把好朋友介绍给他们一样。

推荐的时候，要介绍这本书的书名、作者、出版社等基本信息。重点写推荐这本书的理由，如，内容新奇有趣，语言优美生动，情节曲折离奇，人物个性鲜明，思想给人启迪。写的时候注意以下几点：

◇推荐理由可以只写一点，也可以写几点。注意分段写。

◇把重要的理由写具体。如果你推荐的是一本小说，可以结合书中的相关情节、人物、对话或插图等来说明你的理由；如果你推荐的是一本科普读物，可以说说你获取到哪些有趣的知识或独特的想法。另外，你还可以转述或摘录书中的精彩片段，引用别人对这本书的评价。

写好后，把自己的习作读给同学听。大家交流一下，看谁的推荐能够激发起其他人阅读的兴趣。

（二）审题训练

《推荐一本书》是统编教材五上第八单元的习作，教学内容紧扣"根据要求梳理信息，把握内容要点"和"根据表达的需要，分段表述，突出重点"两个单元目标。在此之前，学生在"读书"主题课文学习中及"我最喜欢的人物形象"口语交际实践中已经初步掌握了这两种学习方法。

第一段"读一本好书如同交一个好朋友。把读过的好书推荐给同学，就像把好朋友介绍给他们一样"属于导引语，需要引导学生明确"书"与"好朋友的关系"，隐含着作者与书建构的是对话、交流的关系。第二段"推荐的时候，要介绍这本书的书名、作者、出版社等基本信息。重点写推荐这本书的理由，如内容新奇有趣，语言优美生动，情节曲折离奇，人物个性鲜明，思想给人启迪"属于作文要求语。对于这段要求语，一方面要做好归真所看之书的基本情况；一方面要做好求善推荐的理由；另一方面还要从至美的方面落实"内容、语言、情节、人物、思想"等内容表达。至于剩下的指导语，也涉及归真书的样子、基本内容、插图，求善推荐理由，至美精彩片段、他人评价、自己想法等要素。在此基础上，教师可以结合典范作文要求命出作文题：

请以"书"为话题写一篇文章。注意以下四点要求：①自拟题目，②自己立意，③自选文体，④全文不少于500字，但不要超出所有字格。

因此，审题环节，教师善于从诗意作文教学过程中点对学生进行指导，学生审题就不会牵一漏万。

二、归真意胜：看得见生活的慢镜头

（一）触发心动，情境导入

1. 诗意熏陶，书之重要

教师一开课，就播放名人读书的视频，伴随有关名人写下的"书"的名言警句，引领学生一起来欣赏感受文人墨客眼中的书。

出示句子：

故书不厌百回读，熟读深思子自知。——苏轼

读书破万卷，下笔如有神。——杜甫

奇文共欣赏，疑义相与析。——陶渊明

书中自有黄金屋，书中自有颜如玉。

书卷多情似故人，晨昏忧乐每相亲。

书到用时方恨少，事非经过不知难。

书犹药也，善读之可以医愚。

2.引出主题"书"并进行审题训练

古今中外，"书"这个话题成了许多诗人作家的写作题材。让人捧腹大笑的书，让人悲伤落泪的书，让人不停钻研的书，让人深深思考的书……"书"真是一个说不尽、写不尽的话题。今天这堂课，就让我们一起来走近书，用充满诗意的眼光来理解书，用我们充满诗意的语言来描写书。请大家走进教材五下第八单元的《推荐一本书》习作教学。（审题略）

点评：教师播放诗情画意的视频，该视频巧妙地嵌入了名人有关读书的话语，以此来吸引学生的注意。诱发学生内心的感受，自然而然地引出"书"这个写作主题，在这样的诗意语言熏陶下，自然引领学生进入到审题环节。教师在起点环节鼓励学生用诗意的眼光看待书，用诗意的语言描写书，营造了课堂的诗意氛围。

（二）典雅言动：认识自然归真的书

1.图片欣赏，激发创作兴趣

我们看过许许多多种类不同的书，老师找了一些书的图片，我们一起来看一看。（图片欣赏）

每一种类的书都有它独特的特点，老师也通过观察和感受，有了一点点的感悟。

（漫画）翻开漫画本，五颜六色的插图整整齐齐地排列着，像是等待着被人群参观的一幅幅佳作。简短的话语，幽默的语言，却又体现出生活中的琐碎小事和人生百态。

（古籍）翻开古籍，扑面而来的便是一股古旧的气息。微微泛黄的纸张，应该是无数人翻阅摩擦留下的历史痕迹；偶有缺漏的页脚，不像残缺，倒像是历史的见证。这浅浅淡淡的古旧气息萦绕在鼻头，像把人带入了几千几百年前的岁月。

（散文）翻开散文，映入眼帘的是充满韵味的语言，一排排、一行行，诗意地排列组合。优美的句子，淡雅的情感，仿佛一个行走在江南小路上婷婷的女子，这是怎样的诗情画意啊！

阅读过那么多书的你，也有像老师这样的感悟吗？

2. 自由创作，体会写作乐趣

请大家用一句话来说一说你心目中的书是什么，或者你觉得书是什么样子的。

书是＿＿＿＿＿＿＿＿＿＿＿＿＿＿＿＿＿。

老师示范：

书是用黑白两色描绘的美丽画卷。

学生练笔：

书是＿＿＿＿＿＿＿＿＿＿＿＿＿＿＿＿＿。

书是＿＿＿＿＿＿＿＿＿＿＿＿＿＿＿＿＿。

书是＿＿＿＿＿＿＿＿＿＿＿＿＿＿＿＿＿。

是啊，书就像是用黑白两色描绘的美丽画卷，这样的书给你什么样的感受呢？

书是用黑白两色描绘的美丽画卷，它简简单单却又包罗万象。

书是，它＿＿＿＿＿＿＿＿＿＿＿＿＿＿＿。

书是，它＿＿＿＿＿＿＿＿＿＿＿＿＿＿＿。

书是，它＿＿＿＿＿＿＿＿＿＿＿＿＿＿＿。

3. 连句成段，反馈成诗

老师把大家写的一句句话，结合在一起，编成了一首小诗，我们一起来读一读。

书是用黑白两色描绘的美丽画卷，它简简单单却又包罗万象。

书是一杯白烟袅袅的清茶，它初尝普通却又后韵无穷。

书是不停向上的台阶，它平整厚重却又脚踏实地。

书是指引我们前进的明亮路灯，它朴实小巧却又光芒万丈。

点评：进入到诗意作文教学第一个中点，教师设计了图片欣赏和美句赏析等内容，来感受自然的书。接着，让学生进行自由创作，用一句话来说一说自然的书是什么，书又有什么作用，从而真正地理解书。在此基础上，把学生的创作连在一起，引导学生写好一句话，并自然而然地形成一个段落，汇聚成为一首小诗。

根据诗意作文教学的教学原理，此环节的教学中点在于"心动"。需要了解学生平时看些什么书，印象最深的一本又是什么。此环节的教学，笔者建议要促进学生形成快速反应，落实新课标里倡导的直觉思维，激发学生潜意识地脱颖而出地说出读书生涯中印象最深刻的那本书是什么。教师还应该采取"看得见生活的慢镜头"的策略，引导学生一步步审视生活的图景，即"象"。"象"从思维角度审视，就是像思维，也就是一个字就是一幅画、一个场景，一个有声有色，有共时与历时的图景。这就需要教师引导学生像摄影师拍生活的慢镜头，能够拍出别人看不到的风景。比如拍摄归真的书，老师先给学生示范：

在阳光晴朗的午后，泡一杯清香四溢的绿茶，坐在毛茸茸的毯子上，手上捧着一本内容精彩的书，周围好像弥漫着幽幽的墨香，这将是多么的悠闲！多么的惬意！

这个镜头是怎么构成的？从远景镜头看，远远的地方有阳光；从近景镜头看，也就是说特写镜头里有一杯茶，还有毛茸茸的毯子，尤其凸显需要推荐的手里的这本书。读者从这一系列的慢镜头里会获得这样的感受：惬意的午后，手中捧着一本内容精彩的书，周围好像弥伴着悠悠的墨香。

接下来，教师引导学生从外到内，先审视推荐之书的封面、颜色、场所，再设计归真的言语实践。

言语实践：地方+书（请你参与，5分钟）

走进_____，我想（看）到的是_____，_____。

当我走进书店，我看到的是妈妈不让我看的漫画书。这些五颜六色的漫画书整整齐齐地排列着，像是等待被人检阅的爱尔兰士兵一样。简短的话语、幽默的语言，让我欲罢不能。

印象最深的是外祖父书柜里的一本《西汉演义》。当我翻开这本书，扑面而来的是岁月沉淀的气息。微微泛黄的纸张、应该是无数人翻阅摩擦留下的痕迹；偶有缺漏的页脚，不像残缺，倒像是历史的见证。

在学生展示和研讨的基础上，教师还可以给学生做示范，比如笔者的示范是这样的：

印象最深的是我去书店给小外孙买到的几本漫画，其中有一本《卤蛋的愿望》。卤蛋是个爱许愿的小孩，无论吃饭前，睡觉前，考试前，跳水前，还是走到花园以及过马路时，他都会许下愿望。比如，吃饭前会许下三个愿望，感谢上帝赐予丰富的食物，希望真的是丰盛的食物，而且呢，如果是不好吃的食物，请原谅他全部吐掉。

关于归真的中点教学，要注意引导学生归于自然的读书生活、归于学生自然读书的本性、归于读书本真的思考。真实是作文的起点，也是作文焕发生命活力，或者说是诗意魅力的关键。写文章，如果不归真，看不见生活的慢镜头，学生就难以将需要推荐的书写具体，就会出现"假大空"。

三、求善德胜：听得见内心德性的声音

（一）启迪诗思，写好一句话

读到一本好书，自然会触发我们心中许许多多的"书"。也许是书里一句话带来的联想，也许是想要推荐给小伙伴阅读的理由，⋯⋯甚至想到爸爸、妈妈、老师、植物、动物都是我们心中的书。

_____是一本书，它_____。

老师示范：

母亲抚摸我的手是一本书，它用暖洋洋的气息教会我用善意的眼光看待世界，用温柔的态度包容世界。

学生练笔：

_____是一本书，它_____。

_____是一本书，它_____。

_____是一本书，它_____。

我们能不能找到更多推荐理由呢？

（二）感悟诗理，求善善心

1.阅读绘本，写好一段话

教师示范：

我读了《我妈妈》这本书，印象最深的是妈妈的手。她粗壮的手，可以做很多好吃的饭菜。这双手很像我妈妈的手，什么东西到了她的手里，都会发生奇妙的变化。比如，奶奶菜地里的胡萝卜、玉米、菠菜。只要经过她的手，就很快变成了彩色的芝士、卡通馒头，甚至一杯营养丰富的果汁。再比如，天上打雷的时候，妈妈抱住我抚摸的时候，手心里那暖洋洋的气息给了我力量，更给了我勇气——用毫不畏惧的态度去克服困难。妈妈的手就是一本书。

2. 阅读绘本，导引善行

阅读绘本《卤蛋的愿望》我会写：

我每回_____前（时），

我也要许下三个愿望：

第一，_____；

第二，_____；

第三，_____。

（三）陶冶诗情，书的小故事

从小到大，我们的手里都捧着书阅读，一天天过去，一年年过去，我们成长的过程中，都有书为伴，可以说书香伴着我们成长。许多名人和书也有着剪不断的情感，他们身上发生了哪些和书有关的故事呢？听老师来讲一讲。

故事一《闻一多醉书》：闻一多先生读书成瘾，一看就"醉"，就在他结婚的那天，洞房里张灯结彩，热闹非凡。大清早亲朋好友都来登门贺喜，直到迎亲的花轿快到家时，人们还到处找不到新郎。急得大家东寻西觅，结果在书房里找到了他。他仍穿着旧袍，手里捧着一本书入了迷。怪不得人家说他不能看书，一看就要"醉"。

故事二《高尔基救书》：世界文豪高尔基对书感情独深，爱书如命。有一次，他的房间失火了，他首先抱起的是书籍，其他的任何东西他都不考虑。为了抢救书籍，他险些被烧死。他说："书籍一面启示着我的智慧和心灵，一面帮助我在一片烂泥塘里站起来，如果不是书籍的话，我就沉没在这片泥塘里，我就要被愚蠢和下流淹死。"

故事三《侯宝林抄书》：相声语言大师侯宝林只上过三年小学，由于他勤奋好学，使他的艺术水平达到了炉火纯青的程度，成为有名的语言专家。有一次，他为了买到自己想买的一部明代笑话书《谑浪》，跑遍了北京城所有的旧书摊也未能如愿。后来，他得知北京图书馆有这部书，就决定把书抄回来。时值冬日，他顶着狂风，冒着大雪，一连十八天都跑到图书馆里去抄书，一部十多万字的书，终于被他抄录到手。

（四）言语实践

书像是人们身边一个默默无闻的朋友，它永远都是沉默地面对你，但是从它的脸上，我们读它的酸甜苦辣，读它的百味人生。书，陪伴我们，给我们丰富知识，给我们广博的见识，给我们深邃的思考，给我们浓烈的情感。书是我们的朋友，我们也是书的朋友，感知它的所有心情，保护它的美丽外衣。我们和书互相陪伴。

大家肯定也有和书不得不说的故事，你和书之间发生了什么呢？认真地写一写。

言语实践：用关键词规划如何写好下面的内容。

1. 思维支架：书里的一句话（词语）+我的联想；

2. 我总结的理由（词语）+书里的故事（画面）+我的故事（读书的效果）。

点评：写推荐书、倡议书，关键之处还在于学生能够在作文中表现自己的道德品质、社会责任感等内容。这些内容的表达不是生搬硬套的，而是自然而然地听得见自己内心德性的声音。读到一本好书，自然会触发学生心动，从而带动德动。也许是书里一句话带来的联想，也许是想要推荐给小伙伴阅读的理由……。为了有助于学生德性的表达，教师示范了自己读《我妈妈》绘本的感悟，让学生学会联想自己的生活。这样的话，推荐的理由更形象，更有说服力。推荐一本书，不是为这本书做推销员，而是让大家都和作者一样做一个懂得感恩的人。

通过老师的讲解，各位学员、读者不妨也来试一试，认真写写你和书不得不说的故事，或者阅读这个环节的教学感受、体会。下面摘录国培班学员的参与发言：

J老师：冯教授好，我想起就是手头有一本从旧书摊上收购来的《民国初等学校国文教学指南》，看到他那泛黄发脆的那种纸张，仿佛回到了百年前的中国，看到了那种满眼的创意，也看到了那群正在读书辩论的少年，就想推荐给今日中国的少年来读，学习成为更好的自己。假如还要归真三个画面，第1个慢镜头就是结合书的内容，引领学生回到百年前，看看颐和园是什么样子的；第2个慢镜头就是拍摄学生自己熟悉的山东，看看青岛是什么样子的？第3个慢镜头就是当时人的衣食住行画面、图景。这样的话，学生对推荐之书就有了足够的内容了解。然后，从求善的角度，鼓励学生根据三个镜头总结一句话的推荐理由。

C老师：冯教授好，我是来自浙江舟山的一名乡村教师。我正在执教二年级，手里刚好有一本跟孩子们一起共读的一本书，叫《一只想飞的猫》。

这本书的大概内容讲的是一只猫从窗子里面猛地跳出来，把窗台上摆着的一个蓝瓷花盆摔落在台阶上，摔成两半。这只猫是非常莽撞、趾高气扬的。这只猫为什么想飞？因为它想抓蝴蝶，蝴蝶却戏弄了猫，飞走了，所以它想要让自己飞起来。在这个过程当中遇到了喜鹊、鸭子和公鸡等小动物，他们却想让这只猫参加大扫除，可是猫不想劳动就提议比赛，在这个过程当中他遇见了公鸡，公鸡运用智慧的办法帮助了猫，改正了猫骄傲懒惰的毛病。将这个主要内容介绍清楚，尤其是突出几个主要的画面，这就是归真生活的慢镜头。在此基础上，让学生联系自己的实际情况，说一说自己的坏脾气或坏习惯，并提出如何改变自己的毛病，这就是求善。

四、至美言胜：让习作的语言靓丽多姿

（一）说一说自己理想的"百宝书"

书在我们的生活中随处可见，读书也是我们生活中一个重要的部分。不管是真实存在书，还是抽象意义上的书，在每个人的心目当中，每一本书都有自己独特的意义。请大家想一想，如果你来设计一本"百宝书"，你觉得应该是怎么样的，为什么这样设计？

老师示范：

我想设计的百宝书外表简单干净，内容丰富多样。语言是幽默风趣的，让我读起来能够情不自禁。但是这让人笑的句子背后，隐藏着许许多多的深思，让我从笑中钻研进去不断地思考，体会它的奥秘、它的哲理。

（二）找一找自己心中的"珍贵书"

书是人类进步的阶梯，书是人类前行的动力。书指引着我们进步的方向。每个人的心中都应该有一本"珍贵书"，像是夜空中明亮的星，永远妥善安放、珍惜收藏。面对看不到尽头的人生道路，我们应该寻找心中的"珍贵书"，引领着我们不断前进、前进、再前进。

（三）至美语言表达，写出有个性的金句

1.快速作答

说一说你眼中的书是什么，心中的书又是什么？（逻辑思维——本质之思）

书是_____。

书是_____。

书是＿＿＿＿＿＿＿＿＿＿＿＿＿＿＿＿。

（参考：书是画卷。书是清茶。书是台阶。书是路灯。）

2.注情扩充

"书是画卷。书是清茶。书是台阶。书是路灯。"这样的句子是不是太简单了？你能加上几个形容词来写得更详细吗？

书是用黑白两色描绘的美丽画卷，像一杯白烟袅袅的清茶，又像不断向上延伸的台阶，还像指引我们前进的明亮的路灯。

书是用黑白两色描绘的美丽的画卷，它有什么用呢？

言语实践：

书是用黑白两色描绘的美丽的画卷，它＿＿＿＿＿＿＿＿＿＿＿＿＿＿。

示范：

书是用黑白两色描绘的美丽的画卷，它简简单单却又包罗万象。

点评：此环节的教学着力于学生表现自我的诗意。通过写金句的方式力求做到用语言给心灵美容，进而美好自己的境界。

五、圆融形胜：让习作的结构摇曳多姿

（一）连句成段

言语实践：将自己写的句子串联起来。

教师示范：

书是用黑白两色描绘的美丽的画卷，它简简单单却又包罗万象。

书是一杯白烟袅袅的清茶，它初尝普通却又后韵无穷。

书是不停向上延伸的台阶，它平整厚重却又脚踏实地。

书是指引我们前进的明亮的路灯，它朴实小巧却又光芒万丈。

（二）连段成篇

言语实践：将自己写的段落串联起来。

主要支架：

1.总写书的认识＋推荐的书是什么＋从外到内的内容介绍；

2.概写书的外表＋分写书的内容＋总写读这本书后留下的印象；

3.读书的环境＋具体内容＋一个评价；

4.你的创造……

（三）作文锦囊

1. 看见书的镜头：封面、书香、纸张、内容……

【小提示】眼中之书：就像摄影师拍的照片或镜头一样，一幅一幅画面推送到你想推荐的小伙伴前，如果能用上恰当准确的形容词和比喻句来形容书籍就更棒了。

2. 听得见的心声：书里什么品质打动了你，你又有什么想法

【小提示】心中之书：真情实意，写心中书的特质和对心中书的爱，适当运用排比的修辞。

3. 我和书的故事：举一个例子，有起因、经过、结果，贴合事实，表露真情。

4. 我推荐的理由：想要推荐给小伙伴看的理由，可以是引人入胜的悬念，也可以是一句富有启迪的金句……

（四）自主实践

1. 音乐熏陶

老师这里有一首关于读书的轻音乐，大家用心聆听这首音乐，脑海中想象着自己曾经读过的书，自己心中的书，以及这些书对你的意义，认真地写一篇关于书的作文。

2. 点评修改

（1）随机找出三篇作文，先让学生点评优秀的地方、修改欠缺的地方，老师对学生的点评和修改作出评价。最后师生一起修改，并由老师总结。

（2）抓住三篇作文中学生写得好的地方，通过展示，让学生共同学习，共同进步。

（五）教师示范

美好的愿望

——《卤蛋的愿望》荐读

书，给了我们知识，也给了我们深邃的思考，还给了我们浓郁的情感。

印象最深的是我去书店给小外孙买到的几本漫画，其中有一本《卤蛋的愿望》。卤蛋是个爱许愿的小孩，无论吃饭前，睡觉前，考试前，跳水前，还是走到花园以及过马路时，他都会许下愿望。比如，吃饭前会许下三个愿

望，感谢上帝赐予丰富的食物，希望真的是丰盛的食物，而且呢，如果是不好吃的食物，请原谅他全部吐掉。

我喜欢卤蛋这个孩子，他真诚、质朴。每一个愿望不管能否实现，还是不断地一个又一个许下，然后，快快乐乐地过好每一天。现在，每天清晨起床，不管是阳光灿烂，还是雾霾满天，我也会许下三个愿望：第一，希望我一天到晚都咧着嘴，笑得开心一点；第二，希望我的学生看到我的笑容，也能高高兴兴地来上学，开开心心地回家去；第三，希望在我的课堂上，每一个同学就像向日葵一样，高昂起自信的头颅，愉快地接受每一项学习任务的挑战，也勇敢地跨越每一道难题的鸿沟。

愿望是开在我们心上的花，每个人都有属于自己的那一朵。你的愿望是什么呢？好好看看《卤蛋的愿望》这本书，你就会找到理想的答案。

点评最后一个环节的教学终点，就是圆融。所谓的"圆融"，表面看来就是将归真、求善、至美环节训练的写好一句话、写好几段落串联起来，构成完整的语篇；其实质还在于将学生"看书""读书""荐书"的活动串联起来，圆融到读好书，好读书的思想境界里，做一个爱学习、爱思考、爱分享的好学生。[1]

第四节　诗意作文教学终点设计案例分析

"夫缀文者情动而辞发"（刘勰《文心雕龙·知音》）。从写作规律来看，任何写作者是先对客观现实有所感发而生成内在情志，然后才借助语言文字把这种情志表达出来。小学生习作也应该遵循这个规律，先练习用视觉、听觉等多感觉器官感受客观世界，触发内心的感动，然后才学会把自己看到的、听到的、想到的内容、亲身经历的感动，用恰当的文字表达出来。但习作教学的现实是：广大小学语文教师习惯秉承"指导在先，写作在后"

---

[1] 根据笔者执教的142班燕妮小组诗意作文《书》教学设计修改，团队成员有罗泽亚、江晓婵、沈耿炎、李思琪等。

的教学观念，对学生进行外在的习作技法、习作知识、习作结构的机械灌输，导致学生"望文生畏"。《义务教育语文课程标准》在"实施建议"部分也指出，对学生进行作文指导应该立足学生的写作实践。这也意味着，作文教学要从心出发，变外在的规训为诗意的生成。为了让诗意作文教学思想扎根实践的土壤，笔者组建了融本科生、研究生、一线教师于一体的"联合教研机制"，带领学生登上中小学语文教学讲台，为学生唐思怡同学打造了一堂未曾打磨的、原生态的诗意习作指导课——《横看成岭侧成峰 立意缘在慧心中——六年级上册第一单元〈变形记〉》，实录如下①。

一、诗意作文《变形记》教学实录与点评

教学目标：

1. 学生发挥想象，写出自己变形后的经历，把重点部分写详细，并根据同学的意见修改自己的习作。

2. 学生通过填写"变形身份证"列习作框架图，在思考和讨论中体会习作立意的深度，共建写法。

3. 学生在习作过程中体会想象的乐趣，培养具有独创性、深刻性的思维能力，提高语文核心素养。

教学重点与难点：能在思考和讨论中，自然地生成个性化的深刻立意。

教学过程：

（一）营造氛围，激发兴趣

1. 讲述绘本故事，今天我想变成

师：今天的课堂上，我们请来了一位新朋友，淘淘。他最爱天马行空地想象，我们一起来看看，淘淘想变成什么……在这场充满想象力的变身之旅中，小主人公接纳了世界上独一无二的自己。如果是你，你想变成什么呢？今天也让我们开启一段奇妙的"变形记"。

2. 解题"变形"，绘身份证

师：什么是变形呢？我们可以变得很小很小，像一只蚂蚁，一棵草，一粒石子那么小；也可以变得很大很大，像一头大象，一辆汽车，甚至是一个

---

①唐思怡，冯铁山.横看成岭侧成峰 立意缘在慧心中——六年级上册第一单元《变形记》[J].诗意教育探索，2023（01）：61-65.

星球那么大。你想变成什么？请你在你的变形身份证上写下你的新身份。

【言语实践】：

图9-3　我的新身份

生1：我想变成老鹰，这样就可以自由自在地飞翔。

生2：我想变成巨人，这样我就可以到很远的地方了。

师：当我们拥有了新身份之后，会发生什么样的故事呢？今天我们就要来一起交流和思考，变形后的故事该如何开展。有什么好方法、好思路可以帮助我们一起把简单的故事变得充实而动人呢？我们一起来看看淘淘的新身份，他变成了我们几乎每天抬头都会看到的——太阳。想一想，如果你变成了太阳，会发生怎样的故事？

点评：此环节开启了言语实践，运用了TPR（全身心立体反应）教学法，快速地引导学生形成反应，引导学生进入新课学习，让学生确定自己变形的身份、角色。

（二）太阳，永不褪色的灿烂

1.归童心之真，悟自然的诗意

（1）归于自然的生活经验

师：我们先来一起回归到最原始的大自然中，说一说你的生活经验。回忆回忆生活中的太阳是什么样的。每天太阳升起来的时候，你在做什么？

生：我正在起床，准备去上学。

师：等太阳爬到了头顶上，你在？

生：在吃午饭。

师：太阳落山的时候，我们在？

生：正在操场上运动。

师：是啊，太阳每天都在东升西落。瞧，她升到了哪里？（出示图片）

生：她升到了树梢上、屋檐上、云层里。

师：你知道她又落到了哪里吗？（出示图片）

生：落到了山后面，沉到了大海里。

师：我就是那抹太阳，清晨我从山后探出脑袋，看到森林中的鸟儿从梦中苏醒，叽叽喳喳闹个不停。想来试一试吗？在学习单上试着写一写。

【言语实践】：

清晨，我＿＿＿＿＿＿＿＿，然后＿＿＿＿＿＿＿＿。

傍晚，我点燃层叠的云朵，＿＿＿＿＿＿＿＿＿＿＿＿＿＿。

傍晚，我一点点沉入海底，＿＿＿＿＿＿＿＿＿＿＿＿＿。

生：傍晚，我点燃层层的云朵，把最美的颜色映在天空里，陪伴着小朋友们回家。

生：傍晚，我一点点沉入海底，鱼儿调皮地绕着我转圈，好像在和我玩捉迷藏。

点评：诗意习作首要的要素就是归真，将学生的思维引向自然的生活，引导学生感悟与自然相遇的诗意。唐老师这个步骤的教学，目的在于让学生掌握全景叙事的技法，先向摄影师学习拍全景镜头，也就是快镜头白描。

（2）用第一人称讲述太阳眼中流淌的时间

师：在你们美妙的词句中，我们描绘出了一天中太阳的东升西落，你还能再来试一试，用第一人称来讲述太阳眼中流淌的时间吗？

【言语实践】：

春天，我变成了一个＿＿＿＿＿的太阳，用手抚摸着＿＿＿＿＿＿，悄悄地在它们耳边低语："＿＿＿＿＿＿＿"小草听到了我的呼唤，＿＿＿＿＿＿；小花伸了个懒腰，＿＿＿＿＿＿；＿＿＿＿＿＿，＿＿＿＿＿＿。在阳光的照耀下，到处都是生机勃勃。

夏天，我变成了一个＿＿＿＿＿的太阳，收起了自己的光芒。＿＿＿＿＿＿

＿＿＿＿＿＿＿＿＿＿＿＿＿＿＿＿＿＿＿＿＿＿＿＿＿＿＿＿。

秋天，我会变成一个＿＿＿＿＿的太阳，把光照进果园里。＿＿＿＿＿＿

＿＿＿＿＿＿＿＿＿＿＿＿＿＿＿＿＿＿＿＿＿＿＿＿＿＿＿。

冬天，我会变成一个＿＿＿＿＿的太阳，温暖着大地。＿＿＿＿＿＿＿

＿＿＿＿＿＿＿＿＿＿＿＿＿＿＿＿＿＿＿＿＿＿＿＿＿＿＿。

我真的很想变成太阳，永远照着大地。只要有我的地方，＿＿＿＿＿＿。

生：春天，我变成了一个温柔的太阳，用手抚摸着大地，悄悄地在它们耳边低语："该起床啦！"小草听到了我的呼唤，从泥土中探出脑袋；小花伸了个懒腰，展开了美丽的笑脸；小鸟兴奋地唱起歌来，诉说着心里的喜悦。在阳光的照耀下，到处都是生机勃勃。

点评：教师改变言语实践的支架，目的在于训练学生掌握诗意习作归真的要求，巧妙训练学生拍摄特写镜头的能力。

（3）用第一人称讲述太阳的生命历程

师：日复一日，年复一年，太阳就在我们身边从未离去，你知道太阳的年龄有多大吗？它已经很老了，在人类还没有出现之前就在那里了。如果你就是太阳，在如此漫长的岁月里，一直眺望着世界的全貌，俯瞰着历史。你会看到些什么？

生：我看过乡村的炊烟袅袅，也看过城市的高楼林立。

生：我看过战国时的兵荒马乱，也看过现代科技的日新月异。

师：同学们发现了吗？诗意就藏在我们的生活中，说得真好。在太阳眼中，她看见过不同的事物，看见过很多精彩的生命，看见过历史翻滚向前的浪潮，更看见过四季的流转，光阴的流逝。

点评：此环节属于归真到求善的过渡环节。

2. 求真心之善，扬社会的诗意

师：你能用关键词来说一说，太阳有什么特点吗？给你什么样的感觉？

生：太阳热热的，让我感觉到温暖。

生：太阳很明亮，感觉很耀眼。

生：所有的生命都离不开太阳，太阳是不可或缺的，我感受到了生命的力量。

师：现在，你就是太阳，你是明亮的、耀眼的，你的光芒是温暖的、彩色的，你可以照亮世界的任何角落，遇见世界上的任何人。你想去做什么？

生：我想去拥抱。我会去拥抱病房里孩子们，告诉他们一切都会好起来的。

师：真是颗既温柔又善良的小太阳。当你成为太阳，你就是这个世界上最明亮的、最耀眼的，你的光芒是温暖的、彩色的，你可以照亮世界的每一个角落，温暖世界上的每一个人。

点评：诗意习作的第2个要素在于求善，也就是培养学生社会参与的核心素养。唐老师采取关键词检索的方法，让学生提炼太阳的特点，其实就是把握太阳的德性品质。

3.至慧心之美，达自我的诗意

师：你愿意变成太阳，变成像太阳一样热烈发光，热爱生活，传递温暖的人吗？请你动笔在学习单上写一写你想说的话。快来和我们一起分享。

【言语实践】：

我想变成太阳，我会_____，只愿_____。
我想变成太阳，我会_____，只愿_____。
我想变成太阳，我会_____，只愿_____。

生：我想变成太阳，我会透过病房的窗户，拥抱妈妈，温暖妈妈的脸庞。我会把光洒到她病床旁的花朵上，让光影在墙壁上跳舞，让她展露笑颜。我会轻轻拥抱着她，告诉她一切都会好起来。

点评：诗意习作的第3个要素在于至美，将习作内容引向自我发展的素养。唐老师引导学生在变成太阳的过程中，修养德性，进而成就自己的善行，去传达自己的善意。学生在老师组织的朗读活动中，能够做到虚实结合，把太阳精神进行人文精神化。

4.圆融·永不褪色的灿烂

师：其实，当我们将刚才的所思所想，记录下来的句子圆融起来，就已经是一篇文章的雏形了。我们一起来读一读"永不褪色的灿烂"……

【言语实践】：

清晨，我点亮山间的薄雾，唤醒沉睡的鸟儿，然后慢慢地变亮、变红。傍晚，我点燃层叠的云朵，让他们燃烧出彩色的火焰，把大地也染得热闹。

春天，我变成了一个温柔的太阳，用手抚摸着动物和植物，悄悄地在它们耳边低语："春天来了，该起床啦！"小草听到了我的呼唤，从泥土中探出头来；小花伸了个懒腰，绽开了艳丽的容颜；小树的手臂上抽出了嫩芽；小青蛙也从梦中苏醒，唱起了美妙的歌………在阳光的照耀下，到处都是生机勃勃。

夏天，我收起了自己的光芒，变成了一个白色的太阳，为大地赶走炎热。操场上运动的同学们，再也不用脱下一件件衣服；大街上辛勤工作的环卫工人，头上不会再有豆大的汗珠；大街上的行人也不用带着一把把小电风扇来消暑。

秋天，我会变成一个金灿灿的太阳，把光照进果园里。苹果露出了自己红通通的笑脸；梨子穿上了一件鹅黄色的衣服；石榴树上挂满了一盏盏火红火红的灯笼……果园里充满了欢声笑语。

冬天，我会变成一个通红通红的太阳，温暖着大地。小朋友们不会再因为冻僵的小手，而写不了字；湖面不会再结冰，湖里的小鱼再也不用闷在水里了；街上的雪很快就会融化，这样路上的行人就再也不会滑倒了。

我想去拥抱。我会透过病房的窗户，拥抱妈妈，温暖妈妈的脸庞。我会把光洒向她病床旁的花朵上，让光影在墙壁上跳舞，让她展露笑颜。我会轻轻拥抱着她，告诉它一切都会好起来。

我真的很想变成太阳，永远照着大地，照着世界上的每一个人。只要有我的地方，就会有欢笑。我愿为每一朵花、每一个生命带去温暖和生的力量。

师：刚变成太阳的时候，我们从自然的生活经验出发；延伸关键词，去表达真心与情意；最终自然而然地达成了自我的诗意。其实，变形的奇妙之处不仅仅在于有趣，更在于我们对自身的反思，对美好品质的向往。带着这样的思路，我们再来变个形！这次，我们变成了，一面墙。

点评：此环节处理属于核心素养的综合培养，唐老师运用导学单，将导学单组合成基本思路，告诉学生：归真——做摄影师；求善——听德性的声音；至美——做最美的自己。

（三）自主讨论"墙壁、路灯、叶子"的思考路径

1.以墙壁为例启发思考

师：墙上有什么？

生：有爬山虎。

生：有广告。

师：如果你变成贴满了小广告的墙，心里会开心吗？你有什么想说的呢？如果有人正在贴小广告，你会对他说？

生：请别在我身上贴东西了，真是太难受了！

师：一堵墙也是一面文明的"镜子"，不破坏公物，讲文明是我们每一个人的责任。当你变成了墙，虽然不能移动，但你可以看见、听见许多发生在你身边的故事，也许你还会发现生活中的变化。如果你变成了一面墙，你希望会出现在哪里？你又可能会看见什么？接下来，让我们一起来看一段视频，看看这些墙是从哪儿来的，它们又见证了什么呢？

2. 自主讨论"变形记"

图9-4 太阳变形身份证

点评：以上的太阳变形身份证，属于典型的案例教学的"点"，此环节属于学生生活的"面"。教师先总结上一个环节学生学习获得的习作思路，又落实语言运用这一核心素养，要求学生围绕"一面墙"进行诗意习作的思维训练，强化学习效果。接下来，教师播放疫情时的视频，引导以墙壁为例，四步启发思考，扎深立意之根。

（四）总结回顾

师：形变魂不变，文以意为先。回顾我们的思路历程，我们从变形角色与我们之间的关系出发，思考它的特点，分享我们的感受；而后联系社会生活，想象可能会发生什么样的故事，经历怎样的波折；最后生成独到的理解，实现自我的成长。课后，有兴趣的同学，可以继续在变形身份证的"我的思考"记录下你对新身份的思考，和同学分享你们的思路和故事，互相评价。

二、诗意习作教学的行与思：诗意作文《变形记》教学总评

"变形记"是人教版小学语文六年级上册第一单元的习作主题。总体而言，这堂习作课上得比较成功，重思维的引导、轻套路，让孩子在启发式谈话中创造独特的变形角色，讲述独特的变形故事，提出个性化的变形解读。

课的引入借助了同名绘本引出话题，引发学生的思考。我要变成什么呢？变形之后会发生什么故事呢？接着以太阳为变形对象展开教学。也许是感人的，也许是有趣的，这个时候孩子们往往会因为自由跳跃的想象天马行

空，又或是无从下笔。其实，变形的奇妙之处不仅仅在于有趣，更在于我们对自身的反思，对美好品质的向往。但要诉说故事背后的深意，就需要启发学生去思考自己和角色的连接点，思考变形的角色和世界的关系。

真实是作文的起点，也是作文焕发生命活力、诗意魅力的关键。因此，教师作文教学的第一步就是引导学生从时间、空间、属性等角度出发，通过第一人称来讲述太阳眼中的世界，回归自然的生活经验。这个时候，教师往往可以通过组织仿写和言语实践，将童言童趣转化为雅言诗心，让学生喜于"原来我也可以自然地表达出这么美的句子"的成就感。接着，教师引导学生思考变形后的自己与世界的关系。通过延伸关键词的方法，太阳被赋予了温度和意义。在教师提供的情境中思考，学生自然而然"情动而辞发"，将真心与情意融汇成了最打动人心的语言。成为太阳，成为更好的自己。学生进一步在变形中塑造理想的自我，在自然生成的独到理解中，实现自我的成长。最后，连段成篇，水到渠成。（具体思路见图9-5所示）

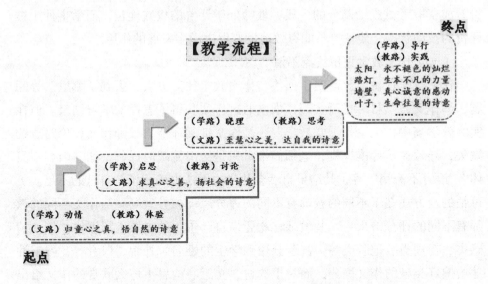

图9-5 诗意习作学路、文路、教路"三路"统一示意图

整堂课教师生动诠释了诗意习作的内涵与操作要领，归真、求善、至美、圆融四个要素做到有主有次，层次分明。同时，教师以变成太阳为例展开，怎么变？变了有什么感受？有什么功能？有条不紊地启发学生的思维，抓住了语文核心素养很重要的一个点，那就是"思维能力"的培养。

第十章　诗意作文的评价：
看得见进步的风景

第一节　什么是诗意作文教学评价

一、作文评价存在的问题

一直以来，教师对作文的评价都是注重诊断性、终结性，把作文教学评价看成获取考试成绩高分的手段，教师处于评价的权威地位，而学生处于被评价的被动状态，使评价不能有效地发挥促进学生发展的作用。

（一）作文教学评价终点不清

作文教学评价应该落实、回答"作文教学往何方去，去到了哪里"等问题，即作文教学目标是否实现，学生通过作文获得了怎样的学习结果。但在实际教学当中，无论是课堂教学，还是作文批阅环节，教师作文评价终点的缺失，导致评价标准模糊，老师们常常只是给出笼统的评价，如"内容不具体""语言不流畅"等，其结果自然会使学生无法准确地了解自己的不足。更可怕的地方还在于不同的教师有不同的评分尺度，导致同一篇作文不同的教师有不同的评分结果。一些教师喜欢凭借自己主观的喜好进行评价，例如情感类、哲理类、记叙类等，甚至会想到学生的姓名、外貌、口音等，习惯性地给偏好类型的作文高分，而对于选材、立意、构思不那么欣赏的作文给出低分或者不及格的分数，导致评分缺乏公正性和客观性。

（二）缺乏对学生写作过程的关注

中小学作文教学评价，教师关注的是学生的最终作品，甚少，甚至没有关注学生的写作过程，难以做到教学评一体化。缺乏写作前的评价，作文教学的学情分析自然就处于幽暗不明的状态，教学缺乏起点，学生也就难以形成写作冲动，难以把握明确的作文目标，甚至对作文题目都难以理解。缺乏对学生作文过程中的评价，教师一方面不会察知学生在各个作文教学中的表现，自然难以对学生的审题、立意、构思、创作、修改等阶段进行有针对性的建议和指导，把握不了每个学生的写作特点，无法及时帮助学生解决在写作文过程中遇到的困难，甚至发现不了学生抄袭、文不对题等问题。缺乏对学生作文后的评价，教师无法准确评估学生的能力，一方面影响学生写作文的积极性，另一方面影响教师教学计划的针对性和有效性。

（三）学生缺乏学习主体参与意识

目前，整个作文教学的评价机制多是从上而下，以教师作为作文教学评价的主体。相当多的中小学教师认为，所谓的作文教学评价就等于作文批改。而在作文批改中，教师过分强调"文体参照"与"集体参照"，相对忽视"个体标准"，导致评价、评语习惯用公共话语言说方式，比如结构单一、选材陈旧、立意贫乏、语言不够生动。久而久之学生就会产生只要按照老师说的做就行的观念，在心中自成一套符合教师评价标准的习作体系，羞于表达自己内心的真实感受，缺乏学习主体意识，自然也不会有意识地参与到学习评价主体中来。

二、诗意作文教学评价的内涵与诠释

（一）什么是教学评价

所谓的教学评价，指的是教师依据一定的客观标准，对教学活动及其结果进行测量、分析和评定的过程。它以参与教学活动的教师、学生、教学目标、内容、方法、教学设备、场地和时间等因素的有机组合的过程和结果为评价对象，是对教学活动的整体功能所做的评价。

教学评价评什么？国内和国外的教学理论界公认的是"三要素"，即教师、学生和教学内容。随着研究的深入和研究视角的不同，在此基础上衍生出了四要素、五要素、六要素、七要素和九要素。基本上在"教师、学生和教学内容"三要素基础上做"加法"，陆续增加了教学目标、教学方法、教学环境、教学工具、时间和空间等。当然也有例外，比如德国的柏林学派提出的是教学意向、教学课题（内容、对象）、方法、媒介及人类学与社会文化条件。[①]所谓教师教学评价，指的是对教师教学观念、教学组织、教学能

---

①王维臣，卢家楣. 现代教学：理论和实践[M]. 上海：上海教育出版社，2012：7.

力、教学素养等方面的考察与测评；所谓的教学目标评价，主要是评价教学目标是否明确、合理、具体，是否符合学生实际，是否关注学生的全面发展和长远发展；所谓教学内容评价，主要是评价教学内容是否与教学目标相符合，是否考虑到学生的需求和兴趣，是否与学生的认知和能力相匹配，是否与教学方式相适应；所谓教学方法评价，指的是测评教学方法是否符合教学目标和教学内容，是否考虑到学生的学习风格和个人特点，是否能够激发学生的学习兴趣和学习动力；所谓教学过程评价，指的是评价教师教学过程是否符合教学内容和教学方法，是否能够让学生积极参与、思考和实践，是否能够培养学生的自主性、探究性和实践性；所谓教学结果评价，指的是评价教学结果是否达到了预期的教学目标，是否能够满足学生的需求和发展，是否能够为学生的未来学习和职业发展打下坚实的基础；所谓教学环境评价，主要指的是评价教学环境是否有利于学生的学习和发展，是否能够提供良好的学习氛围、学习资源和学习支持；所谓教学管理评价，主要指的是评价教学管理是否得当，是否符合学校和学生的实际情况，是否能够保证教学质量和教学安全；所谓学生评价，指的是评价学生的学习是否符合认知与非认知的学习规律，学生的学习习惯是否符合教学要求，学习过程与结果是否达成一致性等情况。

教学评价的目的不仅是为了考查学生实现课程与教学设计目标的程度，更是为了检验和改进学生的学习和教师的教学，改善教学设计，完善教学过程，发挥教学目标、教学方法、教学环境、教学工具、时间和空间等要素的结构化功能和积极的诊断、调控、测评作用，从而有效地促进学生核心素养和谐发展。学科教学评价设计自然是要以学生核心素养的维度为标准，尽量做到定性评价和定量评价、形成性评价与终结性评价相结合。

所谓形成性评价指的是在某项教学活动过程中，为了能更好地达到教学目标的要求，取得更佳的效果而不断进行的评价。它能及时了解阶段教学的结果和学生学习的进展情况、存在问题，因而可据此及时调整和改进教学工作。而总结性评价又称"事后评价"，一般是在教学活动告一段落后，为了教学活动的最终效果而进行的评价。学期末进行的各科考试、考核都属于事后评价。其目的是检验学生的学业是否达到了各科教学目标的要求。需要注意的是设计教学评价，应注意教师的评价、学生的自我评价与学生间互相评价相结合。加强学生的自我评价和相互评价，还应该让学生家长积极参与评价活动。在评价时要尊重学生的个体差异，促进每个学生的健康发展。要综合采用多种评价方式，考试只是评价的方式之一。如果说教学目标是对教师教学和学生学习结果的一种预期，它决定教学活动的方向，是教师教学行为是否有效的依据，那么教学目标应该对教学评价也具有同样的作用。但在中小学学科教学实际中，受"考试什么就教学什么"等因素影响，教学评价成了影响教学目标达成的主要因素。

所谓"促进学生学习的评价（assessment for learning）"，指的是教师与学生依据教学目标切分的教学点及达成的指标，有计划、分阶段对各个指标进行检测、评价，且将评价的结果作用于教学行为与方式的改进，甚至教学资源整合与利益等方面。即教师和学生都把测评当作提高教与学效果，支持后续教师教与学行为的手段，也当作改善教与学的工具，从而促进人人达标、成功。而与之相反的是"关注学科学习的评价（assessment of learning）"：即教师把评价当作获取高分的手段，以测评结果代替过程分析，评价的功能在于记录成绩、报告学生当下现有掌握知识的状况与应试水平，据此进行问责。

（二）诗意作文教学评价的基本内涵

《义务教育语文课程标准》在课程理念板块指出"课程评价应准确反映学生的语文学习水平和学习状况，注重考查学生的语言文字运用能力、思维过程、审美情趣和价值立场，关注学生学习过程和学习进步"[①]；在课堂教学评价建议板块指出"课堂教学评价是过程性评价的主渠道。教师应树立'教—学—评'一体化的意识，科学选择评价方式，合理使用评价工具，妥善运用评价语言，注重鼓励学生，激发学习积极性。"[②]这就意味中小学教师要把"有效地促进学的发展"作为评价的灵魂，贯穿作文教学始终；这也要求中小学语文教师需要认真研制促进学生作文学习的评价量表且一以贯之到作文教学全过程。

诗意作文教学评价信奉的是"成功更是成功之母"的理念，认真落实新课标倡导的评价理念。所谓的诗意作文教学评价指的是教师根据作文教学

①中华人民共和国教育部. 义务教育语文课程标准（2022年版）[M]. 北京：北京师范大学出版社，2022：3.

②中华人民共和国教育部. 义务教育语文课程标准（2022年版）[M]. 北京：北京师范大学出版社，2022：48.

为人与为文的起点分析，为了实现作文教学"诗意生成"终点的目标，研制达成目标的中点性、过程性、多元性评价指标并结合作文教学进程开展的师生、生生互动的评价机制。

（三）诗意作文教学评价概念的诠释

从价值论看，诗意作文教学评价的价值在于张扬学生的个性，使学生成为他自己，成为一个拥有无限希望与信心的人。为此，诗意作文教学评价要求关注学生学习作文的过程，重视过程性的评价，把学习作文中学生的参与程度、情感体验、努力程度、合作能力等作为评价学生的主要依据。同时，评价还要发挥其指导和激励的作用，引导学生反思自己的作文，改善作文的语言，丰富生活体验。为了促进教师作文之教与学生作文之学的顺利实施，诗意作文教学评价倡导：一是教师应该把宽容、微笑带进课堂，为作文学习营造一种民主、平等、和谐的教学氛围。有心理学家认为，一个人如果处于轻松、和谐、愉快的状态中，思维就会发挥到最佳状态，接收外界信号的速度就会非常快捷。二是采用充满灵性、富有诗意的语言叩击学生的心扉，使学生产生愉悦的感受，以饱满的热情进入学习情境。既对学生的学习方向进行导航，也留给学生反思、体验的空间。三是根据多元智能理论，从不同侧面去发现学生的所长，使之成为学生的特长，达到以长补短的目的，让学生永远张扬好胜的风帆。四是注意培养学生的反思性智慧。

从主体论看，首先，诗意作文教学评价尊重学生的主体地位，重视作文教学起点为人与为文的学情分析，更重视学生在作文教学过程中的表现；其次，注重发挥学生自主评价的功能，教师会提供过程性达标的评价清单，鼓励学生对照评价单，检查、诊断自己作文的达标情况，包括反思写作过程中的问题、总结自己的写作特点和优点、评价自己的作文水平等。同时，注意创建合作学校的微共体，该微共体不仅有学习同伴参加，还将教师、家长纳入进来。教师评价方面，课堂上教师注意运用典雅的语言进行教学，发挥典雅语言雅言雅心、导言导行的教学功能；作文批改方面主张弘扬"发现优点，张扬个性"的积极人格评价策略，评价内容包括作文的构思、结构、语言、文采等方面，同时也包括对学生写作态度和进步的评价。家长评价方面，主张学生与家长建构对话交流关系，将学生的作文与家庭、社会生活联系起来，一方面让家长了解孩子的学习情况，促进家长与孩子的沟通和交流；另一方面发挥作文的实践导向功能。最后，发挥同伴学习的功能，学生个体与小组成员形成相互促进、相互指导的关系，通过团队的评价，可以看得见自己的进步，也分得清自己为文与为人的不足。

从本体论看，诗意作文教学视言语实践为本体，作文教学的过程是教学主体间相遇自然、社会、自我诗意且圆融到为人、为文的核心素养修养的活动。作文教学评价不仅关注学生的写作成果，更注重学生在写作过程中的表现和发展，包括学生的个性、兴趣、情感、思维等方面。它视作文教学过程为言德同构的活动，而不是静止的作文知识传授与机械的作文技能训练。将作文教学过程切分为"看得见生活的慢镜头""听得见内心德性的声音""闻得到作文语言与境界馥郁芬芳""体得到作文整体诗意弥漫"等"中点"，让学生站在每一个中点，能够进行口头评价、学生互评、作品展示等活动，获得的不仅是写作素养的真知灼见，更是诗意成长的快乐。

总之，诗意作文教学评价是一种以学生的发展为目标，强调写作过程和学生自我评价为主的多元化评价方式，关注写作的应用价值。这种评价方式可以提高学生的思维能力和表达能力，培养其独立思考和解决问题的能力，更可以融洽关系，散发作文的诗意魅力。

第二节　如何把握诗意作文教学评价维度与指标

一、优秀作文解码

原来，老人的晚年幸福这么难
广东考生

曾祖父八十岁时，身子骨还硬朗，耳不聋眼不花。出门也不用带手杖，非常精神。当然，这是曾祖母去世前的事了。那时曾祖父还特别喜欢在冬天的时候戴着她编织的绒线帽呢。后来，曾祖母不在了，绒线帽也旧了，可曾祖父舍不得丢掉。那里有他的念想，有他的牵挂。

失去曾祖母的曾祖父非常孤独，平时除了我偶尔带给他一点快乐外，他连个说话的人都没有，常常一个人在家，望着苍白的屋顶，神情憔悴，似乎在等待着死神的来临。

可是一年之后，他脸上突然又出现了久违的笑容，而且常常不在家了。

村里人纷纷猜测，说是曾祖父在外面找了相好的。一时间，消息像一阵风似的吹遍了整个村子，几乎人人都知道了曾祖父的风流韵事。甚至还有好事者偷偷地跟踪他。于是，曾祖父的事闹得更加沸沸扬扬了。

大家的猜测并非没有来由。曾祖父确实结识了一位单身老太太。因为这个老太太离我家比较远，所以曾祖父来回不方便，有时候过去就留在她家里过夜了。

这么大岁数的人了，还找相好的，我家二爷，也就是曾祖父的二儿子，特别不理解。写了首打油诗威胁他：别怪儿孙不孝顺，跌断老腿没人问。

曾祖父知道儿子对他有意见，也能察觉到别人异样的眼光，但他不为所动，你没有做任何的解释，依旧时常去那位老太太的家里。

原来，那位老太太也失去了爱他的老伴，还被查出得了晚期乳腺癌，和曾祖母得的是同一种病。也不知道曾祖父是怎么知道这件事的，之后他便去看望了她。结果两人一见如故，聊得特别投缘。仿佛是久别重逢的朋友。从此，曾祖父也就去得勤了。老太太时常大小便失禁，但曾祖父不介意，总是细心地照料她，就像当年照顾曾祖母一样。

我恰好遇到他们。他们之间相互搀扶着，慢慢地走着。碰到我，曾祖父没有任何遮掩，大大方方地把我介绍给老太太。老太太很和蔼，说她很羡慕曾祖父有这样一个好晚辈。经过这次相遇，我终于明白曾祖父的心情，也明白了老人的内心独白。曾祖父忘不了曾祖母，当他看到另一个和曾祖母有着同样遭遇，而内心和他一样凄清的老人时，他无法置之不理……

我思绪万千，百感交集。当曾祖父尽心地帮助另一个老人时，周围的人非但不理解，反而做出各种无端的猜测和指责。原来。老人的晚年幸福这么难！

（一）展示生活图景，归真人物立体存在

1.终极存在的归真

所谓的终极存在归真，原本指的是哲学或宗教学里探索宇宙中最高层次的存在，超越人类理解和经验的研究，是形而上学的核心内涵三个要素中的一个，即"寻求世界统一性的终极存在"。在诗意作文教学视域，通常是指探求生活真相、认识真知和寻求终极存在的境界或状态。从这篇作文看，小作者善于从图景思维的时间维度分析，首先，分析了现时的存在情况，涉及

曾祖父的外形、自理能力、生活习性等内容。曾祖父的外形具体表现是"80岁、身子骨硬朗、耳不聋、眼不花"，曾祖父的自理能力是"出门不用带拐杖"，曾祖父的生活习性是"爱戴绒线帽"。这一切均表明这个老人身心条件不错，是一个身体健康、重感情的老人。其次，分析了历时存在，全文隐含了过去、现在和未来三个时间要素，过去的时间图景是曾祖父与曾祖母相亲相爱，现在时间的图景是曾祖父陷于舆论的风波中，未来的时间图景是曾祖父有情有义、追求幸福且携手另一个和曾祖母有着同样遭遇，而内心和他一样凄清的老人共同生活。

2. 终极解释的归真

终极解释的归真是形而上学的核心内涵三个要素中的一个，即"追求知识统一性"。推及至诗意作文教学领域，通常指的是教师要善于从学生作文中对所表达的主题、意义和内涵等要素进行深入理解和解读，同时需要对学生作文的形式、语言、技巧、形象等方面进行细致的感受和阐释。作文知识统一性分析是指对作文中出现的概念、判断、推理等知识要素进行一致性和连贯性的分析。学生的终极分析的策略主要有如下几个方面：其一，对比目标与评价。学生在写作文之前，将教师设计的作文评价与自己确定的作文主题、目的和写作要点等要求与自己所做的工作进行对比，检查是否符合教师作文教学目标和评价的要求。其二，检查概念的一致性。在作文中，检查是否使用了相同的概念，特别是在不同的段落或章节中。如果概念发生变化，需要自己能够对这些概念进行解释和说明。其三，检查判断的合理性。学生在作文中，需要检查每个判断是否合理、准确，是否符合文路逻辑和社会事实判断。其三，检查推理的连贯性。在作文中，学生需要检查每个推理是否连贯、符合逻辑。如果出现了跳跃、省略或错误的推理，需要及时修正。其四，注意语言和风格。在分析作文的知识统一性时，还需要注意语言和风格的一致性。这包括用词、语法、句式、修饰，等等。如果出现变化或者不一致的地方，需要及时调整。

从教师的终极解释归真视角看，在《原来，老人的晚年幸福这么难》这篇作文里，小作者以曾祖父和旁人（含文章中的"二爷"）的视角，进行了感性归真、知性归真、理性归真。"感性、知性、理性"三个概念源自康德的分析，他把人类的认识能力分为感性（sensibility）、知性

（understanding）和理性（reason）三个阶段①。"感性"属于认识的接受阶段，是以现实生活现象为材料，对某种事物的感知、感受和情感反应等；"知性"是以本身的概念为形式，借助形式将质料统一起来而成为经验。通过知性，我们得以把握思维的表象。"理性"是比知性更高一级的认识阶段，需要借助概念、判断、推理等思维形式形成命题，等等。所谓的"感性归真"是指通过感知、感受和情感反应的方式，探寻作文人物、事情发展的真相、本质或本真，从而获得更深刻、更真实的认知和理解。所谓的"知性归真"，指的是运用事物本身的概念，进行深入分析、综合和归纳，以揭示其本质和内在规律。所谓的"理性归真"指的是通过概念、判断、推理等思维方式探究事物的本质或本真。

关于曾祖父寻找老年人幸福这件事情，旁人的视角是这样感性归真的："曾祖父在外面找了相好的"这是属于老年人的"风流韵事"，而不是老年人的"真诚相爱"；老年人年纪大了找"相好"就属于所谓的民俗意义上的"出丑"，无关法律，无关人情；有如此"出丑"的行为，自然而然就从所谓的"道德高义"上进行审判，曾祖父就成为村民眼中的"老不正经"。显然，旁人眼中的归真是感性的，也是武断的。从曾祖父的维度看，曾祖母去世后，曾祖父一直喜欢戴曾祖母编织的绒线帽，即使破损不堪，因为这顶绒线帽是曾祖母爱的寄托，从这个细节就可以看出曾祖父是一个"重感情，有情义"的老人，也生动地反映了他孤苦一人的现状。从知性归真的维度分析，小作者描写了曾祖父所处的"屋顶苍白"的环境和"形容消瘦"的姿态，从这些事实里建立了老年人"孤独""渴望陪伴"的概念，而且从这个概念推衍开来，老年人的情感世界似乎"返老还童"，少了一些世俗的诸如财产、地位等观念，更多的是"纯真的情感""质朴的情怀"。从理性归真的维度分析，曾祖父为什么找了"相好的"就能够找回久违的笑容呢？小作者的推理是因为邻村的这位老奶奶患了与自己曾祖母同样的"晚期乳腺癌"，激发了曾祖父的同理心，更深层的原因还在于曾祖父一直是一个珍视情感的人。从归真的角度分析，曾祖父的形象质朴、感人，同时隐藏的质性与理性认知的差异，给了此文更多的思考空间。

---

① 陈杰. 内向指标以康德批判哲学为进路的意义理论研究[M]. 上海: 上海大学出版社, 2009: 65.

3. 终极价值归真

对于价值的认识，一般有三种维度：其一，客体本身的价值；其二，主体的需要；其三，主体与客体的关系。在作文教学领域，价值通常指文章或作品所具有的意义和作用，以及它们所能带来的读者等主体的反应、社会影响和文化贡献等。作文价值归真可以理解为通过分析和探究文章或作品的价值本质和来源，从而更深刻、更真实地认识和理解它们的意义和发生的影响。涉及的要素有如下几个方面：其一，作文本身的本质价值，即学生作文本身具备的内容、形式以及所蕴含的生活图景、情感和思想等；其二，作文主观的价值判断，即教师、学生等主体通过对作文进行评价和分析，判断它们的价值高低和质量优劣；其三，作文客观的价值实现，即探究作文语言表达、结构安排、表现手法，尤其是思想内容对于作者本人、学校、家庭、社会等方面产生的作用；其四，作文客观与主体关系的价值反思。即对作文的主要功能发挥积极与否等方面进行反思和审视，发挥作文积极影响的要素，消除作文消极影响的要素。从作文本身的本质价值看，小作者选材新颖，直面社会老年化的典型婚恋问题，涉及民俗与法律、情感与理智等方面的对立，这些要素是客观存在的，因此具有生活的本真性价值。从作文主观的价值判断方面看，小作者走进老人生活，体察老人，尤其是失独老人的情感需要，触及世俗观念，呼吁尊重老人，推崇"同理心"的普世价值，无疑显示了作者不凡的社会洞察力。从作文客观的价值实现的维度看，小作者运用了欲擒故纵、层层剥笋的写作技法，采取这样的思维路径——一个谜团形成一个问题，进而带入社会层面，进行民俗与法治、情感与理性等方面的深层思考，显示了小作者不凡的写作技艺及思维的流畅性与逻辑性。从作文客观与主体关系的价值反思维度分析，小作者与作品里的人物建构的关系比较独特，既保持了一定的审美空间，又拉近了一般人与老年人的距离，既能够密切老年人间的生活联系，又保持客观介绍与分析的价值中立。

（二）求善作文德性，听得见内心的声音

善是人类共同追求的美德，它代表着正义、仁爱、宽容等积极向上的价值观念。诗意作文教学的求善是中华民族"文道统一"传统的创造性继承和在新时代的创新性运用。无论是作文教学为文的需要，还是为人培养的需要，学生在作文中均应该传递出积极向上的人生态度和追求，体现人文关怀和社会责任感，呼吁人们关注社会问题，促进社会进步。散发善心、善意、

善行德性魅力的文章会更加真实、深刻地反映出人性的光辉和弱点，引发读者的共鸣和思考，从而可以鼓舞人心，激发人们的爱心和同情心，从而树立良好的社会风尚。

1. 感性求善，体察人物善心

感性求善指的是作文主体从生活感受层面探索作文人物和作者自己的好的心态和好的思想，形容好心、善良之心。诗意作文教学在归真的基础上要求教师在作文教学中培植与生俱来的善心。主要的策略在于：其一，在动心阶段，需要激发学生记叙、描写善良的动机。其二，在作文"中点"阶段，借助"二爷"的不理解、为难的心情以及村民嘲讽之心反衬曾祖父乐于助人、勇敢追爱的质朴、真挚之心；其三，在作文的终点阶段，凸显自己探究的理解之心。整体而言，无论是人物之心，还是作者之心，均体现了社会的正能量。

2. 知性求善，理解人物善意

知性求善指的是作文主体在感受生活现象的基础上去表现人物、事物本身呈现的概念，借助这一系列概念去表现人物、事物潜藏于心的道德标准和行为准则。知性求善需要借助人物与人物、作者与作品的比对、对话中不断反思、总结而生成的一种积极向上的生活态度和价值追求。在作文中，小作者表现了曾祖父经常"戴绒线帽"的事实，从这个事实里生成的概念是"思念祖母"，为后面写曾祖父探望邻村患病的老太太，最后就悉心照料的故事进行有效的铺垫。不仅如此，还从"老太太时常大小便失禁"等细节描写里生成老年人爱得真挚、淳朴的概念，更体现曾祖父的善意。

3. 理性求善，描绘人物善行

所谓的理性求善，指的是作文主体能够借助概念、判断、推理等逻辑思维方式对人物行为进行合理的解读。这个作品里，需要解决的问题是"老年人的晚年幸福为什么这么难"的问题，作者不仅描写了曾祖父不顾及家人以及村里旁人猜忌的眼光和嘲笑的语言，不惜付出荣誉、地位、身体等代价去照顾一个素昧平生的老太太的行为，更描写人物所处的充满世俗舆论的人文环境、个人独处且亲子关系淡漠的家庭环境。作者体现人物行为的理性逻辑其实是十分清晰的：其一，前提：曾祖父是一个失独老人，有寻求情感慰藉的需要；其二，基础：曾祖父是一个善良的人，念旧、重情，为后面结识邻村老太太奠定了良好的人性基础；其三，关键：老太太患有同曾祖母一样的病，激发了曾祖父的同理心与念旧情以及情感慰藉的需要。因此，曾祖父一系列的行为隐藏其中的就是与生俱来的善心和后来与曾祖母相处修养的善意。从这一系列行为里也形成小作者对问题的逻辑推理、判断：其一，曾祖父与曾祖母相亲相爱，促成村里人的情感定势——相爱一辈子的老人，爱人去世了，很快就找到新的伴侣，这是情感定势之"难"；其二，身体相对健康的曾祖父"出丑"患病的老太太，这是思维定势之难；其三，老年失独与寻求短暂的情感寄托形成民俗与法理的冲突，这是文化定式之"难"。这一系列的"难"堆积在一个老人的身上，自然而然更加凸显了老年人爱情的珍贵。

（三）至美自我心路，塑造理想的形象

好的作文不仅要客观地表现自然、社会的诗意，还要做到"我手写我心，我手塑我形"。所谓的"我手写我心"，指的是作者通过自己的手和笔来表达自己内心的真情实感、思维方式和价值观，并借助这种表达方式来展示自己的个性和独特的审美价值。所谓的"我手塑我形"，指的是作者通过自己的手和笔来塑造理想自我形象和个性，在增强作文真实性、可信度的同时也可以让我们更好地感受到作者的德性魅力和审美感染力。

1. 立足本我，还原生活

"本我"这一概念源自弗洛伊德著作《自我与本我》。指的是人的最原始、最本质、最自然的欲望和冲动，是人的天性和天理的体现。要立足本我，还原生活，意味着学生首先要认识到自己和所写人物的本性是美好的、真实的，同时善于借助人物的行为举止进行自我观察和反思，一方面观察人物的言行举止和内心状态，一方面反思自己的思想和情感，从而学会诚实地表达自己的情感和欲望，展示自己的真实想法和感受，并尝试从中获得快乐和满足感，追求内在的平和与幸福。在《原来，老人的晚年幸福这么难》这篇作文里，作者先描写了曾祖父失独后的孤独，本能地感知老人需要情感的关爱；然后观察到村民及二爷本能地认为曾祖父年纪大不该折腾的心理，在曾祖父找到知音，获得幸福的时候，受村民及二爷的影响，本能地觉得曾祖父的行为怪异，为后面进行伏笔、铺垫。作者借作品的"我"实现与社会对话、与自我对话，给作文带来真切的感受与自然的表达。

2. 剖析自我，理解人物

"自我"也是源自弗洛伊德著作。指的是人们对于自己的认知和对于周围世界的认知，包括自己的情感、思想、记忆和价值观等方面，以及对于周围世界的感知和理解。在作文中，学生只有善于自我剖析，才会更好地理解作品里的人物，同时借助人物的分析，达成提高自己，改造自己的目的。首先，该作文的小作者通过观察曾祖父的言行举止，尤其是看到曾祖父走出家门，重现笑容的行为与神态，了解到自己的情感、思想和价值观，理解老人应该走出悲伤，追求幸福。其次，通过观察村民猜测、捕风捉影、跟踪等行为，探索他们内心的思想、情绪，了解他们的人性弱点和认知局限性，从而揭示村风民俗的障碍。最后，通过表达自己在文章中从"偶尔带给他一点快乐"到"终于明白曾祖父的心情，也明白了老人的内心独白"以及"思绪万千，百感交集"的情感发展历程，将自己的情感、德性等要素投射到作品里，并借助这种表达方式来展示自己的情感和思想境界。

3. 塑造超我，赞赏人物

什么是"超我"？按照弗洛伊德的说法，超我是指人在反思自身行为时的自我，是指自我具有评判机能的那一部分[1]。也指超越了本我和自我的我，是一种社会理想，也可以看作是理想的我[2]。诗意作文教学的终点在于促进学生为人与为文的诗意生成，其实质与诗意语文教学一样，就是促进学生理想自我形象的塑造。在这篇文章里，小作者是如何塑造自己的理想自我的呢？超我指的是人们行为准则和道德标准的自我约束和自我要求，是一种理想化和超越自我状态的人格体现。首先，小作者塑造多元化的人物形象，有正面的曾祖父、邻村老奶奶以及未出场的曾祖母，也有"二爷"和村民等反面形象，在展现不同人物的特点和优劣之处的同时巧妙彰显自我对真挚感情的赞赏形象。其次，在作文中，小作者塑造曾祖父有一个理想化的人格，如念旧、勇敢、坚韧、无私奉献等，并将其作为自己和作品里人物赞赏的榜样和目标，为自己的成长树立了道德标准和行为准则，如勇气、责任等，还将其作为塑造超我的重要因素。不仅能够在曾祖父失独思念亲人、陷入孤独之时，给予他些微慰藉，还能够一一呈现村民猜测、捕风捉影、跟踪，还能在二爷嘲讽后与曾祖父、老奶奶亲密接触，从而为他们的爱情解密。最后，在作文中，小作者关注社会的价值观念，如老年人追求幸福的平等、自由、

①林方. 心灵的困惑与自救 心理学的价值理论[M]. 沈阳: 辽宁人民出版社, 1989: 26.
②曹越. 幸福修行课[M]. 广州: 广东旅游出版社, 2013: 7.

人权等，从而坦诚和理解老人追求幸福之难。

二、诗意作文教学评价指标建构的基本原则

（一）诗意作文教学评价需要具有"学教评"一致性

无论什么教学，"教师的教、学生的学以及对学习的评价应具有目标的一致性"[①]。所谓作文"学教评"一致性指的是在教师在为人与为文起点分析、教学目标终点设计的基础上，通过以言语实践为本体等教学策略，将评价建构和实施到归真、求善、至美、圆融的教学过程中，且通过教学评价的反馈，推动教学活动的达成理想教学效果的活动。

从作文"学教评"一致性视角审视，诗意作文教学评价需要在如下几个方面努力：其一，教学目标应该明确并具有导向性、可检测性。在诗意作文教学中，教学目标设计应着重于"学路""教路"与"文路"并重，也就是评价维度与指标既要指向学生的"学"、教师的"教"，还要指向言语实践的"文"，做到评价要能促进所教即所学、所学即所评。其二，针对不同年级的学生，针对同一班级差异化的学生，需要设定不同层次的教学目标。教学策略的采用和实施应注重学生的主体地位和教师的主导作用。在作文教学中，尤其是教学的起点阶段，不管是采用情境教学、合作学习、探究学习还是哪种教学方法，均应该有助于引导学生观察生活、体验情感、积累素材，并鼓励他们发挥想象力和创造力，也就是诱发学生内心的感动。同时，教师的主导作用还应体现在对学生进行诗意情怀熏陶、诗性智慧启迪、诗意哲理感悟以及诗意行为导引等方面。作文评价手段，无论是打分制，还是等级制，均应该有助于全体学生，愿意作文，乐于作文。其三，教学评价应贯穿整个诗意教学过程，并对学生的学习成果进行及时反馈。评价方式可以采用学生自评、互评和教师评价相结合的方式，同时还可以引入家长评价和社会评价等。评价内容应全面，包括学生的作文水平、写作态度、合作精神、创新能力等多个方面。通过评价，可以及时发现学生的学习特点和不足之处，帮助他们提高写作能力和自信心。

---

①崔允漷, 雷浩. 教学评一致性三因素理论模型的构建[J]. 华东师范大学学报（教育科学版）, 2015（4）: 15-22.

（二）诗意作文评价重视"为人"与"为文"关系的协调

正如上文分析所示，一篇好的作文离不开学生为人品质的作用，或者说为人的品质决定了作文的品质。历代教育家、思想家均重视"为人"与"为文"关系的协调。比如孟子提出"颂其诗，读其书"就可以"知其人"[①]的观点，韩愈认为"仁义之人，其言蔼如也"[②]，叶圣陶先生也反复强调作文"要紧的在乎做人"，反复强调"作文与做人的统一"[③]。诗意作文教学秉承优秀传统作文"文如其人""人品就是文品"等理念，提炼出"德言同构"的原则，探索基于学生"生活经验"与"作文经验"相统一的作文教学及习作学习"结果性"与"过程性"相协调的评价方式，尊重学生习作的主体地位，坚持做到"他者评价"与"自我评价""定性分析"与"定量分析""步骤评价"与"总体评价"结合起来。具体到一次作文课，教学评价做好如下几件事情：其一，在教学目标的研制上，要做到"为人"与"为文"并重。比如王左设计的诗意作文教学《我的拿手好戏》，为文的作文素养目标是"学生学会列提纲，明确写作思路，确定写作重难点；通过具体事例来写我的拿手好戏，展示拿手好戏的精彩；能运用夹叙夹议等手法把自己的感受、看法写出来，写出真情实感"；为人的社会参与素养目标是"将自己的拿手好戏与社会联系起来，展现出自己的拿手好戏可能对于社会的贡献与联系，增强社会责任感，且认识到每个人都有自己的优势与特长，要善于发现自己的优点，建立自信心，获得成就感和自豪感，勇于展现自我"。其二，发挥班级微信群与公众号的交流评价功能，开设"金句擂台赛"等平台，将学生"轮写轮评"过程中精彩的句子提炼出来，在班级群乃至家长群里予以公布，获得好评的称为"金句"，并让习作者在常规的语文课上进行课前演讲，讲述"金句"习得之理由。其三，开展学生个人"作品赏析会"。一个学期、学年，乃至三年课程结束，引导对学生的作品结集，研制诸如"事件归真""品质求善""表达至美"维度以及"事件品类""人物素描""情感流露""用词特色""连续动作"指标等构成的评价量表，对每一个同学的作品进行赏析、评价。

---

① 孟轲. 孟子全鉴（第2版）[M]. 东篱子解译, 北京: 中国纺织出版社, 2014: 208.

② 姚鼐. 古文辞类纂[M]. 胡士明, 李祚唐标校, 上海: 上海古籍出版社, 2016: 364.

③ 叶圣陶. 叶圣陶散文乙集[M]. 北京: 生活·读书·新知三联书店, 1984: 639.

（三）诗意作文教学评价注重"形象化"与"数字化"手段相结合

中小学生不同于大学生的思维，其思维是具体形象思维和抽象逻辑思维交错发展的[1]。这就决定诗意作文教学评价要做到"形象化"与"数字化"相结合，发挥评价的积极语用功能，促使他们看得见进步，也分辨出差距。诗意作文教学倡导全过程、分步骤、可操作、能达标的评价方式。比如《写身边熟悉人的一件事》，教师可在如下几个方面下功夫：其一，把选择一件事比作夜空里的星星，让学生根据内心的感受，找到属于自己的那一颗，这样做的好处就是学生作文是从激发内心感动以及表达需要出发，同时也巧妙地学会了如何开头；其二，把写清事情的过程比作一树红花竞相开放的过程，要求学生做到巧炼动词，写清事情发展的过程，在叙事过程中有适当的环境描写且写出独自发现的细节；其三，把自然流露的情感比作绿叶，一方面鼓励学生灵活运用所学课文中表示情感的词语，另一方面学会捕捉所写事情的意义及其人物的品质，同时学会自然流露自己的感情；第四，把圆融成篇比作有创意的树，评价要从文章结构及个性化的语言出发。其目的在于让教师教学、学生个体和集体自评和他评均有依据，既看到差距，更看到进步，具体见表10-1所示。

表10-1　诗意作文教学评价体系一览表

评价维度	评价象征物	评价依据	评价结果
选择一件事	树顶上的小星星	事情有具体的人物	1颗星
		事情介绍能够抓印象最深刻、内心最感动的地方写	2颗星
		写清人物的外貌并加上典型的事件	3颗星
写清事情的过程	树上的红花	巧练动词，运用3～5个动词写清事情发展的过程	1朵花
		运用6～8动词叙事且有1～2处适当的环境描写	2朵花
		在做好前面两个要点的基础上，细节描写有2处且生动	3朵花

---

[1]林崇德，申继亮，等. 学思维活动课程教师用书（小学版）[M]. 北京：外语教学与研究出版社，2012: 20.

续表

评价维度	评价象征物	评价依据	评价结果
自然流露的情感	树上的绿叶	事情叙事过程中能够用上3～5个表示情感的词语修饰有关的动词	1片叶
		表现所写事情的意义与显现人物的品质2处	2片叶
		自然流露情感与表达评价	3片叶
圆融成篇	一棵完整的树	巧妙地把1节课合成完整的1篇文章	1棵树
		文章结构有独到的创意，显得有个性	2棵树
		写出有特色、典雅的"金句"	N棵树

德国诗人、剧作家、思想家歌德有言："一个人只要能把一件事说得很清楚，他也就能把许多事都说得清楚了"①。对于小学生而言，所谓说清楚一件事情，就是在教师引导下练习把自己亲身经历的、内心颇有感受的事情，用自己的语言文字有条理地表达出来的言语实践活动。从"如何写清楚一件事"的微观视角去探索诗意习作专题课程的建设，有助于小学语文教师从课程目标到课程评价审视外铄习作知识的观念与行为，回归习作及习作教学应有的"激发内情，生成诗意"的魅力：一方面，让学生生活在丰富多彩的诗意情境里，带着诗意的眼睛审视周围的世界；另一方面，变机械模仿的习作为学生的自我行旅与相遇，促使他们在习作过程中相遇人与自然、人与社会、人与自我归真、求善、至美的诗意，从而到达"为人"与"为文"的统一。②

三、诗意作文评价维度与指标的研制与实施

（一）诗意作文评价维度与指标研判

诗意作文教学评价是依照作文教学起点、终点的要求，落实到教学过程中点的分步达标的过程性、全员性、互动性评价。在评价维度研判方面，将传统的主题、内容、结构、语言、创意、文风等维度，创造性发展为"归真

---

① 爱克曼. 歌德谈话录[M]. 朱光潜, 译, 合肥: 安徽教育出版社, 2006: 3.
② 冯铁山. 小学诗意习作专题课程开发与实践——以"如何写清一件事"为例[J]. 西华师范大学学报（哲学社会科学版）, 2021（01）: 91-99.

象胜、求善意胜、至美言胜和圆融形胜"。

1.归真象胜：看得见生活的慢镜头

所谓的象胜，指的是无论是实用性文体，还是文艺性文体，均要做到看得见生活的慢镜头，即选材、组材时直面人与自然、人与社会、人与自我及其关系的问题，表现生活的真实图景。主要的指标具体见表10-2、10-3所示。

表10-2　诗意作文选材、组材体系一览表

评价维度	作文选材、组材		
	对象	生活	问题
人与自然	大地、海洋、河流、高山、草原、气候、物产、乡土、植物、动物等	自然生态、青山绿水、田园风光等	环境恶劣、生态失衡产生的问题
人与社会	农民工、漂流族、留守儿童、拯救乞讨儿童、菜农等群体	中国形象、网络力量、志愿者、微博打拐、民主等	社会种种不文明的现象产生的问题：低俗文化、媚外、食品安全、环保恶化、灾难频繁、城乡等
人与自我	家族变迁、成长心路、求学求艺等	汉语、诗、新诗、对联、名著、网络、微博、节日文化等	自我德性修养不足导致的问题：看客、物欲横流、权力欲、人性泯灭、远离文化等

表10-3　诗意作文教学归真相胜评价体系一览表

评价维度	评价指标（参考）
感性归真	远景、近景等生活慢镜头呈现的生活图景
知性归真	生活图景本身的概念
理性归真	概念、推理、判断等形成的命题

2.求善意胜：听得见内心的声音

所谓的意胜，指的是作文的立意、情感表达，均要做到听得见内心的声音，即作文里表现的思想情感能够表达出善心、善意、善行，主要的指标具体见表10-4所示。

表10-4 诗意作文教学求善意胜评价体系一览表

评价维度	评价指标（参考）	立意与情感
感性求善	自然生发的感情、质朴的本性、纯真的德性：酸、甜、苦、辣、热、冷、饿、渴、疼、痒、闷等	人与社会：公共秩序、文明礼仪、改革开放、贫富差距、志愿者、和平、慈善等；
知性求善	积极向上的生活态度和价值追求：舒适感、安逸感、快活感、恐惧感、担心感、不安感等安全与健康追求；与自信感、自爱感、自豪感、尊佩感、友善感、思念感、自责感、孤独感、受骗感和受辱感等自尊追求	人与自然：生态平衡、生态灾难、敬畏、平等、毁灭、家园、渺小、猖獗等；人与文化：热爱、颂扬、传承真善美的、批判、憎恨假丑恶的，等等）
理性求善	概念、推理、判断等形成的有关德性之善的命题：抱负感、使命感、成就感、超越感、失落感、受挫感、沉沦感等	人与自我：成长、沟通、求知、理想、委屈、相处的艺术等。

3. 至美言胜：闻得到语言的馥郁芬芳

所谓的言胜，指的是作文通过使用合适的言辞和表达方式，使文章更具有表现力和感染力，进而更好地传达作者的思想和情感，让读者产生共鸣和深刻的印象。主要体现在词汇丰富性、句子多样性、修辞手法恰当性、语言表达的文采性等方面，目的在于塑造理想的自我形象。主要的指标具体见表10-5所示。

表10-5　诗意作文教学至美言胜评价体系一览表

评价维度	评价指标（参考）	语言与表达
立足本我	作者借作品的"我"实现与社会对话、与自我对话，给作文带来真切的感受与自然的表达	词汇丰富性：不同学科的词汇灵活运用，比如哲学、美学、物理学、化学、佛教、中药等千行百业词汇； 句子多样性：长短句结合、整句与骈句、主动句与被动句、倒装句、疑问句、陈述句、祈使句，以及各种句式变换等； 修辞恰当性：比喻、拟人、引用、扩张、反复、反问、对偶、设问、排比等； 语言文采性：规范、准确、流畅、优美。具体而言，注意用词准确、语法规范、逻辑严谨、表达清晰、语言简练等，同时也要注重文采的表现，通过巧妙地运用言辞和表达方式来抒发情感和表现思想
剖析自我	将自己的情感、德性等要素投射到作品里，并借助这种表达方式来展示自己的情感和思想境界	
塑造超我	反思自身行为、追求人生理想、提升思想境界	

4. 圆融形胜：触得到形式的摇曳多姿

如果说作文的材料是文章的肚子，立意自然是文章的灵魂，语言是文章的血肉，形式就是文章的骨架。有了严谨而美巧的骨架，文章的血肉才有依附，灵魂才有归属。所谓的形胜，指的是作文在使用合适的文体、人称、小标题，灵活地安排首尾段落结构、表达独到之处的推理想象等方面均具有个性化、独特性的形式设计。主要的指标具体见表10-6所示。

表10-6　诗意作文教学圆融形胜评价体系一览表

评价维度	评价指标（参考）
规范恰当个性	文体创新：小小说；散文、微童话；微博；电影拍摄；日记体；寓言等
	标题创新：复合式小标题；串联式小标题；歌名式、词牌式、意象化小标题等
	人称运用：第一人称（拟物、拟人）；第二人称；第三人称；人称切换等
	段落结构：总分、点面、正侧、连比、博喻、连动、并列、递进等
	首尾创新：极简的词语式、短语式首尾；有意味的规律形式；创新呼应方式等

（二）诗意作文教学评价实施的几种样式

1.诗意作文教学评价要点简洁式

所谓要点简洁式，指的是在诗意作文备课的时候，教师将主要的教学点、诗意点和评价点都简要地列出来，以便于落实"学、教、评"一致性教学的需要。请参考如下案例：

作文主题：我第一次做——

【起点：学情分析】

（1）为人：敢于尝试、学会生活……

（2）为文：结构完整、先记叙后总结感受

【象胜内容】

（1）家庭生活《做饭》《绣花》《修车》《装电脑》……

（2）学校生活：《一次化学实验》《物理实验》《生物实验》……

（3）社会生活：《街头卖报的体味》《我帮叔叔……》……

【中点：言语实践过程】

（1）归真生活镜头

1）时间：某一天。

2）地点：某一地点。

3）人物：主要人物"我"。

4）事件：我实践（做的事——有感悟的事）的事。

（2）求善内心德性

中心：通过写……的事，表现我勇于实践的精神、勇于探索的精神……（感悟的道理）。

（3）至美语言表达

1）整体评价：

语言：3处以上；动作：8个以上；情态：3处以上；心理：3处以上。

2）准确运用修辞，写出金句（不少于3句）。

3）字数：不得少于600字。

这……已经到了最关键的时刻，该怎么办呢？我想："……"

2.诗意作文教学评价系列表格式

所谓系列表格式，指的是在诗意作文教学实施的时候，教师根据教学的中点，对需要评价的教学重点、难点，采取列表格的形式，以便学生个体和小组微共体诊断、调控、总结作文阶段性行为及结果。参看图10-7、10-8所示。

表10-7　诗意作文自评一览表

个人评价表	
评价指标	评价等级
内容符合要求，详略安排得当。	❤❤❤❤❤
根据所列提纲，有顺序表达。	❤❤❤❤❤
抓住典型事例，重点部分具体。	❤❤❤❤❤
语言通顺流畅，突出趣味性。	❤❤❤❤❤
习作优点：	
修改建议：	
我一共获得了＿＿颗爱心	

备注：自评结合习作要点，出示评价表，梳理突出优点，提出修改建议。

表10-8　诗意作文小组微共体评价一览表

小组评价表	
评价成员	评价星级
成员A	☆☆☆☆
成员B	☆☆☆☆
成员C	☆☆☆☆
成员D	☆☆☆☆
从他们的作文中，我学会了：＿＿＿＿＿＿＿＿＿	
对自己作文的修改建议：＿＿＿＿＿＿＿＿＿＿	

备注：根据评价表内容，在小组内进行习作评价。

（1）说一说每篇习作的优点。

（2）讨论修改建议（包括对小组成员以及自己的）。

（3）填写评价表（自评和互评相结合，几颗星代表四个评价指

标中做到了几项）

第三节　诗意作文教学评价设计案例赏析

一、教材研读

《微笑的味道》是重庆市2013年的中考作文题目，这是一篇命题作文，文体不限，要求学生结合自己的生活经验写出真情实感，且字数不少于600字。属于"材料+题目"的命题形式。命题作文在写作时，关键之处在于如何审题，抓住题眼。一般来说，只要理解题目的含义以及出题者的意图就比较容易写作。细看题目，抓关键词，一是"微笑的"，这是材料来源，这里的微笑一般来自人物，所以选材就是谁的微笑，可分为四类：亲人、友人、老师、陌生人。二是味道，这里要扣住"味道"的精神意义加以演绎，可分为情味层面和哲理层面。情味可以是感动、鼓励等，哲理可以是乐观、坚强等。微笑和味道连起来就是谁的微笑给你何种情味或者何种哲理、感悟。

（一）作文的德动点分析

学生在日常生活中虽然看到过很多微笑，但对于微笑的理解可能仍停留在面部表情上。教师在教学时，要结合学生的生活经验，师生协同，挖掘微笑背后所蕴含的情感，提升学生对于微笑的认识。同时要让学生明白，微笑是可以传递的，我们既要学会从别人的微笑中获取温暖与力量，也要学会把这种温暖与力量传递下去。通过一步步加深学生对于微笑的理解来提升学生的人格品质，培养学生发现微笑以及传递微笑的能力。

（二）情感的动心点分析

对于生活中的微笑，学生都会有自己的体验与感悟，也许是妈妈的微笑中所蕴含的爱与温暖，也许是老师的微笑中所蕴含的鼓励与期望，也许是好朋友的微笑中所蕴含的陪伴与理解，也许是陌生人的微笑中所蕴含的友好与礼貌，这就需要教师在作文教学中引导学生从生活的慢镜头中捕捉微笑之"美"，可以通过展现视频、图片的方式，让学生关注到那些被自己轻易忽略掉的微笑，从而触发学生的感动，进而品尝到微笑之味。

（三）语言的训练点分析

首先要教学生学会描绘微笑这个面部表情，即通过比喻等修辞手法让"微笑"更生动形象，其次，要把"微笑"写好，还要将微笑与特定的人联系起来，要让学生根据人物的年龄、生活环境等描绘出微笑的特点，同时要根据人物的品质、性格等对微笑进行细节描写，这样才能把微笑描写得真切感人。在写微笑的味道的时候，要让学生学会用心理描写、环境描写等方法来表达内心的感受，从而让微笑的味道真实可感。

二、学情分析

诗意习作教学的学习起点和终点都基于学生的生活经验与习作经验。

（一）为人生活经验分析

微笑是学生在日常生活中经常接触到的一种面部表情，且大部分学生对微笑有着自己的理解和感悟。因此在教学"微笑"的过程中学生都有丰富的生活经验的基础，而在关于"味道"的理解上，学生在生活中接触到的"味道"多为食品中的味道，这与题目中的"味道"仍有一定差距，因此教师应着重引导学生理解"味道"不仅指食品的味道，也可指抽象的情味、意味。

（二）为文作文经验分析

接着从习作经验上说，初三学生已经具备了用议论文、记叙文、散文等文体进行写作的能力，但是在写作的过程中缺乏创新能力，对于文章的中心和段落安排的理解和把握不够，对于各种修辞手法虽有了一定的掌握，但仍需教师进行示范和评价，使其能用正确的修辞手法来有重点地刻画事物、人物，能用心理描写、环境描写等多种方法来表达内心的感受，并通过连词成句，连句成段、圆融成篇的方式完成整篇文章的写作。

三、教学目标与教学思路

（一）教学目标

1. 作文为文素养目标

通过生活体验把握微笑味道的内涵，通过言语实践初步感知微笑的味道即谁的微笑给你何种情味或者何种哲理、感悟。

2. 自我发展素养目标

在明确选材、明确题目含义的基础上，通过看视频触发内心的动情点，寻找身边微笑的味道。能掌握开头的类型，并通过各种修辞和各类描写刻画人物形象。在进行段落描写、写作分享的基础上，制定评价表，提高学生连词成句、连句成段、连段成篇的写作能力。

3. 社会参与素养目标

在利用不同层次言语实践进行表达的过程中，学会从别人的微笑中获取温暖与力量，也学会把这种温暖与力量传递下去。

（二）教学基本思路

设计教学过程中，重视激发学生兴趣、拓展思路、教学写作方法、书写片段、交流评价。结合具体教学形式，主要将教学分为以下三个部分。

第一部分【归真微笑·看见镜头】：学生联系生活实际感受微笑，微笑的表面含义就是身边人物的笑容，然后通过引导挖掘微笑的背后即人情的各种温暖。再通过各种言语实践加深对微笑味道的理解。

第二部分【求善味道·至美内心】：在把握微笑的味道的含义和关系基础上，通过《微笑的力量》这一视频，触发学生的动情点，引发他们的深度思考。然后对开头、中间段和结尾分别进行指导，在每部分讲解中分别呈现精彩段落，分析段落运用的手法，为学生们写一篇优秀的考场作文提供思路和模式。

第三部分【圆融成篇：文从句顺】：即全部段落的圆融成篇和范文讲解，分析范文的精彩之处，并潜移默化学生的阳光心态。最后给同学们布置习作《微笑的味道》，全班分6组，运用今天所学，写出自己的真情实感，巩固加强写作能力。评分方式为小组成员轮流写作、并轮流按评价表批改习作，两周后请最佳小组和金句多的同学分享这次习作的收获和不足，为下次习作指导提供方向。

（三）教学重点

感受身边人物的微笑给予我们的情味和哲理，学会观察生活，能够语言通顺、内容具体并有真情实感地写作。

（四）教学难点

学生明白我们不仅是微笑的接受者更是微笑的给予者，掌握开头类型和使用关键，通过修辞渲染烘托环境，通过人物描写刻画人物。

（五）诗意点

1. 品味微笑之"美"

感受微笑的美好并给予这种美好，微笑自我、微笑他人，让阳光开遍世界。

2. 传递微笑之"善"

潜移默化中使学生形成积极乐观的人生态度，读懂身边的微笑并传播自己的微笑，将爱付诸社会、洒向人间。

四、教学过程

（一）揭示文题·初品微笑

1. 导入，探究食品之味

师：看到"味道"两个字，你想到了什么呢？

（出示PPT：我想到了_____的味道）

预设1：我想到了棉花糖的味道。

预设2：我想到了酱油的味道。

预设3：我想到了中药的味道。

师：这些"味道"都是什么样的呢？

（出示PPT：_____的味道，是_____的。）

预设1：棉花糖的味道是甜甜的

预设2：酱油的味道是咸咸的

预设3：中药的味道是苦苦的

2. 探究"味道"的深意

师：猜一猜微笑有没有味道呢？

预设：有。

师：（出示图片）从图片中的微笑中，你感受到了什么样的味道呢？

预设：幸福的味道，可爱的味道……

师：同学们，我们来观察一下幸福、可爱这些词，和刚刚我们说的甜甜、咸咸这些词，有什么不同呢？

预设：甜甜、咸咸是可以尝得到的，幸福、可爱是尝不到的。

师：很好，所以你们发现了吗？"味道"除了可以指食品的味道，还可以指什么呢？

预设1：一种感觉。

预设2：一种情感。

师：是呀，"味道"除了可以指尝得到的味道，还可指抽象的情味、意味。

3. 出示作文要求，指导审题

（1）出示作文题目及要求

师：今天我们就以"微笑的味道"为题写一篇文章。大家看着PPT一起来读一读作文要求。

（出示PPT）

请以"微笑的味道"为题写一篇文章。

联系自己的生活体验写作，写出真情实感。

文体不限，文章不少于600字。

（2）指导审题

师：谁来说一说，你从作文的要求中知道了哪些信息呢？

预设1：作文题目要定为《微笑的味道》。

预设2：文体没有限制，但要不少于600字。

师：你觉得这篇作文在写的时候要注意什么呢？

预设1：要把重点落在写"微笑"和"味道"上。

预设2：要写清楚微笑的味道是怎么来的。

师：我们刚刚已经认识两种味道，谁来说一说，作文题目中的"味道"指的是哪一种"味道"呢？

预设：第二种味道。

师：很好，这里的味道就是我们刚刚说的第二种味道，即抽象的情味、意味。这里的"味道"是由什么产生的呢？

预设：微笑。

师：很好。老师还想问一问，你们觉得这篇文章应该抓住什么来写呢？

预设："微笑"。

师：如果你是批卷老师，你发现有一个学生把一个微笑写得特别好，但是他写完微笑就结束了，你会给他高分吗？

预设：不会。

师：所以我们还要注意什么呢？

预设：要写出微笑的味道。

师：没错，我们在写这篇文章时，不能仅仅写生活的某次微笑事件，还应该挖掘这个微笑背后的"味道"，即在微笑的事件中挖掘对事件的某种深刻的体会。

4.总结要求

（1）对作文题目"微笑的味道"要自我确定；

（2）文体没有限制，选择适合自己的；

（3）写作中心是生活中自己体验"味道"。

【设计意图】：

导入部分的设计从习作教学的起点出发，让学生结合已有的生活经验用简单的几个词或者一句话说一说他们对于味道的理解，考虑到学生诗意点和语文诗意点的结合。在激起学生关于"味道"的生活经验后，进一步让学生思考一个问题，即微笑有没有味道呢？继而揭示作文题目，让学生思考文题中的"味道"与食品"味道"之间的区别，在丰富学生生活经验的同时，深化学生对于作文题目的理解。在审题部分的教学中，先让学生自主审题，培养学生的读题能力，然后教师再指导审题，总结审题的要点，加深学生对于文题的理解。

（二）归真微笑·看见镜头

1.蓦然回首·嫣然一笑

师：同学们，微笑是神奇的魔法师，她无处不在，她装点自然，每一处花红柳绿都是自然最美的微笑；她也浸润人心，好比现在，我发现每一位同学的热情洋溢都是这堂课最美的微笑。现在请各位同学细心观察仔细回想，你的身边还有哪些微笑吗，是谁的微笑？你爱这微笑吗？说说理由。

预设：买零食的微笑、拿零花钱的微笑、考试成绩很好的微笑……

师：大家爱笑的理由真多，老师也爱微笑，我喜欢微笑给我带来的味道，时而沁人心脾，时而让我砥砺前行，勇敢向前。那么老师请大家打开想象放飞思绪，不仅感受人的微笑，也感受身边的一事一物，你觉得哪些事物也是有微笑的味道的？

预设：周末的悠闲、春天的气息、生日的烛光……

师：哇！王老师听了你们的描述后可真是大开眼界！原来微笑附着在那么多的人、事、物上啊，看来我得向你们学习，以后做一个用心热爱生活的人！这世间的一切美好都是微笑，带给我们无与伦比的味道，触动的不是味蕾而是心蕾。让我们把此刻的收获化为语言。

2. 言语实践·写好句子

（1）春日里的花在微笑，她的微笑是绽放，让人沉醉其间，甜蜜的味道氤氲心头。

（2）晴空里的云在微笑，＿＿＿＿＿＿＿＿＿＿＿＿＿＿＿＿

（3）摇篮里的娃在微笑，＿＿＿＿＿＿＿＿＿＿＿＿＿＿＿＿

（4）＿＿＿＿＿＿在微笑，＿＿＿＿＿＿＿＿＿＿＿＿＿＿

师：在美丽的大自然，花儿、行云、流水给予我们微笑，在温情的社会里，同学、朋友、亲人、老师或者陌生人也给予我们微笑，那微笑便根植在我们心中，给我们各自不同的味道，而这味道便是深深的情感激荡，给予你美好的感受。当这一切在心中荡漾起涟漪时，你一定就有了自己对这份微笑的味道。

3. 品味内涵·再写句子

（1）微笑是在我上台演出之前，妈妈那一个充满力量的笑容，犹如黑夜里的明灯指引我前行的方向。

（2）微笑是在我考试失利后，老师那一个充满鼓励的笑容，＿＿＿＿＿＿
＿＿＿＿＿＿＿＿＿＿＿。

（3）微笑是＿＿＿＿＿＿＿＿＿，＿＿＿＿＿＿＿＿＿，＿＿＿＿＿＿＿＿＿。

表10-9　评价表1

有具体的事例	☺
能写出微笑的"味道"。	☺☺
用上比喻、排比等修辞手法	☺☺☺

（三）求善微笑·听见德性

1. 品味微笑之善

师：接下来让我们一起来看老奶奶的微笑，大家一边看一边想，你从老奶奶的微笑中感受到了什么味道呢？

（播放卖花老奶奶的视频）

师：谁能用一个词来概括一下，你从老奶奶的微笑感受到了什么味道呢？

预设：幸福的味道。

师：你能说一说理由吗？

预设：老奶奶一直做着自己的喜欢的事情，所以很幸福。

师：还有什么味道呢？

预设：乐观的味道。

师：为什么会有乐观的味道呢？

预设：老奶奶以卖花为生，生活艰辛，却一直笑对生活。

师：还有哪些味道呢？

预设：年轻的味道。

师：你是从哪里感受到年轻的味道的呢？

预设：老奶奶虽然老了，但是对于生活的热爱让她永远年轻。

2. 感悟微笑之"理"

师：你们看，普普通通的老奶奶，却能有如此幸福、乐观、年轻的微笑，谁能告诉老师，从老奶奶的微笑中，你得到了什么样的生活启示？

预设：要乐观面对生活，知足常乐；

做自己喜欢的事永远是最快乐的；

要保持一颗热爱生活的心。

……

师：思考一下，老奶奶的微笑只是一种面部表情吗？它还是什么呢？

预设1：一种生活态度；

预设2：一种情感；

预设3：一种心情。

师：很好，所以呀，大家在看见一个微笑时候，除了关注这样一个面部表情以外，还要用心去感受这个微笑背后的东西。

3. 连句成段，书写微笑

师：接下来，我们来一起写一写老奶奶的笑。（出示PPT）

老奶奶穿着（   ），斜跨了（   ），消瘦的身体下，衣服和裤子显得略大，却无一丝褶皱。再看她的脸，＿＿＿＿＿＿＿＿＿＿＿＿＿＿＿＿＿。她一边卖花一边笑，笑得眼睛（　　　　　　　　　），嘴巴（　　　　　　　），露出（　　　　　　　），脸上的皱纹也随着她的笑松展开来，宛如＿＿＿＿＿＿＿＿＿＿＿＿。她的笑，是（　　）的味道，＿＿＿＿＿＿＿＿＿＿＿

教师示范：

老奶奶穿着一件带着紫色条纹的衬衫，斜挎了一个黑色的布包，消瘦的身体下，衣服和裤子显得略大，却无一丝褶皱。再看她的脸，是健康的小麦色，脸颊上还红扑扑的，仿佛有着无尽的活力。她一边卖花一边笑，笑得眼睛都眯成了一条缝，嘴巴也咧了开来，露出两颗参差不齐的门牙，脸上的皱纹也随着她的笑松展开来，宛如盛开的银丝菊花。她的笑，是幸福的味道，仿佛一切因有了她，变得美好。她的笑，更有对生活的热爱，让我感觉她虽然老了，但一直拥有一颗年轻的心。

师：这一段话是不是把老奶奶的微笑写得生动形象呢？我们来仔细看一看这一段，都写到了什么呢？

预设1：写了老奶奶的外貌；

预设2：写了老奶奶的微笑；

预设3：老奶奶的微笑的味道；

预设4：这个微笑背后的情感。

师：你们看，要把一个微笑写好，除了要写好微笑这个表情，还要学会写那么多东西呢。下面，寻找一个打动你的微笑，仿照老奶奶的微笑写一写吧。（出示PPT）

寻找生活中，打动你的微笑——

思维支架：

人物外貌描写＋对于微笑的描写＋（总结）他/她的笑，是（　　）的味道＋这个微笑所蕴含的情感或给你带来的生活启示。

表10-10　评价表2

能根据老师给的这几方面内容完整地写出段落。	☺
能恰当地运用修辞手法，抓住"微笑"的特征。	☺☺
能围绕微笑的"味道"写出内心的感受及感悟。	☺☺☺

【点评】：关注心灵，触发感动部分，着重引导学生发现微笑背后的情感，教师在教学过程中先从生活起点出发，带领学生回顾生活中的微笑，并引导学生捕捉关键词，发现微笑背后的味道，即微笑中所蕴含的"关心""陪伴""鼓励"等情感，然后让学生连词成句，进一步深化学生对"微笑的味道"的理解。然后让学生观看视频，通过卖花老奶奶的视频，触发学生的动情点，让学生通过老奶奶的微笑感受到老奶奶的微笑背后所蕴含的乐观、幸福等情感，然后让学生观察老奶奶的表情、外貌等，引导学生联句成段，书写老奶奶的微笑，培养学生的观察能力。

（四）至美语言·优化表达

1.学会运用恰当的修辞

师：老师相信生活中一定有一个微笑触动了你，现在老师给大家5分钟的时间相互讨论一下，讲一个最让你感动的微笑，讲的时候要注意说清楚什么原因，什么地点，什么人，发生了怎样的微笑，微笑后的结果怎样，你从这微笑中感受到了生活怎样的味道。

师：老师相信大家一定都找到了心目中最能打动你的微笑，那我们怎样才能把这份感动表达出来呢？我们先来看第一步，首先，我们要怎样把微笑这个表情写好呢？同学们，大家一起再来读一读写老奶奶笑的这一段话，说一说，这个段里哪一点写得很好，让你觉得老奶奶好像就站在你的眼前？

预设：这一段中运用了比喻的手法。

老奶奶穿着一件带着紫色条纹的衬衫，斜挎了一个黑色的布包，消瘦的身体下，衣服和裤子显得略大，却无一丝褶皱。再看她的脸，是健康的小麦色，脸颊上还红扑扑的，仿佛有着无尽的活力。她一边卖花一边笑，笑得眼睛都眯成了一条缝，嘴巴也咧了开来，露出两颗参差不齐的门牙，脸上的皱纹也随着她的笑松展开来，宛如盛开的银丝菊花。

师：很好，用了比喻的手法后，微笑的样子是不是就更加生动形象啦？

师：接下来，我们来练一练，看看你能不能用比喻的手法把段落补充完整呢？

我看着妈妈的微笑，只见妈妈的嘴角微微上扬，如同（　　　　　　　　），露出了几颗牙齿，像（　　　　　　　　），眼睛里也充满爱怜。她就像一位天使一样，她的头发在太阳的照射下，闪耀着金光，也像（　　　　　　　　），让我的心感到一阵温暖，忘记了疼痛。

教师示范：

我看着妈妈的微笑，只见妈妈的嘴角微微上扬，如同一个月牙一般，露出了几颗牙齿，像几块白色的玉石，眼睛里也充满爱怜。她就像一位天使一样，她的头发在太阳的照射下，闪耀着金光，也像一点点火花，让我的心感到一阵温暖，忘记了疼痛。妈妈的耳朵隐在头发中，皎洁如玉，好看极了，妈妈的鼻子上微微带着小珍珠似的汗珠。我突然想到，妈妈说过要来和我玩耍，其实上完一天班的妈妈是多么劳累啊！

表10-11 评价表3

能正确运用比喻的手法，且通顺，无错别字。	😊
选用较为新颖且恰当的比喻。	😊😊
能根据自己的理解对段落进行恰当的补充和修改。	😊😊😊

2. 运用细节描写

师：除了比喻的手法，还有什么方法能帮助我们把微笑描写得更好呢？

预设：还可以抓住微笑的特征来写。

师：微笑的特征和什么有关呢？

预设：和微笑的人有关。

师：很好，你们觉得小孩子有什么样的特征呢？

预设：天真可爱。

师：所以在写小孩子的微笑时，应该抓住什么哪些特点呢？看着图片来说一说。

预设：红扑扑的脸蛋

水灵灵的大眼睛

若隐若现的小酒窝

……

师：那你们觉得农村的老奶奶又会有什么特点呢？

预设：勤劳朴实。

师：所以在描写她的微笑的时候，应该抓住什么来写呢？看着图片再来说一说。

预设：黝黑的脸

深深的皱纹

眯成缝的眼睛

……

师：不同的人物除了会有不同的性格特点，还会有不同的什么呢？

预设：不同的性格特点。

师：不同的性格特点又要怎样表达出来呢？

预设：细节描写。

师：想一想在这个微笑中，哪一个细节最能打动你？

我看着妈妈的微笑，只见妈妈的嘴角微微上扬，如同一个月牙一般，露出了几颗牙齿，像几块白色的玉石，眼睛也充满爱怜。她就像一位天使一样，她的头发在太阳的照射下，闪耀着金光，也像一点点火花，让我的心感到一阵温暖，忘记了疼痛。妈妈的耳朵隐在头发中，皎洁如玉，好看极了，妈妈的鼻子上微微带着小珍珠似的汗珠。我突然想到，妈妈说过要来和我玩耍，其实上完一天班的妈妈是多么劳累啊！

师：通过这个细节描写，你读出了妈妈的什么？

预设：辛苦、伟大……

师：阅读下一自然段，这一段有哪些细节描写呢？

（出示PPT）

老奶奶穿一双灰色的布鞋，尺码很小，样式早已过时，有些掉色，却干干净净，给人一种很复古的感觉。她挂着一个拐杖，拐杖被擦得很亮。消瘦的身体下，礼服和裤子显得略大，却无一丝褶皱。再看她的脸，黝黑，眼角爬满了深深的皱纹，一看就是年轻时候饱经风霜。她的头发花白，每一根都被规整地梳了上去。

预设：干干净净，却无一丝褶皱，每一根都被规整地梳了上去……

师：通过这些描写，你觉得老奶奶是个怎样的人呢？

预设：老奶奶是一个细心、爱干净的人

师：想一想，老奶奶为什么会细心、爱干净呢？什么样的老奶奶才会每天去打理自己呢？

预设1：这是一个用心生活的老奶奶；

预设2：这是一个对生活充满热爱的老奶奶。

师：下面我们再来看一看描写妈妈微笑的这一段，你能试着补充更多的细节来突出妈妈的劳累吗？

预设：学生自由补充。

表10-12　评价表4

有一处反映人物性格特征的细节描写	😊
有两处以上反映人物性格特征的细节描写	😊😊
在写细节描写时，能同时用上比喻、排比等修辞手法	😊😊😊

3. 运用心理描写手法

师：同学们，你们有没有考试考砸过的体验呀？

预设：有。

师：当你考试考砸的时候，内心都有什么样的感受呀？

预设：忧伤、痛苦、难过……

师：如果让你用一句话写一写这种伤心、难过的感觉，你会怎么写呢？

预设1：考试的失利使我心情很糟糕。

预设2：一片漆黑，心已迷失了方向，为什么努力却一无所得？觉得自己好累，有些力不从心。

预设3：阳光照耀得很刺眼，它仿佛用尽力气把所有的热量全部倾注在我身上。热极了。闭上双眼，心里还是五味杂陈。

师：你们觉得哪一句话更能让你有一种伤心的感觉呢？

预设：我觉得第二句话更能让我有一种伤心的感觉。

师：为什么呢？你觉得第二句话的哪些地方最能打动你呢？

预设：为什么努力却一无所得？觉得自己好累，有些力不从心。

师：这句话是什么描写啊？

预设：心理描写。

师：你们能不能也用上心理描写，把伤心的感觉写出来呢？

预设：学生自由回答。

师：有同学喜欢第三句话的吗？

预设：有。

师：向大家说一说，你认为第三句话好在哪里呢？

预设：第三句话用了环境描写衬托出了这种伤心、烦躁的感觉。

师：很好，你发现了第二种表现内心情感的方法，也就是环境描写。当你们心情不好的时候，是不是连阳光都变得讨厌起来啦？那当你们心情好的时候，又应该怎样来描写阳光呢？试着写一写，看看谁写得最好。

师：如果这时候，你突然抬起了头，看见了老师鼓励的微笑，你内心又会有什么样的感觉呢？试着用上这两种方法写一写。

预设：学生自由回答。

表10-13　评价表5

有1处心理描写和1处环境描写	😊
有2处以上心理描写和环境描写	😊 😊
有多处心理描写和环境描写，并能结合比喻等修辞手法	😊 😊 😊

师：如果有一天，你的同桌也没有考好，你会怎么做呢？

预设1：我也会给他鼓励的微笑，让他不要灰心；

预设2：我会微笑地安慰他，让他不要伤心难过。

……

师：你们发现了吗？微笑具有什么特征呢？

预设：微笑是可以传递的。

师：是呀，他人可以给我们微笑，同样地，我们也可以怎么样？

预设：给他人送去微笑。

言语实践

同桌考试没有发挥好，送他一个（　　）的微笑，他会＿＿＿＿＿＿；

妈妈劳累了一天，送她一个（　　）的微笑，她会＿＿＿＿＿＿；

一个路人经过你面前，送他一个（　　）的微笑，他会＿＿＿＿＿＿；

……

师：大家想一想，人与人之间传递的仅仅是微笑吗？还有什么？

预设：温度、力量……

师：是呀，我们的微笑是有温度、有力量的，我们要把这份爱藏在微笑里传递下去。

【点评】：传递微笑之"善"部分着重引导学生理解微笑是可以传递的，在教学过程中首先引导学生交流生活中的动情点，引导学生看得见生活的慢镜头，并运用恰当的修辞手法，通过比喻、细节描写等多种方法对微笑进行观察、描写，并能结合生活经验，抓住学生思维的启发点，理解"微笑"背后的味道是由微笑背后的人所决定的。在学生学会怎样描写微笑之后，进一步提升学生人格，对学生进行德性培育，让学生明白，微笑是可以传递的，我们既要学会从别人的微笑中获取温暖与力量，也要学会把这种温暖与力量传递下去，在让学生明白人己互惠的道理的同时，能够将这种道理内化于心，内化于自己的善心、善意。

（五）圆融成篇：文从句顺

1.指导结构·开头、中间、结尾

同学们，俗话说："开好头，一半文"，这里先训练开头。一个好开头能打开思维的大门，要说的话就会文思泉涌；但若开头不好的话，思维就会堵塞，一句话都说不出来。下面老师在PPT上展示几种常见的作文开头类型，请同学们认真做好笔记，用心感受。

（1）开门见山、落笔扣题（一种比喻的说法，指的是直截了当地切入要旨）

永远无法淡忘那一抹微笑，那弥漫了母爱的味道。

点评：干脆利落，入题快，不枝不蔓，备受同学们青睐。

（2）引用经典、彰显底蕴（开头引用警句名言增加开端的气势，达到吸引读者突出中心的效果）

达·芬奇曾说："父爱可以牺牲自己的一切，包括自己的生命。"在我的记忆中，一直有一抹微笑驻留心头，那就是父亲的微笑。那笑里藏着父亲伟岸如青山、宽广如江海的浓浓情意。

点评：这种开头，不仅使你表达的意思简明扼要，言简意丰，而且能集中表达文章的主旨，起到画龙点睛的作用，使文章增色不少。

（3）精辟修辞、韵味悠长（用修辞手法开头，易于抒发作者心里的感悟，引发读者赏读的情趣。）

厨房里，总有那样一抹微笑，油腻腻的，还伴着淡淡的油烟味，但其中的温馨也是无法忽视的，那便是妈妈的爱我的味道。

点评：开头设置比喻，引起读者对要述说对象的兴趣。

（4）场景描写、渲染气氛（描写即借助修辞或者描写技法，通过对景物的描写，渲染气氛，烘托氛围，为下文人物的开端做好衬托铺垫。）

今年冬日，与往年相比，冷得似乎早了些。我倚靠在窗前，尽享初升的朝阳洒在我的脸上，眼前又出现了一幅温馨的画面。那一抹微笑，那些事，那些欢乐，在心田散发出阵阵花香，交织在一起，成了铭记至今的味道。

师：同学们，老师给了大家这么多开头，每种开头都有它们各自的好处，同学们要根据自己的作文，选择合适的开头方法，并在下次写作中灵活运用。师：说一说这篇文章好在哪里呢？

2. 圆融全篇

（1）开头点题，给出了微笑的味道，即甜，温暖。

（2）描写老奶奶的微笑时，能够抓住特点来描写。

（3）通过4处细节描写刻画出了老奶奶的人物形象。

（4）用了2处环境描写来表现内心的感受。

（5）结尾照应开头，并能运用比喻的手法，把微笑比作糖果。

3. 评价提升

师：接下来，老师就给大家一个机会来自己写一写这篇文章。你们可以自己选一种文体，可以写他人的微笑给你带来的味道，也可以写自己的微笑给他人带来的味道，选择自己喜欢的结构和立意，可以写微笑的味道是怎么来的，也可以写微笑让人有怎样的味道，等等。写完以后先自己根据评价表评价，然后小组之间再相互评价一下。

表10-14　评价表6（自评表）

要求	细节3	环境2	心理2	比喻2	金句
完成情况					
分数					

表10-15　评价表7（互评表）

要求	细节3	环境2	心理2	比喻2	金句
完成情况					
分数					

4.佳作赏析

微笑的味道

（亲情类）

永远无法淡忘那一抹微笑的味道，那既是奶奶与我离别时的不舍；也是我们重逢时的喜悦。（**属于开门见山、落笔扣题的开头类型。开头交代了微笑的味道就是奶奶不舍离别又喜悦于与我重逢。**）

在我上初中的时候，家离我所就读的学校很远，要转两次车不说，还要在车上颠簸近两小时，想想就令人心生厌恶。所以，每到星期天我就烦躁异常，像个炸药包似的一点就着。（**运用比喻，形象地写出了我烦躁的心情。**）

"两点了，幺儿，该走了，不然要迟到了。"这已经是奶奶第三次催我出门了。（**语言描写，照应上文我的烦躁，反衬出奶奶对我的耐心。**）

"才两点而已，再等会儿嘛。"

"这怎么能行！再不走就真要迟了。快背上书包上学去。"（**语言描写，体现奶奶对我的关怀。**）

奶奶提着书包站在我的面前，笑眯眯的眼睛总是透着十足的认真，大有我不走就把我踹出门的架势。"好好好，我走，走行了吧。"

我无奈地妥协了，愁眉苦脸地背起书包。奶奶把我送到车站，趁着等车的空当，又开始对我唠叨我烂熟于心的话："路上要注意安全，到了学校记得给我打电话，在学校上课要认真。周末回家想吃什么，早点告诉奶奶……"（**语言描写，体现奶奶对我浓浓的爱，也体现了奶奶对我要离开的不舍与挂念。**）

车来了，我打断奶奶的长篇大论："停！我知道了，车来了，我上车了啊。"车开了，我看见奶奶仍站在站牌下，穿着红色布艺绣花棉袄，笑着对我挥手，那样的笑容看似淡淡的，微微地勾起嘴角，让眼角的几缕皱纹更加分明，耳鬓几丝白发也在风中凌乱地飘着。（**外貌、神态描写，体现奶奶虽已年迈，但能亲自送孙女到车站时内心的喜悦与满足。**）那笑，是不舍的味道。莫名地，分离的难受越发黏稠了，就连空气似乎都涌动着眼泪。

期盼着星期五放学，是每一个学生都有的心理吧，对于住校的我而言，就更是如此。

就算回家要在车上颠簸近两小时，就算要转两次车，就算会被车上的乘客挤成沙丁鱼，也都变得无所谓，通通被回家的喜悦冲淡了。

"终点站到了。下车的乘客请……"终于到站了，我活动着僵硬的身子，在站牌下寻找着奶奶的身影。奶奶很矮，不足1.6米，所以她总是站在最显眼的位置，生怕我看不见她，奶奶从来没有失约过，总是站在站牌下，穿着我离开时那件红色布艺绣花棉袄笑着。似乎是看到了我，脸上的笑意越发浓了，眼角深深的皱纹仿佛都盛满了笑意，耳鬓偶有的几丝白发在风中高兴地舞蹈着。（外貌描写与前文呼应，体现出奶奶接我回家的喜悦。）这笑，是重逢的味道，是亲情的味道。莫名地，回家的喜悦越发黏稠了，就连空气都弥漫着微笑的味道。

微笑是什么味道？奶奶的微笑告诉我，微笑是不舍的味道，是喜悦的味道。（主、副核心词反复出现）

点评：

书写微笑之味是本教案的第四环节，这一部分主要培养学生圆融成篇、多元表达的能力，要求学生能将前面的内容进行整合，结合所有学到的写作手法进行完整的写作。首先指导学生进行开头和结尾的写作，在此基础上接着要求学生结合刚刚写的"微笑"及其味道完整地写出作文，并出示相应的评价标准，要求学生将之前写的片段进行圆融成篇之前，教师作出了最开始的示范并要求学生根据评价表的标准对例文进行评价，让学生明确了每一个评价标准的含义，之后再让学生互相评价，通过评价，把学生取得的进步尽快反馈给他们，在评价中肯定优点，反馈不足。

总评：

整篇教案的设计从习作教学的起点出发，让学生结合已有的生活经验用简单的几个词或者一句话说一说他们对于味道的理解，考虑到了学生诗意点和语文诗意点的结合。在激起学生关于"味道"的生活经验后，进一步让学生思考文题中的"味道"与食品"味道"之间的区别，深化学生对于作文题目的理解。接着关注学生心灵，触发感动，着重引导学生发现微笑背后的情感，捕捉关键词，发现微笑背后的味道，即微笑中所蕴含的"关心""陪伴""鼓励"等情感，然后让学生观看视频，通过卖花老奶奶的视频，触发学生的动情点，让学生通过老奶奶的微笑感受到老奶奶的微笑背后所蕴含的乐观、幸福等情感，然后让学生观察老奶奶的表情、外貌等，引导学生连句成段，书写老奶奶的微笑，培养学生的观察能力。传递微笑之"善"部分着重引导学生理解微笑是可以传递的，在教学过程中首先引导学生交流生活中的动情点，引导学生看得见生活的慢镜头，并运用恰当的修辞手法，通过比喻、细节描写等多种方法对微笑进行观察、描写，并能结合生活经验，抓住学生思维的启发点，理解 "微笑"背后的味道是由微笑背后的人所决定的。在学生学会怎样描写微笑之后，进一步提升学生人格，对学生进行德性培育，让学生明白，微笑是可以传递的，我们既要学会从别人的微笑中获取温暖与力量，也要学会把这种温暖与力量传递下去，在让学生明白人己互惠的道理的同时，能够将这种道理内化于心，内化于自己的善心、善意。①

---

① 该案例取自笔者执教的161班沈楷雯与来自浙江省东阳市南马镇中学王波老师设计的诗意作文教学《微笑的味道》编辑而成。

参考文献

中文

[1] 戴元枝, 张心科. "老大难": 写作教育中的百年困境[J]. 教育研究与评论, 2016（4）: 51.

[2] 叶圣陶. 作文与做人[N]. 中国青年报, 1983-1-4.

[3] 塞缪尔·E.伍德, 埃伦·格林·伍德, 丹妮斯·博伊德. 心理学的世界（上）[M]. 陈莉, 译, 上海: 上海社会科学院出版社, 2018.

[4] 董菊初. 张志公语文教育思想概说[M]. 北京: 人民教育出版社, 2001.

[5] 上田万年. 国语の[M]. 东京: 富山房, 1897.

[6] 北京外语学院附中国外语语文教学研究所. 日本中学语文教学[M]. 福州: 福建人民教育出版社, 1982.

[7] 郑梦娟, 金海鹰, 何群雄. 日本、韩国大学国语教育研究[M]. 北京: 对外经济贸易大学出版社, 2018.

[8] 方明生. 日本教育中的"生活作文"教学思想[J]. 外国教育资料, 1996.

[9] 方明生. 日本生活作文教育研究[M]. 上海: 上海教育出版社, 2002.

[10] 刘少萍, 刘冰. 卓越大学联盟2020年附属中小幼医发展论坛论文集[M]. 广州: 华南理工大学出版社, 2022.

[11] 倪文锦, 欧阳汝颖. 语文教育展望[M]. 上海: 华东师范大学出版社, 2002.

[12] 吴忠豪. 听吴忠豪教授评课（第3辑）[M]. 上海: 上海教育出版社, 2021.

[13] 王爱娣. 美国语文教育[M]. 北京: 语文出版社, 2021.

[14] 朱熹. 四书集注[M]. 长沙: 岳麓书社, 1987.

[15] 列御寇. 列子[M]. 中华文化讲堂, 注译, 北京: 团结出版社, 2017.

[16] 陈戍国. 四书五经（下）[M]. 长沙: 岳麓书社, 2014.

[17] 郭丹. 先秦两汉文论全编[M]. 上海: 上海远东出版社, 2012.

[18] 陈戍国. 四书五经（上）[M]. 长沙: 岳麓书社, 2013.

[19] 朱永新. 新教育之思[M]. 济南: 山东友谊出版社, 2007.

[20] 冯克诚. 清代后期教育思想与论著选读（上）[M]. 北京: 人民武警出版社, 2011.

[21] 中华人民共和国教育部. 义务教育语文课程标准（2022年版）[M]. 北京: 北京师范大学出版社, 2022.

[22] 中华人民共和国教育部. 普通高中语文课程标准（2017年版）[M].北京: 人民教育出版社, 2018.

[23] 陆华山. 言语实践: 语文教学的自赎与新生[J]. 江苏教育研究, 2010.

[24] 桑新民. 呼唤新世纪的教育哲学——人类自身生产探秘[M]. 北京: 教育科学出版社, 1993.

[25] 张志公. 张志公语文教育论集[M]. 庄文中, 编, 北京: 人民教育出版社, 1994.

[26] 张富宝. 春在不觉处: 宁夏文学的特质与魅力[M]. 银川: 阳光出版社, 2022.

[27] 安东尼·D.史密斯. 全球化时代的民族与民族主义[M]. 龚维斌, 良警宇, 译, 北京: 中央编译出版社, 2002.

[28] 罗伯特·特拉弗斯. 教师 艺术表演家[J]. 郭海云, 祁志孝, 译, 山西师院学报（社会科学版）, 1983.

[29] 管建刚. 让作文教学的魅力显现[J]. 小学语文教师, 2011.

[30] 周明, 王宗仁. 2015年中国散文排行榜[M]. 南昌: 百花洲文艺出版社, 2016.

[31] 刘安及其门客. 淮南子[M]. 沈雁冰, 选注, 北京: 崇文书局, 2014.

[32] 鲁迅. 鲁迅全集（第六卷）[M]. 北京: 人民文学出版社. 1958.

[33] 尼采. 悲剧的诞生[M]. 周国平, 译, 北京: 三联书店, 1986.

[34] 海德格尔. 存在与时间[M]. 陈嘉映、王庆节, 译. 北京: 生活·读书·新知三联书店: 2004.

[35] 唐凯麟, 龙兴海. 个体道德论[M]. 北京: 中国青年出版社, 1993.

[36] 中共中央马克思恩格斯列宁斯大林著作编译局.马克思恩格斯全集（第1卷）[M]. 北京:人民出版社, 1995.

[37] 王海明, 孙英. 寻求新道德——科学的伦理学之建构[M]. 北京: 华夏出版社, 1994.

[38] 周作宇. 道德生成与德育选择[J]. 北京师范大学学报（哲学社会科学

版），1998.

[39] 亚里士多德. 诗学[M]. 陈中梅, 译, 北京: 商务印书馆, 2005.

[40] 王阳明. 王阳明全集·卷二十六·大学问[M]. 上海: 上海古籍出版社, 2012.

[41] 冯友兰. 三松堂学术文集[M]. 北京: 北京大学出版社, 1984.

[42] 赫伯特·马尔库塞. 单相度的人[M].刘继, 译, 上海: 上海译文出版社, 1989.

[43] 海德格尔. 在通向语言的途中[M]. 孙周兴, 译, 北京: 商务印书馆: 2004.

[44] 刘铁芳. 语言与教育[J]. 河北师范大学学报（教育科学版）, 2001.

[45] 孔子, 孟子. 论语 孟子[M]. 北京: 燕山出版社, 2001.

[46] 常作印. 不做庸师[M]. 郑州: 大象出版社, 2019.

[47] 陈根法. 德性论[M]. 上海: 上海人民出版社, 2004.

[48] 中国社会科学院语言研究所词典编辑室. 现代汉语词典[M]. 北京: 商务印书馆, 2012.

[49] 海德格尔. 诗·语言·思[M]. 北京: 文化艺术出版社, 1991.

[50] 爱因斯坦. 爱因斯坦文集（第3卷）[M]. 许良英, 等, 译, 北京: 商务印书馆, 2009.

[51] 王本陆. 教育崇善论[M]. 广州: 广东教育出版社, 2001.

[52] 司马光. 司马温公集编年笺注（第4卷）[M]. 成都: 巴蜀书社, 2009.

[53] 董菊初. 叶圣陶语文教育思想概论[M]. 北京: 开明出版社, 1998.

[54] 于漪. 呐喊[M]. 南宁: 广西教育出版社, 2008.

[55] 朱作仁. 关于学科教学研究的两个理论问题[J]. 教育研究, 1984.

[56] 刘国正. 实和活: 刘国正语文教育文集[M]. 北京: 人民教育出版社, 1995.

[57] 方汉文. 中国古代文论中的"德言"说[J]. 广东社会科学, 2010.

[58] 朱熹. 学礼译注[M]. 江先忠, 王维建, 译注, 福州: 福建教育出版社, 2017.

[59] 中共中央马克思恩格斯列宁斯大林著作编译局. 马克思恩格斯全集（第三卷）[M]. 北京: 人民出版社, 2002.

[60] 维果茨基. 思维与语言[M]. 李维, 译, 杭州: 浙江教育出版社, 1997.

[61] 冯铁山, 张诗琪. 德言同构: 语文教学立德树人的实践逻辑——以语文教学目的建构为视角[J]. 语文建设, 2018.

[62] 庄子. 图解庄子[M]. 崇贤书院, 译, 黄山: 黄山书社, 2021.

[63] 苏轼. 东坡养生集[M]. （明）吴文清, 张志斌, 点校, 福州: 福建科学技术出版社, 2013.

[64] 维柯. 新科学[M]. 朱光潜, 译, 合肥: 安徽教育出版社, 2006.

[65] 刘士林. 中国诗性文化[M]. 海口: 海南出版社, 2006.

[66] 劳承万. 诗性智慧·前言[M]. 郑州: 河南人民出版社, 1997.

[67] 刘渊, 邱紫华. 维柯“诗性思维”的美学启示[J]. 华中师范大学学报（人文社会科学版）, 2002.

[68] 桑大鹏. 解读诗性智慧[J]. 三峡大学学报（人文社会科学版）, 2001.

[69] 杨匡汉. 中国新诗学[M]. 北京: 人民出版社, 2005.

[70] 刘士林. 中国诗学原理[M]. 海口: 海南出版社, 2006.

[71] 易晓明. 寻找失落的艺术精神[D]. 南京师范大学2001年博士学位论文, 48-49.

[72] 埃德蒙德·胡塞尔. 现象学的观念[M]. 倪梁康, 译, 上海: 上海译文出版社, 1986.

[73] 雅克·马利坦. 艺术与诗中的创造性直觉[M]. 刘有元, 罗逸民, 等, 译, 北京: 三联书店, 1992.

[74] 张世英. 哲学导论[M]. 北京: 北京大学出版社, 2006.

[75] 德荷尔德林. 荷尔德林文集[M]. 北京: 商务印书馆, 1999.

[76] 成复旺. 中国美学范畴辞典[M]. 北京: 中国人民大学出版社, 1995.

[77] 德席勒. 审美教育书简[M]. 冯至, 等, 译, 上海: 上海人民出版社, 2003.

[78] 释普济. 五灯会元（上）[M]. 毛寁, 校订, 北京: 华龄出版社, 2022.

[79] 周春生. 直觉与东西方文化[M]. 上海: 上海人民出版社, 2001.

[80] [德]费迪南·费尔曼. 生命哲学[M]. 李健鸣, 译, 北京: 华夏出版社, 2001.

[81] 冯契. 哲学大辞典[M]. 上海: 上海辞书出版社, 1992.

[82] 董奇, 等. 脑与行为——21世纪的科学前沿[M]. 北京: 北京师范大学出版社, 2000.

[83] 张楚廷. 课程与教学哲学[M]. 北京: 人民教育出版社, 2003.

[84] 冯春田.《文心雕龙》阐释[M]. 济南: 齐鲁书社, 2000.

[85] 申骏. 中国历代诗话词话选粹（上）[M]. 北京: 光明日报出版社, 1999.

[86] 杨叔子. 杨叔子教育雏论选（上）[M]. 武汉: 华中科技大学出版社, 2010.

[87] 维柯. 新科学[M]. 朱光潜, 译, 北京: 人民文学出版社, 1986.

[88] 季广茂. 隐喻视野中的诗性传统[M]. 北京: 高等教育出版社, 1998.

[89] 论语·雍也[EB/OL].论语网, http://www.lunyu8.cn.

[90] 管曙光. 诸子集成·孟子·尽心章句上[M]. 长春: 长春出版社, 1999.

[91] 管曙光. 诸子集成·荀子·法行篇[M]. 长春: 长春出版社, 1999.

[92] 陶行知. 陶行知全集（第4卷）[M]. 成都: 四川教育出版社, 2005.

[93] 黄侃. 文心雕龙札记[M]. 北京: 北京理工大学出版社, 2020.

[94] 解缙. 永乐大典（全新校勘珍藏版第2卷）[M]. 北京: 大众文艺出版社, 2009.

[95] 王钟陵. 古诗词鉴赏[M]. 成都: 四川辞书出版社, 2017.

[96] 南怀瑾. 论语别裁（上册）[M]. 上海: 复旦大学出版社, 2020.

[97] 贾平凹. 倒流河 贾平凹中短篇小说精选[M]. 石家庄: 花山文艺出版社, 2020.

[98] 张国学. 思维教学——作文教学问题与对策（上）[M]. 沈阳: 万卷出版公司, 2014.

[99] 陈先云. 对当前语文教学改革的几点思考[J]. 课程·教材·教法, 2005.

[100] 西格蒙德·弗洛伊德. 自我与本我[M]. 周珺, 译, 天津: 百花文艺出版社, 2019.

[101] 蒙台梭利. 儿童成长的密码[M]. 上海: 世界图书上海出版公司, 2015.

[102] 吉登斯. 社会学[M]. 北京: 北京大学出版社, 2003.

[103] 斐迪南·滕尼斯. 共同体与社会[M]. 北京: 商务印书馆, 1999.

[104] 哈耶克. 致命的自负[M]. 北京: 中国社会科学出版社, 2000.

[105] 靳玉乐, 于泽元. 后现代主义课程理论[M]. 北京: 人民教育出版社, 2005.

[106] 米歇尔·福柯. 主体解释学[M]. 上海: 上海人民出版社, 2005.

[107] 黄美来. 现代西方哲学思潮述评[M]. 北京: 清华大学出版社, 1990.

[108] 王富仁. 语文教学与文学[M]. 广州: 广东教育出版社, 2006.

[109] 朱光潜. 我与文学及其他谈文学（增订本）[M]. 北京: 中华书局, 2012.

[110] 王尚文. 语感论（第三版）[M]. 上海: 上海教育出版社, 2006.

[111] 赵连红. 国外作文教学的策略和启示[J]. 语文教学通讯, 2007.

[112] 潘涌. 积极语用: 21世纪中国母语教育新观念[J]. 北京师范大学学报（社会科学版）, 2011.

[113] 卡尔·马克思, 弗里德里希·恩格斯. 马克思恩格斯文集（第1卷）[M]. 北京: 人民出版社, 2009.

[114] 刘磊, 岳付灿. 我们招聘什么样的应届生——50位名企HR高管的私房话[M]. 上海: 上海交通大学出版社, 2017.

[115] 梁颂. 特级教师高考满分作文备考方案[M]. 南京: 凤凰出版社, 2013.

[116] 郭元祥. 论深度教学: 源起、基础与理念[J]. 教育研究与实验, 2017.

[117] 冯铁山. 作文深度学习: 问题、内涵与基本策略[J]. 读写月报, 2020.

[118] 周云. 主持人即兴口语表达[M]. 北京: 中国传媒大学出版社, 2016.

[119] 阿尔弗雷德·诺思·怀特海思维的方式[M]. 赵红, 译, 北京: 新华出版社, 2018.

[120] 杨克忠. 存在与本源[M]. 上海: 上海大学出版社, 2015.

[121] 刘士林. 古典美学新探[M]. 上海: 上海交通大学出版社, 2020.

[122] 张隆华, 曾仲珊. 中国古代语文教育史[M]. 成都: 四川教育出版社, 2000.

[123] 冯铁山, 张诗琪. 德言同构: 语文教学立德树人的实践逻辑——以语文教学目的建构为视角[J]. 语文建设, 2016.

[124] 孙正聿. 哲学通论（下）[M]. 长春: 吉林人民出版社, 2007.

[125] 劳秦汉. 中国诗歌声韵演变发展史稿[M]. 成都: 四川大学出版社, 2020.

[126] 章炳麟. 答曹聚仁论白话诗[J]. 原载《华国月刊》, 1923年第1卷第4期. 转引自王永生主编. 中国现代文论选（第1卷）[M]. 贵阳: 贵州人民出版社, 1982.

[127] 叶嘉莹. 从词的起源看丝路上的文化交流[J]. 文学与文化, 2016.

[128] 黄升. 中兴词话[J]. 转引自唐圭璋. 词话丛编[M]. 北京: 中华书局, 1986.

[129] 赵崇祚. 花间集校[M]. 北京: 人民文学出版社, 1958.

[130] 张力伟, 等. 康熙字典通解（上）[M]. 长春: 时代文艺出版社, 1997.

[131] 亚里士多德. 尼各马可伦理学[M]. 北京: 中国社会科学出版社, 1990.

[132] 冬婴. 新诗的理论基础与实践验证[M]. 北京: 中国戏剧出版社, 2012.

[133] 朱光潜. 朱光潜全集（第九卷）[M]. 合肥: 安徽教育出版社, 1993.

[134] 吴丹, 刘芳. 论诺丁斯关怀视角下教师与学生的关系性关怀[J]. 现代教育科学, 2017.

[135] 朱寿兴. 文艺心理发生论——人文视野中的文艺心理学研究[M]. 长春: 吉林大学出版社, 2009.

[136] 叶才生. 课本诗导写理念下诗意解读文本的实践策略[J]. 生活教育, 2014.

[137] 冯铁山. 小学古诗文演绎教学: 内涵、价值与课型[J]. 课程·教材·教法, 2019.

[138] 桑哲. "遵循语言规律 关注母语发展"大家谈[J]. 现代语文, 2006.

[139] 王伟营. 中学生话题作文实用写作素材大全[M]. 北京: 朝华出版社, 2007.

[140] 林清玄. 山谷的起点[J]. 小作家选刊, 2008.

[141] 翟葆奎, 郑金洲. 教育学逻辑起点: 昨天的观点与今天的认识[J]. 上海教育科研, 1998.

[142] 郭元祥. 教育学逻辑起点研究的若干问题思考[J]. 教育研究, 1995.

[143] 卢正德, 吴隐强. 1979—1988中学语文教学论文选[M]. 南宁: 广西人民出版社, 1989.

[144] 刘士林. 中国诗学精神[M]. 海口: 海南出版社, 2006.

[145] 辜鸿铭. 中国人的精神[M]. 海口: 海南出版社, 2007.

[146] 刘勰. 文心雕龙（下册）[M]. 范文澜, 注, 北京: 人民文学出版社, 1958.

[147] 蔡先金, 等. 孔子诗学研究[M]. 济南: 齐鲁书社, 2006.

[148] 林镇国. 儒者的良心·孟子[M]. 北京: 九州出版社, 2017.

[149] 金净. 科举制度与中国文化[M]. 上海: 上海人民出版社, 1990.

[150] 龚笃清. 中国八股文史 明代卷[M]. 长沙: 岳麓书社, 2017.

[151] 韩世姣. 中国语文教育思想简史[M]. 上海: 复旦大学出版社, 2015.

[152] 尤尔根·哈贝马斯. 交往与社会进化[M]. 张博树, 译. 重庆: 重庆出版

社, 1989.

[153] 李方. 课程与教学基本理论[M]. 广州: 广东高等教育出版社, 2002.

[154] 韩冰. 朱兰的质量管理三部曲[J]. 企业改革与管理, 2009.

[155] 车文博. 当代西方心理学新词典[M]. 长春: 吉林人民出版社, 2001.

[156] 郑大本, 赵英才. 现代管理辞典[M]. 沈阳: 辽宁人民出版社, 1987.

[157] 李乾明. 重绘教学理论学术思想地图[M]. 北京: 中国社会科学出版社, 2012.

[158] 刘淼. 语文教育中的心理学问题[M]. 济南: 山东教育出版社, 2013.

[159] 朱绍禹. 中学语文教学法[M]. 北京: 高等教育出版社, 1988.

[160] 周庆元. 语文教育研究概论[M]. 长沙: 湖南人民出版社, 2005.

[161] 阎立钦. 语文教育学引论[M]. 北京: 高等教育出版社, 1996.

[162] 张祖忻. 教学设计——基本原理与方法[M]. 台北: 五南图书出版公司, 1990.

[163] 赵家骥, 教育改革与发展文论（第11集）[M]. 成都: 天地出版社, 2008.

[164] 欧阳芬, 彭隆辉. 初中语文课堂教学课型[M]. 长春: 吉林大学出版社, 2008.

[165] 孙照华. 中国发展探索世纪优秀文库（下）[M]. 北京: 国家行政学院出版社, 2001.

[166] 于亚中, 鱼浦江. 中学语文教育学[M]. 北京: 高等教育出版社, 1992.

[167] 袁治信. 中学作文教学过程研究[D]. 西北师范大学硕士学位论文, 2003.

[168] 人民教育出版社教育室. 马克思、恩格斯、列宁论教育[M]. 北京: 人民教育出版社, 1998.

[169] 恩格斯. 自然辩证法[M]. 北京: 人民出版社, 1971.

[170] 李强. 管理心理学[M]. 北京: 北京工业大学出版社, 2002.

[171] 唐思怡, 冯铁山. 横看成岭侧成峰 立意缘在慧心中——六年级上册第一单元《变形记》[J]. 诗意教育探索. 2023.

[172] 王维臣, 卢家楣. 现代教学: 理论和实践[M]. 上海: 上海教育出版社, 2012.

[173] 陈杰. 内向指标以康德批判哲学为进路的意义理论研究[M]. 上海:

上海大学出版社, 2009.

[174] 林方. 心灵的困惑与自救 心理学的价值理论[M]. 沈阳: 辽宁人民出版社, 1989.

[175] 曹越. 幸福修行课[M]. 广州: 广东旅游出版社, 2013.

[176] 崔允漷, 雷浩. 教学评一致性三因素理论模型的构建[J]. 华东师范大学学报（教育科学版）, 2015.

[177] 孟轲. 孟子全鉴（第2版）[M]. 东篱子, 解译, 北京: 中国纺织出版社, 2014.

[178] 姚鼐. 古文辞类纂[M]. 胡士明, 李祚唐, 标校, 上海: 上海古籍出版社, 2016.

[179] 叶圣陶. 叶圣陶散文乙集[M]. 北京: 生活·读书·新知三联书店, 1984.

[180] 林崇德, 申继亮, 等. 学思维活动课程教师用书（小学版）[M]. 北京: 外语教学与研究出版社, 2012.

[181] 爱克曼. 歌德谈话录[M]. 朱光潜, 译, 合肥: 安徽教育出版社, 2006.

[182] 冯铁山. 小学诗意习作专题课程开发与实践——以"如何写清一件事"为例[J]. 西华师范大学学报（哲学社会科学版）, 2021.

外文

[1] Common Core State Standards Initiative. Common Core State Standards[EB/OL]. https://corestandards. org/wp-content/uploads/2023/09/ELA_ Standards/.pdf, 2016/2024-01-26: 42-47.

[2] Richardson W J.Heidegger: through phenomenology to thought[M]. New York, USA: Fordham University Press, 1993.

[3] Marton,F.and Saljo,R.On qualitative differences in Learning: Outcome and process[M]. British Journal of Education Psychology, 1976: 46, 4-11.

回音壁

宁波大学冯铁山教授的"诗意作文研究"为我们打开了一扇新的语文教学的大门，他的《从"规训外铄"到"诗意生成"——诗意作文教学研究与实践》的讲座深深触动我们的心灵。冯教授"国文精深，立足传统，剖析现状，重文规律，轻人品性，重训技法，略诗意生，重命写批，略自主悟，言语实践，重共性果，轻个性评，引典论理，志之所至，诗亦至焉；诗之所至，礼亦至焉；礼之所至，乐亦至焉。心动言动，德动行动，重推新道，诗意语文，归真求善，至美追寻"。

——安徽省六安市城南中学　赵　春

跟着冯铁山教授学"诗意作文"，每一刻都充满着激情。作文教学，仿佛一个我寻寻觅觅找了几年的孩子，渐渐被冯教授领回到我身边。

——浙江省宁波市海曙区田莘耕中学　钱之晓

冯教授倡导的诗意作文教学"关注心灵"，让作文返璞归真——我手写我心，言为心声，文如其人；"传承文明"，产生德言同构的效果。文章应让周围的人变得美好，以心动诱发作为社会人的、潜藏的人性之美；"弘扬诗韵"，以诗作为一种召唤，更作为一种凭借，让学生凭借诗的名义，使作文富有诗的魅力；回归"典雅语言"传统，用形象作词、用感情谱曲，让文章是多姿多彩、形象鲜明的画，是情真意切、感人肺腑的歌。

——四川省成都市市辖区天府新区第六小学　钟　敏

我自拈花笑，清风徐徐来。冯老师，您是深刻的，您的深刻是由起点又回归了起点；冯老师，您是智慧的，您的智慧是把作文变成了山水的心。"人应该诗意地栖居在大地上，"您身上，永远流淌着清激与明净。

——湖南省汉寿县詹乐贫中学　翦利群